경기도

기출문제 + 최신상식 + 일반상식

공무직 통합채용

시대에듀

2025 시대에듀 경기도 공무직 통합채용
기출문제 + 최신상식 + 일반상식

Always with you

사람의 인연은 길에서 우연하게 만나거나 함께 살아가는 것만을 의미하지는 않습니다.
책을 펴내는 출판사와 그 책을 읽는 독자의 만남도 소중한 인연입니다.
시대에듀는 항상 독자의 마음을 헤아리기 위해 노력하고 있습니다. 늘 독자와 함께하겠습니다.

자격증 · 공무원 · 금융/보험 · 면허증 · 언어/외국어 · 검정고시/독학사 · 기업체/취업
이 시대의 모든 합격! 시대에듀에서 합격하세요!
www.youtube.com → 시대에듀 → 구독

머리말 PREFACE

경기도 공무직 통합채용, 합격의 길을 열어드립니다!

경기도는 2019년 제1회 시험을 시작으로 공무직 근로자 통합채용을 시행해오고 있습니다. 경기도 공무직은 성별의 제한 없이 18세 이상이면 지원이 가능합니다. 공고일 이전 일부터 최종시험일까지 계속하여 경기도에 주민등록상 주소지를 두고 있는 사람이어야 하며, 자격 요건 및 우대사항은 직종에 따라 차이가 있습니다. 전형절차는 필기시험 ➡ 서류전형 ➡ 면접시험 ➡ 최종합격 순으로 진행됩니다. 필기시험은 일반상식 1과목으로 문항수는 40문제, 시험시간은 40분입니다.

일반상식, 합격에 필요한 내용만 선별하여 공부해야 합니다!

본서는 경기도 공무직 근로자 통합채용을 준비하는 수험생 분들이 확실하게 일반상식 필기시험을 대비할 수 있도록 공기업·공공기관 최신기출복원문제와 최신상식, 일반상식을 엮어 한 권의 책으로 출간되었습니다.

도서의 특징

❶ 일반상식의 광범위한 출제 범위를 시험에 꼭 나오는 분야로 정리했습니다. 핵심 키워드를 통한 용어 설명을 통해 낯선 시사분야도 쉽게 학습할 수 있습니다.

❷ 일반상식, 한국사 분야는 최신 공공기관 기출문제를 통해서 유형을 파악할 수 있도록 했습니다. 장황한 이론보다는 문제 중심 풀이로 단기간 합격을 노릴 수 있습니다.

❸ 경기도의 역사와 문화, 시책사항을 한눈에 파악할 수 있도록 정리해두었습니다. 빠른 시간 안에 필요한 내용을 찾아볼 수 있도록 본 도서 안에 포함시켰습니다.

경기도 공무직 통합채용을 준비하는 수험생 여러분들이 본서를 통해 합격의 길로 나아가시길 바랍니다.

시사상식연구소 씀

이 책의 구성과 특징 STRUCTURES

PART 1 최신기출복원문제

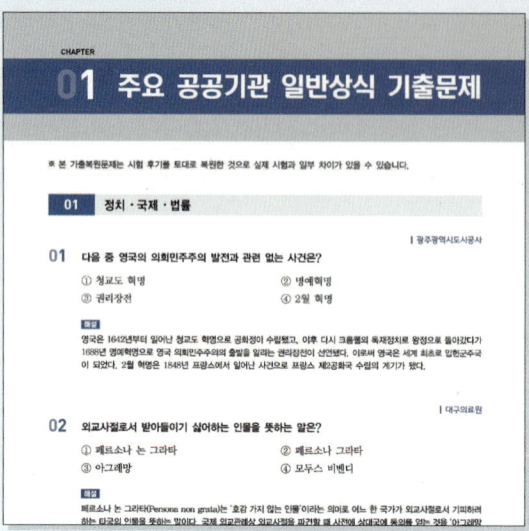
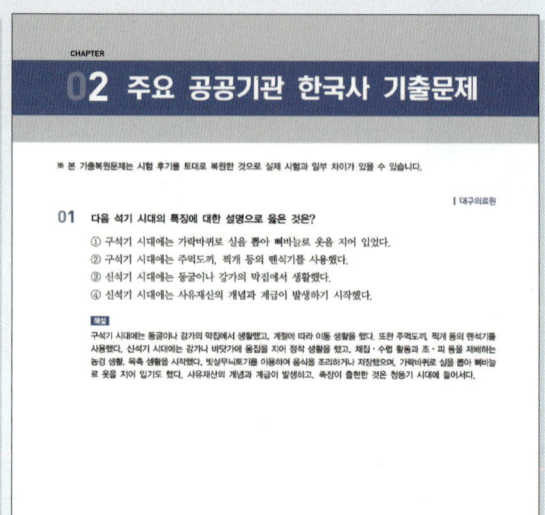

주요 공공기관 일반상식 기출문제 / 주요 공공기관 한국사 기출문제

공공기관에서 가장 최근에 출제된 각 분야별 기출문제를 선별 수록하여 최신 출제경향을 한눈에 파악할 수 있도록 하였습니다. 또한 일반상식 출제분야 중 한국사 기출문제는 별도로 수록하여 빈틈없이 시험에 대비할 수 있도록 하였습니다.

PART 2 최신상식

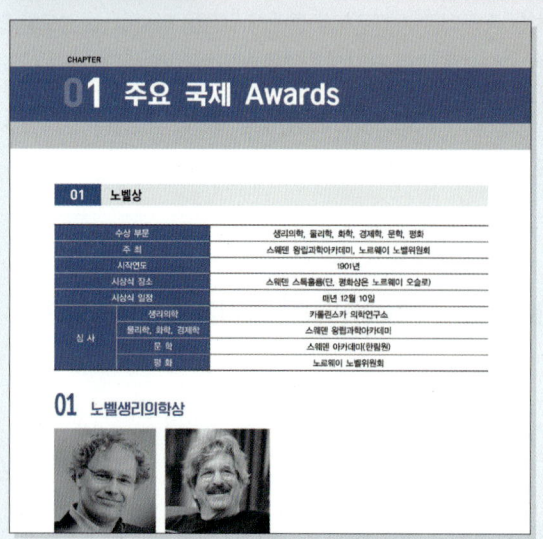
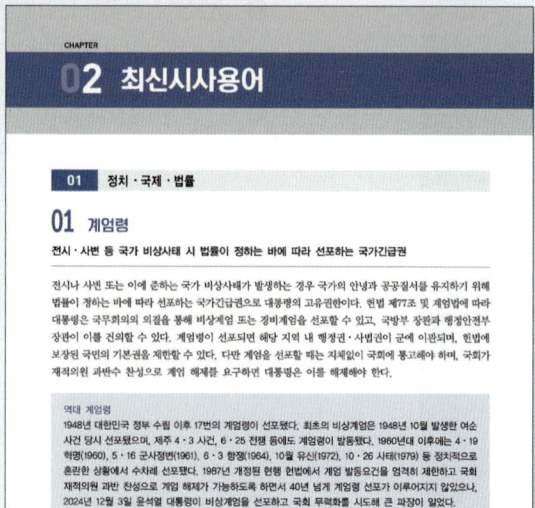

주요 국제 Awards / 최신시사용어

공공기관의 상식 시험은 일반상식은 물론이고 최신시사상식의 출제빈도도 높습니다. 하지만 매일 쏟아져 나오는 많은 이슈를 다 공부할 수는 없기 때문에 단기간에 빠르게 학습할 수 있도록 꼭 필요한 최신상식만을 선별하여 정리하였습니다.

PART 3 일반상식

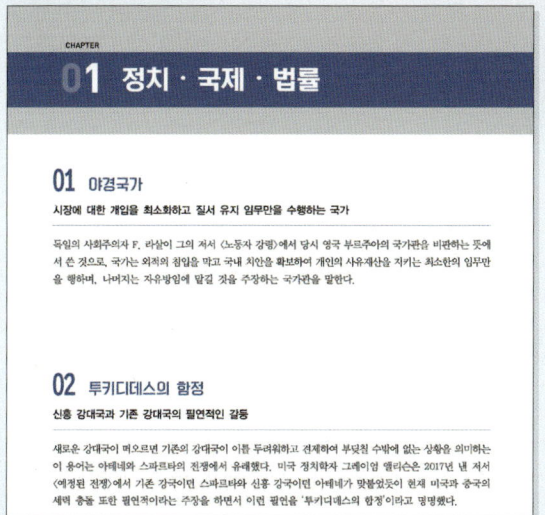
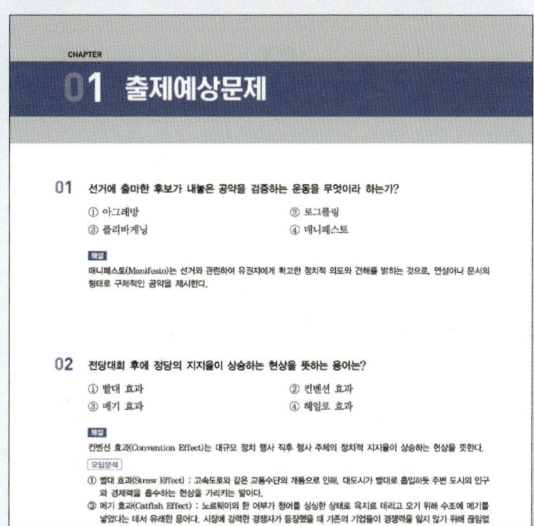

분야별 일반상식 / 출제예상문제
공공기관 일반상식 시험에 자주 나오는 키워드만을 선별하여 시험에 나오는 분야별로 정리하였습니다. 또한 출제예상문제를 통해 공부한 키워드를 다시 한 번 확인하고, 더 다양한 일반상식 문제도 함께 접할 수 있도록 구성하였습니다.

PART 4 경기도 역사 · 문화 · 시책

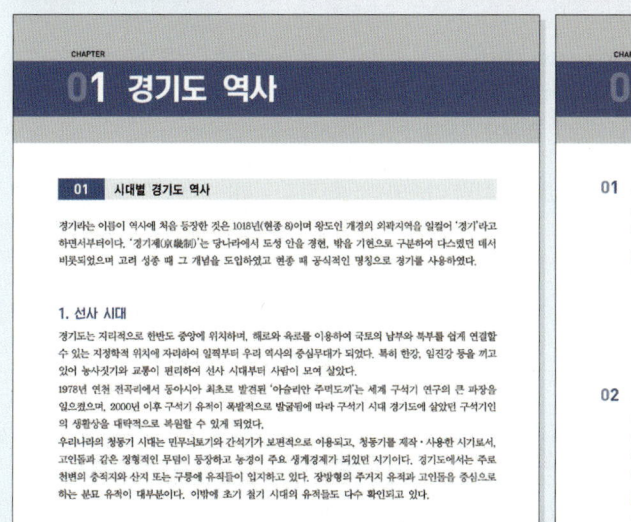
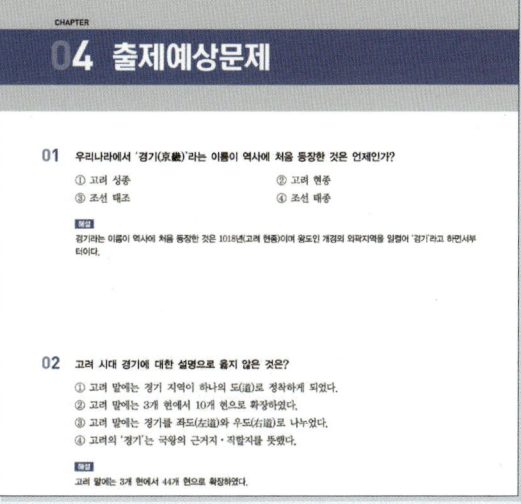

경기도 역사 · 문화 · 시책 / 출제예상문제
경기도 공무직 통합채용 시험에서는 경기도 역사 · 문화 · 시책에 대한 내용도 출제됩니다. 따라서 이와 관련된 내용을 정리하여 한눈에 파악할 수 있도록 하였습니다.

시험 안내 INTRODUCE

❖ 2025 제1회 경기도 공무직원 통합채용 공고 기준

◆ 선발인원

구 분	내 용
직 종	사무보조원, 시설관리보조원, 조리사, 종자생산원, 청소원, 영상관리보조원, 영상관리원, 설비관리원 등
인 원	총 13명 예정

◆ 시험과목

❶ 제1차 시험 : 필기시험(4지택1형)

시험명	필기시험과목	문항수	비 고
2025년도 경기도 공무직원 (무기계약근로자) 통합채용시험	일반상식(1과목)	40문제	경기도 역사·문화·시책 포함

※ 합격기준 : 100점 만점의 40% 이상 득점한 경우
※ 필기시험 과목 40점 이상 득점한 자 중에서 선발예정인원의 3배수를 고득점자 순으로 결정(동점자 전원 합격 처리)

❷ 제2차 시험 : 서류전형
- 필기시험 합격자 중 당해 직무수행에 관련되는 응시자의 자격·경력 등이 소정의 기준에 적합한지 여부를 서면으로 심사하여 공고된 자격기준에 적합할 경우 합격
- 필기시험 합격자 제출서류 및 면접시험 장소는 필기시험 합격자 발표 시 공고하며, 서류전형 불합격자는 개별 통보

❸ 제3차 시험 : 면접시험(제1·2차 시험 합격자 대상)
- 직무수행에 필요한 능력, 전문지식과 그 응용능력, 정신자세 등의 적격성을 상·중·하로 종합평가

면접평정요소	① 공무직원으로서의 정신자세 ③ 의사표현의 정확성과 논리성 ⑤ 창의력·의지력 및 발전 가능성	② 전문지식과 그 응용능력 ④ 예의·품행 및 성실성

❹ 최종합격자 결정방법 : 필기시험 성적순위와 관계없이 불합격 기준에 해당하지 아니하는 사람 중에서 면접시험 평정 성적이 우수한 사람부터 차례로 합격자 결정
※ "상"의 개수가 많은 순서, "상"의 개수가 동일한 경우 "중"의 개수가 많은 순서

◆ 시험일정(2025 제1회 채용 기준)

원서접수	구 분	시험장소 공고	시험일자	합격자 발표일
3.31.(월)~ 4.2.(수)	필기시험	4.18.(금)	4.26.(토)	5.19.(월)
	필기 및 서류심사	※ 불합격자에 한하여 개별 통보		
	면접시험	5.19.(월)	5.30.(금)~6.4.(수)	6.13.(금)

합격의 공식 Formula of pass | 시대에듀 www.sdedu.co.kr

◇ 응시접수

접수방법 : 지방자치단체 인터넷원서접수센터(local.gosi.go.kr)에서 접수
- ※ 원서접수 방법에 관한 사항은 고객센터(☎1522-0660)로 문의
- ※ 응시자가 처리단계별 절차에 의하여 입력한 후 반드시 최종 접수된 내역을 확인하여야 하며, 접수 부주의로 인하여 시험에 응시할 수 없을 경우에는 응시자에게 모든 책임이 있음

◇ 응시자격

❶ **응시결격사유 등** : 최종시험 시행예정일(면접시험 최종예정일)을 기준으로 「경기도 공무직원 등 운영 규정」 제10조(결격사유) 및 제67조(정년)에 해당하는 자 및 기타 관계법령에 의하여 응시자격이 정지된 자는 응시할 수 없습니다.

경기도 공무직원 등 운영 규정

제10조(결격사유) 다음 각 호의 어느 하나에 해당되는 사람은 공무직이 될 수 없다.
1. 피성년후견인
2. 파산선고를 받고 복권되지 아니한 사람
3. 금고 이상의 형을 받고 그 집행이 끝나거나, 집행을 받지 아니하기로 확정된 후 5년이 지나지 아니한 사람
4. 금고 이상의 형을 받고 그 집행유예의 기간이 만료된 날로부터 2년이 지나지 아니한 사람
5. 금고 이상의 형의 선고유예를 선고받고 그 선고유예 기간 중에 있는 사람
6. 법원의 판결 또는 다른 법률에 따라 자격이 상실되거나 정지된 사람
7. 징계로 해고처분을 받은 날로부터 5년이 지나지 아니한 사람
8. 그 밖에 제1호부터 제7호까지에 준하는 사유로써 업무수행이 불가능하다고 판단되는 사람

제67조(정년)
1. 공무직원의 정년은 만 60세로 한다. 다만, 청소원 및 경비원 직종은 65세로 한다.
2. 제1항에 따라 정년에 이른 날이 1월에서 6월 사이에 있는 경우는 6월 30일에, 7월에서 12월 사이에 있는 경우 12월 31일에 각각 퇴직한다.

---

❷ **응시연령** : 18세 이상(2007. 12. 31. 이전 출생자)

❸ **성별** : 제한없음

❹ **거주지 제한** : 공고일 전일부터 최종시험 시행예정일(면접시험 최종예정일)까지 계속하여 경기도에 주민등록상 주소지를 두고 있는 자

◇ 응시자 유의사항

❶ 응시원서접수 상의 기재 착오 또는 누락, 연락불능, 응시자격 미충족, 거주지제한 미확인, 합격자발표 미확인 등은 응시자의 책임이므로 이를 확인하지 않았을 경우 본인에게 불이익이 될 수 있으며, 공고문을 통해 시험 일정과 합격여부 등을 응시자 본인이 반드시 확인하시기 바랍니다.

❷ 필기시험 합격자는 반드시 필기시험 합격자 발표일에 안내하는 서류제출기간에 서류를 제출하여야 하며, 제출하지 않을 경우 면접시험에 응시할 수 없습니다.
   - ※ 제출서류 : 이력서, 자기소개서, 경력 및 재직증명서(사본), 자격요건 검증을 위한 동의서, 기타 증빙자료 등(필기시험 합격자 공고 시 첨부된 서식 활용)

❖ 본 시험안내는 2025년 제1회 경기도 공무직원 통합채용 공고를 바탕으로 정리한 것입니다. 통합채용의 상세 일정 등이 변경될 수 있으니 반드시 경기도 홈페이지(www.gg.go.kr)에서 전체 공고문을 확인하시기 바랍니다.

이 책의 차례 CONTENTS

PART 1 최신기출복원문제
- **CHAPTER 01** 주요 공공기관 일반상식 기출문제 · · · · · · 3
- **CHAPTER 02** 주요 공공기관 한국사 기출문제 · · · · · · 36

PART 2 최신상식
- **CHAPTER 01** 주요 국제 Awards · · · · · · 59
- **CHAPTER 02** 최신시사용어 · · · · · · 66

PART 3 일반상식
- **CHAPTER 01** 정치 · 국제 · 법률 · · · · · · 103
  - 출제예상문제 · · · · · · 128
- **CHAPTER 02** 경제 · 경영 · 금융 · · · · · · 146
  - 출제예상문제 · · · · · · 164
- **CHAPTER 03** 사회 · 노동 · 환경 · · · · · · 182
  - 출제예상문제 · · · · · · 199
- **CHAPTER 04** 과학 · 컴퓨터 · IT · 우주 · · · · · · 212
  - 출제예상문제 · · · · · · 229
- **CHAPTER 05** 문화 · 미디어 · 스포츠 · · · · · · 240
  - 출제예상문제 · · · · · · 255
- **CHAPTER 06** 한국사 · · · · · · 272
  - 출제예상문제 · · · · · · 329

PART 4 경기도 역사 · 문화 · 시책
- **CHAPTER 01** 경기도 역사 · · · · · · 345
- **CHAPTER 02** 경기도 산하와 문화 · · · · · · 349
- **CHAPTER 03** 경기도 시책 · · · · · · 356
- **CHAPTER 04** 출제예상문제 · · · · · · 362

PART 1

최신기출복원문제

CHAPTER 01　주요 공공기관 일반상식 기출문제
CHAPTER 02　주요 공공기관 한국사 기출문제

남에게 이기는 방법의 하나는 예의범절로 이기는 것이다.

– 조쉬 빌링스 –

CHAPTER 01 주요 공공기관 일반상식 기출문제

※ 본 기출복원문제는 시험 후기를 토대로 복원한 것으로 실제 시험과 일부 차이가 있을 수 있습니다.

01 정치·국제·법률

| 광주광역시도시공사

01 다음 중 영국의 의회민주주의 발전과 관련 없는 사건은?

① 청교도 혁명 ② 명예혁명
③ 권리장전 ④ 2월 혁명

해설
영국은 1642년부터 일어난 청교도 혁명으로 공화정이 수립됐고, 이후 다시 크롬웰의 독재정치로 왕정으로 돌아갔다가 1688년 명예혁명으로 영국 의회민주주의의 출발을 알리는 권리장전이 선언됐다. 이로써 영국은 세계 최초로 입헌군주국이 되었다. 2월 혁명은 1848년 프랑스에서 일어난 사건으로 프랑스 제2공화국 수립의 계기가 됐다.

| 대구의료원

02 외교사절로서 받아들이기 싫어하는 인물을 뜻하는 말은?

① 페르소나 논 그라타 ② 페르소나 그라타
③ 아그레망 ④ 모두스 비벤디

해설
페르소나 논 그라타(Persona non grata)는 '호감 가지 않는 인물'이라는 의미로 어느 한 국가가 외교사절로서 기피하려 하는 타국의 인물을 뜻하는 말이다. 국제 외교관례상 외교사절을 파견할 때 사전에 상대국에 동의를 얻는 것을 '아그레망(Agrément)'이라고 하고, 반대로 동의를 얻지 못한 것을 '페르소나 논 그라타'라고 한다.

| 대전도시공사

03 일정 기간이 지나면 공소 제기가 불가능한 제도는?

① 면소판결 ② 공소기각
③ 소멸시효 ④ 공소시효

해설
공소(公訴)란 검사가 형사사건에 대해 법원에 재판을 청구하는 것을 말한다. 공소시효는 어떤 범죄에 대해 일정 기간이 지나면 국가의 형벌권을 소멸시키는 제도로 공소시효가 완성된 이후에는 범죄 사실이 드러나더라도 수사 및 기소의 대상이 되지 않는다. 즉, 수사기관이 범죄를 인지하여도 법원에 재판을 청구할 수 없게 되는 것이다. 다만 살인죄를 포함해 13세 미만의 사람 및 신체적·정신적 장애가 있는 사람을 대상으로 한 강간죄, 강제추행죄, 강간 등 상해·치상죄, 강간 등 살인·치사죄 등에는 공소시효가 적용되지 않는다.

정답 01 ④ 02 ① 03 ④

04 다음 중 해양오염 방지를 위한 국제협약은?

① 파리 협정 ② 런던 협약
③ 몬트리올 의정서 ④ 교토 의정서

해설

런던 협약은 방사성 폐기물을 비롯해 바다를 오염시킬 수 있는 각종 산업폐기물의 해양투기나 해상소각을 규제하는 협약으로, 해양오염을 방지하는 것이 목적이다. 우리나라는 1992년에 가입했다.

05 다음 중 중대선거구제에 대한 설명으로 틀린 것은?

① 사표가 많이 발생한다.
② 지역구마다 2∼5명의 의원을 선출한다.
③ 유권자의 민의가 충분히 반영되지 않는다.
④ 많은 군소정당의 후보들이 선거에 뛰어들게 된다.

해설

중대선거구제는 지역구당 2∼5명의 의원을 뽑는 방식이다. 중대선거구제에서는 지역구의 범위가 넓어지는데, 예를 들어 1개 도에 10개의 지역구가 있다면 이를 북부와 남부라는 2개의 커다란 지역구로 통합한다. 지역구마다 2∼5명의 의원이 선출되기 때문에 유권자 입장에서는 선택의 폭이 넓어지고, 당선자 선출에 기여하지 못하는 사표(死票)가 줄어든다. 이를 통해 유권자의 정치적 효능감도 커진다. 그러나 유권자의 민의(民意)가 충분히 반영되지 않고, 군소정당의 후보들이 선거 판에 난립할 수 있다는 단점도 있다. 지역구가 넓어 선거비용도 비교적 많이 들어간다.

06 덴마크의 자치령 중 하나로 세계에서 가장 큰 섬은?

① 그린란드 ② 버진아일랜드
③ 미드웨이 제도 ④ 웨이크섬

해설

그린란드(Greenland)는 덴마크의 자치령으로 유럽과 북미 대륙 사이에 위치한 세계에서 가장 큰 섬이다. 이곳에 사는 원주민을 이누이트(Inuit)라고 하며, 1814년부터 덴마크가 식민지로서 지배하기 시작했다. 국토의 85%가 얼음으로 덮인 척박한 환경이지만, 희토류 등 중요한 희귀자원이 풍부하게 매장된 것으로 알려졌다.

07 독일 최초의 여성 국방부 장관이자 제13대 유럽연합 집행위원장은?

① 우르줄라 폰데어라이엔
② 마린 르펜
③ 조르자 멜로니
④ 엘리자베트 보른

해설
우르줄라 폰데어라이엔(Ursula vonder Leyen)은 독일의 의사 출신 정치인이다. 2003년 주의원으로 당선되며 정계에 입문했고, 이후 앙겔라 메르켈 내각에서 가족노인여성청소년부 장관과 노동부 장관, 그리고 2013~2019년에는 독일 최초 민간 출신이자 여성 국방부 장관을 역임했다. 국방부 장관에서 퇴임한 후에는 중도우파 성향의 유럽국민당(EPP) 소속으로 2019년 12월 유럽연합(EU)의 수장인 제13대 집행위원장 자리에 올랐으며, 2024년 7월 연임에 성공했다.

08 다음 중 선거로 뽑는 것이 아닌 직무는?

① 국회의원
② 교육감
③ 장학사
④ 기초단체장

해설
장학사는 교육연구사와 함께 특정직에 속하는 교육공무원을 말한다. 교육직 공무원인 평교사가 전직 시험에 합격하거나 교감 자격을 가진 교사 또는 현직 교감이 전직하는 경우 임용된다. 행정상 지휘·명령·감독권은 없으나 학교 시찰 등을 통해 교육현장에서의 교육 관련 지도, 조언 등의 업무를 수행한다.

09 우리나라 국회의원의 정수는?

① 200명
② 250명
③ 280명
④ 300명

해설
현재 우리나라 국회의원 정수는 총 300인으로 지역구 254인과 비례대표 46인으로 구성되어 있다.

헌법 제41조
1항 국회는 국민의 보통·평등·직접·비밀선거에 의하여 선출된 국회의원으로 구성한다.
2항 국회의원의 수는 법률로 정하되, 200인 이상으로 한다.
3항 국회의원의 선거구와 비례대표제 기타 선거에 관한 사항은 법률로 정한다.

정답 04 ② 05 ① 06 ① 07 ① 08 ③ 09 ④

10 우리나라가 193번째로 정식 수교를 맺은 국가는?

① 캄보디아
② 모나코
③ 북마케도니아
④ 쿠 바

해설
우리나라는 2024년 2월 그동안 외교관계가 없었던 쿠바와 정식 수교를 맺게 됐다. 쿠바는 우리나라의 193번째 수교국으로 1959년 쿠바의 사회주의 혁명 이후 교류가 단절됐었다. 외교부는 쿠바와의 수교를 통해 양국 간 경제협력 확대 및 국내 기업 진출을 위한 제도적 기반을 마련함으로써 실질적인 협력 확대에 기여할 것으로 예상된다고 밝혔다.

| 폴리텍

11 다음 중 범죄 성립의 3요소에 해당하지 않는 것은?

① 구성요건 해당성
② 위법성
③ 모욕성
④ 책임성

해설
범죄 성립의 3요소에는 구성요건 해당성, 위법성, 책임성이 있다. 어떠한 행위가 범죄로 성립하려면 형법에서 범죄로 규정하고 있는 구성요건에 해당이 되어야 하며, 전체 법질서로부터 위법적인 행위라는 판단이 가능해야 한다. 또 범죄 행위자가 법이 요구하는 공동생활상의 규범에 합치할 수 있도록 의사결정을 할 수 있는 능력인 책임능력을 갖추고 있어야 한다.

| 폴리텍

12 특정 정당이나 후보에게 유리하도록 의도적으로 선거구를 조작하는 것은?

① 게리맨더링
② 스핀닥터
③ 매니페스토
④ 스윙보터

해설
게리맨더링(Gerrymandering)이란 1812년 미국 매사추세츠 주지사 게리가 당시 공화당 후보에게 유리하도록 선거구를 재조정했는데 그 모양이 마치 그리스 신화에 나오는 샐러맨더와 비슷하다고 한 데서 유래한 말이다. 이는 특정 정당이나 후보자에게 유리하도록 선거구를 인위적으로 확정하는 것을 의미하며, 이를 방지하기 위해 우리나라에서는 선거구 법정주의를 채택하고 있다.

| 폴리텍

13 다음 중 헌법 개정 시 의결정족수에 관한 내용으로 옳은 것을 모두 고르면?

> ㄱ. 헌법 개정은 국회 재적의원 과반수 찬성 또는 대통령의 발의로 제안된다.
> ㄴ. 국회의원 선거권자 100만 명 이상의 찬성이 있으면 개정안을 발의할 수 있다.
> ㄷ. 국회의 의결은 재적의원 1/3 이상의 찬성을 얻어야 한다.
> ㄹ. 국회의 의결 이후 국회의원 선거권자 과반수의 투표와 투표자 과반수의 찬성을 얻어야 한다.

① ㄱ, ㄷ
② ㄱ, ㄹ
③ ㄱ, ㄴ, ㄹ
④ ㄴ, ㄷ, ㄹ

해설

[오답분석]
ㄴ. 문재인 전 대통령의 공약이기도 했던 '국민발안제'의 내용으로 당시 국회에서 이와 관련된 헌법 개정안이 발의돼 표결에 부쳐졌으나 의결정족수 부족으로 투표가 성립되지 않아 자동 폐기됐다.
ㄷ. '헌법 제130조 제1항'에 따르면 국회는 헌법 개정안이 공고된 날로부터 60일 이내에 의결하여야 하며, 국회의 의결은 재적의원 3분의 2 이상의 찬성을 얻어야 한다.

| 폴리텍

14 우리 국회에서 원내 교섭단체를 구성할 수 있는 인원수는?

① 15명
② 20명
③ 25명
④ 30명

해설

교섭단체는 국회에서 정당 소속의원들의 의견과 정당의 주장을 통합하여 국회가 개회하기 전에 반대당과 교섭·조율하기 위해 구성하는 단체로, 소속 국회의원 20인 이상을 구성요건으로 한다. 하나의 정당으로 교섭단체를 구성하는 것이 원칙이지만 복수의 정당이 연합해 구성할 수도 있다. 교섭단체가 구성되면 매년 임시회와 정기회에서 연설을 할 수 있고, 국고보조금 지원도 늘어난다.

| 폴리텍

15 재정·실현가능성은 생각하지 않는 대중영합주의 정치를 뜻하는 말은?

① 포퓰리즘
② 프리거니즘
③ 리버테리아니즘
④ 맨해트니즘

해설

포퓰리즘(Populism)은 대중의 의견을 존중하고, 대중의 이익을 대변하는 방향으로 정치활동을 펼치는 것을 말한다. 또한 재정이나 환경 또는 실현가능성을 고려하지 않고 인기에 따라 '퍼주기식' 정책을 펼치는 대중영합주의 정치를 뜻하기도 한다.

| 폴리텍

16 우리나라 선거제도에 관한 설명으로 틀린 것은?

① 대통령의 임기는 5년, 국회의원의 임기는 4년이다.
② 국회의원 선거는 중선거구제를 채택하고 있다.
③ 선거권은 만 18세 이상의 국민에게 주어진다.
④ 특정 정당·후보자에게 유리하지 않도록 국회가 선거구를 법률로 정한다.

해설
우리나라 국회의원 선거는 선거구별 1인을 선출하는 소선거구제를 채택하고 있다. 후보자 중 1명에게만 투표하고, 가장 많은 득표를 한 사람이 당선되는 방식이다. 소선거구제는 군소정당의 난립을 방지하고 보궐선거를 용이하게 하는 반면, 소수당에 불리하고 사표가 많아진다는 단점이 있다.

| 포항시청소년재단

17 다음 중 쿼드 정상회의에 참여하는 국가가 아닌 것은?

① 인 도　　　　　② 일 본
③ 뉴질랜드　　　④ 미 국

해설
쿼드(Quad)는 미국, 일본, 인도, 호주로 구성된 안보협의체다. 2007년 아베 신조 당시 일본 총리의 주도로 시작됐으며 2020년 8월 미국의 제안 아래 공식적인 국제기구로 출범했다. 중국의 일대일로를 견제하기 위한 목적도 갖고 있으며, 미국은 쿼드를 인도-태평양판 북대서양조약기구(NATO)로 추진했다. 한편 쿼드는 한국, 뉴질랜드, 베트남이 추가로 참가하는 쿼드 플러스(Quad+)로 기구를 확대하려는 의지를 내비치기도 했다.

| 화성시공공기관통합채용

18 다음 중 OPEC+에만 해당하는 국가는?

① 러시아　　　　② 쿠웨이트
③ 이 란　　　　 ④ 베네수엘라

해설
'OPEC+'는 OPEC(석유수출국기구)의 회원국과 러시아 등 기타 산유국과의 협의체를 말한다. OPEC은 쿠웨이트, 이란, 사우디아라비아 등 중동의 대표적 산유국 5개국이 모여 창립했고, 산유국 간의 공동이익 증진을 위한 행보를 보여 왔다. 그러다가 러시아, 멕시코, 말레이시아 같은 비OPEC 산유국들이 성장하면서, 이들이 함께 모여 석유 생산을 논의하는 OPEC+ 체계가 자리잡게 됐다.

02 경제·경영·금융

▎고양시공공기관통합채용

19 둘 이상의 자회사의 주식을 갖고 있으면서 그 회사의 경영권을 가지고 지휘·감독하는 회사는?

① 지주회사　　② 주식회사
③ 합명회사　　④ 합자회사

해설
회사의 종류
- 주식회사 : 주식을 발행하여 여러 사람이 자본투자에 참여할 수 있는 회사
- 합명회사 : 몇 사람이 동업을 하면서 회사를 설립해 회사의 존망을 모든 사원이 함께 책임지는 회사
- 유한회사 : 사원이 일정 금액을 투자해 그 투자금액만큼만 책임지는 회사
- 합자회사 : 일부 사원은 투자 없이(월급사원), 일부 사원은 투자(월급 + 투자 수익)하여 그 투자금액은 손실을 감수해야 하는 형태의 회사(합명회사 + 유한회사 형태)

▎광주광역시공공기관통합채용

20 기업이 제품의 가격은 유지하고 수량과 무게 등만 줄이는 전략은?

① 런치플레이션　　② 애그플레이션
③ 슈링크플레이션　　④ 스킴플레이션

해설
슈링크플레이션(Shrinkflation)은 기업들이 자사 제품의 가격을 유지하는 대신 수량과 무게·용량만 줄여 사실상 가격을 올리는 전략을 말한다. 영국의 경제학자 피파 맘그렌이 제시한 용어로 '줄어들다'라는 뜻의 '슈링크(Shrink)'와 '지속적으로 물가가 상승하는 현상'을 나타내는 '인플레이션(Inflation)'의 합성어다.

▎광주광역시공공기관통합채용

21 바이러스처럼 퍼져나가 소비자들이 자발적으로 제품을 홍보하도록 유도하는 마케팅은?

① 게릴라 마케팅　　② 디지털 마케팅
③ 바이럴 마케팅　　④ 퍼포먼스 마케팅

해설
바이럴 마케팅(Viral Marketing)은 소비자들이 이메일이나 다른 전파 가능한 매체를 통해 자발적으로 제품이나 서비스를 알리도록 유도하는 마케팅을 말한다. 기업이 직접 광고를 하지 않는 대신 소비자의 SNS나 블로그, 카페 등을 활용해 자연스럽게 정보를 제공하고, 이를 이용자들이 자발적으로 퍼뜨리도록 해 홍보 효과를 누리는 것이다.

정답 16 ②　17 ③　18 ①　19 ①　20 ③　21 ③

22 1990년대 일본에서 버블경제가 붕괴한 뒤 나타난 '100엔숍'은 이 현상을 상징하는 대표 사례로 꼽힌다. 경기침체 상황에서 물가가 지속적으로 하락하는 것을 가리키는 용어는?

① 슬로플레이션 ② 디플레이션
③ 슈링크플레이션 ④ 스킴플레이션

해설
100엔숍은 진열되어 있는 대부분의 상품을 100엔에 판매하는 일본의 소매점이다. 이러한 100엔숍은 일본의 심각한 디플레이션(Deflation) 현상을 상징하는 대표 사례로 꼽힌다.

오답분석
① 슬로플레이션(Slowflation) : 경기회복 속도가 느린 가운데 물가가 치솟는 현상
③ 슈링크플레이션(Shrinkflation) : 가격은 그대로 유지하는 대신 제품의 용량을 줄이는 것
④ 스킴플레이션(Skimpflation) : 물가가 상승하는 것과 반대로 상품 및 서비스의 질이 떨어지는 현상

23 소비자와 판매자 간 정보의 불균형으로 인해 값싼 가격에 질 낮은 저급품만 유통되는 시장을 가리키는 용어는?

① 프리마켓 ② 제3마켓
③ 피치마켓 ④ 레몬마켓

해설
레몬마켓(Lemon Market)은 저급품만 유통되는 시장으로, 불량품이 넘쳐나면서 소비자의 외면을 받게 된다. 피치마켓은 레몬마켓의 반대어로, 고품질의 상품이나 우량의 재화·서비스가 거래되는 시장을 의미한다.

24 주식을 대량으로 보유한 매도자가 매수자에게 장외 시간에 주식을 넘기는 거래는?

① 숏커버링 ② 블록딜
③ 윈도드레싱 ④ 스캘핑

해설
블록딜(Block Deal)은 거래소 시장이 시작하는 전후에 주식을 대량으로 보유한 매도자가 대량으로 구매할 매수자에게 그 주식을 넘기는 거래를 말한다. 한번에 대량의 주식이 거래될 경우 이로 인한 파동이 시장에 영향을 미치지 않도록 하는 조치다.

| 대구의료원

25 경제지표 평가 시 기준·비교시점의 상대적 차이에 따라 결과가 왜곡돼 보이는 현상은?

① 분수 효과　　　　　　　　② 백로 효과
③ 낙수 효과　　　　　　　　④ 기저 효과

해설
기저 효과는 어떤 지표를 평가하는 과정에서 기준시점과 비교시점의 상대적 수치에 따라 그 결과가 실제보다 왜곡돼 나타나는 현상을 말한다. 가령 호황기의 경제상황을 기준으로 현재의 경제상황을 비교할 경우, 경제지표는 실제보다 상당히 위축된 모습을 보인다. 반면 불황기가 기준시점이 되면, 현재의 경제지표는 실제보다 부풀려져 개선된 것처럼 보이는 일종의 착시현상이 일어난다. 때문에 수치나 통계작성 주체에 의해 의도된 착시라는 특징을 갖는다.

| 대구의료원

26 연간 소득 대비 총부채 원리금상환액을 기준으로 부채상환능력을 평가함으로써 대출 규모를 제한하는 기준은?

① DTI　　　　　　　　　　② DSR
③ LTV　　　　　　　　　　④ DTA

해설
DSR은 'Debt Service Ratio'의 약어로, 우리말로는 '총부채 원리금상환비율'이라 한다. 주택 대출의 원리금과 신용 대출, 자동차 할부, 학자금 대출, 카드론 등 모든 대출의 원리금상환액이 수익에서 얼마를 차지하는지를 나타내는 비율로, 낮을수록 대출이 어려워진다.

오답분석
① DTI : 총소득에서 주택담보 부채의 연간 원리금상환액과 기타 대출의 이자상환액이 차지하는 비율
③ LTV : 담보 물건의 실제 가치 대비 대출금액의 비율
④ DTA : 자산평가액 대비 총부채비율

| 대전광역시공공기관통합채용

27 성장 가능성은 있으나 아직은 성숙하지 못한 산업을 뜻하는 말은?

① 기간산업　　　　　　　　② 유치산업
③ 사양산업　　　　　　　　④ 후방산업

해설
유치산업(Infant Industry)은 발달 초기에 놓인 산업으로 성장 가능성은 있지만 아직 경쟁력을 갖추지 못한 산업을 뜻한다. 유치산업에 관해서는 국제경쟁력을 갖출 수 있도록 국가에서 관세나 보조금 정책 등으로 보호 육성해야 한다는 '유치산업 보호론'이 있다.

밀양시시설관리공단

28 국가와 국가 혹은 국가와 세계의 경기가 같은 흐름을 띠지 않는 현상을 뜻하는 말은?

① 리커플링
② 디커플링
③ 테이퍼링
④ 양적완화

해설
디커플링(Decoupling)은 일명 탈동조화 현상으로 한 국가의 경제가 주변의 다른 국가나 세계경제와 같은 흐름을 보이지 않고 독자적인 경제로 움직이는 현상을 말한다. 세계경제는 미국이나 유럽 등 선진국에서 발생한 수요 또는 공급 충격에 큰 영향을 받는 동조화(Coupling) 현상, 점차 다른 나라의 경제상황과 성장에 미치는 영향이 약화되는 디커플링 현상, 동조화 재발생(Recoupling) 현상이 반복된다.

부산광역시공공기관통합채용

29 플랫폼이 수익 창출을 우선시하면서 품질과 사용자 경험이 떨어지는 현상은?

① 젠트리피케이션
② 엔시티피케이션
③ 워케이션
④ 카니벌라이제이션

해설
엔시티피케이션(Enshittification)은 사용자에게 양질의 콘텐츠와 편익을 제공하던 플랫폼이 점차 더 많은 이익을 창출하는 것에 몰두하면서 플랫폼의 품질과 사용자 경험이 모두 저하되는 것을 말한다. 배설물을 뜻하는 'Shit'을 써서 플랫폼의 변질을 꼬집은 용어로 '열화(劣化)'라고도 한다. 플랫폼들이 본래 추구하던 콘텐츠보다 광고나 가짜뉴스 같은 스팸성 게시글이 넘쳐나면서 전체적으로 플랫폼의 질이 떨어지고, 이에 따라 사용자가 이탈하고 있는 현상을 설명하기 위해 제시된 개념이다.

부산광역시공공기관통합채용

30 지지하는 브랜드의 상품을 의도적으로 구입하고, 주변에도 구입을 권장하는 행위는?

① 노멀크러시
② 윤리적 소비
③ 보이콧
④ 바이콧

해설
바이콧(Buycott)은 보이콧(Boycott)에 대비되는 개념으로 스스로 지지하는 브랜드의 상품을 의도적으로 구입하고, 주변에도 구입을 권장하는 행위를 말한다. 환경보호에 나서거나 사회에 선한 영향력을 끼치는 기업의 상품을 적극적으로 구입해, 이러한 기업을 지지하고 더 좋은 영향력을 끼칠 수 있도록 독려하는 것이다.

31 다음 중 한국은행의 기능이 아닌 것은?

① 화폐를 시중에 발행하고 다시 환수한다.
② 통화량 조절을 위해 정책금리인 기준금리를 결정한다.
③ 외화보유액을 적정한 수준으로 유지한다.
④ 금융기관에 대한 감사와 감독 업무를 수행한다.

해설
한국은행의 주요 기능
- 화폐를 발행하고 환수한다.
- 기준금리 등 통화신용 정책을 수립하고 진행한다.
- 은행 등 금융기관을 상대로 예금을 받고 대출을 해준다.
- 국가를 상대로 국고금을 수납하고 지급한다.
- 외환건전성 제고를 통해 금융안정에 기여하며, 외화자산을 보유·운용한다.
- 국내외 경제에 관한 조사연구 및 통계 업무를 수행한다.

32 서로 다른 분야의 요소들이 결합해 더 큰 에너지를 분출하는 효과는?

① 플라시보 효과　　② 헤일로 효과
③ 메디치 효과　　　④ 메기 효과

해설
메디치 효과(Medici Effect)란 서로 다른 분야의 요소들이 결합하여 각 요소가 지닌 에너지의 합보다 더 큰 에너지를 분출하는 것을 말한다. 15세기 이탈리아 피렌체의 메디치 가문이 문화, 철학, 과학 등 여러 분야 전문가를 후원하면서 자연스럽게 서로 융합돼 상승 효과가 일어난 데서 유래한 용어다.

33 다른 사람이 구매한 것을 똑같이 구매하거나 착용하는 효과를 뜻하는 용어는?

① 밴드왜건 효과　　② 스놉 효과
③ 오픈런　　　　　　④ 속물 효과

해설
밴드왜건 효과(Bandwagon Effect)는 대중의 유행에 따라 다른 사람이 구매한 것을 똑같이 구매하거나 착용하는 소비현상으로 '편승 효과'라고도 한다. 퍼레이드의 선두에 서는 악대차를 의미하는 '밴드왜건(Bandwagon)'에서 유래한 것으로 미국의 경제학자 하비 라이벤스타인이 발표한 네트워크 효과 중 하나다.

| 의정부도시공사

34 다음 중 세계 3대 신용평가기관에 꼽히지 않는 것은?

① 무디스(Moody's)
② 스탠더드 앤드 푸어스(S&P)
③ 피치 레이팅스(Fitch Ratings)
④ D&B(Dun&Bradstreet Inc)

해설
영국의 피치 레이팅스, 미국의 무디스와 스탠더드 앤드 푸어스는 세계 3대 신용평가기관으로서 각국의 정치·경제상황과 향후 전망 등을 고려하여 국가별 등급을 매겨 국가신용도를 평가한다. D&B(Dun&Bradstreet Inc)는 미국의 상사신용조사 전문기관으로 1933년에 R. G. Dun&Company와 Bradstreet Company의 합병으로 설립됐다.

| 폴리텍

35 애덤 스미스의 〈국부론〉에 등장하는 조세원칙으로 틀린 것은?

① 편의성
② 최대성
③ 투명성
④ 효율성

해설
애덤 스미스는 자신의 대표적 저서인 〈국부론〉을 통해 조세의 4가지 원칙을 내세웠다. 첫째 소득에 따라서 비례적으로 걷혀야 할 것(비례성), 둘째 임의대로 징수하는 것이 아닌 확실한 기준이 있을 것(투명성), 셋째 납세자가 편리한 방법으로 납부할 수 있을 것(편의성), 넷째 징수에 드는 행정비용이 저렴할 것(효율성) 등이다.

| 폴리텍

36 해외 투자자가 평가하는 투자상대국의 대외신인도를 뜻하는 말은?

① 컨트리 리스크
② 소버린 리스크
③ 폴리티칼 리스크
④ 이머전시 리스크

해설
컨트리 리스크(Country Risk)란 글로벌 투자자가 한 국가를 상대로 투자를 하려고 할 때 평가하는 투자상대국의 대외신인도를 말한다. 컨트리 리스크는 해당 국가의 정치적 결단이나 금융정책의 실행에 따라 한순간에 크게 좌우될 수 있다. 때문에 투자상대국의 정책적 행보에 큰 손해를 볼 수 있으므로 글로벌 투자자는 컨트리 리스크를 면밀히 검토해야 한다.

03 사회·노동·환경

| 대구의료원

37 12인승 이하의 승합자동차가 고속도로에서 버스전용차로를 이용하기 위해서는 최소 몇 명이 탑승해야 하는가?

① 2명　　　　　　　　　　② 3명
③ 4명　　　　　　　　　　④ 6명

해설
9인승 이상 12인승 이하의 승합자동차가 고속도로에서 버스전용차로를 이용하기 위해서는 최소 6명 이상이 탑승해야 한다. 이를 위반할 경우 벌점 30점과 승용차는 범칙금 6만 원, 승합차는 7만 원을 부과받게 된다.

| 대구의료원

38 패션과 미용에 아낌없이 투자하는 남성들을 뜻하는 신조어는?

① 더피족　　　　　　　　② 딘트족
③ 그루밍족　　　　　　　④ 여피족

해설
그루밍족(Grooming族)은 패션과 미용에 아낌없이 투자하는 남성을 뜻하는 신조어다. 피부, 두발, 치아 관리는 물론 성형수술까지 마다하지 않으면서 자신을 꾸미는 것에 대한 투자를 아끼지 않는 남성들을 가리킨다. 패션과 외모에 관심이 많은 메트로섹슈얼족의 증가와 함께 자신을 치장하고 꾸미는 것에 큰 관심을 갖는 그루밍족도 늘고 있다.

| 대전도시공사

39 다음 중 법인승용차 전용번호판의 지정색은?

① 파란색　　　　　　　　② 연두색
③ 노란색　　　　　　　　④ 빨간색

해설
국토교통부가 2023년 11월 공공·민간법인이 이용하는 8,000만 원 이상의 업무용 승용차(법인차)에 대해 일반번호판과 구분하기 위해 '자동차 등록번호판 등의 기준에 관한 고시' 개정안을 행정예고함에 따라 2024년부터 대상 차량들은 연두색 번호판을 의무적으로 장착해야 한다. 전용번호판은 법인차에 일반번호판과 구별되는 색상번호판을 배정해 법인들이 스스로 업무용 차량을 용도에 맞게 운영하도록 유도하기 위해 추진된 것으로 세제혜택 등을 위해 법인 명의로 고가의 차량을 구입 또는 리스한 뒤 사적으로 이용하는 문제를 막기 위해 도입됐다.

정답 34 ④　35 ②　36 ①　37 ④　38 ③　39 ②

40 저임금 노동에 시달리는 노동계급을 뜻하는 말은?

① 룸 펜
② 부르주아
③ 프롤레타리아
④ 프레카리아트

> **해설**
> 프레카리아트(Precariat)는 '불안정하다'라는 의미의 이탈리아어 'Precario'와 노동계급을 뜻하는 독일어 'Proletariat'가 조합된 단어로, 불안정한 고용과 저임금에 시달리는 노동자들을 의미한다. 영국 경제학자 가이 스탠딩은 '엘리트 – 봉급생활자 – 연금생활자 – 프롤레타리아'라는 전통적 계급 아래에 프레카리아트가 존재한다고 말하며, 이들은 평생 불안정한 직업을 전전하고 노동의 가치를 깨닫지 못할 뿐만 아니라 자기계발을 하기도 힘든 계급이라고 설명했다.

41 고령사회를 구분하는 65세 이상 노인의 비율은?

① 7%
② 10%
③ 14%
④ 20%

> **해설**
> 국제연합(UN)의 기준에 따르면 65세 이상 노인이 전체 인구의 7% 이상을 차지하면 고령화사회(Aging Society), 14% 이상을 차지하면 고령사회(Aged Society), 20% 이상을 차지하면 초고령사회(Super-aged Society)로 구분한다. 대한민국은 2024년 12월 기준 65세 이상의 인구가 전체 인구의 20%를 넘어서며 초고령사회에 접어들었다.

42 하나의 부정적 행동이 연쇄적으로 다른 부분에 영향을 끼치며 전반적 상황을 악화시키는 현상은?

① 피셔 효과
② 둠루프
③ 트리플딥
④ 그레샴의 법칙

> **해설**
> 둠루프(Doom Loop)란 '파멸의 고리'라는 뜻으로 하나의 부정적 행동이나 사고가 연쇄적으로 다른 부분으로까지 악영향을 끼치며 전반적인 상황을 악화시키는 현상을 말한다. 경제상황에서는 하나의 기업이 무너지면 그 충격으로 산업 전체가 몰락하는 현상을 뜻하기도 한다. 2008년 전 세계를 금융위기로 몰아넣었던 '서브프라임 모기지 사태'를 대표적 사례로 꼽을 수 있다.

43 부유한 가정에서 태어나 별다른 노력 없이도 성공한 삶을 사는 자녀를 뜻하는 말은?

① 눕 프
② 킨포크
③ 네포 베이비
④ 텐포켓

해설
네포 베이비(Nepo Baby)란 족벌주의를 뜻하는 '네포티즘(Nepotism)'과 '아기(Baby)'를 합친 말로, 우리말로 하면 '금수저'를 뜻한다. 부유하고 유명한 부모에게서 태어나 별다른 노력 없이 풍족하고 성공적인 삶을 사는 자녀를 의미하는 말이다. 최근 미국에서는 청년층을 비롯한 대중들이 부모의 후광으로 화려한 삶을 사는 네포 베이비에 대한 반감을 느끼는 것으로 보도되기도 했다.

44 독일의 사회학자 퇴니에스가 주장한 사회유형 중 이익사회를 뜻하는 말은?

① 게른샤프트
② 게마인샤프트
③ 게노센샤프트
④ 게젤샤프트

해설
게젤샤프트(Gesellschaft)는 독일의 사회학자 퇴니에스(F. Tönnies)가 주장한 사회유형 중 하나로 인위적으로 계약돼 이해타산적 관계에 얽혀 이루어진 '이익사회'를 일컫는다. 회사나 조합, 정당 같은 계약·조약으로 구성된 사회가 게젤샤프트라고 할 수 있다. 게마인샤프트(Gemeinschaft)는 가족과 친족, 마을 등의 '공동사회'를 의미하며, 게노센샤프트(Genossenschaft)는 '협동사회'로 이익사회와 공동사회의 성질을 모두 띠고 있는 사회를 뜻한다.

45 금지된 것에 더욱 끌리는 심리적 저항 현상을 뜻하는 말은?

① 칼리굴라 효과
② 로미오와 줄리엣 효과
③ 칵테일파티 효과
④ 서브리미널 효과

해설
칼리굴라 효과는 하지 말라고 하면 더 하고 싶어지는, 즉 금지된 것에 끌리는 심리 현상을 말한다. 1979년 로마 황제였던 폭군 칼리굴라의 일대기를 그린 영화 〈칼리굴라〉가 개봉했는데, 미국 보스턴에서 이 영화의 선정성과 폭력성을 이유로 들어 상영을 금지하자 외려 더 큰 관심을 불러일으킨 데서 유래했다.

46 고학력자임에도 불구하고 경력을 쌓지 못하고 희망이나 가능성이 없는 일에 내몰리는 청년세대를 지칭하는 용어는?

① 알파세대
② 마처세대
③ 림보세대
④ 오팔세대

해설
림보세대는 어려운 경제상황으로 인해 고등교육을 받고도 경력을 쌓지 못한 채 가능성이 없는 일에 내몰리고 있는 청년들을 지칭하는 용어다. 2008년 글로벌 금융위기 이후 전 세계적인 사회현상으로 대두된 개념으로 미국 뉴욕타임스가 2011년 9월 발행한 기사에서 사용하면서 널리 확산됐다. 최근 장기간 이어진 경기침체로 취업난이 지속되면서 고학력자임에도 불구하고 정규직으로 일하지 못하고 계약직이나 아르바이트를 하며 생계를 꾸리는 림보세대가 다시 주목받고 있다.

47 다양한 직장 또는 직무를 찾아 일자리를 옮기는 사람을 가리키는 말은?

① 디지털 노마드
② 커리어 노마드
③ 프리터족
④ 프리커족

해설
커리어 노마드(Career Nomad)는 '직업'이라는 뜻의 영단어 'Career'와 '유목민'이라는 뜻의 'Nomad'의 합성어로 하나의 조직이나 직무에만 매여 있지 않고 다양한 직장이나 직무를 찾아 일자리를 옮기는 사람을 가리킨다. '잡(Job)노마드'라고도 한다. 최근 불안정한 고용환경과 자기개발을 중시하는 사회적 분위기가 맞물리면서 과거 평생직장이나 평생직업을 선택하던 것에서 벗어나 다양한 경력활동을 추구하는 사람들이 증가하고 있다.

48 SNS에서 연인관계를 미끼로 금전을 갈취하는 범죄 수법은?

① 퍼블릭 피겨
② 장미꽃 강매
③ 로맨스 스캠
④ 스피어 피싱

해설
로맨스 스캠(Romance Scam)은 주로 SNS상에서 신분을 위장하는 등의 방식으로 이성을 유혹한 뒤, 결혼이나 사업 자금을 명목으로 금전을 갈취하는 사기범죄 수법이다. 신분을 속여 피해자에게 호감을 산 후 거액의 투자를 유도하거나, 사기행각을 저지르도록 강요하기도 한다.

49 자신이 속한 세대의 생활방식에 얽매이지 않고 다양한 문화를 향유하는 세대는?

① 퍼레니얼 세대 ② 알파세대
③ 밀레니얼 세대 ④ Z세대

해설
퍼레니얼(Perennial) 세대란 자신이 속한 세대가 향유하는 문화나 생활방식에 얽매이지 않고, 다른 세대의 문화도 자유롭게 소비하는 탈세대형 인간을 뜻한다. 퍼레니얼은 원래 '다년생 식물'을 뜻하는데, 마우로 기옌 미국 펜실베이니아대 교수가 이 같은 의미로 재정의하면서 현재의 의미로 확산했다. 평균수명이 늘어나면서 각 세대가 보편적으로 향유하는 문화만을 고집하지 않고, 이를 넘나들며 유연하게 즐기는 사람들이 늘어나고 있다.

50 하루 종일 침대에 누워 SNS 등을 하며 휴식을 취하는 것을 뜻하는 말은?

① 베드 로팅 ② 리 즈
③ 도파밍   ④ 리퀴드폴리탄

해설
베드 로팅(Bed Rotting)은 우리말로 직역하면 '침대에서 썩기'라는 뜻이다. 하루 종일 침대에 누워 SNS나 유튜브 등에 시간을 쏟으며 휴식을 취하는 것을 말한다. '집콕'과 유사한 의미로 최대한 다른 이들과의 접촉 없이 스트레스를 받지 않으려는 최근 세태를 반영한 신조어다. 그러나 한편으론 오히려 이러한 베드 로팅이 스마트폰 중독이나 우울감 등을 유발할 수도 있다는 의견도 나오고 있다.

51 도심에는 상업기관·공공기관 등만 남아 주거인구가 텅 비어 있고, 외곽에 주택이 밀집되는 현상은?

① 토페카 현상 ② 지가구배 현상
③ 스프롤 현상 ④ 도넛화 현상

해설
도넛화 현상은 '공동화 현상'이라고도 하며 높은 토지가격, 공해, 교통 등 문제들로 인해 도심에는 주택들이 줄어들고 상업·공공기관 등만이 남게 되는 현상이다. 주거인구의 분포를 보면 도심에는 텅 비어 있고, 외곽 쪽에 밀집돼 있어 도넛 모양과 유사하게 나타난다. 이로 인해 도심의 직장과 교외의 주택 간 거리가 멀어지는 직주분리가 나타나는데, 이러한 현상이 심화하면 교통난이 가중되고 능률이 떨어져 다시 도심으로 회귀하는 현상이 일어날 수도 있다.

정답 46 ③ 47 ② 48 ③ 49 ① 50 ① 51 ④

| 폴리텍

52 상담이나 의사소통을 통해 구축된 상호 신뢰관계를 뜻하는 심리학 용어는?

① 라 포
② 그루밍
③ 메타인지
④ 모글리 현상

해설

라포(Rapport)는 상담 또는 교육, 의사소통을 바탕으로 구축된 상호 신뢰관계를 뜻하는 말이다. 주로 상담 과정에서 상담자와 내담자 사이에 쌓이는 친근한 인간관계를 지칭할 때 쓰인다. 라포는 공감대 형성과 상호 협조가 필요한 상담·치료·교육 과정에서 성공을 이끌어낼 수 있는 필수요소로 꼽힌다.

| 폴리텍

53 구직자·근로자들이 더 좋은 조건을 찾는 탐색행위로 인해 발생하는 실업은?

① 구조적 실업
② 기술적 실업
③ 마찰적 실업
④ 경기적 실업

해설

마찰적 실업이란 구직자·근로자들이 더 좋은 조건을 찾는 탐색행위로 인해 발생하는 실업으로, 고용시장에서 노동의 수요와 공급 간에 소통이 원활하지 않아 발생한다. 근로자들이 자발적으로 선택해서 발생하는 일시적인 실업 유형이므로 자발적 실업에 해당한다. 자발적 실업은 일할 능력과 의사는 있지만 현재의 임금수준이나 복지 등에 만족하지 못하고 다른 곳으로 취업하기 원하여 발생하는 실업을 말한다.

| 화성시공공기관통합채용

54 사람의 활동이나 상품을 생산·소비하는 전 과정을 통해 배출되는 온실가스 배출량을 이산화탄소로 환산한 총량을 가리키는 말은?

① 탄소세
② 탄소수지
③ 탄소배출권
④ 탄소발자국

해설

탄소발자국(Carbon Footprint)은 생산부터 폐기까지 하나의 제품이 발생시키는 이산화탄소 배출 총량을 말한다. 2006년 영국 의회 과학기술처(POST)에서 처음 사용한 용어로 제품 생산 시 발생된 이산화탄소의 총량을 탄소발자국으로 표시하게 함으로써 유래됐다.

04 국어·한자·문학

| 광주광역시공공기관통합채용

55 다음 중 대등 합성어인 것은?

① 손 발
② 책가방
③ 돌다리
④ 밤 낮

해설
'손발(손과 발)'은 대등 합성어, '책가방(책이 든 가방)'과 '돌다리(돌로 만든 다리)'는 종속 합성어, '밤낮(늘)'은 융합 합성어이다.

의미 관계에 따른 합성어 구분
• 대등 합성어 : 두 어근이 본래의 의미를 갖고 대등한 자격으로 결합된 합성어
• 종속 합성어 : 앞 어근이 뒤 어근을 수식하는 합성어
• 융합 합성어 : 새로운 의미를 나타내는 합성어

| 광주광역시공공기관통합채용

56 '국물'이 [궁물]로 발음되는 것은 어떤 음운변동 현상 때문인가?

① 구개음화
② 유음화
③ 비음화
④ 경음화

해설
비음화는 자음동화 현상 중 하나로 비음이 아닌 자음이 비음의 영향을 받아 비음인 'ㅇ, ㄴ, ㅁ'으로 바뀌는 것을 말한다.
예 국물 → [궁물], 받는다 → [반는다], 입는다 → [임는다]

| 광주광역시공공기관통합채용

57 막혀 있던 공기가 터지면서 나는 소리는?

① 파열음
② 파찰음
③ 마찰음
④ 비 음

해설
파열음이란 자음을 소리내는 방법(조음방법) 중 하나로 허파로부터 성대를 통해 나오던 공기가 혀와 입천장 또는 입술 등의 조음기관에 의해 완전히 차단됐다가 터져 나오면서 나는 소리를 말한다. 자음의 'ㄱ', 'ㄲ', 'ㅋ', 'ㄷ', 'ㄸ', 'ㅌ', 'ㅂ', 'ㅃ', 'ㅍ'이 파열음으로 분류된다. 이러한 파열음은 강하게 터져 나오는 소리가 특징으로 짧고 강하게 발음된다.

58 다음 중 한강 작가의 작품이 아닌 것은?

① 〈흰〉　　　　　　　　　② 〈소년이 온다〉
③ 〈작별하지 않는다〉　　　④ 〈무의 노래〉

해설
한강은 대한민국의 소설가로 1994년 서울신문 신춘문예 소설 부문에 〈붉은 닻〉이 당선되며 소설가로 데뷔했다. 그는 죽음과 폭력 등 인간의 보편적 문제를 시적이고 서정적인 문체로 풀어내는 독창적인 작품세계를 구축했다는 평가를 받고 있으며, 〈소년이 온다〉, 〈흰〉, 〈작별하지 않는다〉, 〈채식주의자〉 등의 작품을 발표했다. 2016년 연작소설집 〈채식주의자〉로 부커상 인터내셔널 부문을, 2023년 〈작별하지 않는다〉로 메디치상 외국문학상을 수상한 데 이어 2024년에는 노벨문학상 수상자로 선정되며 한국문학의 새 역사를 썼다.

59 '가을철에 농사를 짓느라 매우 바쁨'을 의미하는 속담은?

① 가을에는 부지깽이도 덤벙인다.
② 가을 추수는 입추 이슬을 맞아야 한다.
③ 밤송이 맺을 때 모 심어도 반밥 더 먹는다.
④ 가을멸구는 볏섬에서도 먹는다.

해설
'가을에는 부지깽이도 덤벙인다'라는 속담은 가을 추수철에 온 식구가 농사일에 달려들어도 일손이 모자라, 부엌에서 불을 뒤적이는 부지깽이도 일을 한 손 거든다는 표현이다. 가을철 농사일이 매우 바쁘다는 의미를 담고 있다.

60 다음 중 작가와 해당 작품의 연결이 올바른 것은?

① 공지영 - 〈외딴방〉
② 조정래 - 〈아리랑〉
③ 신경숙 - 〈우리들의 일그러진 영웅〉
④ 이문열 - 〈봉순이 언니〉

해설
〈외딴방〉은 1994년 겨울부터 계간지 〈문학동네〉에 연재된 신경숙의 장편소설이다. 〈우리들의 일그러진 영웅〉은 1987년 발표된 중편소설로 이문열의 대표작이며, 〈봉순이 언니〉는 1998년 나온 공지영의 장편소설이다.

61 다음 중 작가와 소설작품의 연결이 옳지 않은 것은?

① 박경리 - 〈토지〉　　② 이청준 - 〈서편제〉
③ 최인훈 - 〈광장〉　　④ 김수영 - 〈장마〉

해설
김수영은 1960년대 전후로 활동한 참여문학의 대표적인 시인이다. 활동 초기에는 모더니즘을 바탕으로 현대문명과 도시생활에 대한 비판을 시에 담았으나, 4·19 혁명을 기점으로 저항적 색채를 물씬 드러내는 작품을 썼다. 대표작으로는 〈달나라의 장난〉(1953), 〈눈〉(1957), 〈어느 날 고궁을 나오면서〉(1965), 〈풀〉(1968) 등이 있다. 〈장마〉(1973)는 윤흥길의 단편소설이다.

62 다음 문장에서 밑줄 친 사자성어가 옳게 쓰인 것은?

① 그는 평생 호위호식하며 살았다.
② 몸을 의지할 데 없는 홀홀단신 신세였다.
③ 아이들은 중구남방 떠들기 시작했다.
④ 당시는 매일이 절체절명의 나날이었다.

해설
'절체절명(絕體絕命)'은 '몸도 목숨도 다 되었다'라는 뜻으로, 어찌할 수 없는 절박한 경우를 비유적으로 이른다.

오답분석
①은 '호의호식(好衣好食)'이 맞는 표기이며, '좋은 옷을 입고 좋은 음식을 먹는다'라는 의미다.
②는 '혈혈단신(孑孑單身)'의 비표준어이며, '의지할 데가 없는 외로운 홀몸'이라는 뜻이다.
③은 '중구난방(衆口難防)'이 맞는 표기이며, '막기 어려울 정도로 여럿이 마구 지껄인다'라는 의미다.

63 다음 중 보통의 평범한 사람들을 일컫는 한자성어는?

① 군계일학　　② 장삼이사
③ 반 골　　　④ 백면서생

해설
'장삼이사(張三李四)'는 '장씨(張氏)의 셋째 아들과 이씨(李氏)의 넷째 아들'이라는 뜻으로, 이름이나 신분이 특별할 것 없는 평범한 사람들을 뜻하는 말이다.

오답분석
① 군계일학(群鷄一鶴) : 평범한 사람들 가운데 뛰어난 한 명의 인물
③ 반골(反骨) : 권력·권위에 저항하는 기질 또는 그런 사람
④ 백면서생(白面書生) : 세상일에 경험이 적은 사람

64 다음 문장의 밑줄 친 단어 중 잘못 표기된 것은?

① 아침으로 <u>북엇국</u>을 먹었다.
② <u>햇님</u> 달님은 전래동화를 바탕으로 한 그림자 인형극이다.
③ 할머니 <u>제삿날</u>이라 일가친척이 모두 모였다.
④ 밤을 새는 것은 이제 <u>예삿일</u>이 되어 버렸다.

해설
②에서 '햇님'이 아닌 '해님'으로 적어야 옳다. 사이시옷은 명사와 명사의 합성어일 경우 쓰이고, 앞 명사가 모음으로 끝나고 뒷말은 예사소리로 시작해야 한다. 또한 앞뒤 명사 중 하나는 우리말이어야 하는데, 다만 습관적으로 굳어진 한자어인 찻간, 곳간, 툇간, 셋방, 숫자, 횟수는 예외로 한다.

65 다음 시에서 ㉠ ~ ㉣에 대한 설명 중 옳은 것을 고르면?

> 아무도 그에게 수심(水深)을 일러 준 일이 없기에
> 흰 나비는 도무지 ㉠ <u>바다</u>가 무섭지 않다.
>
> ㉡ <u>청(靑) 무우밭</u>인가 해서 내려갔다가는
> 어린 날개가 물결에 절어서
> ㉢ <u>공주(公主)</u>처럼 지쳐서 돌아온다.
>
> 삼월(三月)달 바다가 꽃이 피지 않아서 서글픈
> 나비 허리에 ㉣ <u>새파란 초생달이 시리다.</u>
>
> — 김기림, 〈바다와 나비〉

① ㉠은 이상세계를 비유한 것으로 시적 대상인 '흰 나비'와 대비되는 대상이다.
② ㉡은 냉혹한 현실을 의미하는 장소다.
③ ㉢은 현실의 냉혹함을 알고 있는 존재로 묘사됐다.
④ ㉣은 시각의 촉각화라는 공감각적 심상을 활용해 좌절된 나비의 꿈을 묘사했다.

해설
㉣에서 '새파란 초생달'은 시각적 이미지를 묘사한 것이고, '시리다'라는 표현은 촉각적 심상이다. 이처럼 어떤 하나의 감각이 다른 영역의 감각을 불러일으키는 것을 공감각적 심상 또는 감각의 전이라고 하며, '새파란 초생달이 시리다'라는 표현은 시각적 심상이 촉각적 심상으로 묘사된 것이므로 이를 시각의 촉각화라고 한다. 이러한 묘사를 통해 냉혹한 현실로 인해 좌절된 나비의 꿈을 나타냈다.

오답분석
① ㉠은 냉혹한 현실을 비유한 것으로 순수하고 연약한 존재인 '나비'와 대비를 이룬다.
② ㉡은 나비가 동경하는 이상적 세계를 뜻하는 장소다.
③ ㉢은 세상 물정을 전혀 알지 못하는 순진한 존재를 묘사한 것이다.

66 다음 중 소설 구성의 3요소가 아닌 것은?

① 인 물
② 사 건
③ 배 경
④ 주 제

해설
- 소설 구성의 3요소 : 인물, 사건, 배경
- 소설의 3요소 : 주제, 구성, 문체

67 24절기 중 12번째로 '몹시 심한 더위'를 뜻하는 것은?

① 하지(夏至)
② 대서(大暑)
③ 망종(芒種)
④ 우수(雨水)

해설
대서(大暑)는 장마가 끝나고 더위가 가장 심해지는 때를 이르며, 시기적으로는 소서(小暑)와 입추(立秋) 사이인 7월 22~23일 무렵(음력 6월경)을 말한다.

24절기 계절 구분
- 봄 : 입춘(立春), 우수(雨水), 경칩(驚蟄), 춘분(春分), 청명(淸明), 곡우(穀雨)
- 여름 : 입하(立夏), 소만(小滿), 망종(芒種), 하지(夏至), 소서(小暑), 대서(大暑)
- 가을 : 입추(立秋), 처서(處暑), 백로(白露), 추분(秋分), 한로(寒露), 상강(霜降)
- 겨울 : 입동(立冬), 소설(小雪), 대설(大雪), 동지(冬至), 소한(小寒), 대한(大寒)

68 다음 중 외래어 표기가 잘못된 것은?

① 슈림프
② 리더십
③ 레포트
④ 비즈니스

해설
외래어는 다른 언어로부터 들어와 우리말로 동화되어 쓰이는 어휘를 말한다. 영어를 한글로 표기할 때는 영어의 표기법에 따르며, 이때 영어의 철자가 아니라 발음기호를 기준으로 한글 자모와 대조해 표기한다. 따라서 ③ 레포트는 영어로 'report[rɪ'pɔːrt]'이므로 한글로는 '리포트'로 표기해야 한다.

외래어 표기법
제1항 외래어는 국어의 현용 24자모만으로 적는다.
제2항 외래어의 1 음운은 원칙적으로 1 기호로 적는다.
제3항 받침에는 'ㄱ, ㄴ, ㄹ, ㅁ, ㅂ, ㅅ, ㅇ'만을 쓴다.
제4항 파열음 표기에는 된소리를 쓰지 않는 것을 원칙으로 한다.
제5항 이미 굳어진 외래어는 관용을 존중하되, 그 범위와 용례는 따로 정한다.

정답 64 ② 65 ④ 66 ④ 67 ② 68 ③

05 과학·컴퓨터·IT·우주

| 광명도시공사

69 태양계에서 여섯 번째 행성은?

① 금 성 ② 목 성
③ 토 성 ④ 천왕성

해설
태양계는 태양을 중심으로 수성, 금성, 지구, 화성, 목성, 토성, 천왕성, 해왕성의 8개 행성이 태양의 주위를 공전하고 있다. 이외에도 세레스, 명왕성, 에리스 등의 왜소행성과 각 행성의 주위를 돌고 있는 위성, 소행성, 혜성 등이 존재한다. 태양계 전체 질량 중 약 99.85%를 태양이 차지하고 있으며, 행성이 차지하는 비율은 약 0.135% 정도로 아주 작다.

| 광명도시공사

70 공기 중에 가장 많은 원소 종류는?

① 산 소 ② 질 소
③ 탄 소 ④ 이산화탄소

해설
지구를 둘러싼 대기 하층을 구성하는 공기는 무색투명한 기체로 생명체가 살아가는 데 꼭 필요한 요소 중 하나다. 공기의 성분은 질소(N_2)가 약 78%, 산소(O_2)가 약 21%, 아르곤(Ar)이 약 0.93%, 이산화탄소(CO_2)가 약 0.04%를 차지하고 있으며, 나머지는 미량의 네온(Ne), 헬륨(He), 크립톤(Kr), 제논(Xe), 오존(O_3) 등으로 이루어져 있다.

| 광주광역시공공기관통합채용

71 정보화 시대에 뒤처져서 사람 사이의 단절과 격차가 발생하는 현상은?

① 사이버 불링 ② 디지털 디바이드
③ 사이버 슬래킹 ④ 내셔널리즘

해설
디지털 디바이드(Digital Divide)는 디지털 기기의 발전과 이를 제대로 활용하는 사람들은 지식축적과 함께 소득까지 증가하는 반면, 경제적·사회적 이유로 디지털 기기를 활용하지 못하는 사람은 정보격차를 느끼게 되는 것을 말한다.

광주광역시도시공사

72 엘니뇨는 평년보다 해수면 온도가 몇 도 이상 높은 상태가 지속될 때를 말하는가?

① 0.3℃
② 0.5℃
③ 1.0℃
④ 2.0℃

해설
엘니뇨(El Nino)는 평년보다 섭씨 0.5℃ 이상 해수면 온도가 높은 상태가 5개월 이상 지속되는 현상을 말한다. 주로 열대 태평양 적도 부근의 남미 해안이나 중태평양 해상에서 발생한다. 엘니뇨는 대기순환에 영향을 끼쳐 세계 각 지역에 홍수, 무더위, 가뭄 등 이상기후를 일으킨다.

대전광역시공공기관통합채용

73 물의 끓는점을 다르게 이르는 말은?

① 인화점
② 임계점
③ 이슬점
④ 비등점

해설
비등점(Boiling Point)은 '끓는점'이라고도 부르며, 액체 물질의 증기압이 외부의 압력과 '비등'해져 끓기 시작하는 온도를 뜻한다. 비등점은 물질마다 고유한 값을 갖고 있다. 아울러 비등점은 외부 압력과 관련이 있으므로 기압이 낮은 산 정상 등에서는 낮아지게 된다.

대전도시공사

74 오존층은 대기권 중 어디에 위치해 있는가?

① 대류권
② 성층권
③ 중간권
④ 열 권

해설
오존층은 오존을 많이 포함하고 있는 대기층으로 지상 25 ~ 30km 사이의 성층권에 위치해 있다. 오존은 태양에서 오는 자외선을 흡수해 산소로 바꾸는 역할을 하는데, 최근 환경오염의 영향으로 오존층에 구멍이 생겨 여러 문제가 발생하고 있다.

대전도시공사

75 다음 중 데이터 용량이 가장 작은 것은?

① MB
② GB
③ TB
④ PB

해설
컴퓨터의 디지털 정보를 나타내는 최하위 단위는 비트(Bit)이며 8비트가 모이면 1바이트(Byte)가 된다. 바이트는 더 큰 단위로 확장할 때 2의 10승으로 단위를 묶어 1,024배씩 커지는데 이를 단위로 환산하면, 1,024B = 1kB, 1,024kB = 1MB, 1,024MB = 1GB, 1,024GB = 1TB, 1,024TB = 1PB가 되는 것이다.

정답 69 ③ 70 ② 71 ② 72 ② 73 ④ 74 ② 75 ①

76 가시광선보다 파장이 긴 전자기파는?

① 감마선 ② 엑스선
③ 자외선 ④ 적외선

해설
전자기파란 전기가 흐르며 생기는 전자기장의 주기적 변화로 인한 파동을 의미한다. 전자기파는 저마다 파동이 퍼져나간 거리인 '파장'을 갖게 된다. 이중 사람의 눈에 보이는 범위의 파장을 가진 전자기파를 '가시광선(빛)'이라고 한다. 감마선, 엑스(X)선, 자외선은 가시광선보다 파장이 짧고, 가시광선보다 파장이 긴 전자기파에는 열선이라고도 부르는 적외선이 있다. 한편 적외선보다 파장이 긴 전자기파는 전파다.

77 로봇이 인간의 외모와 유사성이 높을수록 호감도가 높아지다 일정 수준이 되면 외려 불쾌감을 느끼는 현상은?

① 게슈탈트 붕괴
② 타나토스
③ 불쾌한 골짜기
④ 언캐니

해설
불쾌한 골짜기(Uncanny Valley)는 1970년대 일본의 로봇공학자인 모리 마사히로가 소개한 이론으로, 로봇이나 인형처럼 인간이 아닌 존재가 인간의 외형과 닮아갈 때 어느 정도까지는 호감을 느끼지만, 일정 수준에 도달하면 오히려 불쾌감을 느낀다는 것이다. '인간과 거의 흡사한 모습'과 '인간과 거의 똑같은 모습' 사이에서의 불완전함과 이로 인한 거부감을 느끼게 된다.

78 다음 중 화학물질인 다이옥신에 대한 설명으로 옳은 것은?

① 무색무취의 맹독성 물질이다.
② 주로 오염된 생활하수에서 발견된다.
③ 과거에는 살충제로서 널리 사용됐다.
④ 인간을 제외한 동식물에는 무해한 물질이다.

해설
다이옥신(Dioxin)은 본래 산소 원자 2개를 포함하고 있는 분자를 총칭하는 용어였지만, 흔히 우리가 다이옥신이라고 부르는 것은 벤젠 고리에 산소 원자와 염소가 결합된 화학물질로 무색무취의 맹독성 물질을 말한다. 주로 플라스틱, 쓰레기 등을 소각할 때 발생하며 건물 등 인공구조물에 화재가 났을 때도 검출된다. 인체에 노출되면 치명적이며 암, 염소성 여드름, 간 손상, 면역·신경체계 변화, 기형아 등을 유발하고 과다노출 시 사망에까지 이를 수 있다.

79 스마트폰의 문자메시지를 이용한 휴대폰 해킹을 뜻하는 용어는?

① 메모리피싱 ② 스피어피싱
③ 보이스피싱 ④ 스미싱

해설
스미싱(Smishing)은 문자메시지를 뜻하는 'SMS'와 낚시를 뜻하는 '피싱(Phishing)'의 합성어로, 인터넷 접속이 가능한 스마트폰의 문자메시지를 이용해 수신자가 문자메시지에 포함된 웹 사이트의 주소를 클릭하면 자동으로 악성코드가 깔리도록 하는 휴대폰 해킹을 뜻한다.

80 다음 중 비료의 3요소가 아닌 것은?

① 질소 ② 인산
③ 마그네슘 ④ 칼륨

해설
비료는 작물의 생장을 촉진시키고 토양의 생산성을 높이기 위해 작물이나 토양에 투입하는 영양물질을 말한다. 작물의 생장·생존·번식을 위해 꼭 필요한 16가지 양분(원소) 가운데 작물에 많이 필요한 질소(N)와 인산(P), 칼륨(K)은 일반 농지에서 부족하기 쉽고 시비효과가 높아 '비료의 3요소'라고 한다.

81 지구의 자전으로 인해 발생하는 현상과 관련이 적은 것은?

① 낮과 밤
② 계절의 변화
③ 인공위성의 궤도 변화
④ 달의 위상 변화

해설
자전이란 천체가 정해진 축을 중심으로 스스로 한 바퀴 회전하는 현상을 말한다. 지구는 남극과 북극을 잇는 가상의 선을 축으로 하여 반시계방향(서 → 동)으로 회전하고 있으며, 24시간에 한 바퀴씩 돌고 있다. 이러한 자전의 영향으로 태양의 빛을 받는 쪽은 낮이 되고, 태양을 등지는 쪽은 밤이 된다. 또한 자전축이 23.5도 기울어진 채 태양 주위를 공전하고 있어서 태양으로부터 받는 에너지의 차이로 인해 봄·여름·가을·겨울의 계절 변화가 나타난다. 인공위성은 지구의 자전 방향과 반대 방향으로 이동하는데, 이 때문에 궤도가 서쪽으로 이동하는 것처럼 보이는 서편현상이 나타난다.

| 수원시공공기관통합채용

82 다음 중 영양소에 대한 설명으로 옳은 것은?

① 5대 영양소에는 알칼리가 포함된다.
② 지용성 비타민은 열과 빛에 약하다.
③ 수용성 비타민은 체내에 저장되지 않는다.
④ 나트륨은 적게 먹을수록 좋다.

해설

오답분석
① 5대 영양소에는 3대 필수 영양소인 탄수화물, 지방, 단백질에 무기질과 비타민이 포함된다.
② 지용성 비타민은 열과 빛에 강해 조리 시 파괴되는 정도가 약하다.
④ 나트륨은 혈압과 관련된 영양소로 너무 적게 먹어도 좋지 않고, 너무 많이 먹어도 좋지 않다.

| 폴리텍

83 핵융합을 통해 스스로 빛과 에너지를 내는 천체는?

① 항 성   ② 위 성
③ 혜 성   ④ 행 성

해설

태양과 같은 항성(Fixed Star)은 내부의 무수한 수소와 헬륨 원자들의 핵융합을 통해 스스로 고온의 빛을 내고 막대한 에너지를 방출한다. 또 거대질량이 만든 중력으로 고온의 가스구체 형태를 유지한다. 우리은하 안에는 태양과 같은 항성이 약 1,000억 개가 존재할 것으로 추측된다.

| 화성시공공기관통합채용

84 태양의 활발한 활동으로 인해 가끔씩 통신 교란과 인공위성의 고장 등이 일어난다. 또 이 시기에는 북극과 남극 가까운 지방의 공중에서 아름다운 빛을 발하는 현상이 더욱 두드러지는데, 이런 현상을 일컫는 용어는?

① 오로라   ② 흑 점
③ 코로나   ④ 지자기 폭풍

해설

오로라(Aurora)란 태양에서 방출된 플라스마의 일부가 지구의 자기장에 이끌려 대기에 진입하면서 공기 중에 있는 분자와 접촉·반응해 빛을 내는 현상을 말한다.

06 문화·인문·미디어·스포츠

■ 광주광역시공무직통합채용

85 물질문화의 급속한 발전을 비물질문화가 따라잡지 못하는 현상은?

① 문화실조 ② 문화접변
③ 문화지체 ④ 문화충격

해설
문화지체(Cultural Lag)는 급속히 발전하는 기술 등의 물질문화를 국가정책이나 개인의 가치관 등의 비물질문화가 따라잡지 못하면서 발생하는 현상을 일컫는다. 미국의 사회학자 'W. F. 오그번'이 주장한 이론이다. 자동차가 발명돼도 교통법규 등의 시민의식은 금방 확립되지 않는 것처럼, 신기술이나 획기적인 발명품이 탄생해도 이와 관련된 윤리의식이나 가치관의 발달은 더디게 일어난다는 것이다.

■ 광주광역시공무직통합채용

86 사진을 통해 자신의 정체성을 드러내는 세대를 뜻하는 신조어는?

① 미닝아웃 ② 포토프레스
③ 쓸쓸비용 ④ 나포츠족

해설
포토프레스(Photopress)란 'Photo(사진)'와 'Express(표현)'의 합성어로 사진을 통해 자신의 정체성을 드러내는 세대를 가리키는 용어다. 이들은 사진을 촬영하는 과정 자체를 놀이자 경험으로 여기기 때문에 단순히 촬영하는 것에서 끝내지 않고 실물사진으로 현상해 소장한다. 또한 이러한 사진을 선별해 소셜네트워크서비스(SNS)에 올려 타인과 공유·소통하기도 한다.

■ 광주광역시도시공사

87 윌리엄 셰익스피어의 희극작품에 해당하지 않는 것은?

① 〈한여름 밤의 꿈〉
② 〈베니스의 상인〉
③ 〈햄 릿〉
④ 〈십이야〉

해설
영국의 위대한 극작가 윌리엄 셰익스피어의 '5대 희극'으로 꼽히는 작품은 〈한여름 밤의 꿈〉, 〈베니스의 상인〉, 〈십이야〉, 〈말괄량이 길들이기〉, 〈뜻대로 하세요〉다. 반면 〈햄릿〉, 〈오셀로〉, 〈리어왕〉, 〈맥베스〉는 '4대 비극'으로 꼽힌다.

정답 82 ③ 83 ① 84 ① 85 ③ 86 ② 87 ③

| 대구의료원

88 다음 중 노벨상에서 시상하지 않는 부문은?

① 수학상   ② 생리의학상
③ 화학상   ④ 물리학상

해설
노벨상은 다이너마이트를 발명한 스웨덴 발명가 알프레드 노벨의 유산을 기금으로 하여 해마다 물리학·화학·생리의학·경제학·문학·평화의 6개 부문에서 인류문명의 발달에 공헌한 사람이나 단체를 선정하여 수여하는 상이다. 1901년에 제정되어 매년 12월 10일 스웨덴의 스톡홀름에서 시상식이 열리며, 평화상 시상식만 노르웨이의 오슬로에서 열린다.

| 대구의료원

89 소설〈젊은 베르테르의 슬픔〉을 쓴 작가의 이름은?

① 토마스 만   ② 프리드리히 니체
③ 요한 볼프강 폰 괴테   ④ 프리드리히 실러

해설
〈젊은 베르테르의 슬픔〉은 독일의 문학가 요한 볼프강 폰 괴테가 쓴 서간체 소설로 당대의 인습적 체제와 귀족사회의 통념에 반대하는 지식인의 우울함과 열정을 그렸다. 베르테르가 다른 사람의 약혼녀인 로테를 사랑하다가 끝내 권총으로 자살한다는 내용으로 당시 이에 공감한 젊은 세대의 자살이 유행하기도 했다.

| 대구의료원

90 예고편의 한 형식으로 영화의 장면을 조금만 보여주거나 전혀 보여주지 않는 것을 뜻하는 용어는?

① 스포일러   ② 틸트업
③ 티저 트레일러   ④ 테일 리더

해설
티저 트레일러(Teaser Trailer)는 예고편의 한 형식으로 영화 또는 방송의 장면을 조금만 보여주거나, 전혀 보여주지 않는 것으로 관객의 호기심과 호감을 자극하는 영상물을 의미한다.

| 대전광역시공공기관통합채용

91 다음 중 국가와 전통의상이 바르게 연결되지 않은 것은?

① 인도 - 사리   ② 베트남 - 아오자이
③ 미얀마 - 론지   ④ 말레이시아 - 쑤타이

해설
쑤타이는 태국의 전통의상으로 우리나라의 한복처럼 남녀노소에 따라 다른 형태로 입는다. 예복으로서 중요한 행사나 결혼식 등 격식 있는 자리에서 많이 입는다고 한다. 말레이시아의 전통의상은 '바주 꾸룽(Baju Kurung)'이라고 하며, 열대기후와 이슬람 문화의 영향을 받았다.

| 대전도시공사

92 우리 전통악기 중 '국악의 바이올린'으로 꼽히는 것은?

① 해금
② 아쟁
③ 양금
④ 비파

해설
해금은 현악기 중 하나로 우리나라에는 고려 예종 때 중국에서 유입됐다고 전해진다. 민간에서는 '깽깽이'나 '깡깡이'라고도 칭한다. 활로 현을 마찰시켜 소리를 내는 찰현악기로 흔히 '국악의 바이올린'이라 불린다. 원통 모양의 울림통에 대나무로 된 기둥을 꽂아 자루로 삼고, 굵은 줄과 가는 줄을 하나씩 기둥 상단의 줄감개에 감아 제작한다. 줄은 명주실로 되어 있다.

| 대전도시공사

93 '배부른 돼지보다 배고픈 소크라테스가 낫다'라는 명언으로 유명한 철학자는?

① 제러미 벤담
② 존 스튜어트 밀
③ 플라톤
④ 아리스토텔레스

해설
영국의 철학자인 존 스튜어트 밀은 스승인 제러미 벤담과 함께 공리주의를 주창한 대표적 인물이다. 18세기 말부터 19세기 전반에 유행한 공리주의는 사회적 공리성(효용)을 가치판단의 기준으로 하는 사상으로, 밀은 쾌락의 질적 차이를 주장하면서 '배부른 돼지보다 불만족스런(배고픈) 소크라테스가 낫다'라고 하며 정신적·고차원적 쾌락을 중요시했다.

| 부산광역시공무직통합채용

94 2024년 기준 유네스코 세계유산에 등재되지 않은 것은?

① 조선왕조의궤
② 가야고분군
③ 국채보상운동 기념물
④ 반구천의 암각화

해설
울산 '반구천의 암각화'는 선사 시대의 생활상이 생생히 기록된 벽화로, 2023년 문화재청(현 국가유산청)이 세계유산 등재에 도전하겠다고 밝힌 바 있다. 2024년 6월 유네스코의 현장실사가 마무리됐고, 최종결과는 2025년 7월 세계유산위원회의 등재 심사에서 보고될 예정이다.

정답 88 ① 89 ③ 90 ③ 91 ④ 92 ① 93 ② 94 ④

부산광역시공무직통합채용

95 2028년 하계올림픽을 주최하는 도시는?

① 토론토　　　　　　② 로스앤젤레스
③ 함부르크　　　　　④ 암스테르담

해설
2028년 하계올림픽을 주최하는 도시는 미국 로스앤젤레스(LA)다. 앞서 프랑스 파리와 LA가 2024년 올림픽 개최를 두고 경쟁을 벌였는데, 결과적으로 2024년 올림픽 개최권은 파리가 가져갔고, 이와 동시에 차기 대회 개최는 LA가 따낸 것으로 알려졌다. LA는 이로써 1984년 올림픽 이후 44년 만에 다시 올림픽을 열게 됐다.

부산광역시공무직통합채용

96 올림픽에 대한 설명으로 옳지 않은 것은?

① 2026년 동계올림픽은 이탈리아 밀라노, 코르티나담페초에서 열린다.
② 2028년 하계올림픽은 미국 로스엔젤레스에서 열린다.
③ 사격은 근대 5종 경기 중 하나다.
④ 올림픽관리위원회 IOC는 그리스에 본부를 둔다.

해설
국제올림픽위원회(IOC)는 스위스 로잔에 본부를 둔 국제올림픽기구로 올림픽 대회를 주관하고 있다.

부천시공공기관통합채용

97 긴 분량의 영화나 드라마를 요약해 핵심내용만 볼 수 있도록 편집한 콘텐츠는?

① 스트리밍쇼트　　　② 쇼트무비
③ 패스트무비　　　　④ 팝콘무비

해설
패스트무비(Fast Movie)는 유튜브 등 영상 콘텐츠 플랫폼에서 영화나 드라마의 내용을 짧게 편집해 주요 핵심내용을 빠르게 볼 수 있도록 만든 콘텐츠를 말한다. 본편을 모두 시청하지 않아도 줄거리를 알 수 있어, 오래 시청해야 하는 콘텐츠를 선호하지 않는 최근 시청자들에게 인기를 끌고 있다. 다만 저작권자에게 허가를 받지 않고 주요 장면을 과도하게 노출하는 경우도 발생하고 있어 저작권 관련 논란도 일고 있다.

인천시설공단

98 문학에서 진부하고 판에 박힌 표현을 가리키는 표현은?

① 클리셰 ② 플롯
③ 골계 ④ 그로테스크

해설
클리셰(Cliché)는 인쇄에서 '연판'을 뜻하는 프랑스어에서 기원했으며, 현재는 문학·영화에 등장하는 진부하고 상투적인 표현을 일컫는다. 지나친 클리셰는 극의 전개를 정형화하고 예측 가능하게 만들어 독자와 관객의 흥미를 반감시킨다. 가령 전쟁터에서 수세에 몰린 병사들이 지휘관의 장엄한 연설에 힘을 얻어 승부를 뒤집는다든지, 범죄 현장에서 모든 상황이 끝난 뒤에야 경찰이 도착하는 등의 다양한 클리셰가 존재한다.

의정부도시공사

99 2023년 개봉한 영화 〈서울의 봄〉의 배경이 되는 역사적 사건은?

① 5·16 군사정변 ② 12·12 군사반란
③ 사사오입 개헌 ④ 5·18 민주화운동

해설
2023년 개봉한 영화 〈서울의 봄〉은 1979년 육군 사조직 '하나회'의 전두환과 노태우가 신군부를 구성해 일으킨 12·12 군사반란의 과정과 결과를 담고 있다. 당시 신군부는 군사반란을 성공시킨 뒤 정권장악을 위해 5·17 내란을 일으켰다. 이후 내각을 총사퇴시키고, 최규하 대통령을 하야하게 해 전두환 정부를 수립했다.

의정부도시공사

100 이슬람력의 9월에 해당하며, 이슬람교도들이 의무적으로 금식을 하는 신성한 기간은?

① 이드 알 아드하 ② 이맘
③ 메카 ④ 라마단

해설
라마단(Ramadan)은 이슬람력에서 9월에 해당하며, 아랍어로는 '더운 달'을 의미한다. 이슬람교에서는 이 절기를 대천사 가브리엘이 선지자 무함마드에게 〈코란〉을 가르친 달로 생각해 신성하게 여긴다. 이 기간에 신자들은 일출부터 일몰까지 해가 떠 있는 동안 금식하고 하루 다섯 번의 기도를 드린다.

CHAPTER 02 주요 공공기관 한국사 기출문제

※ 본 기출복원문제는 시험 후기를 토대로 복원한 것으로 실제 시험과 일부 차이가 있을 수 있습니다.

| 대구의료원

01 다음 석기 시대의 특징에 대한 설명으로 옳은 것은?

① 구석기 시대에는 가락바퀴로 실을 뽑아 뼈바늘로 옷을 지어 입었다.
② 구석기 시대에는 주먹도끼, 찍개 등의 뗀석기를 사용했다.
③ 신석기 시대에는 동굴이나 강가의 막집에서 생활했다.
④ 신석기 시대에는 사유재산의 개념과 계급이 발생하기 시작했다.

해설

구석기 시대에는 동굴이나 강가의 막집에서 생활했고, 계절에 따라 이동 생활을 했다. 또한 주먹도끼, 찍개 등의 뗀석기를 사용했다. 신석기 시대에는 강가나 바닷가에 움집을 지어 정착 생활을 했고, 채집·수렵 활동과 조·피 등을 재배하는 농경 생활, 목축 생활을 시작했다. 빗살무늬토기를 이용하여 음식을 조리하거나 저장했으며, 가락바퀴로 실을 뽑아 뼈바늘로 옷을 지어 입기도 했다. 사유재산의 개념과 계급이 발생하고, 족장이 출현한 것은 청동기 시대에 들어서다.

| 부산광역시공공기관통합채용

02 고대 한반도 국가인 삼한에 대한 설명으로 옳지 않은 것은?

① 신지, 읍차 등의 제사장이 종교를 담당했다.
② 수릿날, 계절제 등의 제천 행사를 개최했다.
③ 일부 국가의 경우 철기 문명이 발달해 철을 화폐로 사용하기도 했다.
④ 크게 마한·진한·변한의 3개 국가로 이뤄졌으며, 각 국가는 수많은 부족국가로 이뤄진 연맹체였다.

해설

삼한은 신지, 읍차 등의 군장이 정치를 담당하고, 소도의 천군이 제사를 담당하는 제정 분리 사회였다. 소도는 신성시되어 범죄자가 소도로 도망올 경우 처벌할 수 없는 풍습이 있었다. 벼농사를 지어 5월에는 수릿날, 10월에는 계절제를 제천 행사로 열었다. 변한 등의 경우 철을 생산해 낙랑·일본 등에 수출했으며 철을 화폐로 이용하기도 했다.

| 광주광역시공공기관통합채용

03 다음 중 고대 국가인 부여에 관한 설명으로 틀린 것은?

① 행정구역을 사출도로 나누어 다스렸다.
② 사람이 죽었을 때에는 순장제가 실시됐다.
③ 혼인 시에는 민며느리제가 실시됐다.
④ 제천 행사인 영고가 12월에 열렸다.

해설
부여는 왕 아래 마가, 우가, 저가, 구가의 가(加)들이 각자의 행정구역인 사출도를 다스렸으며, 왕이 통치하는 중앙과 합쳐 5부를 구성하는 연맹왕국이었다. 또한, 남의 물건을 훔치면 12배로 갚도록 하는 1책 12법이라는 엄격한 법률이 있었고, 매년 12월에는 풍성한 수확제·감사제의 성격을 지닌 영고라는 제천 행사가 열렸다. 장사를 지낼 때는 사람을 죽여 매장하는 순장제를 실시했다.

| 대전광역시공무직통합채용

04 다음 중 고구려의 도읍지가 아닌 것은?

① 졸 본
② 국내성
③ 위례성
④ 평양성

해설
주몽이 고구려를 건국할 당시 도읍지는 압록강 중류 만주 지방의 졸본이었다. 졸본은 높은 산과 계곡이 많아 외적의 침입을 막는 데는 유리했지만 정치·경제·문화 측면에서는 도읍지로 적합하지 않았다. 그래서 2대 왕인 유리왕 시기 온난한 기후와 자원이 풍부한 국내성으로 도읍을 옮기게 됐다. 이후 줄곧 도읍지로서의 역할을 하다가 장수왕 때 중국의 영향력이 커지면서 서북방으로의 영토확장이 사실상 힘들어지자 남진정책을 실시하기 위해 도읍을 평양성으로 다시 옮겼다. 위례성은 한강 이남에 있었던 백제 건국 초기의 도읍이다.

| 한국산업인력공단

05 다음 중 고구려 장수왕의 업적이 아닌 것은?

① 고구려 역사상 가장 넓은 영토를 다스렸다.
② 수도를 국내성에서 평양성으로 옮겼다.
③ 북진정책을 펼쳐 중국의 북위와의 전쟁에서 여러 차례 승리했다.
④ 충주에 중원 고구려비를 건립했다.

해설
고구려 제20대 왕인 장수왕은 중국과의 적극적인 외교활동을 펼쳐 당시 중국을 제패한 북위에 사절을 파견해 외교관계를 맺고 대체로 긴밀한 사이를 유지했다. 북위뿐 아니라 유연 등 다른 중국 민족·국가와도 다각적으로 외교하며 서방의 안정을 꾀했다. 427년 수도를 국내성에서 평양성으로 옮겨 백제와 신라를 향한 남진정책을 펼쳤고, 백제의 위례성을 함락시키고 개로왕을 사살하는 등 전공을 올리는 데도 성공한다. 장수왕은 고구려 역사상 가장 넓은 영토를 다스린 왕이며 충주에 중원 고구려비를 건립하기도 했다.

06 다음 중 백제의 사비 천도 후 신라와의 전투에서 전사한 백제의 왕은?

① 성 왕
② 고이왕
③ 의자왕
④ 근초고왕

해설
백제 성왕은 국가의 중흥을 목적으로 538년 도읍을 웅진에서 사비로 재천도했다. 성왕은 사비 천도로 왕권 강화와 지배질서 확립을 시도했고, 동시에 체제 정비를 추진했다. 천도 후 성왕은 신라와 손잡고 고구려를 공격했으나, 신라의 배신으로 한강 유역을 빼앗기고 말았다. 그리고 성왕은 553년 신라와의 관산성 전투에서 전사했다.

07 다음 중 미륵사지석탑에 대한 설명으로 잘못된 것은?

① 전북 익산시에 위치해 있다.
② 1962년 보물로 지정됐다.
③ 백제 시대 무왕 때에 건립됐다.
④ 국내에 존재하는 최대 규모의 석탑이다.

해설
미륵사지석탑은 전라북도 익산시 금마면 미륵사지에 있는 백제 시대 석탑이다. 현존하는 석탑 중 가장 규모가 크고 오래된 백제 석탑이다. 백제 무왕 때에 건립되었으며 1962년에는 국보로 지정됐다. 2001년부터 보수작업이 진행되어 2018년 6월 복원된 석탑이 일반에 공개됐다.

08 다음 중 굴식돌방무덤으로 제작된 것은?

① 천마총
② 강서대묘
③ 장군총
④ 무령왕릉

해설
굴식돌방무덤은 고대 무덤 양식 가운데 하나로 무덤방 옆으로 출입할 수 있는 통로가 있다는 점이 특징이다. 이는 부부를 함께 묻는 풍습이 보편화되면서 먼저 사망한 이를 장사지낸 뒤 배우자를 나중에 함께 묻기 위해 생겨난 구조다. 전한 시기 중국에서 출현해 고대 동아시아 전역에 걸쳐 유행했으며, 우리나라에서는 3~4세기에 고구려와 백제에서, 5세기 말~6세기에는 신라와 가야에서 시간의 간격을 두고 등장했다. 발해의 정혜공주묘, 고구려의 강서대묘가 대표적이다.

09 신라의 화랑이 지키던 계율 세속오계(世俗五戒)를 지은 대사(大師)는?

① 원 광 ② 원 효
③ 의 상 ④ 자 장

해설
원광은 신라 진평왕 대의 승려로 〈여래장경사기〉, 〈대방등여래장경소〉 등을 남겼으며, 세속오계를 지어 화랑에 정신적 지침을 전수했다.

10 다음 중 발해의 특징으로 옳지 않은 것은?

① 지배층은 고구려 유민, 피지배층은 말갈족이었다.
② 대조영이 상경용천부를 수도로 삼아 건국했다.
③ 행정구역은 5경 15부 62주가 있었다.
④ 자신들이 고구려의 후예임을 밝혔다.

해설
발해는 고구려가 멸망한 뒤 만주·한반도 북부(현 연해주 일대)에 698년 세워진 국가이다. 건국 당시 수도는 동모산 일대였으며, 상경용천부는 멸망 때의 수도이다.

11 다음에서 말하는 인물에 대한 설명으로 옳은 것은?

> 이 인물은 신라 왕족 출신으로 알려졌으며, 통일신라 말에 반란을 일으킨 양길의 부하가 되어 세력을 키웠다. 이후에는 송악을 도읍으로 삼아 새로운 국가를 세웠는데 스스로를 미륵불이라 칭했다.

① 영락이라는 독자적 연호를 사용했다.
② 국호를 태봉으로 고쳤다.
③ 백제를 계승함을 내세웠다.
④ 청해진을 설치했다.

해설
신라의 왕족 출신인 궁예는 북원에서 반란을 일으킨 양길의 휘하로 들어가 세력을 키워 송악에 도읍을 정하고 후고구려를 세웠다(901). 궁예는 건국 후 영토를 확장해 철원으로 천도하고 국호를 마진으로 바꿨다가 다시 태봉으로 바꿨다. 그는 광평성을 중심으로 한 정치기구를 새롭게 마련했으나 미륵신앙을 바탕으로 한 전제정치로 인해 백성과 신하들의 원성을 사면서 왕건에 의해 축출됐다.

12 고려를 건국한 태조 왕건에 대한 설명으로 옳지 않은 것은?

① 춘궁기에 백성에게 곡식을 나누어 주고 추수한 후에 갚게 하는 흑창을 설치했다.
② 호족과 정략결혼을 하거나 호족에 성(姓)을 하사함으로써 호족을 포용하려 했다.
③ 최승로의 시무 28조를 받아들여 유교 정치이념을 바탕으로 통치체제를 정비했다.
④ 북진정책의 걸림돌이자 발해를 멸망시킨 거란을 적대시하고, 청천강까지 영토를 확장했다.

> **해설**
> 고려 태조(왕건)은 고려를 건국한 시조로 불교를 장려하여 연등회·팔관회 등의 불교 행사를 장려했으며, 흑창을 설치해 민생을 안정시켰다. 또 왕권 강화책으로 정략결혼과 사성 정책, 역분전 정책을 시행했다. 최승로의 시무 28조를 받아들여 유교 정치이념의 통치체제를 정비한 것은 6대 임금인 성종이다.

13 고려 시대의 향·부곡·소에 대한 설명으로 틀린 것은?

① 향·부곡은 신라 때부터 있었고 고려 때 소가 신설됐다.
② 향·부곡에는 농업종사자가 거주했다.
③ 소에 거주하는 주민은 수공업에 종사했다.
④ 조세의 의무가 면제됐다.

> **해설**
> 향·부곡·소는 고려 시대의 지방에 있는 특수행정구역이었다. 향·부곡(농업 종사)·소(수공업 종사)에 거주하는 주민이 살았으며 신분은 일반 양민과 달리 노비·천민과 유사한 특수 열등계급이었다. 이곳 주민들이 다른 지역으로 이주하는 것은 원칙적으로 금지됐고, 과중한 세금도 부담됐다.

14 고려 시대 관료와 군사들에게 복무의 대가로 지급하던 토지제도는?

① 전시과   ② 역분전
③ 공음전   ④ 과 전

> **해설**
> 역분전은 940년(태조 23년) 고려에서 실시된 토지 분급제도로 후삼국 통일전쟁에 대한 포상이자 관인에게 지급하는 급여로서의 직전(職田)의 성격을 동시에 가지고 있다. 이로 인해 단순히 논공행상을 위해 일회성으로 토지를 지급한 것이 아니라 지속성이 있는 급여제도이자 이후 시행된 전시과 제도의 선행 형태로 이해되기도 한다.

15 다음 중 고려 광종의 업적이 아닌 것은?

① '광덕, 준풍'이라는 자주적 연호를 사용했다.
② 노비안검법으로 호족세력을 견제했다.
③ 과거제를 시행해 신진세력을 등용했다.
④ 전시과 제도를 마련해 관리에게 지급했다.

해설

고려의 광종은 '광덕, 준풍'이라는 자주적 연호를 사용하며 대외적으로 자주권을 선언했고, 노비안검법을 실시해 불법적으로 노비가 된 자들을 평민으로 해방하고 공신과 호족세력을 약화시켜 국가 조세수입원의 확대를 이루었다. 또한 과거제도를 실시해 유학을 익힌 실력파 신진세력을 등용함으로써 신·구세력의 교체를 도모했다. 관리에게 직역의 대가로 토지를 나눠주는 전시과는 경종 때 처음 시행됐다.

16 고려 시대의 반란 중 다음 내용에 해당하는 것은?

- 왕후장상의 씨가 따로 있지 않다며 신분 해방의 기치를 내걸었다.
- 당시 최고 권력자의 노비가 노비들을 규합하여 난을 일으켜 고려 사회에 적지 않은 충격을 주었다.

① 만적의 난
② 이통의 난
③ 조위총의 난
④ 망이·망소이의 난

해설

만적의 난(1198)은 최충헌의 사노비 만적이 신분 해방을 기치로 내걸고 일으킨 반란이다.

오답분석

② 이통의 난(1232) : 강화도 천도 당시 어사대의 하인인 이통이 경기 지방의 좀도둑 패와 개경 안의 노예들을 규합해 일으킨 반란
③ 조위총의 난(1174) : 무신 집권기에 지방 문신들이 무신정권에 반발해 일으킨 반란
④ 망이·망소이의 난(1176) : 부곡제 영역에 속한 소민(所民)이 중심이 되어 일으킨 난

| 한국산업인력공단

17 고려 시대에 실시된 전시과에 대한 설명으로 옳은 것은?

① 관직과 직역의 대가로 토지를 나눠주는 제도였다.
② 고려 말 공양왕 때 신진사대부의 건의로 실시됐다.
③ 관등에는 상관없이 균등하게 토지를 나눴다.
④ 처음 시행 이후 지급기준이 3차례 개정·정비됐다.

해설
고려 경종 때 처음 시행된 시정 전시과는 관직 복무와 직역의 대가로 토지를 나눠주는 제도였다. 관리부터 군인, 한인까지 인품과 총 18등급으로 나눈 관등에 따라 곡물을 수취할 수 있는 전지와 땔감을 얻을 수 있는 시지를 주었고, 수급자들은 지급된 토지에 대해 수조권만 가졌다. 이후 목종 때의 개정 전시과 제도는 인품에 관계없이 관등을 기준으로 지급했고, 문종 때의 경정 전시과는 현직 관리에게만 지급하는 등 지급기준이 점차 정비됐다.

| 광명도시공사

18 고려 시대 문신이었던 이승휴가 지은 역사서는?

① 〈제왕운기(帝王韻紀)〉
② 〈백운소설(白雲小說)〉
③ 〈계원필경(桂苑筆耕)〉
④ 〈동사강목(東史綱目)〉

해설
〈제왕운기(帝王韻紀)〉는 고려 시대 문신이었던 이승휴가 지은 역사서로 상·하권으로 되어 있으며, 칠언고시의 형태로 저술됐다. 상권에는 중국의 신화부터 하나라, 은나라, 주나라, 한나라를 거쳐 원나라의 흥성기까지의 역사가 기록되어 있다. 하권은 우리나라의 역사서로 고조선부터 삼국, 후삼국을 걸쳐 고려의 통일까지를 담고 있다.

| 광주광역시공공기관통합채용

19 시험 없이도 관리가 될 수 있던 제도는?

① 기인제도
② 상수리제도
③ 과거제도
④ 음서제도

해설
음서제도는 고려와 조선에서 시행하던 관리임용제도로 고위관리의 비속 친인척에게 과거시험을 생략하고 하급 관직을 주던 것을 말한다. 특히 고려 시대에는 5품 이상 관료의 비속(卑屬)에게 관직을 주어 문벌귀족들이 관직의 세습을 통해 정치적 기득권을 유지하는 것을 합법적으로 보장하는 역할을 하기도 했다. 다만 고려와 조선 모두 음서로 관리가 된 자에게는 관직 임명에 제한을 두어 고위관료로 승진하기 위해서는 과거시험을 치러야 했다.

| 한국산업단지공단

20 다음 기관 중 고려 말 공민왕의 왕권 강화 정책과 관련 없는 것은?

① 정 방
② 정동행성
③ 쌍성총관부
④ 전민변정도감

해설
공민왕은 왕권 강화를 위해 고려 말기 국내외 정세를 틈타 쌍성총관부와 정동행성, 동녕부를 철폐하는 등 반원 정책을 펼쳤으며, 무신 집권기의 집권기구인 정방을 폐지하기도 했다. 전민변정도감은 고려 후기 권세가의 대토지 불법 소유 및 농민 문제를 해결하기 위해 설치한 관청을 말한다.

| 보훈교육연구원

21 과전법에 대한 설명으로 옳지 않은 것은?

① 조선 세조 대까지 시행되다가 폐지됐다.
② 현직 관리에게만 수조지를 지급하는 제도다.
③ 관리들에게 경기 지역의 땅만 지급됐다.
④ 신진사대부의 영향력 강화를 위해 실시됐다.

해설
과전법은 고려 공양왕 대부터 조선 초까지 시행된 토지제도다. 전·현직 관리에게 토지를 지급해 당사자가 사망하면 휼양전과 수신전 등으로 친족·유족이 사망할 때까지 수조권이 이어지게 했다. 권문세족의 토지 몰수와 함께 신진사대부의 경제력 강화를 위해 실시됐다. 관리들이 지방에서 세력을 키울 것을 우려해 경기 지역의 땅만 분배했으며, 세조 대에 직전법으로 대체됐다.

| 부산광역시공공기관통합채용

22 다음 활동을 한 인물에 대한 설명으로 옳은 것은?

- 위화도 회군으로 권력을 장악함
- 정도전 등과 함께 개혁을 추진함
- 조선을 건국함

① 〈조선경국전〉을 편찬했다.
② 황산에서 왜구를 격퇴했다.
③ 우산국을 정벌했다.
④ 전민변정도감을 설치했다.

해설
고려 말 우왕 때 요동정벌을 추진했으나, 이성계는 4불가론을 제시하며 반대했다. 그러나 왕명에 따라 출병하게 됐는데, 결국 의주 부근의 위화도에서 군사를 돌려 개경으로 회군하면서 최영 등 반대파를 제거하고 권력을 장악했다. 이후 정도전, 남은 등 신진사대부들과 함께 유교사상을 바탕으로 개혁을 단행했으며 마침내 1392년 공양왕을 쫓아내고 조선을 건국했다.

정답 17 ① 18 ① 19 ④ 20 ④ 21 ② 22 ②

23 다음과 같은 본문이 수록된 책의 저자와 관련 없는 사실은?

> 세상 삼라만상의 원리에는 이(理)가 자리 잡으며, 인간의 마음과 본성 모두 이(理)이거늘, 불가에서는 인간의 마음과 본성을 구분 짓고 있다.

① 〈경국대전〉을 편찬해 국가의 기틀을 다졌다.
② 〈불씨잡변〉을 지어 불교의 교리를 성리학의 원리로 비판했다.
③ 명나라에 대립해 요동정벌을 주장하기도 했다.
④ 역성혁명을 일으켜 왕을 폐위하고 새 왕조를 수립했다.

해설
본문은 정도전의 저서 〈불씨잡변〉의 일부분이다. 고려 말 급진개혁파를 이끌었던 정도전은 신흥 무인세력인 이성계와 연합했다. 이들은 위화도 회군 이후 최영 세력을 몰아내고 이색, 정몽주 등의 온건개혁파를 제거하면서 조선 건국을 주도했다. 국가의 유교적 이념을 성문화하기 위해 〈조선경국전〉(1394)과 〈경제문감〉(1395)을 편찬했다. 성리학자였으나 자주적인 면모를 보여 요동정벌을 주장하기도 했으며, 〈불씨잡변〉을 저술해 불교를 비판하는 등 성리학을 강력히 신봉했다.

24 다음과 같은 명령을 내린 왕이 실시한 정책으로 옳은 것은?

> • 정초와 변효문에게 새로운 농서 편찬을 지시하였다.
> • 우리 풍토에 맞는 농법을 보급하기 위한 서적이 되어야 할 것을 당부하였다.

① 결작을 징수해 재정 부족 문제에 대처했다.
② 연분 9등법을 시행해 수취체제를 정비했다.
③ 기유약조를 체결해 일본과의 무역을 재개했다.
④ 직전법을 실시해 현직 관리에게만 수조권을 지급했다.

해설
세종은 조선의 4대 임금으로 훈민정음을 만들고 명령을 내려 〈삼강행실도〉, 〈효행록〉, 〈농사직설〉을 편찬했다. 최윤덕과 김종서를 시켜 북방에 4군 육진을 개척하도록 했으며, 이종무를 시켜 대마도를 정벌하도록 했다. 연분 9등법을 실시해 수취체제를 정비하기도 했다.

| 광주광역시도시공사

25 다음 중 조선 세종의 재임기에 발명된 자동 시보장치는?

① 신기전 ② 자격루
③ 혼 상 ④ 병진자

해설
자격루는 1434년 세종의 명으로 장영실, 김조, 이천 등이 제작한 물시계를 말한다. 경복궁 남쪽의 보루각에 설치돼 있던 자격루는 물을 끌어올리는 기관뿐 아니라 정해진 시간이 되면 3개의 인형이 알아서 움직이며 각각 종과 북, 징을 울리도록 개발되어 당시로선 획기적인 자동 시보장치였다. 다만 세종 때 만든 것은 전란과 일제강점기 등을 거치며 사라졌고, 현재 남은 자격루는 장영실이 만든 것을 중종 때 개량한 것이다.

| 수원시공공기관통합채용

26 조선 시대 세조에 대한 설명으로 옳지 않은 것은?

① 조카 단종으로부터 왕위를 찬탈하는 과정에서 김종서 등을 축출했다.
② 직전법을 실시하고 수신전과 휼양전을 폐지했다.
③ 의정부 서사제로 정치체계를 회귀시켰다.
④ 집현전과 경연을 폐지했다.

해설
세조는 세종의 둘째 아들로 형 안평대군(문종)이 왕위를 이었지만 일찍 죽자 조카인 단종의 왕위를 찬탈했다. 과전법을 폐지하고 세습되던 이전 관료들의 수조지를 거둬들인 뒤 직전법을 실시했으며, 6조 직계제로 개편하여 왕권을 강화하는 한편 집현전과 경연을 폐지했다.

| 한국산업인력공단

27 조선 시대 기본법전인 〈경국대전〉에 관한 설명으로 옳지 않은 것은?

① 세조가 편찬을 시작하여 성종 대에 완성됐다.
② 조선 최초의 공적 법전인 〈경제육전〉의 원전과 속전 및 그 뒤의 법령을 종합해 만들었다.
③ 〈형전〉을 완성한 뒤, 재정·경제의 기본이 되는 〈호전〉을 완성했다.
④ 〈이전〉·〈호전〉·〈예전〉·〈병전〉·〈형전〉·〈공전〉의 6전으로 이루어졌다.

해설
1460년(세조 6) 7월에 먼저 재정·경제의 기본이 되는 〈호전〉을 완성했고, 이듬해 7월에는 〈형전〉을 완성해 공포·시행했다.

| 의정부도시공사

28 조선 시대 4대 사화를 시대 순으로 바르게 연결한 것은?

① 무오사화 → 기묘사화 → 갑자사화 → 을사사화
② 무오사화 → 갑자사화 → 기묘사화 → 을사사화
③ 갑자사화 → 무오사화 → 을사사화 → 기묘사화
④ 갑자사화 → 기묘사화 → 갑자사화 → 을사사화

해설
조선 시대 사화

무오사화	1498년 (연산군)	• 훈구파와 사림파의 대립 • 연산군의 실정, 세조의 왕위 찬탈을 비판한 김종직의 조의제문 • 유자광, 이극돈
갑자사화	1504년 (연산군)	• 연산군의 모친인 폐비 윤씨의 복위 문제 • 무오사화 때 피해를 면한 일부 훈구세력까지 피해
기묘사화	1519년 (중종)	• 조광조의 급진적 개혁정치 • 위훈 삭제로 인한 훈구세력의 반발 • 주초위왕 사건
을사사화	1545년 (명종)	• 인종의 외척 윤임(대윤파)과 명종의 외척 윤원형(소윤파)의 대립 • 명종의 즉위로 문정왕후 수렴청정 • 집권한 소윤파가 대윤파를 공격

| 폴리텍

29 대동법의 시행 결과로 틀린 것은?

① 방납의 폐단이 경감되어 백성들의 생활이 비교적 안정됐다.
② 국가에 관수품을 조달하는 공인이 생겨났다.
③ 토산물 등 사치품에 대한 교역량이 줄었다.
④ 토지를 많이 보유한 양반층의 반발을 샀다.

해설
대동법은 이원익 등의 주장으로 광해군이 실시한 백성들의 생활안정책이다. 민호(民戶)에 부과하던 토산물을 토지 결수에 따라 쌀, 포목, 돈으로 징수하는 것이다. 이로 인해 국가에 관수품을 조달하는 공인이 나타났고, 상품 수요의 증가와 공인의 활동 때문에 상공업의 발전이 촉진됐다. 효종은 이를 충청·전라 지역까지 확장하여 공납의 폐단을 바로잡으려 했다.

30 조선 영조 대의 실학자 이익에 대한 설명으로 옳지 않은 것은?

① 〈성호사설〉을 지어 한전론을 주장했다.
② 중국 중심의 역사관을 비판했다.
③ 천문학에 조예가 있었다.
④ 상업의 발전을 강조했다.

해설

이익은 조선 후기의 실학자로 농업 중심의 개혁 운동을 주장했다. 〈성호사설(星湖僿說)〉을 통해 가정의 생활을 유지하는 데 필요한 영업전을 할당하고, 이 토지의 매매를 금지하며 나머지 토지에 대해서만 매매를 허용하는 '한전론'을 주장했다. 서양 천문학에 관심을 갖기도 했으며, 역사적 측면에서도 실증적·비판적 역사 서술을 강조하고, 중국 중심의 사관을 비판하기도 했다. 다만 유통경제의 발전이 농촌 경제를 어렵게 만들고 있다는 '폐전론'을 주장하며 상업을 경시했다.

31 다음 중 조선 시대 정조의 업적에 해당하는 것은?

① 통일법전인 〈대전회통〉을 편찬했다.
② 의정부서사제를 도입했다.
③ 직전법을 실시해 토지 부족 문제를 해결하려 했다.
④ 규장각을 설치하고 인재를 등용했다.

해설

조선의 제22대 왕인 정조는 선왕인 영조의 탕평책을 이어 받아 각종 개혁정치를 펼쳤다. 왕의 친위부대인 장용영을 설치해 왕권을 강화했고, 규장각을 설치하고 초계문신제를 시행해 훌륭한 인재를 등용하기 위해 힘썼다. 또한 수원에 계획도시인 화성을 건설하고, 시전 상인들의 금난전권을 폐지하는 신해통공을 단행했다.

32 다음 인물의 업적으로 옳은 것은?

> 조선 후기의 대표적 중상주의 실학자인 이 인물은 상공업의 진흥과 수레·선박의 이용 및 화폐 유통의 필요성을 강조하였다. 또한, 〈양반전〉, 〈허생전〉, 〈호질〉 등을 통해 양반의 무능과 허례를 풍자하고 비판했다. 홍대용, 박제가 등과 함께 북학론을 전개하기도 했다.

① 청나라에 다녀온 뒤 〈열하일기〉를 저술했다.
② 신분에 따라 토지를 차등 분배하는 균전론을 주장했다.
③ 단군조선과 고려 말까지를 다룬 역사서 〈동사강목〉을 저술했다.
④ 신유박해로 탄압을 받아 유배를 갔다.

해설
조선 후기 중상주의 실학자였던 연암 박지원은 상공업의 진흥과 수레·선박의 이용 및 화폐 유통의 필요성을 강조했다. 또한, 〈양반전〉, 〈허생전〉, 〈호질〉 등을 저술해 양반의 무능과 허례를 풍자하고 비판했다. 그는 청나라에 다녀온 뒤 〈열하일기〉를 저술해 상공업과 화폐의 중요성에 대해 주장하기도 했다.

33 조선 시대 승정원과 그 일기에 대한 설명으로 옳지 않은 것은?

① 태조부터 순종 대까지의 왕의 행적이 남아 있다.
② 〈조선왕조실록〉보다 기록의 양이 방대하다.
③ 승정원의 수장은 도승지로 정3품의 품계였다.
④ 의금부와 함께 왕권을 강화하는 역할을 했다.

해설
승정원은 조선 시대 왕명을 출납하던 기구로 도승지 이하의 인원이 왕에게 간언을 하고 왕명의 출납을 담당했다. 한성부, 춘추관, 의금부와 함께 왕권을 강화하는 역할을 했다. 조선의 기록은 〈조선왕조실록〉 외에 이들의 기록인 〈승정원일기〉가 있다. 임진왜란과 병자호란으로 인해 인조 이전의 기록은 남아 있지 않으나 그 양은 〈조선왕조실록〉보다 방대하다.

34 다음 조항이 포함된 조약에 대한 설명으로 옳지 않은 것은?

> 제1관 조선국은 자주국이며, 일본국과 평등한 권리를 가진다.
> 제4관 조선국은 부산 이외 두 곳의 항구를 개항하고 일본인이 왕래 통상함을 허가한다.
> 제10관 일본국 인민이 조선국이 지정한 각 항구에서 죄를 범할 경우 일본국 관원이 재판한다.

① 일본에게 최혜국 대우를 인정했다.
② 외국과 맺은 최초의 근대적 조약이다.
③ 원산과 인천을 개항하는 계기가 됐다.
④ 치외법권을 인정한 불평등한 조약이다.

해설
보기의 조항은 최초의 근대적 조약인 강화도 조약(1876)의 조항으로, ①의 최혜국 대우는 포함되지 않았다.

35 다음 중 갑신정변에 대한 내용으로 옳지 않은 것은?

① 임오군란 이후 급진개화파가 일본의 군사적 지원을 받아 일으켰다.
② 우정총국 개국 축하연 자리에서 일으켰다.
③ 구본신참을 기본정신으로 삼았다.
④ 개화당 정부를 수립하고 14개조 개혁정강을 발표했다.

해설
1882년 벌어진 임오군란 이후 청의 내정간섭이 심화되자 김옥균·박영효 등 급진개화파는 근대화 추진과 민씨 세력 축출을 위해 일본의 군사적 지원을 받아 1884년 우정총국 개국 축하연 자리에서 갑신정변을 일으켰다. 이후 개화당 정부를 수립하고 14개조 개혁정강을 발표한 후 입헌군주제, 청과의 사대관계 폐지, 능력에 따른 인재등용 등의 개혁을 추진했다. 그러나 청군의 개입과 일본의 군사지원이 약속대로 이뤄지지 않아 3일 만에 실패했다.

36 대한제국의 고종이 주도한 국가개혁은?

① 광무개혁   ② 을미개혁
③ 갑오개혁   ④ 갑신정변

해설
1892년 러시아 공사관에서 경운궁으로 환궁한 고종은 광무개혁을 천명하며 국가의 연호를 광무로 하고, 환구단을 쌓아 황제 즉위식을 거행하여 대한제국이 자주 독립국가임을 선언했다. 광무개혁은 구본신참으로서 복고주의적이고 점진적인 개혁을 표방했으며, 근대적 시설을 확충하고자 했다. 정치적으로는 대한국 국제를 반포해 전제 황권을 강화했음을 선언했다.

37 다음 중 흥선대원군에 대한 설명으로 틀린 것은?

① 국가운영에 대한 법을 새로 규정하기 위해 〈속대전〉을 편찬했다.
② 왕실의 권위 회복을 위해 임진왜란 때 불탔던 경복궁을 중건했다.
③ 군정의 문란을 해결하기 위해 호포제를 실시했다.
④ 서양과의 통상수교 반대의지를 알리기 위해 전국 각지에 척화비를 세웠다.

> **해설**
> 흥선대원군은 국가의 재정을 확보하기 위해 양반에게도 군포를 부과하는 호포제를 시행했으며, 사창제를 시행하여 환곡의 폐단을 해결하고자 했다. 또한 임진왜란 때 불에 타서 방치된 경복궁을 중건했고, 비변사를 폐지한 후 의정부와 삼군부를 부활시켜 왕권을 강화했다. 대외적으로는 전국에 척화비를 세우고, 외세 열강과의 통상수교 거부 정책을 확고히 했다. 〈속대전〉은 조선 영조 때 국가운영에 대한 법을 새로 규정하기 위해 〈경국대전〉을 바탕으로 새롭게 변화된 조항을 담아 편찬됐다.

38 다음 중 독립협회에 대한 설명으로 틀린 것은?

① 러시아의 부산 절영도 조차 요구를 저지했다.
② 만민공동회와 관민공동회를 개최했다.
③ 고종의 퇴위 반대운동을 전개해 강제 해산됐다.
④ 중추원 개편을 통해 서구식 입헌군주제 실현을 목표로 했다.

> **해설**
> 갑신정변(1884) 이후 미국에서 돌아온 서재필은 남궁억, 이상재, 윤치호 등과 함께 독립협회를 창립하고 만민공동회와 관민공동회를 개최하여 부산 절영도 조차 요구 반대, 한러은행 개설을 규탄하는 성토, 집회연설 등을 통해 국권·민권신장 운동을 전개했다. 또한 중추원 개편을 통한 의회 설립과 서구식 입헌군주제 실현을 목표로 활동했다. 아울러 청의 사신을 맞이하던 영은문을 헐고 그 자리 부근에 독립문을 건립하기도 했다.

39 다음 중 을미개혁에 대한 내용으로 옳은 것은?

① 지석영이 소개한 종두법 실시를 위해 종두소를 설치했다.
② 고종이 대한제국을 선포하며 시작됐다.
③ 청의 연호를 폐지하고 개국 연호를 사용했으며 또한 과거제를 폐지했다.
④ 을미사변이 발생하기 전 일제에 의해 강제로 시행됐다.

> **해설**
> 을미사변 이후 일제가 내세운 김홍집 내각에 의해 을미개혁(1895)이 추진됐다. 이때 지석영이 소개한 천연두를 예방하는 종두법을 실시하기 위해 종두소를 설치하였고, 건양 연호와 태양력을 사용하게 되었으며 단발령이 시행됐다. 단발령은 을미사변으로 격해진 반일 감정의 기폭제가 되어 의병운동으로 이어졌다. 고종이 대한제국을 선포한 것은 광무개혁(1899)이며 개국 연호를 사용하고 과거제를 폐지한 것은 갑오개혁(1894)이다.

| 부산광역시공공기관통합채용

40 다음의 일본과 관련된 조약을 사건이 일어난 순서대로 배치한 것은?

㉠ 계해약조 ㉡ 기유약조
㉢ 가쓰라–태프트 밀약 ㉣ 한일의정서

① ㉠ – ㉡ – ㉢ – ㉣
② ㉠ – ㉡ – ㉣ – ㉢
③ ㉡ – ㉠ – ㉣ – ㉢
④ ㉡ – ㉠ – ㉢ – ㉣

해설
일본과 관련된 조약을 시간 순서대로 배치하면 ㉠ 계해약조(1443) – ㉡ 기유약조(1609) – ㉣ 한일의정서(1904) – ㉢ 가쓰라–태프트 밀약(1905) 순이 된다.

| 한국수력원자력

41 다음에서 밑줄 친 전쟁 이후 발생한 사건으로 옳은 것은?

의정부 참정 심상훈이 아뢰기를, "지금 일본과 러시아 간에 <u>전쟁</u>이 시작된 이후 일본 군사들이 용맹을 떨쳐 육지와 해상에서 연전연승한다는 소식이 세상에 퍼져 각기 나라 사람들과 더불어 가서 관전하는 일이 많습니다. 원수부에서 장령(將領)과 위관(尉官)을 해당 싸움터에 적절히 파견하여 관전하게 하는 것이 어떻겠습니까?"하니, 윤허하였다.

① 독립협회가 관민공동회를 개최했다.
② 평민 의병장 출신 신돌석이 을사의병을 주도했다.
③ 고종이 러시아 공사관으로 피신했다.
④ 서양국가와의 최초의 조약인 조미수호통상조약이 체결됐다.

해설
만주와 조선의 지배권을 두고 러시아와 일본이 1904~1905년에 러일전쟁을 벌였다. 전쟁에서 승리한 일본이 사실상 열강들로부터 한국에 대한 지배를 인정받자 일본은 을사늑약을 체결하여 대한제국의 외교권을 박탈하고 한국을 식민지로 만들려는 계획을 진행했다(1905). 을사늑약 체결 이듬해 서울에 통감부가 설치됐고, 이토 히로부미가 초대통감으로 부임하여 외교뿐만 아니라 내정에도 간섭하였다. 을사늑약 체결 이후 유생 출신의 민종식, 최익현과 평민 의병장 출신 신돌석 등이 을사의병을 주도했다(1906).

| 한국산업인력공단

42 구한말 고종황제의 퇴위 반대운동을 벌인 민중계몽단체는?

① 근우회
② 보안회
③ 신민회
④ 대한자강회

해설

1906년 4월 설립된 대한자강회는 민중계몽단체로서 국민의 교육을 강화하고 그로 하여금 국력을 키워 독립의 기초를 닦기 위한 사명을 띠고 있었다. 윤효정, 장지연, 나수연 등이 설립했으며, 교육기관을 세울 것을 주장하고 고종황제의 퇴위 반대운동을 펼치기도 했다.

| 부산광역시공공기관통합채용

43 1907년 대구에서 시작된 민족 운동으로 제국신문, 황성신문, 만세보 등 언론기관들의 지원을 받은 것은?

① 국채보상운동
② 물산장려운동
③ 애국계몽운동
④ 민족대학설립운동

해설

국채보상운동은 국민이 차관 1,300만 원을 갚아 국가의 주권을 회복하고자 김광제, 서상돈 등의 제안으로 대구에서 시작됐다. 대한매일신보, 황성신문, 제국신문 등의 지원을 받아 전국적으로 확산했다. 2017년에는 그 기록물이 유네스코에 등재되기도 했다.

| 광주광역시공무직통합채용

44 일제강점기에 일제의 통치방식이 무단통치에서 문화통치로 바뀌게 된 계기가 된 사건은?

① 3·1 운동
② 2·8 독립선언
③ 국채보상운동
④ 대한민국 임시정부 설립

해설

일본 도쿄 유학생들이 결성한 조선청년독립단은 1919년 대표 11인을 중심으로 도쿄에서 2·8 독립선언서를 발표했다. 이는 미국 대통령 윌슨이 주창한 민족자결주의의 영향을 받은 것으로, 이후 국내에서도 3·1 운동이 전개돼 민족대표 33인이 독립선언서를 발표하고 국내외에 독립을 선언했다. 3·1 운동은 일제가 무단통치를 완화하고 식민지 통치를 문화통치 방식으로 변화시키는 계기가 됐다.

| 대구의료원

45 다음 중 일제강점기 당시 한인애국단에 소속되지 않은 인물은?

① 김 구
② 윤봉길
③ 이봉창
④ 안창호

> **해설**
> 한인애국단은 1920년대 중반 이후 대한민국 임시정부의 활동 침체를 극복하고, 1931년 만보산 사건과 만주사변 등으로 인하여 침체된 항일 독립운동의 활로를 모색하려는 목적에서 김구의 주도로 결성된 대한민국 임시정부의 특무활동기관이자 1930년대 중국 관내의 대표적인 의열투쟁단체였다. 이봉창과 윤봉길 등이 활동했다.

| 대전광역시공무직통합채용

46 일제강점기 당시 독립운동가로 1932년 일왕의 생일날 거사를 일으킨 인물은?

① 윤봉길
② 이봉창
③ 김원봉
④ 조소앙

> **해설**
> 일제강점기 독립운동가인 윤봉길 의사는 임시정부의 김구가 창설한 한인애국단에 가입, 1932년 중국 상하이 훙커우 공원에서 열린 일왕의 생일 기념식에 폭탄을 던져 의거했다. 일왕을 사살하지는 못했으나, 일본군 대장과 일본인 거류민단장이 그 자리에서 사망했다. 현장에서 체포된 윤봉길 의사는 사형 선고를 받아 1932년 12월 19일 순국했다.

| 폴리텍

47 다음 (가) ~ (라)를 사건이 일어난 순서대로 옳게 나열한 것은?

> (가) 12·12 군사반란
> (나) 4·19 혁명
> (다) 3·15 부정선거
> (라) 4·3 사건

① (나) - (다) - (가) - (라)
② (다) - (나) - (라) - (가)
③ (다) - (라) - (나) - (가)
④ (라) - (다) - (나) - (가)

> **해설**
> (라) 4·3 사건 : 1947년 3월 1일을 기점으로 1948년 4월 3일 발생한 소요사태 및 1954년 9월 21일까지 제주도에서 발생한 민간인 학살사건
> (다) 3·15 부정선거 : 1960년 3월 15일 이승만 대통령과 자유당이 권력을 유지하기 위해 실시한 부정선거로 4·19 혁명이 일어난 원인
> (나) 4·19 혁명 : 1960년 4월 19일 이승만 정권의 장기집권에 반발해 학생들이 주도하여 일으킨 민주주의 혁명
> (가) 12·12 군사반란 : 1979년 12월 12일 전두환을 중심으로 육군 내 비밀 사조직이었던 하나회가 일으킨 군사 쿠데타

정답 42 ④ 43 ① 44 ① 45 ④ 46 ① 47 ④

| 중앙보훈병원

48 다음 사건과 관련된 인물은?

> 1970년 11월 13일 서울 청계천 평화시장 재단사였던 그는 열악한 노동환경에 항거해 "근로기준법을 준수하라", "우리는 기계가 아니다"라고 외치며 분신했다.

① 전태일 ② 이소선
③ 김진숙 ④ 김주열

해설
전태일 열사는 한국의 노동운동을 상징하는 인물로 청계천 평화시장 재단사로 일하면서 열악한 노동조건의 개선을 위해 노력했으며, 1970년 11월 노동자는 기계가 아니라고 외치며 분신했다. 그의 죽음은 장기간 저임금노동에 시달렸던 당시의 노동환경을 고발하는 역할을 했으며, 한국 노동운동 발전에 중요한 계기가 되었다.

| 한국산업단지공단

49 밑줄 친 '이 사건'에 대한 설명으로 옳지 않은 것은?

> 이 사건은 1987년 6월에 전국에서 일어난 반독재 민주화 시위로 군사정권의 장기집권을 막기 위한 범국민적 민주화운동이다.

① 제5공화국이 출범하며 촉발됐다.
② 이한열이 최루탄에 맞은 사건이 계기가 됐다.
③ 4·13 호헌조치에 반대했다.
④ 이 사건의 결과 대통령 직선제로 개헌됐다.

해설
제시된 사건은 6월 민주항쟁이다. 1980년 5월 광주 민주화운동의 비극 이후 전두환이 같은 해 9월 제11대 대통령에 취임하면서 독재의 서막을 알렸고, 이듬해인 1981년 3월 간접선거로 다시 제12대 대통령으로 취임하면서 제5공화국이 정식 출범했다. 제5공화국은 1987년 6월 항쟁 이후 대통령 직선제 개헌을 명시한 6·29 선언이 발표되며 종지부를 찍었다.

50 다음과 같은 경제 사안들이 있던 시기에 벌어진 사건으로 옳은 것은?

- 세계무역기구(WTO) 가입
- 경제협력개발기구(OECD) 가입
- 대통령의 '세계화 구상' 발표

① 미국과의 자유무역협정(FTA)이 체결됐다.
② YH 무역 노동자들이 폐업에 항의하며 농성했다.
③ 경자유전의 원칙에 따른 농지개혁법이 제정됐다.
④ 금융거래의 투명성을 확보하고자 금융실명제가 실시됐다.

해설
금융실명제는 신분증 없이는 계좌 개설과 이체가 불가능한 금융제도를 말한다. 1993년 김영삼 정부는 경제적으로 탈세와 부정부패를 뿌리뽑겠다는 의지로 금융실명제를 실시했다.

아이들이 답이 있는 질문을 하기 시작하면 그들이 성장하고 있음을 알 수 있다.

– 존 J. 플롬프 –

PART 2

최신상식

CHAPTER 01 주요 국제 Awards
CHAPTER 02 최신시사용어

작은 기회로부터 종종 위대한 업적이 시작된다.

– 데모스테네스 –

자격증·공무원·금융/보험·면허증·언어/외국어·검정고시/독학사·기업체/취업
이 시대의 모든 합격! 시대에듀에서 합격하세요!
www.youtube.com → 시대에듀 → 구독

CHAPTER 01 주요 국제 Awards

01 노벨상

수상 부문		생리의학, 물리학, 화학, 경제학, 문학, 평화
주 최		스웨덴 왕립과학아카데미, 노르웨이 노벨위원회
시작연도		1901년
시상식 장소		스웨덴 스톡홀름(단, 평화상은 노르웨이 오슬로)
시상식 일정		매년 12월 10일
심 사	생리의학	카롤린스카 의학연구소
	물리학, 화학, 경제학	스웨덴 왕립과학아카데미
	문 학	스웨덴 아카데미(한림원)
	평 화	노르웨이 노벨위원회

01 노벨생리의학상

빅터 앰브로스

게리 러브컨

2024년 노벨생리의학상 수상자로는 미국 매사추세츠대 의과대학 교수인 빅터 앰브로스와 미국 하버드 의학전문대학원 교수 게리 러브컨이 선정됐다. 이들은 1980년대 후반 2002년 노벨생리의학상 수상자인 생물학자 로버트 호비츠의 연구실에서 '예쁜꼬마선충'을 연구했으며, 이 연구를 통해 유기체에서 이뤄지는 조직의 발달과 성숙 과정을 규명하고자 했다. 특히 다양한 세포들이 적시에 발달하도록 제어하는 유전자에 관심을 두었고, 선충의 lin-4 마이크로RNA가 lin-14 유전자를 조절한다는 사실을 발견했다.

02 노벨물리학상

존 홉필드 　　　제프리 힌턴

노벨물리학상은 미국 프린스턴대 명예교수인 존 홉필드와 캐나다 토론토대 명예교수인 제프리 힌턴이 수상했다. 이들은 인공지능(AI) 머신러닝(기계학습)의 기초를 확립한 공로를 인정받았다. AI 분야에서 노벨상 수상자가 나온 것은 이번이 처음이다. 노벨위원회는 이들이 '인공신경망을 이용한 머신러닝을 가능케 하는 기반 발견 및 발명'과 관련한 공로를 세운 점을 높게 평가했다. 노벨위원회는 이들이 인간 뇌에서 뉴런(신경세포) 간의 상호연결이 강해지고 약해지며 학습이 이뤄지는 메커니즘을 모방해, 기계가 데이터를 학습하는 방법을 개발했다고 전했다.

03 노벨화학상

데이비드 베이커　　　데미스 허사비스　　　존 점퍼

노벨화학상은 '컴퓨터를 이용한 단백질 설계'에 기여한 미국 워싱턴대 생화학 교수 데이비드 베이커와 단백질 구조를 파악하는 AI 모델 '알파폴드'를 개발한 구글 딥마인드의 데미스 허사비스, 존 점퍼에게 돌아갔다. 노벨위원회는 "베이커 교수가 단백질의 완전히 새로운 종류를 구축하는 위업을 달성했다"라고 밝혔으며, "허사비스와 점퍼는 단백질의 복잡한 구조를 예측하는 AI 모델을 개발했다"라고 설명했다. 그러면서 단백질은 생명의 바탕이 되는 모든 화학반응을 조절하는 역할을 하며, 수상자들의 발견은 엄청난 잠재력이 있다고 평가했다.

04 노벨경제학상

다론 아제모을루　　사이먼 존슨　　제임스 A. 로빈슨

노벨경제학상은 국가 간 부의 차이를 연구해온 다론 아제모을루, 사이먼 존슨 미국 매사추세츠공대 교수와 제임스 A. 로빈슨 미국 시카고대 교수가 수상했다. 이들은 국가 간 불평등과 빈부격차에 주목하는 과정에서 한국의 사례에도 눈을 돌리는 등 '지한파'로 꼽힌다. 아제모을루 교수와 로빈슨 교수는 〈국가는 왜 실패하는가〉의 저자로도 국내에 잘 알려져 있다. 이 책은 국가의 성공과 실패를 결정짓는 요인을 사회제도에서 찾고 있다. 부인이 한국계 미국인인 존슨 교수는 처남인 제임스 곽과 함께 미국발 경제위기를 불러온 대형은행들의 악마성을 폭로한 책 〈위험한 은행〉을 펴내기도 했다.

05 노벨문학상

한 강

소설가 한강이 한국 작가로는 최초로 노벨문학상 수상의 영예를 안았다. 한국인이 노벨상을 수상한 것은 지난 2000년 노벨평화상을 수상한 고(故) 김대중 전 대통령에 이어 두 번째다. 심사기관인 스웨덴 한림원은 그의 작품세계를 "역사적 트라우마에 맞서고 인간의 삶의 연약함을 드러낸 강렬한 시적산문"이라고 표현하며 선정 이유를 밝혔다. 한강은 앞서 2016년에도 소설 〈채식주의자〉로 세계적 권위의 부커상 인터내셔널 부문을 수상하면서 국제적으로 이름을 알린 바 있다. 그는 죽음과 폭력 등 보편적인 인간 문제를 시적인 문체로 풀어내는 독창적인 작품세계를 구축했다는 평가를 받는다.

06 노벨평화상

니혼 히단쿄

노벨평화상은 일본의 원자폭탄 생존자 단체이자 핵 무기 근절 운동을 펼쳐 온 원폭피해자단체협의회 '니혼 히단쿄'가 수상했다. 특히 2024년 평화상 선정은 일본 원폭투하 80주년을 한해 앞두고 핵 무기 사용이 도덕적으로 용납될 수 없다는 점이 강조된 것으로 분석됐다. 아울러 우크라이나와 팔레스타인 등에서 전쟁이 지속되고 핵 무기 사용 우려가 커지는 현실에서, 핵 군축과 군비 통제의 필요성을 환기시키려는 노벨위원회의 의도로도 해석됐다.

02 세계 3대 영화제

01 베니스 영화제

개최 장소	이탈리아 베네치아
개최 시기	매년 8월 말~9월 초
시작 연도	1932년

〈2024 제81회 수상내역〉

- 황금사자상

〈더 룸 넥스트 도어〉　페드로 알모도바르

스페인 출신 페드로 알모도바르 감독의 첫 영어 장편영화 〈더 룸 넥스트 도어〉가 최고 영예인 황금사자상을 수상했다. 줄리앤 무어와 틸다 스윈튼이 출연한 이 작품은 삶과 죽음, 안락사, 여성의 우정을 다뤘으며, 영화제에서 첫 상영됐을 당시 18분간 기립박수를 받아 화제가 됐다. 알모도바르 감독은 수상소감에서 "깨끗하고 존엄하게 이 세상에 안녕을 고하는 것은 모든 인간의 기본권리라고 믿는다"라고 말했다.

- 심사위원대상/감독상

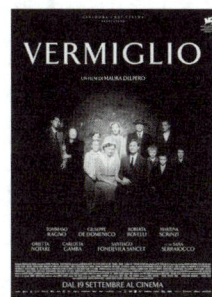 

〈베르밀리오〉　브레이디 코베이

심사위원대상은 이탈리아 출신의 마우라 델페로 감독의 〈베르밀리오〉에 돌아갔다. 이탈리아와 프랑스, 벨기에의 합작 영화인 이 작품은 제2차 세계대전의 마지막 해 이탈리아 알프스를 배경으로 일어나는 사건을 그렸다. 감독상은 〈브루탈리스트〉를 연출한 브레이디 코베이가 수상했다. 제2차 세계대전 이후를 배경으로 헝가리 출신의 한 건축가가 미국에 이주하며 자신의 꿈을 위해 분투하는 이야기를 다룬다.

- 남우주연상/여우주연상

뱅상 랭동　니콜 키드먼

남우주연상은 프랑스의 자매 감독인 델핀·뮈리엘 쿨랭의 〈더 콰이어트 선〉에 출연한 뱅상 랭동이 차지했다. 그는 극단적 극우주의에 빠져드는 10대 아들로 인해 고뇌하는 홀아버지를 연기했다. 여우주연상은 〈베이비걸〉에서 젊은 인턴과 불륜에 빠진 여성 사업가의 이야기로 과감한 연기를 펼친 니콜 키드먼이 받았다.

02 칸 영화제

개최 장소	프랑스 칸
개최 시기	매년 5월
시작 연도	1946년

〈2024 제77회 수상내역〉

- **황금종려상**

〈아노라〉　　숀 베이커

최고 영예의 황금종려상은 성노동자 여성을 주인공으로 한 숀 베이커 감독의 영화 〈아노라〉가 수상했다. 그간 작품에서 성소수자와 이민자, 위기가정 아동 등 사회의 소수자들을 주인공으로 내세워왔던 숀 베이커 감독의 황금종려상 첫 수상이었다. 〈아노라〉는 스트립 댄서로 일하는 여성이 러시아 신흥재벌의 아들과 결혼한 뒤 시부모로부터 결혼생활을 위협당하면서 벌어지는 사건을 그렸다.

- **심사위원대상/감독상**

〈올 위 이매진　　미켈 고메스
애즈 라이트〉

심사위원대상은 인도 여성감독 최초로 칸 경쟁부문에 진출한 파얄 카파디아 감독의 〈올 위 이매진 애즈 라이트〉가 수상했고, 감독상은 〈그랜드 투어〉를 감독한 미켈 고메스에게 돌아갔다. 〈올 위 이매진 애즈 라이트〉는 인도 뭄바이에서 간호사로 일하는 세 여성의 삶과 연대를 다뤘다. 〈그랜드 투어〉는 1917년 영국을 배경으로 한 남자가 약혼녀와 결혼하기로 한 날 도망치면서 전개되는 이야기로서 약혼녀가 남자를 찾아 아시아 그랜드 투어를 떠나며 벌어지는 일을 그렸다.

- **남우주연상/여우주연상**

제시 플레먼스　　아드리아나 파즈,
　　　　　　　　조 샐다나,
　　　　　　　　셀레나 고메즈,
　　　　　　　　카를라 소피아 가스콘

남우주연상은 요르고스 란티모스 감독의 〈카인즈 오브 카인드니스〉에 출연한 제시 플레먼스가 수상했다. 여우주연상은 심사위원상을 수상한 자크 오디아르 감독의 〈에밀리아 페레즈〉에서 열연한 아드리아나 파즈, 조 샐다나, 셀레나 고메즈, 카를라 소피아 가스콘이 공동 수상해 이례적인 일로 평가되기도 했다.

03 베를린 영화제

개최 장소	독일 베를린
개최 시기	매년 2월 중순
시작 연도	1951년

〈2025 제75회 수상내역〉

- **황금곰상**

〈드림스〉   다그 요한 하우거루드

최고작품상인 황금곰상은 〈드림스〉를 연출한 노르웨이 감독 다그 요한 하우거루드에게 돌아갔다. 〈드림스〉는 여교사와 사랑에 빠진 17살 소녀가 자신의 경험과 감정을 기록한 글을 어머니와 할머니가 발견하면서 벌어지는 이야기를 다룬다. 심사위원장을 맡은 토드 헤인스 감독은 "욕망의 원동력과 그 결과물, 욕망에 사로잡힌 사람에게 우리가 느끼는 질투를 탐구한다. 날카로운 관찰과 인내심 있는 카메라, 흠잡을 데 없는 연기로 글 쓰는 행위 자체에 주목하게 만든다"고 평가했다.

- **심사위원대상/감독상**

〈더 블루 트레일〉   훠 멍

심사위원대상은 〈더 블루 트레일〉을 연출한 브라질 감독 가브리엘 마스카로가 수상했으며, 감독상은 〈리빙 더 랜드〉를 연출한 중국 감독 훠멍에게 돌아갔다. 한편 2024년 은곰상 심사위원대상을 받으며 베를린 영화제에서만 5차례 수상이라는 기록을 남긴 우리나라 홍상수 감독은 이번 영화제에서도 〈그 자연이 네게 뭐라고 하니〉로 경쟁부문에 이름을 올렸으나 수상은 불발됐다.

- **주연상/조연상**

로즈 번   앤드류 스콧

주연상은 메리 브론스타인 감독의 〈이프 아이 해드 레그스 아이드 킥 유〉에서 열연한 로즈 번이 수상했다. 〈이프 아이 해드 레그스 아이드 킥 유〉는 남편이 부재중인 가운데 자녀의 원인불명의 질병과 마주하게 된 주인공이 살인사건과 더불어 치료사와의 갈등을 겪으며 삶의 복잡한 문제를 헤쳐나가는 이야기를 그렸다. 조연상은 리처드 링클레이터 감독의 〈블루 문〉에 출연한 앤드류 스콧이 받았다. 〈블루 문〉은 작사가 로렌츠 하트의 삶을 다룬 작품이다.

CHAPTER 02 최신시사용어

01 정치·국제·법률

01 계엄령
전시·사변 등 국가 비상사태 시 법률이 정하는 바에 따라 선포하는 국가긴급권

전시나 사변 또는 이에 준하는 국가 비상사태가 발생하는 경우 국가의 안녕과 공공질서를 유지하기 위해 법률이 정하는 바에 따라 선포하는 국가긴급권으로 대통령의 고유권한이다. 헌법 제77조 및 계엄법에 따라 대통령은 국무회의의 의결을 통해 비상계엄 또는 경비계엄을 선포할 수 있고, 국방부 장관과 행정안전부 장관이 이를 건의할 수 있다. 계엄령이 선포되면 해당 지역 내 행정권·사법권이 군에 이관되며, 헌법에 보장된 국민의 기본권을 제한할 수 있다. 다만 계엄을 선포할 때는 지체없이 국회에 통고해야 하며, 국회가 재적의원 과반수 찬성으로 계엄 해제를 요구하면 대통령은 이를 해제해야 한다.

> **역대 계엄령**
> 1948년 대한민국 정부 수립 이후 17번의 계엄령이 선포됐다. 최초의 비상계엄은 1948년 10월 발생한 여순사건 당시 선포됐으며, 제주 4·3 사건, 6·25 전쟁 등에도 계엄령이 발동됐다. 1960년대 이후에는 4·19 혁명(1960), 5·16 군사정변(1961), 6·3 항쟁(1964), 10월 유신(1972), 10·26 사태(1979) 등 정치적으로 혼란한 상황에서 수차례 선포됐다. 1987년 개정된 현행 헌법에서 계엄 발동요건을 엄격히 제한하고 국회 재적의원 과반 찬성으로 계엄 해제가 가능하도록 하면서 40년 넘게 계엄령 선포가 이루어지지 않았으나, 2024년 12월 3일 윤석열 대통령이 비상계엄을 선포하고 국회 무력화를 시도해 큰 파장이 일었다.

02 법률안 재의요구권
대통령이 국회에서 의결한 법률안을 거부할 수 있는 권리

대통령의 고유권한으로 '법률안 거부권'이라고도 불린다. 대통령이 국회에서 의결한 법률안을 거부할 수 있는 권리다. 즉, "국회가 의결한 이 법률안에는 문제가 있으니 다시 논의하라"라는 의미다. 법률안에 대해 국회와 정부 간 대립이 있을 때 정부가 대응할 수 있는 강력한 수단이다. 대통령은 15일 내에 법률안에 이의서를 붙여 국회로 돌려보내야 하는데, 국회로 돌아온 법률안은 재의결해서 재적의원 과반수 출석과 3분의 2 이상이 찬성해야 확정된다. 엄격한 조건 때문에 국회로 돌아온 법안은 결국 폐기되기 쉽다. 다만 대통령은 이 거부권을 법률안이 아닌 예산안에는 행사할 수 없다.

03 출생통보제

의료기관이 아이 출생사실을 의무적으로 지방자치단체에 통보하도록 하는 제도

부모가 고의로 출생신고를 누락해 '유령아동'이 생기지 않도록 의료기관이 출생정보를 건강보험심사평가원(심평원)을 통해 지방자치단체(지자체)에 통보하고, 필요한 경우에 한해 지자체가 출생신고를 할 수 있도록 하는 제도다. 2024년 7월 19일부터 시행됐으며, 의료기관은 모친의 이름과 주민등록번호, 아이의 성별과 출생연월일시 등을 진료기록부에 기재해야 한다. 의료기관장은 출생일로부터 14일 안에 심평원에 출생정보를 통보하고, 심평원은 곧바로 모친의 주소지 시·읍·면장에 이를 전달해야 한다. 한편 정부·국회는 미혼모나 미성년 임산부 등 사회·경제적 위기에 놓인 산모가 신원을 숨기고 출산해도 정부가 출생신고를 할 수 있는 '보호출산제'도 함께 도입하기로 했다.

04 김용균법

산업재해 방지를 위해 산업현장 안전과 기업의 책임을 대폭 강화하는 법안

2018년에 태안화력발전소 비정규직 노동자였던 고 김용균 씨 사망사건 이후 입법 논의가 시작되어 고인의 이름을 따서 발의된 법안이다. 고 김용균 씨 사망은 원청관리자가 하청노동자에게 직접 업무지시를 내린 불법파견 때문에 발생한 것으로 밝혀져 '죽음의 외주화' 논란을 일으켰다. 이 사건의 원인이 안전관련 법안의 한계에서 비롯되었다는 사회적 합의에 따라 산업안전규제 강화를 골자로 하는 산업안전보건법이 2020년에 개정되었고, 이후 산업재해를 발생시킨 기업에 징벌적 책임을 부과하는 중대재해기업처벌법이 2021년에 입법됐다.

산업안전보건법 개정안(산업안전법)
산업현장의 안전규제를 대폭 강화하는 방안을 골자로 발의된 법안으로 2020년 1월 16일부터 시행됐다. 주요 내용은 노동자 안전보건 조치 의무 위반 시 사업주에 대한 처벌을 강화하고 하청 가능한 사업의 종류를 축소시키는 것 등이다. 특히 도급인 산업재해 예방 조치 의무가 확대되고 사업장이 이를 위반할 경우 3년 이하의 징역 또는 3,000만 원 이하의 벌금에 처하도록 처벌수준을 강화해 위험의 외주화를 방지했다.

중대재해기업처벌법(중대재해법)
산업안전법이 산업현장의 안전규제를 대폭 강화했다면 중대재해법은 더 나아가 경영책임자와 기업에 징벌적 손해배상책임을 부과한다. 중대한 인명피해를 주는 산업재해가 발생했을 경우 경영책임자 등 사업주에 대한 형사처벌을 강화하는 내용이 핵심이다. 이에 따라 노동자가 사망하는 산업재해가 발생했을 때 안전조치 의무를 미흡하게 이행한 경영책임자에게 징역 1년 이상, 벌금 10억 원 이하의 처벌을 내릴 수 있으며, 법인이나 기관도 50억 원 이하의 벌금형에 처할 수 있다. 2022년부터 시행됐으며 상시근로자가 50인 미만 사업장에서는 2024년 1월 27일부터 시행됐다. 단, 5인 미만 사업장에는 적용하지 않는다.

05　9·19 남북군사합의
남북이 일체의 군사적 적대행위를 전면 중지하기로 한 합의

2018년 9월 평양 남북정상회담에서 남북이 일체의 군사적 적대행위를 전면 중지하기로 한 합의다. 같은 해 4월 판문점 정상회담에서 발표한 '판문점 선언'의 내용을 이행하기로 한 것이다. 지상과 해상, 공중을 비롯한 모든 공간에서 군사적 긴장과 충돌의 근원이 되는 상대방에 대한 일체의 적대행위를 전면 중지하기로 했다. 그러나 윤석열 정부 들어 북한이 북방한계선(NLL) 이남에 탄도미사일을 발사하는 등 도발수위를 높이고, 우리나라도 이에 군사적으로 맞대응하면서 합의가 무용지물이 되었다는 평가가 나오기 시작했다. 결국 북한이 2023년 11월 합의 전면폐기를 선언했고, 2024년 6월 4일 우리나라 국무회의에서 군사합의 전체의 효력을 정지하는 안건이 통과하면서 남북 간 긴장 수위가 다시 높아졌다.

06　법인차 전용번호판 제도
법인차에 연두색 전용번호판을 부착하도록 한 제도

국토교통부가 법인승용차 전용번호판 도입을 위한 '자동차 등록번호판 등의 기준에 관한 고시' 개정안을 행정예고함에 따라 2024년부터 시행된 제도다. 이에 따라 공공·민간법인이 신규·변경 등록하는 '8,000만 원 이상의 업무용 승용차'는 연두색 전용번호판을 부착해야 한다. 신차는 출고가, 중고차는 취득가를 기준으로 한다. 전용번호판은 법인차에 일반번호판과 구별되는 색상번호판을 배정해 법인들이 스스로 업무용 차량을 용도에 맞게 운영하도록 유도하기 위해 추진된 것으로 세제혜택 등을 위해 법인명의로 고가의 차량을 구입 또는 리스한 뒤 사적으로 이용하는 문제를 막기 위해 도입됐다.

07　머그샷 Mug shot
범죄자의 현재 인상착의를 기록한 사진

피의자를 식별하기 위해 구치소, 교도소에 구금될 때 촬영하는 얼굴사진이다. '머그(Mug)'는 정식 법률용어는 아니며, 영어에서 얼굴을 속되게 이르는 말이기도 해 이러한 명칭이 생겼다. 피의자의 정면과 측면을 촬영하며, 재판에서 최종 무죄판결이 나더라도 폐기되지 않고 보존된다. 미국은 머그샷을 일반에 공개하는 것이 합법이었으나 우리나라에서는 불법이었다. 그러나 2023년 들어 '부산 돌려차기 사건'과 '또래 살인 사건' 등 강력범죄로 사회적 불안감이 높아지면서 중대범죄자에 대한 신상공개제도의 실효성이 도마에 올랐다. 이에 정부와 여당은 머그샷을 공개하는 내용을 포함한 특별법 제정을 추진해 통과시켰고, 2024년부터 특정 중대범죄를 저지른 경우 피의자의 얼굴을 공개할 수 있게 됐다.

08 학교폭력 근절 종합대책

학교폭력 가해학생의 처분결과를 입시에 의무 반영하는 내용을 골자로 한 대책

국가수사본부장에 임명됐다가 낙마한 정순신 변호사 아들의 학교폭력(학폭) 사건 논란을 계기로 2023년 4월 12일 정부가 11년 만에 새롭게 발표한 학폭 근절 종합대책을 말한다. 중대한 학폭 사건에 엄정하게 대처하고 피해학생을 중심으로 한 보호조치 개선을 목적으로 한다. 이에 2025년 기준 고등학교 3학년 학생들이 치르게 될 2026학년도 대입부터 학폭 가해학생에 대한 처분결과가 수시는 물론 수능점수 위주인 정시 전형에도 의무적으로 반영된다. 또 중대한 처분결과는 학교생활기록부(생기부) 보존기간이 졸업 후 2년에서 최대 4년으로 연장돼 대입은 물론 취업에도 영향을 미칠 수 있게 됐다.

09 노란봉투법

노조의 파업으로 발생한 손실에 대한 사측의 손해배상을 제한하는 내용 등을 담은 법안

기업이 노조의 파업으로 발생한 손실에 대해 무분별한 손해배상소송 제기와 가압류 집행을 제한하는 등의 내용을 담은 법안이다. 사용자(기업)가 불법 파업으로 인한 손해배상을 청구할 때 사용자의 입증 책임과 더 엄격한 기준을 두었다. 또 사용자의 범위를 '근로조건에 실질적 지배력 또는 영향력이 있는 자'로 확대했는데, 이로써 대기업과 하청업체 같은 간접고용 관계에서도 교섭과 노동쟁의가 가능해질 것으로 전망됐다. 노란봉투법은 21대 국회에서 정부·여당·재계와 야당·노동계의 첨예한 대립 끝에 국회를 통과했으나, 윤석열 대통령이 거부권을 행사하며 국회로 돌아왔고 결국 재심의 끝에 폐기됐다.

10 칩4 Chip4

미국이 한국, 일본, 대만에 제안한 반도체동맹

2022년 3월 조 바이든 미국 대통령이 한국, 일본, 대만과 함께 안정적인 반도체 생산·공급망 형성을 목표로 제안한 반도체동맹으로 미국에서는 '팹4(Fab4)'라고 표기한다. '칩'은 반도체를, '4'는 총 동맹국의 수를 의미한다. 이는 미국이 추진하고 있는 프렌드쇼어링 전략에 따른 것으로 중국을 배제한 채 반도체 공급망을 구축하겠다는 의도로 풀이됐다. 미국은 반도체 제조공정 중 설계가 전문화된 인텔, 퀄컴, 엔비디아 등 대표적인 팹리스 업체들이 있고, 대만과 한국은 각각 TSMC, 삼성전자가 팹리스 업체가 설계한 반도체를 생산·공급하는 파운드리 분야에서 1, 2위를 다투고 있다. 일본 역시 반도체 소재시장에서 큰 비중을 차지한다.

11 디리스킹 De-risking
중국에 대한 외교적·경제적 의존도를 낮춰 위험요소를 줄이겠다는 서방의 전략

종래까지 미국을 비롯한 서방국가들은 대체로 중국과 거리를 두고 공급망에서 배제하는 '디커플링(De-coupling, 탈동조화)' 전략을 택해왔다. 그러나 2023년에 들어서는 중국과의 긴장을 완화하고 조금 더 유연한 관계로 전환하는 디리스킹 전략을 취하려는 움직임을 보였다. 디리스킹은 '위험제거'를 뜻하는 말로, 지난 2023년 3월 우르줄라 폰데어라이엔 유럽연합(EU) 집행위원장이 "세계시장에서 '탈(脫)중국'이란 불가능하고 유럽의 이익에도 부합하지 않는다"면서, "디리스킹으로 전환해야 한다"고 말해 주목받았다. 이는 중국과 경제적 협력관계를 유지하면서도 중국에 대한 과도한 외교·경제적 의존도를 낮춰 위험을 관리하겠다는 의도로 풀이됐다.

12 MSMT Multilateral Sanction Monitoring Team
유엔 안보리 산하 대북제재위원회 전문가패널을 대체할 다국적 제재 모니터링팀

2024년 4월 상임이사국인 러시아의 거부권(비토, Veto) 행사로 해체됐던 유엔(UN, 국제연합) 안전보장이사회(안보리) 산하 대북제재위원회 전문가패널을 대체하기 위해 출범한 다국적 제재 모니터링팀을 말한다. 한국을 비롯해 미국, 일본, 프랑스, 영국, 독일, 이탈리아, 네덜란드, 캐나다, 호주, 뉴질랜드 등 총 11개국이 참여하고 있으며, 북한의 핵·미사일 도발, 러시아와의 무기거래 등 대북제재 위반을 적발해 보고서를 작성하는 역할을 담당한다. 기존 전문가패널과 달리 유사한 입장에 있는 국가들이 단합하여 유엔의 울타리 밖에서 활동한다는 특징이 있다.

13 강제동원해법
일제 강제동원 피해자에 대한 배상을 국내 재단이 대신 하는 것을 골자로 하는 해법

2018년 대법원으로부터 배상 확정판결을 받은 일제 강제동원 피해자들에게 국내의 재단이 대신 판결금을 지급한다는 내용의 해법으로 정부가 2023년 3월 발표했다. 그러나 일본 피고기업의 배상 참여가 없는 해법이어서 '반쪽'이라는 비판이 이어졌고 피해자들도 강하게 반발했다. 정부는 강제동원 피해자의 고령화와 한일·한미일 간 전략적 공조강화의 필요성을 명분으로 내세우며 '대승적 결단'을 했다는 입장이지만, 미완의 해결안이라는 점에서 정부가 추진하는 일본과의 미래지향적 관계에도 계속 부담으로 작용할 가능성이 클 것으로 평가됐다.

14 아이언 돔 Iron Dome
이스라엘군이 개발한 이동식 전천후 방공 시스템

이스라엘이 개발하여 2011년부터 운용 중인 이동식 전천후 방공 시스템이다. 단거리 로켓포나 155mm 포탄, 다연장 로켓포 등을 요격한다. 우크라이나가 지난 2022년 6월 이스라엘에 이 아이언 돔 미사일 지원을 요청한 것으로 보도됐다. 이전에도 지원을 요청한 적이 있었으나 공개적으로 이스라엘 당국에 이를 타전한 것은 이때가 처음인데, 이스라엘은 러시아와의 이해관계 때문에 선뜻 응하지 않은 것으로 전해졌다. 한편 2023년 10월 팔레스타인의 무장정파 하마스가 이스라엘에 '카삼 로켓'을 발사해 대대적인 공격을 가했을 당시 아이언 돔이 발동했으나, 수천 발에 달하는 로켓이 한꺼번에 쏟아진 탓에 제 기능을 발휘하지 못하면서 시스템상 허점이 드러나기도 했다.

15 저항의 축 Resistance Axis
이란의 지원을 받는 반이스라엘 단체 및 국가

이란과 이란이 지원하는 하마스와 헤즈볼라, 시리아, 예멘 등을 일컫는 말이다. 원래 미국을 비롯해 이스라엘, 사우디아라비아 등 미국의 동맹국에 반대·저항하는 국가들을 뜻하는 용어였으나, 최근 이슬람권 언론이 미국이 만들어낸 '악의 축(Axis of Evil)'에 반감을 드러내는 의미로 자주 사용하고 있다. 1979년 이슬람 혁명 이후 이란에 들어선 이슬람 정부는 레바논의 헤즈볼라와 팔레스타인 가자지구의 하마스를 지원하며 중동정세에 관여하기 시작했으며, 이후 이슬람 시아파 계열의 시리아 정부군과 예멘의 후티 반군까지 지원하며 영향력을 확대해왔다.

16 브릭스 BRICS
브라질·러시아·인도·중국·남아공의 신흥경제 5국을 하나의 경제권으로 묶은 용어

브라질(Brazil), 러시아(Russia), 인도(India), 중국(China), 남아프리카공화국(South Africa) 등 5개국의 영문 머리글자를 딴 것이다. 1990년대 말부터 떠오른 신흥경제국으로서 매년 정상회의를 개최하고 있다. 2011년에 남아공이 공식회원국으로 가입하면서, 기존 'BRICs'에서 'BRICS'로 의미가 확대됐다. 또한 2023년에는 사우디아라비아와 이란, 아랍에미리트(UAE), 아르헨티나, 이집트, 에티오피아가 합류함에 따라 정식회원국은 11개국으로 늘어났다. 이에 중국과 러시아가 브릭스의 규모를 키워 서방 선진국 모임인 G7의 대항마로 세우려 한다는 분석이 나왔다.

17 홍색 공급망

중국 중심의 글로벌 공급망

중국이 주요국과 무역갈등을 겪는 과정에서 기존에 수입해서 사용하던 중간재를 자국산으로 대체하는 것을 넘어 기존의 공급망까지 중국산으로 급속하게 대체되는 것을 가리킨다. 중국을 상징하는 '홍색(붉은색)'에서 유래했다. 현재 중국은 자국에서 중간재 투입 자급률을 높여 생산부터 판매까지 전 과정을 중국 기업이 주도하게 만든다는 목표를 가지고 있다. 특히 2015년 제조업 활성화를 목표로 발표한 산업고도화 전략인 '중국 제조 2025'에 따라 핵심부품과 원자재 자급률을 2025년까지 70%로 끌어올리겠다는 계획을 달성하기 위해 홍색 공급망을 구축하고, 이를 아세안(ASEAN)과 남미 국가들로 확장하고 있다.

18 하마스 HAMAS

팔레스타인의 민족주의 정당이자 준군사조직

팔레스타인의 무장단체이자 정당이다. 'HAMAS'라는 명칭은 '이슬람 저항운동'의 아랍어 첫 글자를 따서 지어졌다. '아마드 야신'이 1987년 창설한 이 단체는 이슬람 수니파 원리주의를 표방하고 있으며, 이스라엘에 저항하고 팔레스타인의 독립을 목표로 무장 저항활동을 펼치고 있다. 이들은 팔레스타인 가자지구와 요르단강 서쪽 지역을 실질 지배하고 있다. 하마스는 이스라엘과의 '팔레스타인 분쟁'의 중심에 서 있는 조직으로 2023년 10월에는 이스라엘을 무력으로 침공하면서 전면전이 시작됐다. 이스라엘 정부가 곧 '하마스 섬멸'을 천명하고 가자지구를 공격하면서 수많은 팔레스타인 국민들이 희생됐다.

19 지역의사제

별도로 선발된 의료인이 의대 졸업 후 10년간 공공·필수의료 분야에서 근무하도록 한 제도

지역의대에서 전액 장학금을 받고 졸업한 의료인이 10년간 대학 소재 병원급 이상 의료기관의 공공·필수의료 분야에서 의무적으로 근무하도록 한 제도다. 의사 인력이 부족한 지역·필수의료를 살리기 위해 도입이 논의됐다. 그러나 의사협회를 비롯한 의료계는 직업선택의 자유 등 기본권을 침해할 수 있으며, 지역의료 문제 해결에도 도움이 되지 않는다며 제도 시행 반대에 나섰다.

20 국가자원안보 특별법
에너지·자원 공급망의 안정적 관리를 위해 제정된 법률

국가 차원의 자원안보 체계를 구축하기 위해 제정된 법률로 2024년 1월 9일 국회를 통과했다. 우리나라의 경우 에너지의 90% 이상을 수입에 의존하고 있는데, 주요국의 자원무기화 추세가 심화하는 상황에서 러시아-우크라이나 전쟁, 불안정한 중동 정세 등으로 지정학적 위기가 연이어 발생함에 따라 에너지·자원 공급망의 안정적 관리가 중요하다는 인식하에 마련된 법안이다. 석유, 천연가스, 석탄, 우라늄, 수소, 핵심광물, 신재생에너지 설비 소재·부품 등을 핵심자원으로 지정하고, 정부가 해외 개발자원의 비상반입 명령, 비축자원 방출, 주요 자원의 할당·배급, 수출 제한 등을 할 수 있도록 하는 내용이 담겨 있다.

21 반도체 칩과 과학법 CHIPS and Science Act
미국이 자국의 반도체 산업 육성을 위해 제정한 법률

미국 바이든 행정부가 중국과의 반도체 산업·기술 패권에서 승리하기 위해 제정한 법률로 2022년 8월 시행됐다. 이 법률에 따라 미국 내 반도체 공장 등 관련시설을 건립하는 데 보조금과 세액공제를 지원한다. 미국은 보조금 심사기준으로 경제·국가안보, 재무건전성 등 6가지를 공개했는데, 특히 재무건전성 기준을 충족하기 위한 조건으로 이를 검증할 수 있는 수익성 지표와 예상 현금흐름 전망치를 제출해야 한다. 또 일정 규모 이상의 지원금을 받은 기업의 경우, 현금흐름과 수익이 미국이 제시하는 전망치를 초과하면 초과이익을 미국 정부와 공유해야 한다는 내용이 담겼다. 더 나아가 향후 10년간 중국을 비롯한 우려대상국에 첨단기술 투자를 해서는 안 된다는 '가드레일 조항'도 내세웠다. 여기에 보조금을 받는 기업들은 군사용 반도체를 미국에 안정적으로 공급해야 하며, 미국의 안보이익을 증진시켜야 할 뿐 아니라 첨단 반도체시설에의 접근권도 허용해야 한다는 조항이 담겨 논란을 일으켰다.

22 인플레이션 감축법 IRA
미국의 전기차 세제혜택 등의 내용을 담은 기후변화 대응 법률

2022년 8월 미국에서 통과된 기후변화 대응과 대기업 증세 등을 담은 법률이다. 전기차 보급확대를 위해 세액공제를 해주는 내용이 포함됐다. 오는 2030년까지 온실가스를 40% 감축하기 위해 에너지안보 및 기후변화 대응에 3,750억 달러를 투자하는 내용을 골자로 하는데, 북미산 전기차 가운데 북미에서 제조·조립된 배터리 부품의 비율과 북미나 미국과 자유무역협정(FTA)을 체결한 국가에서 채굴된 핵심광물의 사용비율에 따라 차등해 세액을 공제해준다. 그러나 2024년 11월 치러진 미국 대선에서 재선에 성공한 도널드 트럼프 대통령이 인플레이션 감축법에 근거한 세액공제를 폐지하겠다고 언급하면서 전 세계 자동차·배터리 업계에 비상이 걸렸다.

02 경제·경영·금융

23 소비기한

식품을 섭취해도 이상이 없을 것으로 판단되는 소비의 최종기한

소비자가 식품을 섭취해도 건강이나 안전에 이상이 없을 것으로 판단되는 소비의 최종기한을 말한다. 식품이 제조된 후 유통과정과 소비자에게 전달되는 기간을 포함한다. 단, 식품의 유통과정에서 문제가 없고 보관방법이 철저하게 지켜졌을 경우에 해당하며, 통상 유통기한보다 길다. 2023년부터 우리나라도 식품에 소비기한을 표시하는 '소비기한 표시제'가 도입됐고, 1년간의 계도기간을 거쳐 2024년 전면 시행됐다. '식품 등의 표시·광고에 관한 법률' 개정으로 식품업체는 식품의 날짜표시 부분에 소비기한을 적어야 한다. 단, 우유류의 경우 위생관리와 품질 유지를 위한 냉장보관 기준에 개선이 필요한 점을 고려해 2031년부터 소비기한으로 표시하기로 했다.

24 디큐뮬레이션 Decumulation

축적한 자산을 평생소득으로 바꾸는 전략

은퇴 후에도 경제활동기와 유사한 소비수준을 지속하기 위해 그동안 축적한 자산을 평생소득으로 바꾸는 전략으로서 자산을 알맞게 분배·사용하는 과정을 일컫는다. 이와 반대로 직업으로부터 일정한 소득을 얻는 경제활동기에 부를 축적하는 과정은 '어큐뮬레이션(Accumulation)'이라고 한다. 은퇴를 한 후에도 일상생활을 영위하기 위해선 비용이 지속적으로 발생하기 때문에 자신과 가족구성원의 안정적인 노후생활을 보장받기 위해 은퇴를 앞둔 이들에게 특히 중요하게 여겨지고 있다.

25 중립금리 Neutral Rate

인플레이션이나 디플레이션 없이 잠재성장률을 회복할 수 있는 이론적 금리수준

경제 분야에서 인플레이션이나 디플레이션을 유발하지 않고 잠재성장률 수준을 회복할 수 있도록 하는 금리를 의미한다. 여기서 잠재성장률이란 한 나라의 노동력, 자원, 자본 등 동원가능한 생산요소를 모두 투입해 부작용 없이 최대로 달성할 수 있는 성장률을 말하며, '자연금리(Natural Rate)'라고도 한다. 중립금리는 경제상황에 따라 달라지기 때문에 정확한 수치가 나오지 않고 이론상으로만 존재하는 개념이다. 다만 중립금리보다 실제 금리가 높을 경우 물가가 하락하면서 경기가 위축될 가능성이 높고, 중립금리보다 실제 금리가 낮으면 물가가 올라 경기도 함께 상승할 가능성이 높아진다.

26 보편관세
모든 수입품에 일괄적으로 부과하는 관세

도널드 트럼프 미국 대통령이 2024년 대선기간 중 발표한 관세정책 중 하나로 모든 수입품에 일괄적으로 관세를 부과해 기존의 복잡한 관세 체계를 단순화하는 것을 골자로 한다. 즉, 특정 국가나 상품이 아니라 모든 무역국과 상품에 동일한 관세율을 적용하겠다는 것이다. 트럼프 대통령은 대선기간 '새로운 미국 산업주의(New American Industrialism)'라는 공약을 내세우면서 "모든 국가에서 수입하는 모든 상품에 10~20%의 보편관세를 부과하고, 중국산 제품에는 최소 60%의 관세를 부과하겠다"라고 밝힌 바 있다. 그러나 다른 국가들이 이에 상응하는 조치를 취할 경우 무역전쟁이 확산할 수 있다는 우려가 크다.

27 통화스와프
국가 간에 서로 다른 통화가 필요할 시 상호교환하는 외환거래

서로 다른 통화를 약정된 환율에 따라 어느 한 측이 원할 때 상호교환(Swap)하는 외환거래를 말한다. 우리나라 통화를 맡겨놓고 다른 나라 통화를 빌려오는 것이다. 유동성 위기를 방지하기 위해 두 나라가 자국 통화를 상대국 통화와 맞교환하는 방식으로 이뤄진다. 맞교환 방식이기 때문에 차입 비용이 절감되고, 자금 관리의 효율성도 제고된다. 국제통화기금(IMF)에서 돈을 빌릴 경우에는 통제와 간섭이 따라 경제 주권과 국가 이미지가 훼손되지만, 통화스와프는 이를 피해 외화유동성을 확보하는 장점도 있다. 우리나라는 지난 2023년 6월 일본과 8년 만에 100억 달러 규모의 통화스와프를 복원했다.

28 슈링크플레이션 Shrinkflation
기업이 제품의 가격은 유지하는 대신 수량·무게를 줄여 가격을 사실상 올리는 것

기업들이 자사 제품의 가격은 유지하고, 대신 수량과 무게·용량만 줄여 사실상 가격을 올리는 전략을 말한다. 영국의 경제학자 '피파 맘그렌'이 제시한 용어로 '줄어들다'라는 뜻의 '슈링크(Shrink)'와 '지속적으로 물가가 상승하는 현상'을 나타내는 '인플레이션(Inflation)'의 합성어다. 최근 슈링크플레이션이 확산하자 식품의약품안전처는 식품의 내용량 변경이 있거나 무당 등을 강조하는 제품의 경우 소비자 정보 제공을 강화하는 내용을 담은 '식품 등의 표시기준'을 개정·고시했다. 이에 따라 2025년 1월 1일부터 식품의 내용량 변경이 있거나 무당 등을 강조하는 제품의 경우 소비자가 이를 알 수 있도록 표시해야 한다.

29 배트맨 BATMMAAN
2025년 미국 증시를 주도할 것으로 기대되는 8대 기업

2025년 미국 증시를 이끌 것으로 전망되는 8개의 대형 기술주다. 근 2년간 전 세계 주식시장을 호령한 미국의 7대 기술기업을 일컫는 '매그니피센트-7(Magnificent-7)'에 최근 제2의 엔비디아로 불리며 급부상한 브로드컴이 추가됐다. 'BATMMAAN'은 브로드컴(Broadcom), 애플(Apple), 테슬라(Tesla), 마이크로소프트(Microsoft), 메타(Meta), 아마존(Amazon), 알파벳(Alphabet), 엔비디아(Nvidia) 등 8개 기업의 영문명 첫 글자를 순서대로 조합한 것이다. 이들 기업은 모두 시가총액 1조 달러를 돌파했으며, '서학개미'로 불리는 해외 증시에 투자하는 개인투자자 보유 톱20위 내에 모두 포함돼 있어 관심이 집중됐다.

30 그린플레이션 Greenflation
탄소규제 등의 친환경 정책으로 원자재 가격이 상승하면서 물가가 오르는 현상

친환경을 뜻하는 '그린(Green)'과 화폐가치 하락으로 인한 물가 상승을 뜻하는 '인플레이션(Inflation)'의 합성어다. 친환경 정책으로 탄소를 많이 배출하는 산업을 규제하면 필수원자재 생산이 어려워지고 이것이 생산 감소로 이어져 가격이 상승하는 현상을 가리킨다. 인류가 기후변화에 대응하기 위해 노력할수록 사회 전반적인 비용이 상승하는 역설적인 상황을 일컫는 말이다. 대표적인 예로 재생에너지 발전 장려로 화석연료 발전설비보다 구리가 많이 들어가는 태양광·풍력 발전설비를 구축해야 하는 상황이 해당된다. 이로 인해 금속원자재 수요가 급증했으나 원자재 공급량이 줄어들면서 가격이 치솟았다.

31 에코플레이션 Ecoflation
자연재해나 환경파괴로 인한 원자재 가격 상승으로 물가가 오르는 현상

환경을 뜻하는 'Ecology'와 물가 상승을 의미하는 '인플레이션(Inflation)'의 합성어다. 물가 상승이 환경적인 요인에 의해 발생하는 것을 뜻한다. 지구온난화와 환경파괴로 인한 가뭄과 홍수, 산불 같은 자연재해의 영향을 받아 상품의 원가가 상승하는 것이다. 지구촌에 이상기후가 빈번히 자연재해를 일으키면서 식료품을 중심으로 물가가 급등하는 에코플레이션이 발생하고 있다.

32 슬로플레이션 Slowflation
경기회복 속도가 느린 가운데 물가가 치솟는 현상

경기회복 속도가 둔화되는 상황 속에서도 물가 상승이 나타나는 현상이다. 경기회복이 느려진다는 뜻의 'Slow'와 물가 상승을 의미하는 '인플레이션(Inflation)'의 합성어다. 일반적으로 경기침체 속에서 나타나는 인플레이션인 '스태그플레이션(Stagfaltion)'보다는 경기침체의 강도가 약할 때 사용한다. 슬로플레이션에 대한 우려는 글로벌 공급망 대란에 따른 원자재 가격 폭등에서 비롯된 것으로 스태그플레이션보다는 덜 심각한 상황이지만 경제 전반에는 이 역시 상당한 충격을 미친다.

33 디깅소비 Digging Consumption
소비자가 선호하는 것에 깊이 파고드는 행동이 관련 제품의 소비로 이어지는 현상

'파다'라는 뜻의 '디깅(Digging)'과 '소비'를 합친 신조어로 청년층의 변화된 라이프스타일과 함께 나타난 새로운 소비패턴을 의미한다. 소비자가 선호하는 특정 품목이나 영역에 깊이 파고드는 행위가 소비로 이어짐에 따라 소비자들의 취향을 잘 반영한 제품들에서 나타나는 특별 수요 현상을 설명할 때 주로 사용된다. 특히 가치가 있다고 생각하는 부분에는 비용 지불을 망설이지 않는 MZ세대의 성향과 맞물려 청년층에서 두각을 드러내고 있다. 대표적인 예로 신발수집을 취미로 하는 일부 마니아들이 한정판 운동화 추첨에 당첨되기 위해 줄을 서서 기다리는 등 시간과 재화를 아끼지 않는 현상을 들 수 있다.

34 우주경제
항공우주 산업에 민간기업의 참여를 독려해 경제활동을 촉진하는 것

국가 주도로 이뤄지던 항공우주 산업이 민간으로 이전됨에 따라 기업의 참여를 독려해 경제활동을 촉진하는 것을 말한다. 우주탐사와 활용, 발사체 및 위성의 개발·제작·발사·운용 등 항공우주 기술과 관련한 모든 분야에서 가치를 창출하는 활동을 총칭한다. 특히 '달'은 심우주 탐사의 기반이자 우주경제의 핵심으로 여겨지고 있으며, 향후 달에 매장된 것으로 추정되는 철, 티타늄, 희토류 등 자원에 대한 연구가 진행될 경우 많은 경제적 효과를 낼 수 있을 것으로 기대하고 있다. 과학기술정보통신부는 우주 스타트업에 투자하는 전용펀드 조성을 목표로 2023년 '뉴스페이스 투자지원 사업'을 발표하며 우주경제 시대로 나아가기 위한 신호탄을 쏘았다.

35 환율관찰대상국
국가가 환율에 개입해 미국과 교역조건을 유리하게 만드는지 모니터링해야 하는 국가

미국 재무부가 매년 4월과 10월에 발표하는 '거시경제 및 환율정책보고서'에 명시되는 내용으로 국가가 환율에 개입해 미국과의 교역조건을 유리하게 만드는지 지속적으로 모니터링해야 하는 국가를 지칭하는 용어다. 환율조작국으로 지정되는 경우 미국의 개발자금 지원 및 공공입찰에서 배제되고, 국제통화기금(IMF)의 감시를 받게 된다. 또 환율관찰대상국으로 분류되면 미국 재무부의 모니터링 대상이 된다. 우리나라의 경우 2016년 4월 이후 줄곧 환율관찰대상국에 이름이 오르다가 7년여 만인 2023년 11월 명단에서 제외되기도 했다. 그러나 1년 만인 2024년 11월 미국 재무부가 한국을 다시 환율관찰대상국으로 지정하면서 도널드 트럼프 대통령의 재선 성공 이후 통상 정책의 변화 가능성으로 불안감이 고조하는 가운데 산업계에 부담이 될 것으로 전망됐다.

36 기대 인플레이션
경제주체가 예측하는 미래의 물가상승률

기업, 가계 등의 경제주체가 예측하는 미래 물가상승률을 말한다. 기대 인플레이션은 임금, 투자 등에 영향을 미치는 중요한 지표로 사용되고 있다. 실제로 노동자는 임금을 결정할 때 기대 물가수준을 바탕으로 임금상승률을 협상한다. 또한 인플레이션이 돈의 가치가 떨어지는 현상이기 때문에 기대 인플레이션이 높아질수록 화폐의 가치가 하락해 부동산, 주식과 같은 실물자산에 돈이 몰릴 확률이 높아진다. 우리나라의 경우 한국은행이 2002년 2월부터 매월 전국 56개 도시 2,200가구를 대상으로, 매 분기 첫째 달에는 약 50명의 경제전문가를 대상으로 소비자물가를 예측하고 있다.

37 옴니보어 Omnivoeres
다양한 취향을 보유한 잡식성 소비자

김난도 서울대 소비자학과 교수가 〈2025 트렌드 코리아〉에서 소개한 개념으로 집단보다는 개인의 취향이나 개성에 따라 자유롭게 소비하는 '잡식성 소비자'를 일컫는 말이다. 여러 세대가 공존하며 변화한 사회구조의 영향으로 연령이나 소득, 성별 등으로 구분되어 있던 소비의 전형성이 무너지면서 집단 간 차이는 줄어든 반면 개인 간 차이가 늘어난 현 세태가 반영된 것이다. 옴니보어 소비자들은 특정 브랜드나 상품 유형에 국한되지 않고 자신만의 취향에 따라 폭넓은 소비를 한다는 특징이 있다.

38 듀프 Dupe

가성비 좋은 대체품

복제품을 뜻하는 영단어 'Duplication'의 약자로 고급브랜드의 제품과 비교해 디자인이나 효능 면에서는 큰 차이가 없으나 가격은 훨씬 저렴한 대안제품을 말한다. 단순히 고급브랜드의 제품을 모방한 복제품이 아니라 유사한 품질과 기능을 갖추되 훨씬 합리적인 가격에 판매되는 대체품이다. 고물가 시대에 실용적인 가성비를 앞세운 '요노(YONO ; You Only Need One)'가 젊은 세대 사이에서 새로운 소비트렌드로 자리잡으면서 주목받기 시작했고, 최근 다양한 연령층으로 확산하는 추세다.

39 파멸소비 Doom Spending

미래에 대한 부정적 감정으로 필요하지 않은 곳에 과도하게 소비하는 경향

젊은 세대들이 경제적인 불안과 미래에 대한 부정적인 감정으로 인해 저축 대신 여행이나 명품 등 비필수 항목에 과도하게 지출하는 경향을 일컫는다. 자신이 노력해도 미래가 바뀌지 않을 것이라는 좌절감과 스트레스를 일시적으로 해소하기 위해 당장 자신이 기쁨을 느낄 수 있는 소비를 하는 것이다. 그러나 전문가들은 이러한 소비행위가 장기적인 재정상황을 위협하는 요인이 될 수 있으며, 통제 불가능한 현실에서 통제권을 가진 듯한 착각을 불러일으킬 수 있다고 우려하고 있다.

40 K-택소노미 K-Taxonomy

한국형 산업 녹색분류체계

어떤 경제활동이 친환경적이고 탄소중립에 이바지하는지 규정한 한국형 녹색분류체계로 2021년 12월 환경부가 발표했다. 환경개선을 위한 재화·서비스를 생산하는 산업에 투자하는 녹색금융의 '투자기준'으로서 역할을 한다. 환경에 악영향을 끼치면서도 '친환경인 척'하는 위장행위를 막는 데 도움이 된다. 녹색분류체계에 포함됐다는 것은 온실가스 감축, 기후변화 적응, 물의 지속가능한 보전, 자원순환, 오염방지 및 관리, 생물다양성 보전 등 '6대 환경목표'에 기여하는 경제활동이라는 의미다. 그러나 윤석열 정부 들어 애초 제외됐던 원자력발전을 포함시키면서 원전에 대한 논쟁이 다시 불거지기도 했다.

41 ESG
기업의 비재무적인 요소인 환경과 사회적 책무, 지배구조를 일컫는 용어

'Environmental', 'Social', 'Governance'의 앞 글자를 딴 용어로 기업의 비재무적인 요소인 환경과 사회적 책무, 지배구조를 뜻한다. '지속가능한 경영방식'이라고도 하는데, 기업을 운영하면서 사회에 미칠 영향을 먼저 생각하는 것을 말한다. ESG는 지역사회 문제와 기후변화에 대처하며 지배구조의 윤리적 개선을 통해 지속적인 성과를 얻으려는 방식이다. 기업들은 자사의 상품을 개발하며 재활용 재료 등 친환경적 요소를 배합하거나, 환경 캠페인을 벌이는 식으로 기후변화 대처에 일조한다. 또한 이사회에서 대표이사와 이사회 의장을 분리하여 서로 견제하도록 해 지배구조 개선에 힘쓰기도 한다. 아울러 직원들의 복지를 강화하고, 지역사회에 보탬이 되는 봉사활동을 기획하는 등 사회와의 따뜻한 동행에도 노력하게 된다.

42 바이콧 Buycott
소비자들이 특정 제품이나 서비스를 적극적으로 구매하는 행동

불매를 뜻하는 '보이콧(Boycott)'에 대비되는 말로 소비자들이 자신이 지지하는 기업이나 업체의 상품을 적극적으로 구매하는 행동을 가리킨다. 사회적으로 선한 영향력을 행사하는 등 사회적 가치를 구현하고자 하는 기업의 상품을 구매함으로써 이를 지지한다는 의사를 표현하는 것이다. 젊은 세대를 중심으로 소비를 통해 자신의 신념이나 가치관을 드러내는 '미닝아웃(Meaning Out)' 트렌드가 형성되면서 더 적극적으로 나타나고 있으며, 관련 정보가 실시간으로 공유돼 대중에게 빠르게 전파된다.

43 파운드리 Foundry
반도체 위탁생산 시설

반도체 생산 기술과 설비를 보유해 반도체 상품을 위탁생산해주는 시설을 말한다. 제조과정만 담당하며 외주 업체가 전달한 설계 디자인을 바탕으로 반도체를 생산한다. 주조 공장이라는 뜻을 가진 영단어 'Foundry(파운드리)'에서 유래했다. 대만 TSMC가 대표적인 파운드리 기업이다. 반면 팹리스(Fabless)는 파운드리와 달리 설계만 전문으로 한다. 반도체 설계 기술은 있지만 공정 비용에 부담을 느껴 위탁을 주거나 비메모리에 주력하는 기업으로 애플, 퀄컴이 대표적인 팹리스 기업이다.

03 사회·노동·환경

44 퍼레니얼 Perennial
특정 세대의 특성에 얽매이지 않고 다양한 세대의 특성을 보유한 사람

자신이 속한 세대의 생활방식이나 특성에 얽매이지 않고 다른 세대와 끊임없이 상호작용을 하며 세대를 뛰어넘은 사람을 일컫는다. 원래는 '다년생 식물' 또는 '지속적인'이라는 뜻이었으나 마우로 기옌 미국 펜실베이니아대 와튼스쿨 국제경영학 교수가 이 같은 의미로 다시 정의하면서 확산했다. 기옌 교수에 따르면 퍼레니얼은 여러 세대에 걸친 기술과 문화, 환경 등을 공유하기 때문에 여러 세대의 특성을 동시에 보유하게 된다. 이는 출생연도나 연령에 근거하여 세대를 구분하던 기존의 방식과 다르게 유사한 사고방식과 생활방식을 공유하는 사람들을 모두 아우를 수 있다는 특징이 있다. 여러 세대가 뒤섞여 살아가는 '멀티 제너레이션(Multi Generation)' 시대에 진입한 현대사회에서 퍼레니얼들은 세대 간 고정관념이나 경계를 부정하고, 다양한 세대의 융합을 중시하는 태도를 보인다.

45 인구절벽
생산가능인구(만 15~64세)의 비율이 급속도로 줄어드는 사회경제 현상

한 국가의 미래성장을 예측하게 하는 인구지표에서 생산가능인구인 만 15세~64세 비율이 줄어들어 경기가 둔화하는 현상을 가리킨다. 이는 경제 예측 전문가인 해리 덴트가 자신의 저서 〈인구절벽(Demographic Cliff)〉에서 처음 사용한 용어로 청장년층의 인구 그래프가 절벽과 같이 떨어지는 것에 비유했다. 그에 따르면 한국 경제에도 이미 인구절벽이 시작돼 2024년부터 '취업자 마이너스 시대'가 도래할 것으로 전망됐다. 취업자 감소는 저출산·고령화 현상으로 인한 인구구조의 변화 때문으로, 이러한 전망이 현실화되면 인구 데드크로스로 인해 중소기업은 물론 대기업까지 구인난을 겪게 된다.

인구 데드크로스
저출산·고령화 현상으로 출생자 수보다 사망자 수가 많아지며 인구가 자연 감소하는 현상이다. 우리나라는 2020년 출생자 수가 27만 명, 사망자 수는 30만 명으로 인구 데드크로스 현상이 인구통계상에서 처음 나타났다. 인구 데드크로스가 발생하면 의료 서비스와 연금에 대한 수요가 늘어나며 개인의 공공지출 부담이 증가하게 된다. 또한 국가 입장에서는 노동력 감소, 소비 위축, 생산 감소 등의 현상이 동반되어 경제에 큰 타격을 받는다.

46 합계출산율
한 여성이 가임기간 동안 낳을 것으로 기대되는 평균 출생아 수

인구동향조사에서 15 ~ 49세의 가임여성 1명이 평생 동안 낳을 것으로 추정되는 출생아 명수를 통계화한 것이다. 한 나라의 인구증감과 출산수준을 비교하기 위해 대표적으로 활용되는 지표로서 일반적으로 연령별 출산율의 합으로 계산된다. 2023년 4분기 우리나라의 합계출산율은 0.65명으로 역대 최저를 기록한 바 있다. 2024년 12월 기준 경제협력개발기구(OECD) 회원국 중 합계출산율이 1.00명 미만인 국가는 우리나라가 유일하다.

47 계속고용제도
정년을 채운 뒤에도 계속 일할 수 있도록 한 제도

정년을 연장·폐지하거나 정년이 된 근로자를 재고용하는 방식으로 계속 일할 수 있도록 한 제도다. 최근 한국사회가 직면한 저출생·고령화에 따른 노동공급 부족에 대비하기 위해 필요성이 대두되고 있다. 현재 법적 정년은 2013년 5월 22일 개정된 '정년 60세 연장법'에 따라 60세로 규정돼 있으며, 국가 및 지방자치단체 관할 기관과 정년이 있는 사업장에 적용되고 있다. 계속고용제도를 시행하면 근로자들은 정년 후에도 일을 할 수 있어 국민연금 수령까지 소득공백 우려를 해소할 수 있고, 기업은 업무경험이 풍부한 근로자를 계속 고용함으로써 생산성 향상과 인력 채용비용을 절감하는 효과를 누릴 수 있다.

48 그린워싱 Green Washing
친환경 제품이 아닌 것을 친환경 제품인 척 홍보하는 것

친환경 제품이 아닌 것을 친환경 제품으로 속여 홍보하는 것이다. 초록을 뜻하는 '그린(Green)'과 영화 등의 작품에서 백인 배우가 유색인종 캐릭터를 맡을 때 사용하는 '화이트 워싱(White Washing)'의 합성어로 '위장 환경주의'라고도 한다. 기업이 제품을 만드는 과정에서 환경오염을 유발하지만 친환경 재질을 이용한 제품 포장 등만을 부각해 마케팅하는 것이 그린워싱의 사례다. 2007년 미국 테라초이스가 발표한 그린워싱의 7가지 유형을 보면 ▲ 상충효과 감추기 ▲ 증거 불충분 ▲ 애매모호한 주장 ▲ 관련성 없는 주장 ▲ 거짓말 ▲ 유행상품 정당화 ▲ 부적절한 인증라벨이 있다.

49 킬러문항
대학수학능력시험의 변별력을 따지기 위해 의도적으로 출제하는 초고난도 문항

대학수학능력시험(수능)의 변별력을 갖추기 위해 출제기관이 최상위권 수험생들을 겨냥해 의도적으로 출제하는 초고난도 문항을 말한다. 2023년 6월 윤석열 대통령이 이른바 '공정수능'을 언급하면서 2023년 6월 모의평가에 킬러문항이 사전 지시대로 배제되지 않았다고 해 파장이 일었다. 이에 서둘러 정부는 2024학년도 수능에서 사교육을 받아야만 풀 수 있는 킬러문항을 배제하겠다고 발표했고, 이 때문에 수능을 불과 5개월여 앞둔 학생과 학부모, 교육현장은 혼란에 빠졌다. 앞서 2022년 사교육비가 26조 원으로 역대 최대를 기록했고, 킬러문항 논란까지 터지면서 2023년 6월 정부는 '사교육비 경감 종합대책'을 내놨다. 여기엔 킬러문항 배제와 함께 수능 출제위원들의 사교육 영리활동을 금지하고 유아를 대상으로 한 영어유치원 편법운영을 단속하겠다는 등의 방침이 담겼다. 그러나 킬러문항 배제 외에 수능의 변별력을 어떻게 갖출 것인가에 대한 구체적인 대안은 없었고, 사교육 문제는 교육열과 학벌주의·노동임금 격차 등이 복합적으로 얽힌 문제라 정부의 대책이 근본적인 해결방안이 될 수 없다는 비판도 나왔다.

50 고교학점제
고등학생도 진로에 따라 과목을 골라 수강할 수 있는 제도

고등학생도 대학생처럼 진로와 적성에 맞는 과목을 골라 듣고 일정 수준 이상의 학점을 채우면 졸업할 수 있도록 한 제도다. 일부 공통과목은 필수로 이수해야 하고, 3년간 총 192학점을 이수하면 졸업할 수 있다. 교육부는 고교학점제를 2025년에 전면적으로 시행하기 위해 2023년부터 부분적으로 도입해 왔다. 고교학점제에서는 다양한 선택과목들을 개설함으로써 자율성을 살리고 진로를 감안하여 수업을 선택할 수 있다. 고교학점제가 전면 실시되는 2025년부터는 1~3학년 전 과목에 기존 9등급으로 산출되던 상대평가제가 5등급 상대평가제로 개편된다. 학교생활기록부에는 과목별 절대평가(성취평가)와 상대평가 성적을 함께 기재하지만, 대입에서는 상대평가 성적이 활용되므로 사실상 상대평가에 해당한다.

51 워케이션 Worcation
휴가지에서의 업무를 근무로 인정하는 형태

'Work(일)'과 'Vacation(휴가)'의 합성어로, 휴가지에서의 업무를 급여가 발생하는 일로 인정해주는 근무형태이다. 시간과 장소에 구애받지 않고 회사 이외의 장소에서 근무하는 텔레워크(Telework) 이후에 새롭게 등장한 근무방식으로 재택근무의 확산과 함께 나타났다. 미국에서 시작됐으며 일본에서 노동력 부족과 장시간 노동을 해결하기 위한 방안으로 점차 확산되고 있다.

52 실업급여

고용보험에 가입한 근로자가 비자발적으로 실직 후 재취업 기간 동안 지급되는 지원금

고용보험에 가입한 근로자가 실직하고 재취업활동을 하는 동안 생계안정과 재취업 의지를 고양하기 위해 국가가 지급하는 지원금이다. 보통 실업급여라고 칭하는 '구직급여'와 '취직촉진수당'으로 나뉜다. 실업급여는 실직한 날을 기준으로 18개월 중 180일 이상 근무하다가, 직장이 문을 닫거나 구조조정(해고) 등 자의와는 상관없이 실직한 사람에게 지급된다. 그러나 최근 실업급여를 악용하거나 부정수급하는 사례가 증가하면서 정부와 여당은 실업급여 수급조건을 강화하고 반복적으로 수급하는 경우 지급액을 줄이는 것을 골자로 한 개정안을 추진하고 있다.

53 영케어러 Young carer

중증질환이나 장애를 앓는 가족을 돌보는 아동·청소년·청년

질병, 정신건강, 알코올·약물중독 등의 중증질환 또는 장애를 가진 가족구성원을 돌보며 생계를 책임지는 13~34세의 아동·청소년·청년을 일컫는다. '가족돌봄청년'이라고도 한다. 이들은 학업과 가족돌봄을 병행하고 있어 미래를 계획하기 힘들 뿐만 아니라 신체적 고통은 물론 심리·정서적 고통, 경제적 어려움 등의 삼중고를 겪는 경우가 많다. 이는 곧 혼인율 감소와 저출산 문제와도 연결돼 있어 영케어러를 조기에 발굴하고 지원하기 위한 대책 마련이 시급하다. 정부는 2025년 실시되는 인구주택총조사(인구센서스)에서 국가 차원으로는 처음으로 영케어러에 대한 대규모 조사에 나설 것이라고 밝혔다.

54 알파세대 Generation Alpha

2010년대 초~2020년대 중반에 출생한 세대

2010년 이후에 태어난 이들을 지칭하는 용어로 다른 세대와 달리 순수하게 디지털 세계에서 나고 자란 최초의 세대로도 분류된다. 어릴 때부터 기술적 진보를 경험했기 때문에 스마트폰이나 인공지능(AI), 로봇 등을 사용하는 것에 익숙하다. 그러나 사람과의 소통보다 기계와의 일방적 소통에 익숙해 정서나 사회성 발달에 부정적인 영향이 나타날 수 있다는 우려도 있다. 알파세대는 2025년 약 22억 명에 달할 것으로 예측되고 있으며, 소비시장에서도 영향력을 확대하는 추세다.

55 넷제로 Net Zero
순 탄소배출량을 0으로 만드는 탄소중립 의제

배출하는 탄소량과 흡수·제거하는 탄소량을 같게 함으로써 실질적인 탄소배출량을 '0'으로 만드는 것을 말한다. 즉, 온실가스 배출량(+)과 흡수량(-)을 같게 만들어 더 이상 온실가스가 늘지 않는 상태를 말한다. 기후학자들은 넷제로가 달성된다면 20년 안에 지구 표면온도가 더 상승하지 않을 것이라고 보고 있다. 지금까지 100개 이상의 국가가 2050년까지 넷제로에 도달하겠다고 약속했으며, 우리나라 역시 장기저탄소발전전략(LEDS)을 위한 '넷제로2050'을 발표하고 2050년까지 온실가스 순배출을 '0'으로 만드는 탄소중립 의제를 세웠다.

56 소득 크레바스
은퇴 후 국민연금을 받을 때까지 일정 소득이 없는 기간

'크레바스(Crevasse)'란 빙하가 흘러내리면서 얼음에 생기는 틈을 의미하는 것으로, 소득 크레바스는 은퇴 당시부터 국민연금을 수령하는 때까지 소득에 공백이 생기는 기간을 말한다. '생애 주된 직장'의 은퇴시기를 맞은 5060세대의 큰 고민거리라 할 수 있다. 소득 크레바스에 빠진 5060세대들은 소득 공백을 메우기 위해 기본적인 생활비를 줄이고 창업이나 재취업, 맞벌이 같은 수익활동에 다시금 뛰어들고 있다.

57 조용한 해고 Quiet Cutting
기업이 직원에게 간접적으로 해고의 신호를 주면서 퇴사하도록 유도하는 것

기업이 직원을 직접 해고하는 대신 간접적으로 해고의 신호를 주는 조치를 말한다. 기업은 장기간 봉급인상 거부, 승진기회 박탈, 피드백 거부 등의 방식으로 조용히 불이익을 주면서 직원들이 스스로 퇴사하도록 유도한다. 이는 팬데믹 이후 확산했던 정해진 시간과 범위 내에서만 일하고 초과근무를 거부하는 노동방식을 뜻하는 '조용한 퇴사(Quiet Quitting)'에 대응하는 기업들의 새로운 움직임이다. 또 새로운 직무가 생기면 신규직원을 채용하지 않고 기존 근로자의 역할을 전환하거나 단기계약직을 고용하는 '조용한 고용'도 확산하고 있다.

58 지방소멸

고령화 · 인구 감소로 지방의 지역공동체가 기능하기 어려워져 소멸되는 상태

저출산과 고령화, 수도권의 인구집중이 초래하는 사회문제로서 지방의 인구 감소로 경제생활 · 인프라, 공동체가 소멸되는 현상을 말한다. 최근 지방인구소멸이 더욱 가속화되고 있는데, 2023년 말 기준 전국 228개 시 · 군 · 구 중 121곳이 인구소멸위험지역으로 분류됐다. 소멸위험지역은 소멸위험지수를 통해 한국고용정보원이 산출하고 있다. 소멸위험지수는 한 지역의 20~39세 여성 인구를 65세 이상 인구로 나눈 값이다. 이 지수값이 1.5 이상이면 저위험, 1.0~1.5인 경우 보통, 0.5~1.0인 경우 주의, 0.2~0.5는 위험, 0.2 미만은 고위험으로 분류된다. 2023년 말 고위험지역으로 분류된 지역은 시 · 군 · 구 52개다.

59 그린래시 Greenlash

기후위기에 대응하는 녹색정책에 대한 반발

전 세계적으로 기후변화에 대한 우려가 커지면서 다양한 대책이 나오는 가운데 대두되고 있는 녹색정책에 대한 반발(Backlash, 백래시)을 의미한다. 지난 2023년 7월 안토니우 구테흐스 유엔 사무총장이 '지구온난화 시대가 끝나고 지구열대화 시대가 도래했다'라고 경고할 만큼 심각해진 기후위기 상황에서 주요 선진국을 중심으로 녹색정책에 반대하는 움직임이 확산하고 있다. 이는 친환경 정책이 도입되는 경우 화석연료 기반 사업에 종사하는 근로자들이 일자리를 잃을 가능성이 크고, 기후대응을 위해 소요되는 비용이 증가하는 등 향후 예상되는 경제적 타격에 대한 우려가 가장 큰 원인으로 꼽힌다.

60 의도적 언보싱 Conscious Unbossing

직장인들이 조직에서 승진을 꺼리는 경향

어느 정도 연차가 쌓인 직장인들이 조직에서 중간관리자로 승진하는 것을 꺼리는 경향을 일컫는 신조어다. 승진할 경우 상사와 부하직원 사이에서 업무조율을 하며 받는 스트레스와 업무부담이 큰 데 비해 그로 인한 보상은 적다는 인식에서 기인한 것이다. 직장 내에서의 업무적 성과보다 개인의 성장과 자유를 중시하는 사람들이 많아졌고, 직장 외에도 수익을 창출할 수 있는 방안이 다양해진 데다 젊은 층일수록 일과 삶의 영역을 분리된 것으로 생각하는 경향이 짙어지면서 확산하고 있다. 그러나 의도적 언보싱이 확산할 경우 장기적인 관점에서 조직 전체의 생산성에 악영향을 끼칠 수 있어 조직 측면에서 이에 대처하기 위한 방안을 마련하는 것이 요구되고 있다.

04 과학·컴퓨터·IT·우주

61 AIDT AI Digital Textbook
인공지능 기술을 활용한 디지털교과서

인공지능(AI) 등 지능정보화 기술을 활용해 학습자의 능력과 수준에 맞는 맞춤형 학습자료를 제공하는 디지털교과서다. 개인별 학습기록을 데이터로 수집·분석하여 학습패턴을 파악한 후 퀴즈나 시각자료 등 다양한 상호작용형 콘텐츠를 제공해 학생이 능동적으로 학습에 참여하도록 유도하며, 즉각적인 피드백 제공으로 학습개선을 도모한다. 이를 통해 학생은 자기주도적 학습이 가능해지고, 교사는 학생의 학습상황을 더 효과적으로 관리·지도할 수 있게 될 것으로 기대된다. 교육부는 2025년 3월부터 초등학교 3·4학년, 중·고등학교 1학년을 대상으로 AIDT를 우선 도입한다고 밝혔다.

62 누리호 KSLV-Ⅱ
국내 독자 기술로 개발된 한국형 발사체

한국항공우주연구원(항우연) 등이 국내 독자 기술로 개발한 한국형 발사체다. 탑재 중량 1,500kg, 길이 47.2m의 3단형 로켓으로 설계부터 제작, 시험, 발사운용 등 모든 과정이 국내 기술로 진행됐다. 2022년 6월 21일 진행된 2차 발사에서 발사부터 목표궤도 안착까지의 모든 과정을 완벽히 수행한 뒤 성능검증위성과의 교신에도 성공하면서 마침내 우리나라는 전 세계에서 7번째로 1톤(t)급 실용위성을 우주발사체에 실어 자체기술로 쏘아 올리는 데 성공한 나라가 됐다. 또 2023년 5월 25일에 진행된 첫 실전 발사에서는 주탑재위성인 '차세대소형위성 2호'를 정상분리한 데 이어 부탑재위성인 큐브위성 7기 중 6기도 정상분리한 것으로 확인돼 이륙부터 위성 작동까지 성공적으로 마쳤다는 평가가 나왔다.

63 다누리 KPLO
우리나라의 첫 달 탐사궤도선

2022년 8월 발사된 우리나라의 첫 달 탐사궤도선으로 태양과 지구 등 천체의 중력을 이용해 항행하는 궤적에 따라 이동하도록 설계됐다. 달로 곧장 가지 않고 태양 쪽의 먼 우주로 가서 최대 156만km까지 거리를 벌렸다가 다시 지구 쪽으로 돌아와 달에 접근했다. 다누리는 145일 만인 12월 27일 달 상공의 임무궤도에 성공적으로 안착했으며, 현재 약 2시간 주기로 달을 공전하고 있다. 다누리의 고해상도카메라는 달 표면 관측영상을 찍어 달 착륙 후보지를 고르고, 광시야편광카메라 등은 달에 매장된 자원을 탐색한다.

64 청정수소
전기를 발생하는 과정에서 이산화탄소를 적게 배출하는 수소

신재생에너지 가운데 하나로 전기를 생산할 때 이산화탄소를 적게 혹은 전혀 배출하지 않는 수소를 말한다. 수소발전은 보통 산소와 수소의 화학반응을 이용하는데 이 과정에서 이산화탄소가 발생하게 된다. 그러나 청정수소는 이산화탄소 대신 순수한 물만을 부산물로 배출한다. 청정수소는 그 생산방식에 따라 재생에너지 전력을 활용해 물을 전기분해하여 생산하는 그린수소, 천연가스를 이용해 생산하는 부생수소·추출수소 등의 그레이수소, 그레이수소 생산과정에서 발생하는 탄소를 포집해 저장·활용하는 블루수소, 원전을 활용한 핑크수소 등으로 분류된다.

65 챗GPT
대화 전문 인공지능 챗봇

인공지능(AI) 연구재단 오픈AI(Open AI)가 개발한 대화 전문 인공지능 챗봇이다. 사용자가 대화창에 텍스트를 입력하면 그에 맞춰 대화를 나누는 서비스로 오픈AI에서 개발한 대규모 AI 모델 'GPT-3.5' 언어기술을 기반으로 한다. 챗GPT는 인간과 자연스럽게 대화를 나누기 위해 수백만 개의 웹페이지로 구성된 방대한 데이터베이스에서 사전 훈련된 대량생성 변환기를 사용하고 있으며, 사용자가 대화 초반에 말한 내용을 기억해 답변하기도 한다. 한편 오픈AI는 2023년 3월 더 향상된 AI 언어모델인 'GPT-4'를 공개했다. GPT-4의 가장 큰 특징은 텍스트만 입력 가능했던 기존 GPT-3.5와 달리 이미지를 인식하고 해석할 수 있는 '멀티모달(Multimodal)' 모델이라는 점이다.

66 사물배터리 BoT ; Battery of Things
배터리가 에너지원이 되어 모든 사물을 연결하는 것

모든 사물에 배터리가 동력원으로 활용돼 배터리가 미래 에너지 산업의 핵심이 되는 것을 일컫는 말이다. 〈에너지 혁명 2030〉의 저자인 미국 스탠퍼드 대학교의 토니 세바 교수가 "모든 사물이 배터리로 구동하는 시대가 올 것"이라고 말한 데서 유래했다. 인터넷을 통해 여러 기기를 연결하는 것을 '사물인터넷(IoT)'이라고 부르듯이 배터리를 중심으로 세상에 존재하는 모든 사물들이 연결돼 일상생활 곳곳에 배터리가 사용되는 환경을 말한다. 스마트폰, 태블릿PC, 각종 웨어러블 기기 등의 IT 제품들이 사물배터리 시대를 열었으며, 최근에는 Non-IT 기기인 전기자전거, 전동공구 등에도 배터리가 사용되고 있다.

67 다크 패턴 Dark Pattern
사람을 속이기 위해 디자인된 온라인 인터페이스

애플리케이션이나 웹사이트 등 온라인에서 사용자를 기만해 이득을 취하는 인터페이스를 말한다. 영국의 UX 전문가인 해리 브링널이 만든 용어로 온라인 업체들이 이용자의 심리나 행동패턴을 이용해 물건을 구매하거나 서비스에 가입하게 하는 것이다. 가령 웹사이트에서 프로그램을 다운받아 설치할 때 설치 인터페이스에 눈에 잘 띄지 않는 확인란을 숨겨 추가로 다른 프로그램이 설치되게 만든다든지, 서비스의 자동결제를 은근슬쩍 유도하기도 한다. 또 서비스에 가입하면서 이용자는 꼭 알아야 하고 업체에겐 불리한 조항을 숨기는 등의 사례가 있다. 우리나라에서는 이 같은 다크 패턴의 폐해를 방지하기 위해 전자상거래법, 개인정보보호법 등 관련 법률개정안을 마련하고 있다.

68 엘니뇨 El Nino
평년보다 0.5℃ 이상 해수면 온도가 높은 상태가 5개월 이상 지속되는 현상

전 지구적으로 벌어지는 대양-대기 간의 기후 현상으로, 해수면 온도가 평년보다 0.5℃ 이상 높은 상태가 5개월 이상 지속되는 이상해류 현상이다. 크리스마스 즈음에 발생하기 때문에 '작은 예수' 혹은 '남자아이'라는 뜻에서 이러한 이름이 붙었다. 엘니뇨가 발생하면 해수가 따뜻해져 증발량이 많아지고, 태평양 동부 쪽의 강수량이 증가한다. 엘니뇨가 강할 경우 지역에 따라 대규모의 홍수가 발생하기도 하고, 극심한 건조 현상을 겪기도 한다. 반면 해수면 온도가 평년보다 0.5℃ 이상 낮은 저수온 현상이 5개월 이상 지속되고, 보통 엘니뇨 현상의 시작 전이나 끝, 평균보다 강한 적도 무역풍이 지속될 때 발생하는 현상은 '라니냐(La Nina, 여자아이)'라고 한다.

69 NFT(대체불가토큰) Non Fungible Token
다른 토큰과 대체·교환될 수 없는 가상화폐

하나의 토큰을 다른 토큰과 대체하거나 서로 교환할 수 없는 가상화폐다. 2017년 처음 시장이 만들어진 이래 미술품과 게임아이템 거래를 중심으로 빠르게 성장했다. NFT가 폭발적으로 성장한 이유는 희소성 때문이다. 기존 토큰의 경우 같은 종류의 코인은 한 코인당 가치가 똑같았고, 종류가 달라도 똑같은 가치를 갖고 있다면 등가교환이 가능했다. 하지만 NFT는 토큰 하나마다 고유의 가치와 특성을 갖고 있어 가격이 천차만별이다. 또한 어디서, 언제, 누구에게 거래가 됐는지 모두 기록되어서 위조가 쉽지 않다는 것이 장점 중 하나다.

70 할루시네이션 Hallucination
인공지능이 정보를 생산하는 과정에서 발생하는 오류

원래 '환청'이나 '환각'을 뜻하는 단어였으나 최근에는 인공지능(AI)이 잘못된 정보나 허위정보를 생성하는 오류가 발생하는 것을 일컫는다. 실제로 생성형 AI의 사용이 증가하면서 이를 이용해 정보를 검색·활용하는 과정에서 AI가 질문의 맥락에 맞지 않는 내용으로 답변하거나 사실이 아닌 내용을 마치 사실인 것처럼 답변해 논란이 된 바 있다. 이러한 오류는 데이터학습을 통해 이용자의 질문에 맞는 답변을 제공하는 AI가 해당 데이터값의 진위 여부를 매번 정확하게 확인하지는 못해 나타나는 현상이라고 알려져 있다.

71 AI 워터마크
인공지능 기술을 활용해 제작된 이미지나 문서에 삽입되는 표식

인공지능(AI) 기술을 적용해 만들어진 디지털 이미지나 문서에 삽입되는 로고 및 텍스트를 가리킨다. 이를 통해 소비자는 이용하려는 이미지나 정보가 AI를 활용해 제작된 콘텐츠라는 사실을 인지할 수 있고, 해당 콘텐츠가 가짜뉴스처럼 악의적인 의도로 제작된 것인지도 식별할 수 있다. 또 콘텐츠 제작자 및 소유자의 입장에서는 표식을 통해 불법복제나 무단사용을 방지할 수 있다. 최근 AI 기술이 급속도로 발전함에 따라 각국에서는 생성형 AI를 악용해 만들어진 가짜정보가 무분별하게 유통되는 것을 우려하여 AI 콘텐츠에 대한 워터마크 규제를 도입하거나 관련 규제를 도입하기 위해 준비하고 있다.

72 스텔스 장마
예상하지 못한 장마로 인해 많은 양의 비가 갑자기 쏟아지는 현상

레이더망을 피해 숨어 있다가 갑자기 나타나 공격하는 스텔스(Stealth) 전투기처럼 미처 예상하지 못했던 장마가 갑자기 튀어나와 '물폭탄'을 퍼붓는 상황을 가리킨다. 국내외 기상관측기관의 슈퍼컴퓨터마저 예측하기 어려울 만큼 기습적이고 변덕스러운 장마라는 뜻에서 붙여진 이름이다. 언제 어디서 어떻게 폭우가 쏟아질지 알 수 없고, 폭우 구름이 옮겨 다니면서 단시간 좁은 지역에 많은 비를 퍼붓는다는 특징이 있다. 전문가들은 이러한 스텔스 장마가 나타나는 이유로 '지구온난화'를 꼽는다.

73 데이터 주권

데이터의 사용범위나 방법, 목적 등에 관해 결정할 수 있는 권리

개인 또는 국가가 소유하고 있는 데이터의 사용범위나 방법, 목적 등에 관해 결정할 수 있는 권리를 의미한다. 인터넷 기술이 발전하면서 소수의 인터넷서비스 기업이 데이터를 독점하게 됐는데, 해당 기업들의 무분별한 데이터 수집으로 인한 개인정보 침해 및 정보 독과점 등의 문제가 파생하면서 대두된 개념이다. 크게 ▲ 자신이 데이터에 접근할 수 있는 권리 ▲ 데이터를 수정·삭제할 권리 ▲ 데이터가 특정 목적으로 사용되는 데 동의하거나 이전의 동의를 철회할 수 있는 권리 등을 핵심으로 한다. 특히 최근 인공지능(AI)의 발달로 데이터의 중요성이 커지면서 국가의 핵심경쟁력 중 하나로 급부상하고 있다.

74 디지털라이제이션 Digitalization

디지털화된 데이터를 이용해 효율적인 업무환경을 만드는 것

단순히 데이터를 기록하는 것을 넘어서 디지털 데이터를 활용하여 업무 단축과 업무 흐름 최적화를 달성해 생산성을 높이는 업무적 과정을 의미한다. 즉, 디지털화된 데이터를 저장·활용하는 것뿐만 아니라 발전된 정보통신기술(ICT)을 통해 각종 데이터와 정보에 쉽게 접근하고 활용함으로써 효율적인 업무환경을 만드는 것을 말한다.

75 버추얼 프로덕션 Virtual Production

가상의 이미지와 실제 촬영 이미지를 실시간으로 결합하는 기술

크로마키의 발전된 버전으로 가상의 이미지와 실제 촬영한 이미지를 실시간으로 결합하는 것을 말한다. 최첨단 스튜디오에서 초대형 발광다이오드 벽(LED Wall)에 3차원(3D) 배경을 실시간으로 투사해 배우와 컴퓨터그래픽(CG) 요소를 바로 확인할 수 있어 원하는 장면을 비교적 정확하게 만들어낼 수 있다. 특히 CG 합성절차가 생략된다는 점에서 제작시간 및 비용 절감 효과가 있고, 현실감 있는 영상구현이 가능해 배우의 연기 몰입도가 상승하는 효과가 있다. 또한 혁신기술을 활용해 수정을 여러 번 거치지 않아도 즉각적이고 창의적인 작업이 가능하다.

76 데이터마이닝 Datamining
데이터에서 유용한 정보를 도출하는 기술

'데이터(Data)'와 채굴을 뜻하는 '마이닝(Mining)'이 합쳐진 단어로 방대한 양의 데이터로부터 유용한 정보를 추출하는 것을 말한다. 기업활동 과정에서 축적된 대량의 데이터를 분석해 경영활동에 필요한 다양한 의사결정에 활용하기 위해 사용된다. 데이터마이닝은 통계학의 분석방법론은 물론 기계학습, 인공지능, 컴퓨터과학 등을 결합해 사용한다. 데이터의 형태와 범위가 다양해지고 그 규모가 방대해지는 빅데이터의 등장으로 데이터마이닝의 중요성이 부각되고 있다.

77 소형모듈원전 SMR
발전용량 300MW급의 소형원전

발전용량 300MW급의 소형원전으로 현재 차세대 원전으로 떠오르고 있다. 일반적인 대형원전은 발전을 위해서 원자로와 증기발생장치, 냉각제 펌프 등 갖가지 장치가 각각의 설비로서 설치돼야 한다. 그러나 소형모듈원전(SMR)은 이 장치들을 한 공간에 몰아넣어 원전의 크기를 대폭 줄일 수 있다. 대형원전에 비해 방사능 유출 위험이 적다는 장점도 있는데, 배관을 쓰지 않는 SMR은 노심이 과열되면 아예 냉각수에 담가 버려 식힐 수 있다. 과열될 만한 설비의 수 자체도 적고, 나아가 원전 크기가 작은 만큼 노심에서 발생하는 열도 낮아 대형원전에 비해 식히기도 쉽다. 또 냉각수로 쓸 강물이나 바닷물을 굳이 끌어올 필요가 없기 때문에 입지를 자유롭게 고를 수 있다.

78 알프스 ALPS
일본 후쿠시마 제1원전의 오염수에서 방사성 물질을 걸러내는 장치

ALPS는 'Advanced Liquid Processing System'의 약자로 일본 후쿠시마 제1원전 오염수의 방사성 물질을 제거하기 위해 운용하는 장치다. '다핵종제거설비'라고도 한다. 2011년 동일본대지진 당시 후쿠시마 제1원전 폭발사고로 원자로의 핵연료가 녹아내리면서 이를 식히기 위해 냉각수를 투입했다. 그러나 점차 시간이 흐를수록 지하수, 빗물 등이 유입되면서 방사성 물질이 섞인 냉각수, 즉 오염수가 일본 정부가 감당하기 어려울 만큼 늘어났다. 이에 일본 정부는 ALPS로 오염수를 정화시켜 해양에 방류하기로 결정했다. ALPS로 세슘, 스트론튬 등을 배출기준 이하로 제거해 방류하는 것인데, ALPS 처리과정을 거쳐도 삼중수소(트리튬)는 제거할 수 없어 안전성에 대한 우려를 낳았다. 그러나 세계 각국의 우려 표명에도 일본 정부가 방류를 강행하기로 결정해 2023년 8월부터 방류가 이뤄지고 있다.

79 제임스 웹 우주망원경 JWST
허블 우주망원경을 대체할 우주 관측용 망원경

1990년 우주로 쏘아 올린 허블 우주망원경을 대체할 망원경으로 2021년 12월 25일 발사됐다. 미국 항공우주국(NASA)의 제2대 국장인 제임스 웹의 업적을 기리기 위해 '제임스 웹 우주망원경(JWST ; James E. Webb Space Telescope)'이라고 명명됐으며 '차세대 우주망원경(NGST ; Next Generation Space Telescope)'이라고도 한다. 허블 우주망원경보다 반사경의 크기가 더 커지고 무게는 더 가벼워진 한 단계 발전된 우주망원경이다. 미국 NASA와 유럽우주국(ESA), 캐나다우주국(CSA)이 함께 제작했다. 우주 먼 곳의 천체를 관측하기 위한 것으로 허블 우주망원경과 달리 적외선 영역만 관측할 수 있지만, 더 먼 거리까지 관측할 수 있도록 제작됐다.

80 온디바이스 AI
외부 서버나 클라우드에 연결되지 않아도 서비스를 제공할 수 있는 인공지능

기기에 탑재돼 외부 서버나 클라우드에 연결돼 있지 않아도 서비스를 제공할 수 있는 인공지능(AI)을 말한다. 기존에는 기기에서 수집한 정보를 중앙클라우드 서버로 전송해 데이터와 연산을 지원받아야 했는데, 불안정한 통신상황에서는 서비스 이용이 제한적이라는 한계가 있었다. 온디바이스 AI는 자체적으로 정보를 처리해 인터넷 연결이나 통신상태로부터 자유롭고, 개인정보를 담은 데이터를 외부 서버로 전송하지 않아도 된다는 점에서 차세대 기술로 주목받고 있다.

81 도심항공교통 UAM
전동 수직이착륙기를 활용한 도심교통 시스템

기체, 운항, 서비스 등을 총칭하는 개념으로 전동 수직이착륙기(eVTOL)를 활용하여 지상에서 450m 정도의 저고도 공중에서 이동하는 도심교통 시스템을 말한다. '도심항공모빌리티'라고도 부르는 도심항공교통(UAM ; Urban Air Mobility)은 도심의 인구 집중화로 교통체증이 한계에 다다르면서 이를 극복하기 위해 추진되고 있다. UAM의 핵심인 eVTOL은 옥상 등에서 수직이착륙이 가능해 활주로가 필요하지 않으며, 내장된 연료전지와 배터리로 전기모터를 구동해 탄소배출이 거의 없다. 또한 소음이 적고 자율주행도 수월한 편이라는 점 때문에 도심형 친환경 항공 교통수단으로 각광받고 있다.

05 문화·미디어·스포츠

82 부커상 Booker Prize
세계 3대 문학상 중 하나

1969년 영국의 부커사가 제정한 문학상이다. 노벨문학상, 프랑스의 공쿠르 문학상과 함께 세계 3대 문학상 중 하나로, 해마다 영국 연방국가에서 출판된 영어소설들을 대상으로 시상해왔다. 그러다 2005년에 영어로 출간하거나 영어로 번역한 소설을 대상으로 상을 수여하는 인터내셔널 부문을 신설했다. 신설된 후 격년으로 진행되다가 2016년부터 영어번역 소설을 출간한 작가와 번역가에 대해 매년 시상하는 것으로 변경했다. 국내작품 중에서는 한강의 〈채식주의자〉가 2016년 인터내셔널 수상작으로 선정되면서 화제를 모았다. 2024년에는 황석영 작가가 〈철도원 삼대〉로 인터내셔널 최종후보에 올랐으나 아쉽게도 수상에 이르지는 못했다.

83 패스트무비 Fast Movie
영화나 드라마의 내용을 압축해서 짧게 편집한 영상콘텐츠

긴 분량의 영화나 드라마의 내용을 압축해서 짧은 시간 내에 소비할 수 있도록 요약 편집한 영상콘텐츠를 말한다. 자막과 해석을 통해 줄거리를 간략하게 설명하여 본편을 전부 시청하지 않고도 내용을 파악할 수 있고 취향에 맞는 작품인지 확인할 수 있다는 점에서 인기를 끌고 있다. 재화를 효율적으로 소비하는 것을 선호하는 젊은 세대가 콘텐츠의 주요 소비자로 자리잡은 데다 바쁜 일상을 사는 현대인들이 짧은 길이의 영상에 익숙해지면서 이러한 콘텐츠가 증가한 것으로 분석됐다. 그러나 최근 주요 장면을 과도하게 노출하거나 결말을 포함한 콘텐츠가 업로드되는 사례가 증가하면서 저작권 침해라는 비판이 나오고 있다.

84 스텔스 럭셔리 Stealth Luxury
브랜드 로고가 드러나지 않는 소박한 디자인의 명품

'살며시'라는 뜻의 'Stealth'와 '명품'을 뜻하는 'Luxury'의 합성어로 '조용한 명품'을 의미한다. 브랜드 로고가 없거나 매우 작게 표시돼 있고 디자인이 소박한 명품을 말한다. 눈에 띄는 디자인으로 브랜드의 존재감을 부각하고자 했던 기존의 트렌드에서 벗어나 단조로운 색상과 수수한 디자인으로 고전적인 감성을 살리는 것이 특징이다. 코로나19 이후 불확실한 경제상황과 혼란스러운 분위기가 지속되면서 패션업계에서는 본인의 경제력을 감추기 위해 스텔스 럭셔리가 유행하고 있다.

85 사도광산

일본 니가타현에 소재한 일제강점기 조선인 강제노역 현장

일본 니가타현에 있는 에도시대 금광으로 일제강점기 당시 조선인 강제노역이 자행된 곳이다. 일본은 사도광산을 세계유산으로 지정하기 위한 잠정 추천서를 유네스코에 다시 제출했는데, 대상 기간을 16~19세기 후반으로 한정해 일제강점기 조선인 강제노동 내용을 배제했다. 2024년 6월 유네스코 자문기구인 국제기념물유적협의회는 에도시기(16~19세기) 이후 유산이 대부분인 지역을 제외하고, '강제노역을 설명하라'라고 요청했다. 이에 일본 정부는 해당 요청을 수용하고 미비한 부분을 보완하는 한편 한국 정부와 협의를 진행하여 마침내 같은 해 7월 세계유산에 등재 시키는 데 성공했다. 그러나 일본 정부와 협상하는 과정에서 우리 정부가 조선인 동원 과정의 억압성을 보여주는 '강제'라는 표현을 명시해달라는 핵심 요구사항이 받아들여지지 않았는데도 등재에 동의한 사실이 알려져 '굴욕외교'라는 비판이 제기됐다.

86 버튜버 Vtuber

가상의 아바타를 대신 내세워 활동하는 유튜버

사람이 직접 출연하는 대신 표정과 행동을 따라 하는 가상의 아바타를 내세워 시청자와 소통하는 '버추얼 유튜버(버튜버)'가 콘텐츠 업계를 달구고 있다. 버튜버는 초창기에는 소수의 마니아층만 즐기던 콘텐츠였으나, 시청자 층이 코로나19를 계기로 대폭 늘어나면서 버튜버들의 활동영역이 확장하고 있다. 버튜버는 콘텐츠 제작자가 얼굴을 직접 드러내지 않아도 되기 때문에 부담 없이 다양한 시도를 해볼 수 있고, 시청자 입장에서도 사람이 아닌 캐릭터를 상대하는 느낌을 줘 더 편하게 받아들일 수 있다는 점이 강점으로 꼽힌다.

87 제로웨이스트 Zero Waste

일상생활에서 쓰레기를 줄이기 위한 환경운동

일상생활에서 쓰레기가 나오지 않도록 하는(Zero Waste) 생활습관을 이른다. 재활용 가능한 재료를 사용하거나 포장을 최소화해 쓰레기를 줄이거나 그것을 넘어 아예 썩지 않는 생활 쓰레기를 없애는 것을 의미한다. 비닐을 쓰지 않고 장을 보거나 포장 용기를 재활용하고, 대나무 칫솔과 천연 수세미를 사용하는 등의 방법으로 이뤄진다. 친환경 제품을 사는 것도 좋지만 무엇보다 소비를 줄이는 일이 중요하다는 의견도 공감을 얻고 있다. 환경보호가 중요시되면서 관련 캠페인에 참여하는 사람들이 증가하고 있다.

88 구독경제 Subscription Economy
구독료를 내고 필요한 물건이나 서비스를 이용하는 것

일정 기간마다 비용(구독료)을 지불하고 필요한 물건이나 서비스를 이용하는 경제활동을 뜻한다. 영화나 드라마, 음악은 물론이고 책이나 게임에 이르기까지 다양한 품목에서 이뤄지고 있다. 특히 스마트폰의 대중화로 빠르게 성장하고 있는 미래 유망 산업군에 속하며, 구독자에게 동영상 스트리밍 서비스를 제공하는 넷플릭스의 성공으로 탄력을 받았다. 특정 신문이나 잡지 구독과 달리 동종의 물품이나 서비스를 소비자의 취향에 맞춰 취사선택해 이용할 수 있다는 점에서 효율적이다.

89 그린카드 Green Card
배구에서 비디오판독 요청이 있을 때 먼저 반칙을 인정한 선수에게 주어지는 카드

배구에서 터치아웃이나 네트터치 등이 의심되는 상황에서 주심이나 팀의 비디오판독 요청이 있을 경우 주심이 판정을 내리기 전 먼저 반칙을 인정하고 손을 든 선수에게 제시하는 카드를 말한다. 국제배구연맹(FIVB)이 선수들의 페어플레이 정신을 높이고 불필요한 비디오판독 시간을 줄여 경기시간을 단축하는 것을 목표로 2023년부터 국제대회에 도입한 제도다. 도입 첫해에는 가장 많은 그린카드를 받은 팀에 상금을 지급하는 등 금전보상이 이뤄지기도 했다. 한국배구연맹(KOVO) 역시 2024년부터 그린카드를 새롭게 도입해 그린카드 누적점수를 정규리그 시상 부문 내 페어플레이상의 선정기준으로 활용하기로 했다.

90 로컬힙 Local Hip
특정 지역만의 색깔이 담긴 상품이나 공간, 축제 등을 트렌디하다고 여기는 현상

지역을 뜻하는 'Local'과 고유한 개성을 지니면서도 최신 유행에 밝다는 뜻의 'Hip'이 합쳐진 단어로 지역만의 감성이 담긴 상품이나 공간, 관광, 축제 등을 포괄하는 개념이다. 지역특색을 활용해 사람들의 관심을 끌 수 있어 점차 심각해지고 있는 지역소멸을 막을 수 있는 대안으로 떠오르고 있다. 특히 소비에서도 개성을 중시하는 젊은 세대를 중심으로 로컬힙이 확산하고 있으며, 문화체육관광부도 지역문화의 가치를 알리기 위해 명소, 콘텐츠 등을 선정하는 '로컬 100' 사업을 추진하고 있다.

91 그라데이션 K
다문화국가로 변화하고 있는 한국의 현황을 반영한 용어

우리나라가 단일민족·단일문화라는 고정관념에서 벗어나 다양한 배경과 문화를 가진 사람들이 함께 어우러지면서 다문화국가로 진화하고 있다는 시대적 흐름이 반영된 용어다. 김난도 서울대 소비자학과 교수가 2025년 트렌드를 전망하며 발표한 10개 소비 키워드(스네이크 센스) 중 하나로 '그라데이션(Gradation)'은 다양한 문화와 정체성이 경계 없이 융합하는 과정을 비유한 것이다. 행정안전부가 2024년 10월 발표한 자료에 따르면 국내 외국인 인구는 총인구수 대비 약 5%에 달한다.

92 힙트래디션 Hiptradition
전통과 젊은 세대 특유의 감성이 만나 만들어진 새로운 트렌드를 뜻하는 신조어

고유한 개성을 지니면서도 최신 유행에 밝고 신선하다는 뜻의 'Hip'과 전통을 뜻하는 'Tradition'을 합친 신조어로 우리 전통문화를 재해석해 즐기는 것을 의미한다. 한국의 전통문화를 MZ세대 특유의 감성으로 해석해 새로운 트렌드를 만드는 것으로서 최근 소셜네트워크서비스(SNS)를 중심으로 인기를 끌고 있다. 대표적으로 반가사유상 미니어처, 자개소반 모양의 무선충전기, 고려청자의 문양을 본떠 만든 스마트폰 케이스 등 박물관에서 소장 중인 유물이나 작품을 토대로 제작된 박물관 굿즈인 '뮷즈'의 판매율이 급증하면서 그 인기를 입증하고 있다.

93 인포데믹 Infodemic
거짓정보, 가짜뉴스 등이 미디어, 인터넷 등을 통해 매우 빠르게 확산되는 현상

'정보'를 뜻하는 'Information'과 '유행병'을 뜻하는 'Epidemic'의 합성어로, 잘못된 정보나 악성루머 등이 미디어, 인터넷 등을 통해 무분별하게 퍼지면서 전염병처럼 매우 빠르게 확산되는 현상을 일컫는다. 미국의 전략분석기관 '인텔리브리지' 데이비드 로스코프 회장이 2003년 워싱턴포스트에 기고한 글에서 잘못된 정보가 경제위기와 금융시장 혼란을 불러올 수 있다는 의미로 처음 사용했다. 허위정보가 범람하면 신뢰성 있는 정보를 찾아내기 어려워지고, 이 때문에 사회 구성원 사이에 합리적인 대응이 어려워지게 된다. 인포데믹의 범람에 따라 정보방역의 중요성도 강조되고 있다.

94 멀티 페르소나 Multi-persona
상황에 따라 다양한 형태의 자아를 갖는 것

페르소나는 고대 그리스의 연극에서 배우들이 쓰던 가면을 의미하고, 멀티 페르소나는 '여러 개의 가면'으로 직역할 수 있다. 현대인들이 직장이나 학교, 가정이나 동호회, 친구들과 만나는 자리 등에서 각기 다른 성격을 보인다는 것을 뜻한다. 일과 후 여유와 취미를 즐기는 '워라밸'이 일상화되고, SNS에 감정과 일상, 흥미를 공유하는 사람들이 늘어나면서 때마다 자신의 정체성을 바꾸어 드러내는 경우가 많아지고 있다.

95 퍼블리시티권 Right of Publicity
유명인이 자신의 이름이나 초상을 상품 등의 선전에 이용하는 것을 허락하는 권리

배우, 가수 등 연예인이나 운동선수 등과 같은 유명인들이 자신의 이름이나 초상 등을 상업적으로 이용하거나 제3자에게 상업적 이용을 허락할 수 있도록 한 배타적 권리를 말한다. 초상사용권이라고도 하며, 당사자의 동의 없이는 이름이나 얼굴을 상업적으로 이용할 수 없다. 인격권에 기초한 권리지만 그 권리를 양도하거나 사고팔 수 있는 상업적 이용의 요소를 핵심으로 하기 때문에 인격권과는 구별되는 개념이다. 미국은 판례와 각 주의 성문법에 의거해 퍼블리시티권을 보호하고 있지만, 우리나라는 명확한 법적 규정이 없어 퍼블리시티권을 둘러싼 논란이 지속적으로 발생해왔다.

96 소프트파워 Soft Power
인간의 이성 및 감성적 능력을 포함하는 문화적 영향력

교육·학문·예술 등 인간의 이성 및 감성적 능력을 포함하는 문화적 영향력을 말한다. 21세기에 들어서며 세계가 군사력 또는 경제력을 바탕으로 한 하드파워(Hard Power), 즉 경성국가의 시대에서 소프트파워를 중심으로 한 연성국가의 시대로 접어들고 있다. 대중문화의 전파, 특정 표준의 국제적 채택, 도덕적 우위의 확산 등을 통해 영향력이 커질 수 있으며, 우리나라를 비롯한 세계 여러 나라에서 자국의 소프트파워를 키우고 활용하기 위한 노력을 계속하고 있다.

97 토끼굴 효과
SNS 이용자가 온라인 피드와 주제에 점점 중독되는 현상

소셜미디어(SNS) 이용자가 특정 알고리즘으로 인해 자신도 모르게 온라인 피드와 주제에 점점 중독돼 더 자극적인 콘텐츠를 시청하게 되는 현상을 일컫는다. SNS는 알고리즘을 통해 사용자가 선호하는 콘텐츠에 관한 정보를 광범위하게 수집해 맞춤형 콘텐츠를 추천한다. 그런데 일부 플랫폼 사업자가 알고리즘을 조작해 자사의 상품이나 서비스를 우선 노출시키거나 자극적인 콘텐츠를 추천함으로써 SNS 중독을 유발하는 등의 문제가 있어 디지털 콘텐츠 검열에 관한 논란이 불거졌다. 대표적으로 유럽연합(EU) 집행위원회는 2024년 5월 알고리즘을 포함한 페이스북과 인스타그램의 시스템이 아동들에게 '토끼굴 효과'와 같은 행동장애를 유발할 가능성이 우려된다는 점을 들어 모기업 메타를 상대로 디지털 서비스법(DSA) 위반 조사에 착수했다.

98 사이버 레커 Cyber Wrecker
온라인상에서 화제가 되는 이슈를 자극적으로 포장해 공론화하는 매체

온라인상에서 화제가 되는 이슈를 자극적으로 포장해 공론화하는 매체를 말한다. 빠르게 소식을 옮기는 모습이 마치 사고현장에 신속히 도착해 자동차를 옮기는 견인차의 모습과 닮았다고 해서 생겨난 신조어다. 이들은 유튜브와 인터넷 커뮤니티에서 활동하는데 유튜브의 경우 자극적인 섬네일로 조회수를 유도한다. 사이버 레커의 가장 큰 문제점은 정보의 정확한 사실 확인을 거치지 않고 무분별하게 다른 사람에게 퍼트린다는 것이다.

99 디지털 유산
개인이 생전 온라인상에 남긴 디지털 흔적

SNS, 블로그 등에 남아 있는 사진, 일기, 댓글 등 개인이 온라인상에 남긴 디지털 흔적을 말한다. 온라인 활동량이 증가하면서 고인이 생전 온라인에 게시한 데이터에 대한 유가족의 상속 관련 쟁점이 제기됐으나, 국내에서는 살아 있는 개인에 한해 개인정보보호법이 적용되고 디지털 유산을 재산권과 구별되는 인격권으로 규정해 상속규정에 대한 정확한 법적 근거가 마련되어 있지 않다. 유가족의 상속권을 주장하는 이들은 데이터의 상속이 고인의 일기장이나 편지 등을 전달받는 것과 동일하다고 주장하고 있으며, 반대하는 이들은 사후 사생활 침해에 대한 우려를 표하며 잊힐 권리를 보장받아야 한다고 주장한다.

100 스낵컬처 Snack Culture
어디서든 즐길 수 있는 문화

어디서든 과자를 먹을 수 있듯이 장소를 가리지 않고 가볍고 간단하게 즐길 수 있는 문화스타일이다. 과자를 의미하는 '스낵(Snack)'과 문화를 의미하는 '컬처(Culture)'의 합성어다. 출퇴근시간, 점심시간은 물론 잠들기 직전에도 향유할 수 있는 콘텐츠로 시간과 장소에 구애받지 않는 것이 스낵컬처의 가장 큰 장점이다. 방영시간이 1시간 이상인 일반 드라마와 달리 10~15분 분량으로 구성된 웹드라마, 한 회차씩 올라오는 웹툰, 웹소설 등이 대표적인 스낵컬처로 꼽힌다. 스마트폰의 발달로 스낵컬처 시장이 확대됐고 현대인에게 시간·비용적으로 부담스럽지 않기 때문에 지속적으로 성장하고 있다.

101 안티투어리즘 Antitourism
외국인 관광객을 기피하는 현상

특정 지역에 관광객이 지나치게 몰리면서 해당 지역의 물가가 급등하고 환경파괴와 더불어 각종 소음 등으로 주민들의 일상이 침해당하자 나타나게 된 외국인 관광객 기피 현상이다. 2010년대 후반까지만 해도 일부 유럽의 유명 관광지에서만 주로 나타나던 현상이었으나, 코로나19 팬데믹 이후 해외여행객이 크게 증가하면서 전 세계로 확산하는 추세다. 이에 관광객을 대상으로 도시 입장료를 받거나 숙박요금에 세금을 부과하는 등 관광세를 도입하는 지역들도 속속 등장하고 있다.

102 FOOH Fake Out of Home
실사 배경에 컴퓨터그래픽 이미지로 구현한 이미지를 씌운 가상 옥외광고

실제로 존재하는 장소에 컴퓨터그래픽 이미지(CGI)로 구현한 이미지를 씌워서 만든 '페이크 옥외광고'다. '가짜'를 뜻하는 'Fake'와 '옥외광고'를 뜻하는 'OOH(Out of Home)'의 합성어로 미국의 디지털 아티스트이자 필름메이커인 이안 패덤이 처음 사용했다. 증강현실(AR)과 CGI 기술을 결합해 만든 초현실적인 이미지를 활용하여 단기간에 효과적으로 브랜드와 제품을 소비자에게 각인시킬 수 있고, 일반적인 옥외광고와 달리 장소 대여부터 설치·유지 비용이 들지 않으면서 쓰레기도 발생하지 않아 친환경적이라는 점이 가장 큰 특징이다. 이는 숏폼(Short-form) 형식에도 부합해 새로운 마케팅 트렌드로 활용되고 있다.

PART 3

일반상식

CHAPTER 01 정치·국제·법률
CHAPTER 02 경제·경영·금융
CHAPTER 03 사회·노동·환경
CHAPTER 04 과학·컴퓨터·IT·우주
CHAPTER 05 문화·미디어·스포츠
CHAPTER 06 한국사

많이 보고 많이 겪고 많이 공부하는 것은 배움의 세 기둥이다.

— 벤자민 디즈라엘리 —

CHAPTER 01 정치 · 국제 · 법률

01 야경국가
시장에 대한 개입을 최소화하고 질서 유지 임무만을 수행하는 국가

독일의 사회주의자 F. 라살이 그의 저서 〈노동자 강령〉에서 당시 영국 부르주아의 국가관을 비판하는 뜻에서 쓴 것으로, 국가는 외적의 침입을 막고 국내 치안을 확보하여 개인의 사유재산을 지키는 최소한의 임무만을 행하며, 나머지는 자유방임에 맡길 것을 주장하는 국가관을 말한다.

02 투키디데스의 함정
신흥 강대국과 기존 강대국의 필연적인 갈등

새로운 강대국이 떠오르면 기존의 강대국이 이를 두려워하고 견제하여 부딪칠 수밖에 없는 상황을 의미하는 이 용어는 아테네와 스파르타의 전쟁에서 유래했다. 미국 정치학자 그레이엄 앨리슨은 2017년 낸 저서 〈예정된 전쟁〉에서 기존 강국이던 스파르타와 신흥 강국이던 아테네가 맞붙었듯이 현재 미국과 중국의 세력 충돌 또한 필연적이라는 주장을 하면서 이런 필연을 '투키디데스의 함정'이라고 명명했다.

03 숙의민주주의
숙의를 바탕으로 한 합의적인 의사결정 방식의 민주주의

'숙의(熟議)'는 '깊이 생각하여 넉넉히 의논함'을 뜻하는 것으로, 이러한 '숙의'가 의사결정의 중심이 되는 형식을 숙의민주주의라고 한다. 직접민주주의적인 형태로서, 다수결로 대표되는 대의민주주의의 한계를 보완하는 기능을 한다. 갈등이 첨예한 사안에 관하여 단순히 찬성 혹은 반대로 의견을 대립하는 것이 아니라 충분한 시간을 두고 전문가가 제공하는 지식과 정보를 바탕으로 한 학습 및 의견수렴 과정을 거친다.

04 고노 담화
일본군 위안부 모집에 대해 일본군이 강제 연행했다는 것을 인정하는 내용이 담긴 담화

1993년 8월 4일 고노 요헤이 일본 관방장관이 위안부 문제와 관련하여 일본군 및 관헌의 관여와 징집·사역에서의 강제성을 인정하고 문제의 본질이 중대한 인권침해였음을 인정하면서 사죄한 것으로 일본 정부의 공식 입장이다.

> **무라야마 담화**
> 1995년 당시 일본 무라야마 총리가 식민지 지배와 침략의 역사를 인정하고 사죄하는 뜻을 공식적으로 표명한 담화이다. 하지만 강제동원 피해자에 대한 배상 문제와 군 위안부 문제 등에 대한 언급은 없었다.

05 전범기업
전쟁 당시 침략국에 군수물품을 납품해 성장한 기업

전쟁 중 군납 물품제조나 강제징용을 통해 침략국으로부터 경제적 이익을 얻어 성장한 기업을 일컫는다. 일제강점기 시절 일본 전범기업들은 조선인을 강제동원해 노동력을 착취하고 이로부터 나오는 막대한 이익을 통해 성장했다. 우리나라에서는 일본 전범기업이 강제동원 배상을 외면하는 등 반성의 기미가 보이지 않자 불매운동이 진행됐다.

06 엽관제도 Spoils System
선거에서 당선되어 정권을 잡은 사람 또는 정당이 관직을 지배하는 정치적 관행

19세기 중반 미국에서 성행한 공무원 임용제도에서 유래한 것으로 정당에 대한 공헌이나 인사권자와의 친밀도를 기준으로 공무원을 임용하는 인사관행을 말한다.

> **정실주의(情實主義)**
> 1688년 명예혁명 이후 등장한 것으로 1870년까지 영국에서 성행하였던 공무원 임용의 관행으로서 엽관주의(Spoils System)와 비슷한 제도이다.

07 비토권 Veto
사안을 거절할 수 있는 권리

한 사안에 대해서 거부·거절할 수 있는 권리를 말한다. 'Veto'는 거부라는 뜻의 영단어다. 국제연합(UN)의 안전보장이사회(안보리)는 비토권 5개국으로 불린다. 만약 5개국 중 1개국이라도 비토권을 행사하면 해당 국가를 제외하고 만장일치를 이뤄도 안건이 통과되지 않는다.

08 조어도 분쟁
조어도를 둘러싼 일본과 중국·대만 간의 영유권 분쟁

조어도는 일본 오키나와에서 약 300km, 대만에서 약 200km 떨어진 동중국 해상 8개 무인도다. 현재 일본이 실효 지배하고 있으나 중국과 대만이 영유권을 주장하고 있다. 조어도의 전체 면적은 $6.3km^2$에 불과하지만, 배타적경제수역(EEZ)의 기점으로 경제·전략적 가치가 높다.

> **조어도의 각국 명칭**
> 센카쿠(일본), 댜오위다오(중국), 조어대(대만)

09 감사원
행정부의 최고 감사기관, 합의체기관, 헌법상의 필수기관

헌법에 의해 설치된 정부기관으로, 국가의 세입·세출을 결산하고 국가 및 법률이 정한 단체의 회계검사와 행정기관 및 공무원의 직무에 관한 감찰을 하는 기관이다.

> **감사원의 구성**
> - 조직 : 감사원장을 포함해 5인 이상 ~ 11인 이하의 감사위원으로 구성한다.
> - 임명 : 감사원장은 대통령이 국회의 동의를 얻어 임명하고, 감사위원은 원장의 제청으로 대통령이 임명한다.
> - 임기 : 감사원장·감사위원 모두 4년이며, 1차에 한하여 중임할 수 있다.

10 레임덕 Lame Duck

임기 말 권력누수 현상

'절름발이 오리'라는 뜻이며, 현직에 있던 대통령의 임기 만료를 앞두고 나타나는 것으로 대통령의 권위나 명령이 제대로 시행되지 않아서 국정 수행에 차질이 생기는 일종의 권력누수 현상이다. 레임덕이 발생하기 쉬운 경우는 임기 제한으로 인해 권좌나 지위에 오르지 못하게 된 경우, 임기 만료가 얼마 남지 않은 경우, 집권당이 의회에서 다수 의석을 얻지 못한 경우 등이 있다.

11 대통령의 지위와 권한

대통령은 국가의 원수이며, 행정권은 대통령을 수반으로 하는 정부에 속함

국가원수로서의 권한	행정부 수반으로서의 권한
• 국가를 대표하여 외국과 조약을 체결함 • 외국에 대하여 전쟁을 선포할 수 있음 • 국회의 동의를 얻어 대법원장, 헌법재판소장, 감사원장, 대법관 등 국가기관의 장을 임명함 • 헌법 개정이나 국가의 중요 정책을 결정할 때 이를 국민 투표에 부칠 수 있음 • 국가에 위태로운 상황이 생겨 긴급조치가 필요할 때 긴급명령이나 계엄을 선포할 수 있음	• 행정부를 지휘·감독함 • 국군을 통수함 • 국무총리, 국무위원, 행정 각부의 장 등 행정부의 고위 공무원을 임명하거나 해임함 • 법률안 거부권을 통해 국회를 견제함 • 법률에서 위임받은 사항과 법률 집행을 위해 필요한 사항에 대하여 대통령령을 만들 수 있음

12 대통령과 국회의 동의

대통령의 권한 중 국회의 동의, 승인, 통고가 필요한 경우

국회의 동의를 얻어야 하는 경우	조약의 체결·비준, 일반사면, 국무총리·감사원장·대법원장·헌법재판소장·대법관의 임명, 예비비의 설치, 선전포고 및 강화, 국군의 해외 파병, 외국의 국내 주둔, 국채 모집
국회의 승인을 받아야 하는 경우	긴급명령, 긴급재정경제처분 및 명령, 예비비의 지출
국회에 통고하여야 하는 경우	계엄선포

13 섀도캐비닛 Shadow Cabinet

그림자 내각이라는 의미로, 야당에서 정권을 잡았을 경우를 예상하여 조직하는 내각

19세기 이후 영국에서 시행되어온 제도로 야당이 정권획득을 대비하여 총리와 각료로 예정된 멤버를 미리 정해두는 것이다. 즉, 야당 최고 간부들 사이에 외무, 내무, 노동 등 전담부서를 나누고 있으며 이는 집권 뒤에도 연장된다. 그리고 정권을 획득하면 그 멤버가 내각을 구성하여 당 운영의 중추가 된다.

14 옴부즈맨 제도 Ombudsman System

정부의 부당한 행정 조치를 감시하고 조사하는 일종의 행정통제제도

입법부와 법원이 가지고 있는 행정통제의 고유권한이 제 기능을 발휘하지 못함에 따라 이를 보완하고 보다 적극적으로 국민의 이익을 보호하려는 취지에서 1809년 스웨덴에서 처음 창설된 대국민 절대 보호제도이다. 옴부즈맨과 비슷한 제도로 우리나라에는 '국민권익위원회'가 있다.

> **국민권익위원회**
> 국민권익 증진을 위한 정책을 추진하는 중앙행정기관이다. 주요 업무는 국민의 권리보호 및 부패방지를 위한 정책수립 시행, 고충민원의 조사처리, 부패방지 및 권익구제 교육 및 홍보, 부패행위신고 및 보상, 공직자행동강령 시행, 국민신문 및 110콜센터 운영, 중앙행정심판위원회 운영에 관한 사무 등이다.

15 이원집정부제

대통령 중심제와 내각책임제의 절충 형태로 된 제3의 정부 형태

행정부의 권한을 대통령과 내각수반이 나누어 행사하는 정치제도로 전통적으로 대통령은 국민의 직접선거로 선출되며, 평상시에는 국무총리가 행정권을 주도하지만 비상사태가 발생하면 대통령이 행정권을 장악하여 단순한 국가원수로서의 지위뿐 아니라 실질적인 행정을 담당하게 된다.

16 정부형태의 비교

대통령제와 의원내각제의 차이는 의회의 내각불신임권과 행정부의 의회해산권의 존재 여부

구 분	대통령제	의원내각제
특 징	• 권력 분립 지향(견제와 균형) • 대통령은 국민에 대해 책임 • 국가원수이자 행정부 수반 • 대통령의 법률안 거부권(재의요구권) • 내각은 의결기관이 아닌 심의기관임 • 의회는 행정부를 불신임할 수 없고, 행정부도 의회를 해산할 수 없음 • 정부는 법률안 제안권이 없으며, 정부 각료의 의회 출석 발언권도 없음 • 정부 각료는 의회의원을 겸할 수 없음	• 권력 융합주의 • 의회의 신임에 의해 내각 구성 • 왕, 대통령은 정치적 실권이 없는 상징적 존재 • 의회는 내각불신임 의결권을 가지고 있음 • 내각은 의회해산권과 법률안 제안권을 갖고 있음 • 각료는 원칙적으로 의회의원이어야 하며 의회 출석 발언권을 가짐 • 내각은 의결기관임
장 점	• 대통령 임기 동안 정국 안정 • 정책의 계속성 보장 • 국회 다수당의 횡포 견제	• 정치적 책임에 민감 • 국민의 민주적 요청에 충실 • 정국 안정시 능률적 행정
단 점	• 대통령의 독재화 가능성 있음 • 책임정치의 실현이 곤란	• 다수당의 횡포 가능성 • 정책의 일관성·지속성 결여
공통점	사법부의 독립을 엄격히 보장 → 기본권의 보장	

17 국정조사권

국회 차원에서 중요한 현안에 대해 진상규명과 조사를 할 수 있는 권한

국정조사는 국회 재적의원 4분의 1 이상의 요구가 있을 때 특별위원회 또는 상임위원회로 하여금 국정의 특정사안에 관하여 국회가 주체가 되어 행해지며 공개를 원칙으로 한다. 정기적으로 이루어지는 국정감사와 달리 국정조사는 부정기적이며 수시로 조사할 수 있다.

> **국정감사권**
> 국회가 상임위별로 국정 전반에 관한 감사를 직접할 수 있는 헌법상의 권한을 말하며, 공개주의를 채택하고 있다. 국회는 국정전반에 관하여 소관 상임위원회별로 매년 정기회 집회일 이전에 감사 시작일로부터 30일 이내의 기간을 정하여 감사를 실시한다.

18 국회가 하는 일

입법에 관한 일, 재정에 관한 일, 일반 국정에 관한 일

입법에 관한 일	법률제정, 법률개정, 헌법개정 제안·의결, 조약체결·비준 동의
재정에 관한 일	예산안 심의·확정, 결산심사, 재정 입법, 기금심사, 계속비 의결권, 예비비지출 승인권, 국채동의권, 국가의 부담이 될 계약 체결에 대한 동의권
일반 국정에 관한 일	국정감사·조사, 탄핵 소추권, 헌법기관 구성권, 긴급명령·긴급재정경제처분 명령 승인권, 계엄해제 요구권, 일반사면에 대한 동의권, 국무총리·국무위원 해임건의권, 국무총리·국무위원·정부위원 출석요구권 및 질문권

19 일사부재의의 원칙

한 번 부결된 안건은 같은 회기 중에 다시 발의하거나 제출하지 못한다는 원칙

회기 중에 이미 한 번 부결된 안건에 대하여 다시 심의하는 것은 회의의 능률을 저해하며, 동일한 안건에 대하여 전과 다른 의결을 하면 어느 것이 회의체의 진정한 의사인지 알 수 없는 문제가 발생할 수 있다는 점에서 시행하는 제도이다. 또한 소수파에 의한 의사 방해를 막기 위한 제도로 인정된 것이기도 하다.

20 주요 공직자의 임기

주요 공직자의 임기는 다음과 같음

- 임기 2년 : 검찰총장, 국회의장, 국회부의장
- 임기 4년 : 감사원장, 감사위원, 국회의원
- 임기 5년 : 대통령
- 임기 6년 : 헌법재판소재판관, 중앙선거관리위원장, 대법원장, 대법관
- 임기 10년 : 일반법관

21 캐스팅보트 Casting Vote
투표 결과 찬성과 반대가 같은 수일 때 의장의 결정권

합의체의 의결에서 가부동수(찬반의 투표가 동일한 상황)인 경우에 의장이 갖는 결정권이다. 또한 양대 당파의 세력이 거의 비슷하여 제3당이 비록 소수일지라도 의결의 가부를 좌우할 경우도 제3당이 캐스팅보트를 쥐고 있다고 말한다. 우리나라는 국회의장의 캐스팅보트를 인정하지 않으며 가부동수인 경우 부결된 것으로 본다.

22 성문법과 불문법
법을 일정한 제정 절차 유무와 존재 형식에 따라 구분한 것

성문법은 헌법, 법률, 명령, 자치법규(조례와 규칙), 조약 등이 있으며 현재 존재하는 가장 오래된 법전인 〈함무라비 법전〉이 대표적인 예이다. 현재 대부분의 근대 국가는 법체계의 많은 부분이 성문법화되어 있다. 반면 불문법은 법규범의 존재 형식이 제정되지 않은 법체계에 의하는 것을 말하며, 비제정법이라고도 한다. 성문법에 대응하는 것으로 관습법이나 판례법, 조리 등이 여기에 속한다.

23 연동형 비례대표제
각 정당의 총 득표수에 비례하여 당선자를 결정하는 제도

정당의 유효 득표수만큼 의석수(47석)를 배분하는 것을 목표로 한 제도로, 소수표를 보호하는 동시에 사표(死票)를 최소화할 수 있다.

> **준연동형 비례대표제**
> 정당이 지역구에서 얻은 의석수가 전국 정당 득표율에 미치지 못하면 그 차이만큼 비례대표 의석으로 보장하는 제도다. 비례대표 의석 47석 중 30석을 정당 득표율에 따라 각 당에 배분하되, 지역구 당선자수를 제외한 의석수의 절반만 반영하고, 나머지 17석은 기존 비례대표제(병립형)로 정당 득표율에 따라 단순 배분한다.

24 게리맨더링 Gerrymandering
집권당에 유리하도록 한 기형적이고 불공평한 선거구 획정

1812년 미국 매사추세츠 주지사 게리가 당시 공화당 후보에게 유리하도록 선거구를 재조정하였는데 그 모양이 마치 그리스 신화에 나오는 샐러맨더와 비슷하다고 한 데서 유래한 말이다. 즉, 특정 정당이나 후보자에게 유리하도록 선거구를 인위적으로 조작하는 것을 의미하며, 이를 방지하기 위해 선거구 법정주의를 채택하고 있다.

25 매니페스토 Manifesto
정당이나 후보자가 선거공약의 구체적인 실천안을 문서화하여 공표하는 정책서약서

이탈리아어로 '선언'이라는 뜻이며, 예산확보 및 구체적인 실행계획을 마련해 이행 가능한 선거공약을 뜻한다. 즉, 구체적인 정책대안을 공약서에 담아 유권자에게 약속하는 것을 말한다. 이 개념은 1834년 영국 보수당 당수인 로버트 필이 유권자들의 환심을 사기 위한 공약은 결국 실패하기 마련이라면서 구체화된 공약의 필요성을 강조한 데 기원을 둔다.

26 언더독 효과 Underdog Effect
약세 후보가 유권자들의 동정을 받아 지지도가 올라가는 경향

개싸움 중에 밑에 깔린 개가 이기기를 바라는 마음과 절대강자에 대한 견제심리가 발동하게 되는 현상으로 선거철에 지지율이 낮은 후보에게 유권자들이 동정표를 주는 현상을 말한다. 여론조사 전문가들은 밴드왜건 효과와 언더독 효과가 동시에 발생하기 때문에 여론조사 발표가 선거 결과에 미치는 영향은 중립적이라고 보고 있다.

> **밴드왜건 효과(Band Wagon Effect)**
> 밴드왜건이란 서커스 행렬을 선도하는 악대 마차로, 사람들이 무의식적으로 그곳에 몰려들면서 군중이 점점 증가하는 것을 비유하여 생긴 용어이다. 정치에서는 특정 유력 후보가 앞서가는 경우 그 후보자에 대한 유권자의 지지가 더욱 커지는 것을 의미하고, 경제에서는 특정 상품의 수요가 증가하면 일반 대중이 따라 사는 경우를 말한다.

27 스윙보터 Swing Voter
선거 등의 투표행위에서 누구에게 투표할지 결정하지 못한 유권자

선거에서 후보자를 정하지 못하고 어느 후보에게 투표할지 결정하지 못한 유권자로 '플로팅보터(Floating Voter)'라고도 한다. 예전에는 미결정 투표자라는 뜻의 '언디사이디드보터(Undecided Voter)'라는 말이 많이 쓰이기도 했다. 부동층 유권자들은 지지정당이 없기 때문에 여러 가지 요소에 따라 정당을 쉽게 바꿀 수 있다.

28 독트린 Doctrine
국제사회에서 공식적으로 표방하는 정책상의 원칙

어원은 종교의 교리나 교의를 뜻하는 라틴어 'Doctrina'이다. 정치나 학문 등의 '주의'나 '신조'를 나타내는 뜻으로 쓰이거나, 강대국 외교 노선의 기본지침으로 대내외에 천명될 경우에도 사용된다.

29 패스트트랙 Fast Track
쟁점 법안의 빠른 본회의 의결을 진행하기 위한 입법 시스템

발의된 국회의 법안처리가 무한정 미뤄지는 것을 막고, 법안을 신속하게 처리하기 위한 제도이다. 본회의 의석수가 많더라도 해당 상임위 혹은 법사위 의결을 진행시킬 수 없어 법을 통과시키지 못하는 경우가 있는데, 이런 경우 소관 상임위 혹은 본회의 의석의 60%가 동의하면 '신속처리 안건'으로 지정하여 바로 본회의 투표를 진행시킬 수 있다.

30 필리버스터 Filibuster
소수파가 다수파의 독주를 막기 위해 합법적으로 의사진행을 방해하는 행위

의회 내에서 긴 발언을 통해 의사진행을 합법적으로 방해하는 행위를 말한다. 고대 로마 원로원에서 카토가 율리우스 카이사르의 입안 정책을 막는 데 사용한 것에서 유래했다. 우리나라는 1964년 당시 국회의원 김대중이 김준연 의원의 구속동의안 통과를 막기 위해 5시간 19분 동안 연설을 진행한 것이 최초다. 박정희 정권 시절에 필리버스터가 금지되었다가, 2012년 국회선진화법이 도입되면서 부활했다.

> **국회선진화법**
> 다수당의 일방적인 법안·안건 처리 방지를 위해 2012년 제정된 국회법 개정안이다. 법안에 대한 국회의장의 직권 상정과 다수당의 날치기 통과를 막기 위해 재적의원 5분의 3 이상의 동의가 있어야만 본회의 상정이 가능하도록 한 국회법이다.

31 이어도 분쟁
이어도를 둘러싼 한국과 중국 간의 영유권 분쟁

이어도는 한국과 중국이 주장하는 배타적경제수역(EEZ)이 중첩되는 곳으로 1996년부터 해상경계 획정 협상을 벌이고 있지만 경계선을 정하지 못해 한·중 갈등을 빚는 곳이다. 중국이 한국 관할 지역인 이어도를 포함한 동중국해 상공에 방공식별구역을 선포하자, 한국 정부도 15일 만에 제주도 남단의 이어도까지 확대한 새로운 한국방공식별구역(KADIZ)을 선포했다. 이에 따라 KADIZ는 1951년 3월 미 태평양 공군이 설정한 이후 62년 만에 재설정됐다.

32 방공식별구역 ADIZ ; Air Defense Identification Zone
자국의 영토와 영공을 방어하기 위한 구역

국가안보 목적상 자국 영공으로 접근하는 군용 항공기를 조기에 식별하기 위해 설정되는 공중구역이다. 자국 공군이 국가안보를 위해 일방적으로 설정하여 선포하지만, 영공은 아니므로 외국 군용기의 무단비행이 금지되지는 않는다. 다만, 자국 국가안보에 위협이 되면 퇴각을 요청하거나 격추할 수 있다고 사전에 국제사회에 선포해 놓은 구역이다.

33 국제연합 UN ; United Nations

전쟁을 방지하고 평화를 유지하기 위해 설립된 국제기구

설립일	1945년 10월 24일	
설립목적	전쟁 방지 및 평화 유지, 정치·경제·사회·문화 등 모든 분야의 국제협력 증진	
주요 활동	평화유지 활동, 군비축소 활동, 국제협력 활동	
본부	미국 뉴욕	
가입국가	193개국	
주요 기구	총회	• 국제연합의 최고 의사결정기관 • 9월 셋째주 화요일에 정기총회 개최(특별한 안건이 있을 경우에는 특별총회 또는 긴급총회 소집)
	안전보장이사회 (안보리, UNSC)	• UN 회원국의 평화와 안보 담당 • 5개의 상임이사국(미국·영국·프랑스·러시아·중국)과 10개의 비상임이사국으로 구성됨
	경제사회이사회 (ECOSOC)	• 국제적인 경제·사회 협력과 개발 촉진, UN 총회를 보조하는 기구 • 유엔가입국 중 총회에서 선출된 54개국으로 구성
	국제사법재판소 (ICJ)	• 국가 간의 법률적 분쟁을 재판을 통해 해결 • 네덜란드 헤이그에 있음
	신탁통치이사회	신탁통치를 받던 팔라우가 1994년 독립국이 된 이후로 기능이 중지됨
	사무국	UN의 운영과 사무 총괄
전문 기구	국제노동기구(ILO), 국제연합식량농업기구(FAO), 국제연합교육과학문화기구(UNESCO), 세계보건기구(WHO), 국제통화기금(IMF), 국제부흥개발은행(세계은행, IBRD), 국제금융공사(IFC), 국제개발협회(IDA), 국제민간항공기구(ICAO), 만국우편연합(UPU), 국제해사기구(IMO), 세계기상기구(WMO), 국제전기통신연합(ITU), 세계지적재산권기구(WIPO), 국제농업개발기금(IFAD), 국제연합공업개발기구(UNIDO) 등	

34 헌법재판소

법령의 위헌 여부를 일정한 소송 절차에 따라 심판하기 위하여 설치한 특별재판소

헌법재판소장은 대통령이 국회의 동의를 얻어 임명하며, 재판관은 총 9명으로 대통령과 국회·대법원장이 각각 3명씩 선출하고 대통령이 임명한다. 헌법재판소 재판관의 임기는 6년이며 연임이 가능하고 정년은 만 70세이다. 헌법재판소 재판관은 정당에 가입하거나 정치에 관여할 수 없고, 탄핵 또는 금고 이상의 형의 선고에 의하지 아니하고는 해임되지 않는다.

> **헌법재판소의 권한**
> 탄핵심판권, 위헌법률심사권, 정당해산심판권, 기관쟁의심판권, 헌법소원심판권

35 치킨게임 Chicken Game
어느 한쪽이 양보하지 않을 경우 양쪽 모두 파국으로 치닫게 되는 극단적인 게임이론

1950~1970년대 미국과 소련 사이의 극심한 군비경쟁을 꼬집는 용어로 사용되면서 국제정치학 용어로 정착되었다. 그 예로는 한 국가 안의 정치나 노사협상, 국제외교 등에서 상대의 양보를 기다리다가 파국으로 끝나는 것 등이 있다.

36 공동경비구역 JSA ; Joint Security Area
비무장지대 안에 있는 특수지역

1953년 10월 군사정전위원회 본부구역 군사분계선(MDL) 상에 설치한 지대로 판문점이라고도 한다. 비무장지대에 남과 북의 출입은 제한적이지만 양측이 공동으로 경비하는 공동경비구역은 비무장지대 내 특수지역으로, 양측의 허가받은 인원이 출입할 수 있다. 이 구역 내에 군사정전위원회와 중립국감시위원단이 있다.

37 군사분계선 MDL ; Military Demarcation Line
휴전협정에 의해 두 교전국 간에 그어지는 군사활동의 경계선

한국의 경우 1953년 7월 유엔군 측과 공산군 측이 합의한 정전협정에 따라 규정된 휴전의 경계선을 말하며, 휴전선이라 한다. 휴전선의 길이는 약 240km이며, 휴전선을 기준으로 남북 양쪽 2km 지역을 비무장지대로 설정하여 완충구역으로 둔다. 정전협정 제1조는 양측이 휴전 당시 점령하고 있던 지역을 기준으로 군사분계선을 설정하고 상호간에 이 선을 침범하거나 적대행위를 하는 것을 금지하고 있다.

38 북방한계선 NLL ; Northern Limit Line
남한과 북한 간의 해양경계선

해양의 북방한계선은 서해 백령도·대청도·소청도·연평도·우도의 5개 섬 북단과 북한 측에서 관할하는 옹진반도 사이의 중간선을 말한다. 북한은 1972년까지 이 한계선에 이의를 제기하지 않았으나 1973년부터 서해 5개 섬 주변 수역을 북한 연해라고 주장하며 NLL을 인정하지 않고 침범하여 남한 함정들과 대치하는 사태가 발생하기도 했다.

39 사드 THAAD ; Terminal High Altitude Area Defense
고고도 미사일 방어체계

미국 미사일 방어체계의 핵심전력 중 하나로 탄도미사일이 발사되었을 때 인공위성과 지상 레이더에서 수신한 정보를 바탕으로 요격미사일을 발사하여 40~150km의 높은 고도에서 직접 충돌하여 파괴하도록 설계되었다.

40 전시작전통제권 Wartime Operational Control
한반도 유사시 주한미군사령관이 한국군의 작전을 통제할 수 있는 권리

평상시에는 작전통제권을 우리군이 갖고 있지만 전투준비태세를 뜻하는 '데프콘'이 적의 도발징후가 포착되는 상황인 3단계로 발령되면 한미연합사령관에게 통제권이 넘어가도록 되어 있다. 다만, 수도방위사령부 예하부대 등 일부 부대는 작전통제권이 이양에서 제외돼 유사시에도 한국군이 독자적으로 작전권을 행사할 수 있다.

41 이지스함
이지스 전투체계를 탑재한 구축함

이지스 시스템을 탑재한 구축함으로, 동시에 최고 200개의 목표를 탐지·추적하고 그중 24개의 목표를 동시에 공격할 수 있다. 이지스 레이더는 최대 1,000km 밖의 적 항공기를 추적할 수 있고, 탄도미사일의 궤적까지 탐지할 수 있다. 우리나라의 이지스함에는 세종대왕함, 율곡이이함, 서애류성룡함, 정조대왕함이 있다.

42 스핀닥터 Spin Doctor
정부 수반에게 유리한 여론 조성을 담당하는 정치 전문가

정부 고위관료와 국민 간의 의사소통을 돕는 전문가로 정책을 시행하기 전에 국민들의 의견을 대통령에게 전달하여 설득하고, 대통령의 의사를 국민에게 설명하는 역할을 한다. 이러한 과정에서 대통령에게 유리한 여론을 조성하거나 왜곡할 수 있다.

43 배타적경제수역 EEZ ; Exclusive Economic Zone
자국 연안으로부터 200해리까지의 모든 자원에 대해 독점적 권리를 행사할 수 있는 수역

자국 연안으로부터 200해리까지의 수역에 대해 천연자원의 탐사·개발 및 보존, 해양환경의 보존과 과학적 조사활동 등 모든 주권적 권리를 인정하는 유엔 해양법상의 개념이다. 배타적경제수역은 영해와 달리 영유권은 인정되지 않기 때문에 어업행위 등 경제활동의 목적이 없는 외국 선박의 항해와 통신 및 수송을 위한 케이블이나 파이프의 설치는 허용된다.

> **영해**
> 영토에 인접한 해역으로서 한 나라의 절대적인 주권이 미치는 범위이다. 해수면이 가장 낮은 썰물(간조) 때의 해안선을 기준으로 폭 3해리까지가 보통이지만 나라에 따라 6해리, 12해리를 주장하기도 한다. 우리나라는 1978년 4월부터 영해를 12해리로 선포했다. 영해 지역은 외국 국적의 선박이나 항공기가 그 나라의 허가 없이 통행할 수 없다.

44 파이브 아이즈 Five Eyes
영어권 5개국이 참여하고 있는 기밀정보 동맹체

미국, 영국, 캐나다, 호주, 뉴질랜드 등 영어권 5개국이 참여하고 있는 기밀정보 동맹체다. 2013년 6월 미국 국가안보국(NSA) 요원이던 에드워드 스노든에 의해 그 실상이 알려졌다. 당시 스노든이 폭로한 NSA의 도·감청 기밀문서를 통해 미국 NSA가 영국·캐나다·호주·뉴질랜드 정보기관과 협력해 벌인 다양한 첩보활동의 실태가 드러났다. 파이브아이즈는 1946년 미국과 영국이 공산권과의 냉전에 대응하기 위해 비밀 정보교류 협정을 맺은 것이 시초로 1960년에 개발된 에셜론(Echelon)이라는 프로그램을 통해 전 세계 통신망을 취합한 정보를 공유하는 것으로 알려져 있다.

45 교섭단체
국회에서 중요한 안건을 협의하기 위하여 일정 수 이상의 의원들로 구성하는 단체

소속 국회의원의 20인 이상을 구성요건으로 하며 하나의 정당으로 교섭단체를 구성하는 것이 원칙이지만 복수의 정당이 연합해 구성할 수도 있다. 매년 임시회와 정기회에서 연설을 할 수 있고 국고보조금 지원도 늘어난다.

46 정기국회
매년 1회 정기적으로 소집되는 국회

국회의 정기회는 매년 9월 1일에 열리며 회기는 100일을 초과할 수 없다. 정기회의 업무는 예산안을 심의·확정하고 법안을 심의·통과시키는 일을 한다. 정기회에서는 법률안 등 안건을 처리하는 것 외에 매년 정기회 다음날부터 20일간 소관 상임위원회별로 감사를 한다.

> **임시국회**
> 국회의 임시회는 대통령 또는 국회 재적의원 4분의 1 이상의 요구에 의하여 집회하도록 되어 있으며, 의사진행 등 모든 회의방식과 절차는 정기회와 동일하다. 단, 대통령이 요구하여 열리는 국회의 임시회에서는 정부가 제출한 의안에 한해서만 처리할 뿐만 아니라 대통령은 기간과 집회요구의 이유를 명시해야 한다.

47 국제사법재판소 ICJ ; International Court of Justice

국가 간의 분쟁을 법적으로 해결하는 국제연합 기관

국제연합(UN, 유엔)의 주요 사법기관으로, 국가 간 분쟁의 법적 해결을 위해 설치되었다. 재판소는 유엔 총회·안전보장이사회에서 선출된 15명의 재판관으로 구성되며, 국제법을 원칙으로 적용하여 심리한다. 법원 판결의 집행은 헌장에 따라 구속력을 갖지만 판결의 불이행이 국제평화와 안전을 해친다고 인정되는 경우에 한하기 때문에 판결집행의 제도적 보장은 미흡하다. 재판소는 네덜란드 헤이그에 있다.

48 조세법률주의

조세의 종목과 세율을 법률로써 정해야 한다는 원칙

근대 세제의 기본원칙 중 하나이자 법률의 근거 없이 조세를 부과하거나 징수할 수 없다는 원칙으로, 근대국가는 모두 이 주의를 인정하고 있다(헌법 제59조). 조세법률주의는 국민의 재산권 보호와 법률생활의 안정 도모를 목적으로 하며 과세요건 법정주의, 과세요건 명확주의, 소급과세의 금지, 합법성의 원칙을 그 내용으로 한다.

49 호르무즈 해협 Hormuz Strait

페르시아만에서 생산되는 석유의 주요 운송로이자 국제 에너지 안보의 중심지

페르시아만과 오만만을 잇는 좁은 해협으로, 북쪽으로는 이란과 접하며 남쪽으로는 아랍에미리트에 둘러싸인 오만의 월경지이다. 페르시아만에서 생산되는 석유의 주요 운송로로 세계 원유 공급량의 30% 정도가 영향을 받는 곳이기도 하다. 미국이 이란에 대해 경제제재 조치를 가하자 이 해협을 봉쇄하겠다고 맞선 분쟁지이다.

50 나토 NATO ; North Atlantic Treaty Organization
북대서양조약기구

미국과 서방 유럽을 아우르는 군사동맹체로서 제2차 세계대전 종전 후 1949년에 미국을 중심으로 영국, 프랑스, 이탈리아 등 서방 유럽 주요 국가들이 맺은 집단안전보장조약을 기초로 하고 있다. 미국이 유럽국가들과의 군사적 관계를 공고히 함으로써 소련과의 패권다툼에서 승리하고자 한 것이다. 나토가 러시아와 가까운 국가들로 회원국을 늘리는 '동진'을 하면서 러시아의 위기감이 고조됐다. 이러한 위기감은 2022년 2월 러시아가 우크라이나를 침공하는데 영향을 끼쳤을뿐만 아니라 러시아의 고립을 심화하고 유럽 주변국의 자발적 나토 가입을 촉발하게 되었다.

51 ICBM Intercontinental Ballistic Missile
대륙간탄도미사일

5,500km 이상 사정거리의 탄도미사일로 핵탄두를 장착하고 한 대륙에서 다른 대륙까지 공격이 가능하다. 1957년 러시아는 세계 최초의 ICBM인 R 7을 발시했고, 미국은 1959년부터 배치하기 시작했다. 현재 미국, 러시아, 중국, 인도, 이스라엘, 북한 등이 ICBM을 보유한 것으로 알려져 있다. 한편 우리군은 북한의 핵군축 및 미사일 개발에 대응하기 위해 2019년부터 ICBM 타격이 가능한 최신예 스텔스 전투기인 F-35A를 본격적으로 도입했다.

> **SLBM(잠수함발사탄도미사일)**
> 잠수함에 탑재되어 잠항하면서 발사되는 미사일 무기로, ICBM(대륙간탄도미사일), MIRV(다탄두미사일), 전략 핵폭격기 등과 함께 어느 곳이든 핵탄두 공격을 감행할 능력을 갖췄는지를 판단하는 기준 중 하나다. 잠수함에서 발사할 수 있기 때문에 목표물이 본국보다 해안에서 더 가까울 때에는 잠수함을 해안에 근접시켜 발사할 수 있으며, 조기에 모든 미사일을 탐지하기가 어렵다는 장점이 있다.

52 7·4 남북공동성명
1972년 통일의 원칙에 대해 남북한이 동시에 발표한 공동성명

남북한 당국이 국토분단 이후 최초로 통일문제를 합의·발표한 역사적인 공동성명이다. 이 성명은 통일에 대한 국민적 합의 없이 정부당국자들 간의 비밀회담만을 통해 이루어졌다는 한계가 있지만, 기존의 외세의존적이고 대결지향적인 통일노선을 거부하고 양국 간 합의를 통해 통일의 기본원칙을 도출해냈다는 점에서 의의가 있다. 주요 내용은 외세 간섭 없이 자주적 통일, 무력행사 없이 평화적 방법으로 통일 실현, 민족 대단결의 도모 등이다.

53 법 적용의 원칙

상위법우선의 원칙, 특별법우선의 원칙, 신법우선의 원칙, 법률불소급의 원칙

상위법우선의 원칙	실정법상 상위의 법규는 하위의 법규보다 우월하며, 상위의 법규에 위배되는 하위의 법규는 정상적인 효력이 발생하지 않는다는 원칙
특별법우선의 원칙	특정한 사람, 사물, 행위 또는 지역에 국한되는 특별법이 일반법보다 우선적으로 적용된다는 원칙
신법우선의 원칙	법령이 새로 제정 또는 개정되어 법령 내용에 충돌이 생겼을 때, 신법이 구법에 우선적으로 적용된다는 원칙
법률불소급의 원칙	새롭게 제정 또는 개정된 법률은 그 법률이 효력을 가지기 이전에 발생한 사실에 대해 소급하여 적용할 수 없다는 원칙. 기득권의 존중 또는 법적 안정성을 반영한 것이며 특히 형법에서 강조됨

54 죄형법정주의

범죄와 형벌에 대하여 미리 법률로 정해놓아야 한다는 기본원칙

어떠한 행위가 범죄에 해당하고, 그에 따르는 형벌은 무엇인지를 반드시 국회에서 제정한 법률에 의해 규정되어야 한다는 형사법의 대원칙을 말한다. '법률이 없으면 범죄도 없고 형벌도 없다'는 근대형법의 기본원리를 죄형법정주의라 한다. 죄형법정주의는 국가의 자의적인 형벌권의 남용으로부터 국민의 자유를 보장하고, 법률에 의해 국가 형벌권을 통제하기 위한 원칙이다.

55 보궐선거

대통령이나 국회의원 또는 기초·광역단체장 등의 자리가 비었을 때 실시하는 선거

보궐선거는 재선거와 보궐선거로 나뉘는데, 재선거는 공직선거가 당선인의 선거법 위반 등으로 공정하게 치러지지 않았을 경우 당선을 무효화하고 다시 선거를 치르는 선거이다. 반면 보궐선거는 선거에 의해 선출된 의원 등이 임기 중 사퇴, 사망, 실형 선고 등으로 인해 그 직위를 잃어 공석 상태가 되는 경우에 치르는 선거이다.

56 데프콘 Defcon ; Defense Readiness Condition

대북 전투준비태세로, 전쟁 발발 가능성의 정도에 따라 1~5단계로 나뉨

북한의 군사활동을 감시하는 대북 정보감시태세인 '워치콘(Watch Condition)'의 분석에 따라 '정규전'에 대비해 전군에 내려지는 전투준비태세이다. 1~5단계로 나눠져 있고 숫자가 낮을수록 전쟁 발발 가능성이 높다는 의미이다. 데프콘의 발령권한은 한미연합사령관에게 있으며 우리나라는 평상시 4인 상태가 유지된다.

> **워치콘(Watch Condition)**
> 북한의 군사활동을 추적하는 대북 정보감시태세로 평상시에는 '4' 수준에 있다가 전쟁위험이 커지면 '3, 2, 1'로 올라간다. 워치콘 2단계와 데프콘 3단계의 상태에서 미국은 한반도에 증원군을 파병할 수 있다.

57 헌법 개정 절차

제안 → 공고 → 국회의결 → 국민투표 → 공포 → 시행

- 제안
  - 대통령은 국무회의 심의를 거친다.
  - 국회 재적의원 과반수 또는 대통령의 발의로 헌법개정안을 제안한다.
- 공고 : 제안된 개정안은 대통령이 20일 이상의 기간 동안 이를 공고하여야 한다(의무규정).
- 국회의결
  - 국회는 헌법개정안이 공고된 날로부터 60일 이내에 의결하여야 한다.
  - 국회의 의결은 재적의원 3분의 2 이상의 찬성을 얻어야 한다.
- 국민투표
  - 국회를 통과한 개정안은 30일 이내에 국민투표에 붙여야 한다.
  - 국회의원선거권자 과반수의 투표와 투표자 과반수의 찬성을 얻어야만 헌법 개정이 확정된다.
- 공포 : 헌법 개정이 확정되면 대통령은 즉시 이를 공포하여야 한다.
- 시행

58 한국형 3축 체계

우리군이 독자적인 북한 미사일 억제·대응 능력을 확보하기 위한 군사체계

미사일 선제 대응방법 순서로서 3축은 북한의 미사일 위협을 실시간으로 탐지해 표적을 타격하는 공격체계인 킬 체인(Kill Chain, 1축), 북한의 미사일을 공중에서 방어하는 한국형 미사일방어체계(KAMD, 2축), 북한의 미사일 공격시 미사일 전력과 특수작전부대 등으로 지휘부를 응징하는 대량응징보복(KMPR, 3축)을 말한다.

59 전술핵

20kt(킬로톤) 이하의 핵무기

군사목표를 공격하기 위한 야포와 단거리 미사일로 발사할 수 있는 핵탄두, 핵지뢰, 핵기뢰 등을 말한다. 장거리 탄도미사일인 전략핵무기보다 사정거리는 짧으나 국지전투에 유리하다.

60 핵확산금지조약 Nuclear Non-proliferation Treaty

핵보유국이 비핵보유국에 핵무기를 양여하거나 비핵보유국이 핵무기를 보유하는 것을 금지하는 조약

1968년 미국, 소련, 영국 등 총 56개국이 핵무기 보유국의 증가방지를 목적으로 체결하였고 1970년에 발효된 다국 간 조약이다. 핵보유국에 대해서는 핵무기 등의 제3자로의 이양을 금지하고 핵군축을 요구한다. 비핵보유국에 대해서는 핵무기 개발·도입·보유 금지와 원자력시설에 대한 국제원자력기구(IAEA)의 사찰을 의무화하고 있다.

61 팔레스타인 분쟁
유대인들이 팔레스타인 지역에 이스라엘을 건국하며 발생한 분쟁

팔레스타인은 이스라엘과 요르단의 여러 지역을 포함하며 대체로 서쪽의 지중해에서 동쪽의 요르단강까지, 북쪽의 이스라엘과 레바논 국경지대에서 남쪽의 가자지구에 이르는 지역을 가리킨다. 밸푸어 선언과 시오니즘 운동으로 유대인들이 팔레스타인으로 모여들면서 이전부터 거주하던 아랍인과의 갈등이 격화하여 분쟁이 심화되자 1947년에 유엔이 팔레스타인을 이스라엘과 아랍의 양국으로 분할하는 안을 결의했고, 다음 해에 이스라엘 공화국이 건국되면서 아랍연합군과 이스라엘의 중동전쟁이 4차례, 이스라엘과 팔레스타인 간의 전쟁이 2차례 일어나게 된다. 중동평화를 위한 국제사회의 중재로 여러 평화협정이 있었으나 팔레스타인의 자살폭탄 공격과 이스라엘의 반격·침공이 이어져 2023년에도 전면전이 발생하는 등 여전히 분쟁이 끊이지 않고 있다.

> **시오니즘(Zionism)**
> 세계 각지에 흩어져 있던 유대인들이 팔레스타인에 국가를 건설하자고 주장하며 벌이는 운동

62 특검법
수사가 공정하게 이루어졌다고 볼 수 없는 사건에 대해 특별검사에게 수사권을 맡기는 제도

대통령 측근이나 고위공직자 등 국민적 관심이 집중된 대형 비리사건에 있어 검찰 수사의 공정성과 신뢰성 논란이 생길 때마다 특별검사제도를 도입·운용했다. 그러나 특별검사제도의 도입에는 여러 논란이 있어 이를 해소하고자 미리 특별검사제도의 발동경로와 수사대상, 임명절차 등을 법률로 제정해두고 대상사건이 발생하면 곧바로 특별검사를 임명하여 최대한 공정하고 효율적으로 수사하기 위해 마련한 법률이다.

> **특검법 수사기간(특별검사의 임명 등에 관한 법률 제10조)**
> 준비기간이 만료된 날의 다음 날부터 60일 이내에 담당사건에 대한 수사를 완료하고 공소제기 여부를 결정한다. 기간 내에 수사를 완료하지 못하거나 공소제기 여부를 결정하기 어려운 경우에는 대통령의 승인을 받아 수사기간을 한 차례에 한해 30일까지 연장이 가능하다.

63 징계
공무원 등 특별신분관계에 있는 사람에게 직무태만 등의 이유로 책임을 부과하는 행위

- **파면** : 공무원을 강제퇴직시키는 중징계 처분의 하나다. 파면되면 5년간 공무원에 임용될 수 없고, 퇴직급여액의 1/2이 삭감된다.
- **해임** : 공무원 관계를 해제하는 점에서 파면과 같으나, 퇴직급여액의 감액이 없다는 점에서 파면의 경우보다 가볍다. 해임을 당한 자는 3년간 공무원에 임용될 수 없다.
- **정직** : 1개월 이상 ~ 3개월 이하의 기간 동안 정직 처분을 받은 자는 그 기간 중 공무원의 신분은 보유하나 직무에 종사하지 못하며, 보수의 2/3를 감한다.
- **감봉** : 1개월 이상 ~ 3개월 이하의 기간 동안 보수의 1/3을 감하는 처분이다.
- **견책** : 전과에 대해 훈계하고 반성하게 하는 것에 그치는 가장 가벼운 처분이다.

64 반의사불벌죄
피해자가 가해자의 처벌을 원하지 않는다는 것을 표시하면 처벌할 수 없는 범죄

피해자의 의사에 관계없이 공소를 제기할 수 있으나, 피해자의 명시한 의사에 반하여 처벌할 수 없는 범죄이다. 반의사불벌죄는 처벌을 원하는 피해자의 의사표시 없이도 공소할 수 있다는 점에서 고소·고발이 있어야만 공소를 제기할 수 있는 친고죄(親告罪)와 구별된다.

> **친고죄**
> 공소제기를 위하여 피해자 기타 고소권자의 고소가 있을 것을 요하는 범죄

65 구속적부심사
구속영장의 집행이 적법한지의 여부를 법원이 심사하는 일

피구속자 또는 관계인의 청구가 있으면 법관이 즉시 본인과 변호인이 출석한 공개법정에서 구속의 이유(주거부정, 증거인멸의 염려, 도피 등)를 밝히도록 하고, 구속의 이유가 부당하거나 적법한 것이 아닐 때에는 법관이 직권으로 피구속자를 석방하게 하는 제도를 말한다.

66 인 두비오 프로 레오 In Dubio Pro Leo
의심스럽기만 하고 유죄를 입증할 증거가 없다면 무죄로 판결함

'의심스러울 때는 피고인에게 유리하게 판결하라(무죄 추정의 원칙)'라는 뜻으로, 형사소송에서 피고에게 죄가 있다는 사실을 논증해야 할 의무는 원칙적으로 검사가 부담한다. 이는 법치국가 원리로서 무죄추정의 원칙에서 도출된다. 다시 말해 요증사실의 존재 유무에 대하여 증명이 불충분할 경우에 불이익을 받는 것은 결코 피고가 될 수 없으며, 검사가 피고의 죄를 입증하지 못하는 한 모든 피고는 무죄이고, 피고측에서 자신의 유죄 아님을 증명할 의무는 없다는 것이다.

67 집행유예
죄의 선고를 즉시 집행하지 않고 일정 기간 그 형의 집행을 유예하는 제도

유예기간 중 특정한 사고 없이 그 기간을 경과한 때에는 선고한 유죄의 판결 자체의 효력을 상실하게 하여 형의 선고가 없었던 것과 동일한 효과를 발생하게 하는 제도이다. 한국 형법의 집행유예 요건은 ① 3년 이하의 징역이나 금고 또는 500만 원 이하의 벌금형을 선고할 경우이어야 하고, ② 그 정상에 참작할 만한 사유가 있어야 한다. 다만, 금고 이상의 형을 선고한 판결이 확정된 때부터 그 집행을 종료하거나 면제된 후 3년까지의 기간에 범한 죄에 대하여 형을 선고하는 경우에는 그러하지 아니한다(제62조 제1항).

68 공소시효
일정한 기간의 경과로 어떤 범죄사건에 대한 형벌권이 소멸하는 제도

수사기관이 법원에 재판을 청구하지 않는 불기소 처분의 한 유형으로 일정 기간이 지나면 범죄 사실에 대한 국가의 형벌권을 완전히 소멸시키는 것이다. 따라서 공소시효가 완성되면 설령 범죄를 저질렀어도 수사 및 기소 대상이 되지 않는다. 하지만 2013년 6월 19일부터 13세 미만의 사람 및 신체적 또는 정신적 장애가 있는 사람을 대상으로 한 강간죄, 강제추행죄, 준강간 및 준강제추행죄, 강간 등 상해·치상죄, 강간 등 살인·치사죄 등의 범죄를 저지른 경우에는 공소시효가 적용되지 않게 됐다. 이어 2015년 7월 24일에는 살인죄의 공소시효를 폐지하는 내용이 담긴 형사소송법 개정안(이른바 '태완이법')이 통과되어 같은 해 7월 31일부터 시행됐다.

69 구속영장
피의자나 피고인을 일정한 장소에 가두는 것을 허가하는 영장

피의자를 구속하기 위해서는 검사의 청구에 의하여 법관이 적법한 절차에 따라 발부한 영장을 제시해야 한다. 피의자가 죄를 지었다고 생각할 만한 상당한 의심이 있고, 주거가 일정하지 않거나 증거를 없앨 이유가 있는 경우 또는 도망이나 도주의 우려가 있는 경우에 검사는 관할 지방법원 판사에게 청구하여 구속영장을 발부받아 피의자를 구속할 수 있다.

70 상소(上所) 제도
하급 법원의 판결에 대해 불복하여 상급 법원에 재판을 청구하는 제도

- 항소(抗訴) : 1심 판결(지방법원 또는 지방법원 지원)에 불복하여 2심 법원(고등법원 또는 지방법원의 항소부)에 판결을 청구하는 것
- 상고(上告) : 2심 판결에 불복하여 3심 법원(대법원)에 판결을 청구하는 것
- 항고(抗告) : 판결 이외의 법원의 결정이나 명령에 불복하는 것

71 국민참여재판
우리나라에서 2008년 1월부터 시행된 배심원 재판제도

만 20세 이상의 국민 중 무작위로 선정된 배심원(예비배심원)이 참여하는 형사재판으로, 배심원으로 선정된 국민은 피고인의 유무죄에 관하여 평결을 내리고 유죄 평결이 내려진 피고인에게 선고할 적정한 형벌을 토의하는 등 재판에 참여하는 기회를 갖게 된다. 단, 국회의원이나 변호사, 법원·검찰공무원, 경찰, 군인 등은 배심원으로 선정될 수 없다. 배심원의 의견은 원칙적으로 만장일치제로 하되, 의견 통일이 되지 않을 경우 법관과 함께 토론한 뒤 다수결로 유·무죄 여부를 가린다. 이와 함께 배심원 의견의 '강제력'은 인정하지 않고, 권고적인 효력만 인정한다.

# CHAPTER

01 출제예상문제

01 선거에 출마한 후보가 내놓은 공약을 검증하는 운동을 무엇이라 하는가?
① 아그레망
② 로그롤링
③ 플리바게닝
④ 매니페스토

> **해설**
> 매니페스토(Manifesto)는 선거와 관련하여 유권자에게 확고한 정치적 의도와 견해를 밝히는 것으로, 연설이나 문서의 형태로 구체적인 공약을 제시한다.

02 전당대회 후에 정당의 지지율이 상승하는 현상을 뜻하는 용어는?
① 빨대 효과
② 컨벤션 효과
③ 메기 효과
④ 헤일로 효과

> **해설**
> 컨벤션 효과(Convention Effect)는 대규모 정치 행사 직후 행사 주체의 정치적 지지율이 상승하는 현상을 뜻한다.
>
> **오답분석**
> ① 빨대 효과(Straw Effect) : 고속도로와 같은 교통수단의 개통으로 인해, 대도시가 빨대로 흡입하듯 주변 도시의 인구와 경제력을 흡수하는 현상을 가리키는 말이다.
> ③ 메기 효과(Catfish Effect) : 노르웨이의 한 어부가 청어를 싱싱한 상태로 육지로 데리고 오기 위해 수조에 메기를 넣었다는 데서 유래한 용어다. 시장에 강력한 경쟁자가 등장했을 때 기존의 기업들이 경쟁력을 잃지 않기 위해 끊임없이 분투하며 업계 전체가 성장하게 되는 것을 가리킨다.
> ④ 헤일로 효과(Halo Effect) : 후광 효과로, 어떤 대상(사람)에 대한 일반적인 생각이 그 대상(사람)의 구체적인 특성을 평가하는 데 영향을 미치는 현상을 말한다.

03 국가가 선거운동을 관리해 자유방임의 폐해를 막고 공명선거를 실현하는 선거제도는?
① 선거공영제
② 선거법정제
③ 선거관리제
④ 선거보전제

> **해설**
> 선거공영제는 국가가 나서서 선거 전반을 관리하고, 비용이 부족해 선거운동에 나서지 못하는 일이 없도록 기회의 균등을 확립하기 위해 마련된 제도다. 우리나라는 선거공영제를 헌법으로서 선거운동의 기본원칙으로 삼고 있다.

04 다음 중 우리나라가 채택하고 있는 의원내각제적 요소는?

① 대통령의 법률안 거부권
② 의원의 각료 겸직
③ 정부의 의회해산권
④ 의회의 내각 불신임 결의권

해설
우리나라가 채택하고 있는 의원내각제적 요소
행정부(대통령)의 법률안 제안권, 의원의 각료 겸직 가능, 국무총리제, 국무회의의 국정 심의, 대통령의 국회 출석 및 의사표시권, 국회의 국무총리·국무위원에 대한 해임건의권 및 국회 출석 요구·질문권

05 '인 두비오 프로 레오(In Dubio Pro Reo)'는 무슨 뜻인가?

① 의심스러울 때는 피고인에게 유리하게 판결해야 한다.
② 위법하게 수집된 증거는 증거능력을 배제해야 한다.
③ 범죄용의자를 연행할 때 그 이유와 권리가 있음을 미리 알려 주어야 한다.
④ 재판에서 최종적으로 유죄 판정된 자만이 범죄인이다.

해설
[오답분석]
② 독수독과 이론
③ 미란다 원칙
④ 형사 피고인의 무죄추정

06 다음 중 재선거와 보궐선거에 대한 설명으로 옳지 않은 것은?

① 재선거는 임기 개시 전에 당선 무효가 된 경우 실시한다.
② 보궐선거는 궐위를 메우기 위해 실시된다.
③ 지역구 국회의원의 궐원시에는 보궐선거를 실시한다.
④ 전국구 국회의원의 궐원시에는 중앙선거관리위원회가 궐원통지를 받은 후 15일 이내에 궐원된 국회의원의 의석을 승계할 자를 결정해야 한다.

해설
전국구 국회의원의 궐원시에는 중앙선거관리위원회가 궐원통지를 받은 후 10일 이내에 의석을 승계할 자를 결정해야 한다.

정답 01 ④ 02 ② 03 ① 04 ② 05 ① 06 ④

07 선거에서 약세 후보가 유권자들의 동정을 받아 지지도가 올라가는 현상을 무엇이라 하는가?

① 밴드왜건 효과
② 언더독 효과
③ 스케이프고트 현상
④ 레임덕 현상

해설
언더독(Under Dog) 효과는 절대 강자가 지배하는 세상에서 약자에게 연민을 느끼며 이들이 언젠가는 강자를 이겨주기를 바라는 현상을 말한다.

08 헌법재판소에서 위헌법률심판권, 위헌명령심판권, 위헌규칙심판권은 무엇을 근거로 하는가?

① 신법우선의 원칙
② 특별법우선의 원칙
③ 법률불소급의 원칙
④ 상위법우선의 원칙

해설
법률보다는 헌법이 상위법이므로, 법률은 헌법에 위배되어서는 안 된다. 이는 상위법우선의 원칙에 근거한다.

09 다음 중 국정조사에 대한 설명으로 틀린 것은?

① 비공개로 진행하는 것이 원칙이다.
② 재적의원 4분의 1 이상의 요구가 있는 때에 조사를 시행하게 한다.
③ 특정한 국정사안을 대상으로 한다.
④ 부정기적이며, 수시로 조사할 수 있다.

해설
국정조사는 공개를 원칙으로 하고, 비공개를 요할 경우에는 위원회의 의결을 얻도록 하고 있다.

10 다음 직위 중 임기제가 아닌 것은?

① 감사원장
② 한국은행 총재
③ 검찰총장
④ 국무총리

해설
① 감사원장 4년, ② 한국은행 총재 4년, ③ 검찰총장 임기는 2년이다. 국무총리는 대통령이 지명하나 국회 임기종료나 국회의 불신임 결의에 의하지 않고는 대통령이 임의로 해임할 수 없도록 규정하고 있을 뿐 임기는 명시하고 있지 않다.

11 다음 내용과 관련 있는 용어는?

> 영국 정부가 의회에 제출하는 보고서의 표지가 흰색인 데서 비롯된 속성이다. 이런 관습을 각국이 모방하여 공식 문서의 명칭으로 삼고 있다.

① 백 서 ② 필리버스터
③ 캐스팅보트 ④ 레임덕

해설
백서(White Paper)는 정부의 소관 사항에 대한 공식 문서로, 영국 정부가 의회에 제출하는 보고서의 표지가 흰색인 데서 비롯된 속성이다. 이런 관습을 각국이 모방하여 공식 문서의 명칭으로 삼고 있다.

12 정부의 부당한 행정 조치를 감시하고 조사하는 일종의 행정통제제도는?

① 코커스 ② 스핀닥터
③ 란츠게마인데 ④ 옴부즈맨

해설
옴부즈맨(Ombudsman)은 스웨덴을 비롯한 북유럽에서 발전된 제도로서, 정부의 부당한 행정 조치를 감시하고 조사하는 일종의 행정통제제도다.

13 범죄피해자의 고소나 고발이 있어야만 공소를 제기할 수 있는 범죄는?

① 친고죄 ② 무고죄
③ 협박죄 ④ 폭행죄

해설
형법상 친고죄에는 비밀침해죄, 업무상 비밀누설죄, 친족 간 권리행사방해죄, 사자명예훼손죄, 모욕죄 등이 있다.

정답 07 ② 08 ④ 09 ① 10 ④ 11 ① 12 ④ 13 ①

14 선거승리로 정권을 잡은 사람·정당이 관직을 지배하는 정치적 관행을 뜻하는 용어는?

① 데탕트
② 독트린
③ 미란다
④ 엽관제

> **해설**
> 엽관제(Spoils System)는 19세기 중반 미국에서 성행한 공무원 임용제도에서 유래한 것으로 정당에 대한 충성도와 기여도에 따라 공무원을 임용하는 인사관행을 말한다. 실적을 고려하지 않고 정치성·혈연·지연 등에 의하여 공직의 임용을 행하는 정실주의와 유사한 맥락이다.

15 다음이 설명하는 원칙은?

범죄가 성립되고 처벌을 하기 위해서는 미리 성문의 법률에 규정되어 있어야 한다는 원칙

① 불고불리의 원칙
② 책임의 원칙
③ 죄형법정주의
④ 기소독점주의

> **해설**
> 죄형법정주의는 범죄와 형벌이 법률에 규정되어 있어야 한다는 원칙이다.

16 우리나라 대통령과 국회의원의 임기를 더한 합은?

① 8
② 9
③ 10
④ 11

> **해설**
> 대통령의 임기는 5년으로 하며 중임할 수 없고(헌법 제70조), 국회의원의 임기는 4년으로 한다(헌법 제42조). 따라서 5와 4를 더한 합은 9이다.

17 일정 기간이 지나면 법률의 효력이 자동으로 사라지는 제도는?

① 종료제
② 일몰제
③ 순환제
④ 실효제

해설
일몰제는 시간이 흐르고 해가 지듯이 일정 시간이 지나면 법률이나 규제·조항의 효력이 자동으로 종료되는 제도를 말한다. 1976년 미국의 콜로라도주 의회에서 최초로 제정됐으며 해당 법률에 대한 행정부의 감독과 책임의식을 증대하기 위해 시작됐다.

18 다음과 관련 있는 것은?

> 이 용어는 독일의 사회주의자 F. 라살이 그의 저서 〈노동자 강령〉에서 당시 영국 부르주아의 국가관을 비판하는 뜻에서 쓴 것으로 국가는 외적의 침입을 막고 국내 치안을 확보하며 개인의 사유재산을 지키는 최소한의 임무만을 행하며, 나머지는 자유방임에 맡길 것을 주장하는 국가관을 말한다.

① 법치국가
② 사회국가
③ 복지국가
④ 야경국가

해설
야경국가는 국가가 시장에 대한 개입을 최소화하고 국방과 외교, 치안 등의 질서 유지 임무만 맡아야 한다고 보았던 자유방임주의 국가관이다.

19 대통령이 국회의 동의를 사전에 얻어야 할 경우를 모두 고른 것은?

> ㉠ 헌법재판소장 임명
> ㉡ 국군의 외국 파견
> ㉢ 대법관 임명
> ㉣ 예비비 지출
> ㉤ 대법원장 임명
> ㉥ 감사원장 임명

① ㉠, ㉡, ㉢, ㉤, ㉥
② ㉡, ㉢, ㉣, ㉤
③ ㉠, ㉣, ㉤, ㉥
④ ㉡, ㉢, ㉤, ㉥

해설
국회의 사전 동의 사항
조약의 체결·비준, 선전 포고와 강화, 일반사면, 국군의 외국 파견과 외국 군대의 국내 주류, 대법원장·국무총리·헌법재판소장·감사원장·대법관 임명, 국채 모집, 예비비 설치, 예산 외의 국가 부담이 될 계약 체결 등

20 다음 빈칸 안에 공통으로 들어갈 말로 적당한 것은?

> • ( )은/는 주로 소수파가 다수파의 독주를 저지하거나 의사진행을 막기 위해 합법적인 방법을 이용해 고의적으로 방해하는 것이다.
> • ( )은/는 정국을 불안정하게 만드는 요인이 되기도 하기 때문에 우리나라 등 많은 나라들은 발언시간 제한 등의 규정을 강화하고 있다.

① 필리버스터 ② 로그롤링
③ 캐스팅보트 ④ 치킨게임

해설
필리버스터(Filibuster)는 의회 안에서 합법적·계획적으로 수행되는 의사진행 방해 행위를 말한다.

21 우리나라 국회가 채택하고 있는 제도를 모두 고른 것은?

> ㉠ 일사부재의의 원칙   ㉡ 일사부재리의 원칙
> ㉢ 회의공개의 원칙   ㉣ 회기계속의 원칙

① ㉠, ㉢, ㉣   ② ㉠, ㉡, ㉣
③ ㉡, ㉢, ㉣   ④ ㉠, ㉡, ㉢, ㉣

해설
[오답분석]
㉡ 일사부재리의 원칙은 확정 판결이 내려진 사건에 대해 두 번 이상 심리·재판을 하지 않는다는 형사상의 원칙으로, 국회가 채택하고 있는 제도나 원칙과는 상관이 없다.

22 원래는 의안을 의결하는 데 있어 가부동수인 경우의 투표권을 말한다. 의회에서 2대 정당의 세력이 거의 비등할 때 그 승부 또는 가부가 제3당의 동향에 따라 결정됨을 뜻하기도 하는 용어는 무엇인가?

① 캐스팅보트 ② 필리버스터
③ 게리맨더링 ④ 프레임 업

해설
캐스팅보트(Casting Vote)는 합의체의 의결에서 가부(可否)동수인 경우 의장이 가지는 결정권을 뜻한다. 우리나라에서는 의장의 결정권은 인정되지 않으며, 가부동수일 경우 부결된 것으로 본다.

23 다음 중 선거에서 누구에게 투표할지 결정하지 못한 유권자를 가리키는 말은?

① 로그롤링
② 매니페스토
③ 캐스팅보트
④ 스윙보터

해설

오답분석
① 로그롤링(Log-rolling) : 정치세력들이 상호지원을 합의하여 투표거래나 투표담합을 하는 행위
② 매니페스토(Manifesto) : 예산과 실천방안 등 선거와 관련한 구체적 방안을 유권자에게 제시하는 공약
③ 캐스팅보트(Casting Vote) : 양대 당파의 세력이 비슷하게 양분화된 상황에서 결정적인 역할을 수행하는 사람

24 대통령의 법률안 거부권에 대한 설명으로 맞는 것은?

① 법률안 재의요구권이라고도 한다.
② 대통령은 국회가 의결한 법률안에 의의가 있을 때 7일 내에 국회에 돌려보내야 한다.
③ 거부된 법률안을 재의결해 재적의원 과반수 출석과 과반수 찬성하면 법률이 확정된다.
④ 법률안 외에도 예산안 또한 대통령이 거부권을 행사할 수 있다.

해설

법률안 거부권은 '법률안 재의요구권'이라고도 불리며, 대통령이 국회에서 의결한 법률안을 거부할 수 있는 권리를 말한다. 법률안에 대해 국회와 정부 간 대립이 있을 때 정부가 대응할 수 있는 강력한 수단이다. 대통령은 15일 내에 법률안에 이의서를 붙여 국회로 돌려보내야 한다. 국회로 돌아온 법률안은 재의결해 재적의원 과반수 출석과 3분의 2 이상이 찬성해야 확정된다. 그러나 대통령은 이러한 거부권을 법률안이 아닌 예산안에는 행사할 수 없다.

25 다음 중 헌법에 명문화되어 있는 선거의 4대 원칙이 아닌 것은?

① 보통선거의 원칙
② 자유선거의 원칙
③ 직접선거의 원칙
④ 비밀선거의 원칙

해설

선거의 4대 원칙은 대부분의 현대 민주주의 국가에서 채택한 것으로 민주주의 하에서 선거제도가 마땅히 지켜야 할 기준점을 제시한 것이다. 우리 헌법에는 보통선거, 평등선거, 직접선거, 비밀선거의 원칙이 4대 원칙으로 명문화되어 있다. 자유선거의 원칙의 경우 명문화되어 있지는 않으나 자유민주주의 체제에서 내재적으로 당연히 요청되는 권리라 할 수 있다.

26 다음 중 UN 산하 전문기구가 아닌 것은?

① 국제노동기구(ILO)
② 국제연합식량농업기구(FAO)
③ 세계기상기구(WMO)
④ 세계무역기구(WTO)

해설
1995년 출범한 세계무역기구(WTO)는 1947년 이래 국제 무역질서를 규율해오던 GATT(관세 및 무역에 관한 일반협정) 체제를 대신한다. WTO는 GATT에 없었던 세계 무역분쟁 조정, 관세 인하 요구, 반덤핑규제 등 막강한 법적 권한과 구속력을 행사할 수 있다. WTO의 최고의결기구는 총회이며 그 아래 상품교역위원회 등을 설치해 분쟁처리를 담당한다. 본부는 스위스 제네바에 있다.

27 다음 괄호 안에 공통으로 들어갈 말로 적당한 것은?

- (　　)은/는 1970년대 미국 청년들 사이에서 유행한 자동차 게임이론에서 유래되었다.
- (　　)의 예로는 한 국가 안의 정치나 노사 협상, 국제외교 등에서 상대의 양보를 기다리다가 파국으로 끝나는 것 등이 있다.

① 필리버스터　　② 로그롤링
③ 캐스팅보트　　④ 치킨게임

해설
치킨게임(Chicken Game)이란 어느 한쪽이 양보하지 않을 경우 양쪽 모두 파국으로 치닫게 되는 극단적인 게임이론을 말한다. 1950 ~ 1970년대 미국과 소련 사이의 극심한 군비경쟁을 꼬집는 용어로 사용되면서 국제정치학 용어로 정착되었다.

28 대통령이 선출되나, 입법부가 내각을 신임할 권한이 있는 정부 형태를 무엇이라 하는가?

① 입헌군주제　　② 의원내각제
③ 대통령중심제　　④ 이원집정부제

해설
이원집정부제는 국민투표로 선출된 대통령과 의회를 통해 신임되는 내각이 동시에 존재하는 정부 형태이다. 주로 대통령은 외치와 국방을 맡고 내치는 내각이 맡는다. 반(半)대통령제, 준(準)대통령제, 분권형 대통령제, 이원정부제, 혼합 정부 형태라고도 부른다.

29 다음 방공식별구역에 대한 설명으로 옳지 않은 것은?

① 타국의 항공기에 대한 방위 목적으로 각 나라마다 독자적으로 설정한 지역이다.
② 영공과 같은 개념으로 국제법적 기준이 엄격하다.
③ 한국의 구역임을 명시할 때는 한국방공식별구역(KADIZ)이라고 부른다.
④ 방공식별구역 확대 문제로 현재 한·중·일 국가 간의 갈등이 일고 있다.

해설
방공식별구역(ADIZ)은 영공과 별개의 개념으로, 국제법적인 근거가 약하다. 따라서 우리나라는 구역 내 군용기의 진입으로 인한 충돌을 방지하기 위해 1995년 한·일 간 군용기 우발사고방지 합의서한을 체결한 바 있다.

30 다음 중 일본·중국·대만 간의 영유권 분쟁이 일고 있는 곳은?

① 조어도
② 대마도
③ 남사군도
④ 북방열도

해설
· 남사군도 : 동으로 필리핀, 남으로 말레이시아와 브루나이, 서로 베트남, 북으로 중국과 타이완을 마주하고 있어 6개국이 서로 영유권을 주장하고 있다.
· 북방열도(쿠릴열도) : 러시아연방 동부 사할린과 일본 홋카이도 사이에 위치한 화산열도로 30개 이상의 도서로 이루어져 있다. 러시아와 일본 간의 영유권 분쟁이 일고 있는 곳은 쿠릴열도 최남단의 4개 섬이다.

31 근거 없는 사실을 조작해 상대를 공격하는 정치 용어는?

① 도그마
② 사보타주
③ 마타도어
④ 헤게모니

해설
마타도어(Matador)는 정치권의 흑색선전을 뜻하는 용어로 근거 없는 사실을 조작해 상대 정당·후보 등을 공격하는 공세를 말한다. 스페인의 투우에서 투우사가 마지막에 소의 정수리에 칼을 꽂아 죽이는 것을 뜻하는 스페인어 '마타도르'에서 유래한 것이다.

32 UN의 193번째 가입 국가는?

① 동티모르
② 몬테네그로
③ 세르비아
④ 남수단

해설
남수단은 아프리카 동북부에 있는 나라로 2011년 7월 9일 수단으로부터 분리 독립하였고 193번째 유엔 회원국으로 등록되었다.

정답 26 ④ 27 ④ 28 ④ 29 ② 30 ① 31 ③ 32 ④

33 UN 상임이사국에 속하지 않는 나라는?

① 중 국
② 러시아
③ 프랑스
④ 스웨덴

> **해설**
> 유엔 안전보장이사회(안보리)는 5개 상임이사국(미국, 영국, 프랑스, 중국, 러시아) 및 10개 비상임이사국으로 구성되어 있다. 비상임이사국은 평화유지에 대한 회원국의 공헌과 지역적 배분을 고려하여 총회에서 2/3 다수결로 매년 5개국이 새로 선출되고, 임기는 2년이며, 중임은 가능하지만 연임은 불가하다.

34 다음 중 4대 공적연금에 해당하지 않는 것은?

① 기초연금
② 사학연금
③ 공무원연금
④ 국민연금

> **해설**
> 공적연금은 국민이 소득상실 또는 저하로 생활의 위기에 빠질 가능성을 해소하기 위해 국가가 지급하는 연금이다. 우리나라의 공적연금으로는 국민연금, 공무원연금, 군인연금, 사립학교교직원연금(사학연금)이 운영되고 있다.

35 다음 중 레임덕에 관한 설명으로 옳지 않은 것은?

① 대통령의 임기 만료를 앞두고 나타나는 권력누수 현상이다.
② 대통령의 통치력 저하로 국정 수행에 차질이 생긴다.
③ 임기 만료가 얼마 남지 않은 경우나 여당이 다수당일 때 잘 나타난다.
④ '절름발이 오리'라는 뜻에서 유래된 용어이다.

> **해설**
> 대통령의 임기 말 권력누수 현상을 나타내는 레임덕(Lame Duck)은 집권당이 의회에서 다수 의석을 얻지 못한 경우에 발생하기 쉽다.

36 국제형사재판소에 대한 설명으로 옳지 않은 것은?

① 집단학살, 전쟁범죄 등을 저지른 개인을 처벌한다.
② 세계 최초의 상설 전쟁범죄 재판소다.
③ 본부는 네덜란드 헤이그에 있다.
④ 제2차 세계대전 직후 1945년에 발족했다.

해설
국제형사재판소(International Criminal Court)는 국제사회가 집단학살, 전쟁범죄 등을 저지른 개인을 신속하게 처벌하기 위한 재판소다. 세계 최초로 발족한 상설 재판소로 반인도적 범죄를 저지른 개인을 개별국가가 기소하기를 주저할 때에 국제형사재판소의 독립검사가 나서서 기소할 수 있도록 했다. 본부는 네덜란드 헤이그에 있으며 2002년 7월에 정식 출범했다.

37 국회의원의 불체포특권에 대한 설명으로 옳은 것은?

① 현행범인 경우에도 체포되지 않을 권리로 인정된다.
② 국회 회기 중이 아니어도 인정된다.
③ 국회의원의 체포동의안은 국회에서 표결로 붙여진다.
④ 재적의원의 과반수 출석에 과반수가 체포동의안에 찬성하면 해당 의원은 즉시 구속된다.

해설
불체포특권이란 국회의원이 현행범인 경우를 제외하고는 회기 중에 국회의 동의 없이 체포 또는 구금되지 않으며, 회기 전에 체포 또는 구금된 때에는 현행범이 아닌 한, 국회의 요구가 있으면 회기 중 석방되는 특권을 말한다. 법원에서 현역 국회의원의 구속이나 체포가 필요하다고 인정할 경우, 체포동의요구서를 정부에 제출하고 정부는 다시 국회에 이를 넘긴다. 국회가 체포동의안을 표결에 붙이고 재적의원 과반수가 참석해 과반수가 찬성하게 되면 구속 전 피의자심문을 위해 해당 의원을 체포하게 된다. 체포동의안이 가결돼 체포되어도 즉시 구속되는 것이 아닌 일단 법원의 판단을 구하는 것이다.

38 다음의 용어 설명 중 틀린 것은?

① JSA – 공동경비구역
② NLL – 북방한계선
③ MDL – 남방한계선
④ DMZ – 비무장지대

해설
MDL(Military Demarcation Line, 군사분계선)은 두 교전국 간 휴전협정에 의해 그어지는 군사활동의 경계선으로 한국의 경우 1953년 7월 유엔군 측과 공산군 측이 합의한 정전협정에 따라 규정된 휴전의 경계선을 말한다.

정답 33 ④ 34 ① 35 ③ 36 ④ 37 ③ 38 ③

39 구속적부심사 제도에 대한 설명으로 옳지 않은 것은?

① 심사의 청구권자는 구속된 피의자, 변호인, 친족, 동거인, 고용주 등이 있다.
② 구속적부심사가 기각으로 결정될 경우 구속된 피의자는 항고할 수 있다.
③ 법원은 구속된 피의자에 대하여 출석을 보증할 만한 보증금 납입을 조건으로 석방을 명할 수 있다.
④ 검사 또는 경찰관은 체포 또는 구속된 피의자에게 체포·구속적부심사를 청구할 수 있음을 알려야 한다.

해설
구속적부심사는 처음 기각을 당한 뒤 재청구할 경우 법원은 심문 없이 결정으로 청구를 기각할 수 있다. 또한 공범 또는 공동피의자의 순차 청구로 수사를 방해하려는 목적이 보일 때 심문 없이 청구를 기각할 수 있다. 이러한 기각에 대하여 피의자는 항고하지 못한다(형사소송법 제214조의2).

40 다음 중 국가공무원법상의 징계의 종류가 아닌 것은?

① 감 봉
② 견 책
③ 좌 천
④ 정 직

해설
국가공무원법은 감봉, 견책(경고), 정직, 해임 등의 징계 방법을 제시하고 있다. 좌천은 징계로 규정되지 않는다.

41 전쟁으로 인한 희생자를 보호하기 위해 1864 ~ 1949년에 체결된 국제조약은?

① 비엔나 협약
② 제네바 협약
③ 베를린 협약
④ 헤이그 협약

해설
제네바 협약은 전쟁으로 인한 부상자·병자·포로 등을 보호하기 위해 제네바에서 체결한 국제조약이다. 80여 년의 시차를 두고 맺어졌으며, 협약의 목적은 전쟁이나 무력분쟁이 발생했을 때 부상자·병자·포로·피억류자 등을 전쟁의 위험과 재해로부터 보호하여 가능한 한 전쟁의 참화를 경감하려는 것으로 '적십자조약'이라고도 한다.

42 다음 중 우리나라 최초의 이지스함은?

① 서애류성룡함　　② 세종대왕함
③ 율곡이이함　　　④ 권율함

해설
우리나라는 2007년 5월 국내 최초의 이지스함인 '세종대왕함'을 진수한 데 이어 2008년 두 번째 이지스함인 '율곡이이함'을 진수했고, 2012년 '서애류성룡함', 2022년 '정조대왕함'까지 총 4척의 이지스함을 보유하고 있다.

43 세계 주요 석유 운송로로 페르시아만과 오만만을 잇는 중동의 해협은?

① 말라카 해협　　② 비글 해협
③ 보스포러스 해협　④ 호르무즈 해협

해설
호르무즈 해협(Hormuz Strait)은 페르시아만과 오만만을 잇는 좁은 해협으로, 북쪽으로는 이란과 접하며, 남쪽으로는 아랍에미리트에 둘러싸인 오만의 월경지이다. 이 해협은 페르시아만에서 생산되는 석유의 주요 운송로 세계 원유 공급량의 30% 정도가 영향을 받는 곳이기도 하다.

44 다음 중 대한민국 국회의 권한이 아닌 것은?

① 긴급명령권　　　② 불체포특권
③ 예산안 수정권　　④ 대통령 탄핵 소추권

해설
긴급명령권은 대통령의 권한이며, 대통령은 내우·외환·천재·지변 또는 중요한 재정·경제상의 위기에 있어서 국가의 안전보장 또는 공공의 안녕질서를 유지하기 위한 조치가 필요하고 국회의 집회를 기다릴 여유가 없을 때에 한하여 최소한으로 필요한 재정·경제상의 처분을 하거나 이에 관하여 법률의 효력을 가지는 명령을 발할 수 있다(대한민국 헌법 제76조).

정답 39 ② 40 ③ 41 ② 42 ② 43 ④ 44 ①

45 다음 중 입헌군주제 국가에 해당하는 나라가 아닌 것은?

① 네덜란드 ② 덴마크
③ 태 국   ④ 네 팔

> **해설**
> 현대의 입헌군주제는 '군림하되 통치하지 않는다'는 것을 기조로 국왕과 왕실은 상징적인 존재로 남고 헌법에 따르며, 실질적인 통치는 주로 내각의 수반인 총리가 맡는 정부 형태를 말한다. 현존하는 입헌군주국에는 네덜란드와 덴마크, 노르웨이, 영국, 스페인, 일본, 태국, 캄보디아 등이 있다. 네팔은 1990년에 입헌군주정을 수립했으며 2008년 다시 절대왕정으로 회귀하려다 왕정을 폐지했다.

46 일사부재리의 원칙에 대한 설명으로 옳은 것은?

① 국회에서 일단 부결된 안건을 같은 회기 중에 다시 발의 또는 제출하지 못한다는 것을 의미한다.
② 판결이 내려진 어떤 사건(확정판결)에 대해 두 번 이상 심리·재판을 하지 않는다는 형사상의 원칙이다.
③ 일사부재리의 원칙은 민사사건에도 적용된다.
④ 로마시민법에서 처음 등장했으며 라틴어로 '인 두비오 프로 레오(In Dubio Pro Leo)'라고 한다.

> **해설**
> [오답분석]
> ① 일사부재의의 원칙을 설명한 지문이다.
> ③ 일사부재리의 원칙은 형사사건에만 적용된다.
> ④ '인 두비오 프로 레오(In Dubio Pro Leo)'는 '의심스러울 때는 피고인에게 유리하게 판결하라'라는 무죄추정의 원칙을 뜻한다.

47 다음 보기에 나온 사람들의 임기를 모두 더한 것은?

국회의원, 대통령, 감사원장, 대법원장, 국회의장

① 18년   ② 19년
③ 20년   ④ 21년

> **해설**
> 주요 공직자 임기
> • 국회의원 4년   • 대통령 5년
> • 감사원장 4년   • 대법원장 6년
> • 국회의장 2년

48 국회의원의 헌법상 의무가 아닌 것은?

① 청렴의 의무
② 국익 우선의 의무
③ 품위유지의 의무
④ 겸직금지의 의무

해설
국회의원의 헌법상 의무에는 재물에 욕심을 내거나 부정을 해서는 안 된다는 청렴의 의무, 개인의 이익보다 나라의 이익을 먼저 생각하는 국익 우선의 의무, 국회의원의 신분을 함부로 남용하면 안 된다는 지위 남용금지의 의무, 법에서 금지하는 직업을 가져서는 안 되는 겸직금지의 의무 등이 있다. 품위유지의 의무는 국회법상 국회의원의 의무에 해당한다.

49 헌법 개정 절차로 올바른 것은?

① 공고 → 제안 → 국회의결 → 국민투표 → 공포
② 제안 → 공고 → 국회의결 → 국민투표 → 공포
③ 제안 → 국회의결 → 공고 → 국민투표 → 공포
④ 제안 → 공고 → 국무회의 → 국회의결 → 국민투표 → 공포

해설
헌법 개정 절차는 '제안 → 공고 → 국회의결 → 국민투표 → 공포' 순이다.

50 다음 중 반의사불벌죄가 아닌 것은?

① 존속폭행죄
② 협박죄
③ 명예훼손죄
④ 모욕죄

해설
반의사불벌죄는 처벌을 원하는 피해자의 의사표시 없이도 공소할 수 있다는 점에서 고소·고발이 있어야만 공소를 제기할 수 있는 친고죄(親告罪)와 구별된다. 폭행죄, 협박죄, 명예훼손죄, 과실치상죄 등이 이에 해당한다. 모욕죄는 친고죄이다.

51 다음 중 불문법이 아닌 것은?

① 판례법
② 관습법
③ 조리
④ 조례

해설
조례는 지방자치단체가 지방의회 의결에 의하여 법령의 범위 내에서 자기의 사무에 관하여 규정한 것으로 성문법이다.

52 정당해산심판에 대한 설명으로 옳지 않은 것은?

① 정당해산심판은 헌법재판소의 관장사항 중 하나이다.
② 민주적 기본질서에 위배되는 경우 정부는 국무회의를 거쳐 해산심판을 청구할 수 있다.
③ 일반 국민도 헌법재판소에 정당해산심판을 청구할 수 있다.
④ 해산된 정당의 대표자와 간부는 해산된 정당과 비슷한 정당을 만들 수 없다.

> **해설**
> 정당해산심판은 정부만이 제소할 수 있기 때문에 일반 국민은 헌법재판소에 정당해산심판을 청구할 수 없다. 다만, 정부에 정당해산심판을 청구해달라는 청원을 할 수 있다.

53 다음 중 헌법재판소의 관장사항이 아닌 것은?

① 법률에 저촉되지 아니하는 범위 안에서 소송에 관한 절차 제정
② 탄핵의 심판
③ 정당의 해산심판
④ 헌법소원에 관한 심판

> **해설**
> 대법원은 법률에서 저촉되지 아니하는 범위 안에서 소송에 관한 절차, 법원의 내부규율과 사무처리에 관한 규칙을 제정할 수 있다(헌법 제108조).
> 헌법재판소법 제2조(관장사항)
> • 법원 제청에 의한 법률의 위헌 여부 심판
> • 탄핵의 심판
> • 정당의 해산심판
> • 국가기관 상호 간, 국가기관과 지방자치단체 간 및 지방자치단체 상호 간의 권한쟁의에 관한 심판
> • 헌법소원에 관한 심판

54 다음 우리나라의 배심제에 대한 설명 중 바르지 못한 것은?

① 미국의 배심제를 참조했지만 미국처럼 배심원단이 직접 유·무죄를 결정하지 않는다.
② 판사는 배심원의 유·무죄 판단과 양형 의견과 다르게 독자적으로 결정할 수 있다.
③ 시행 초기에는 민사사건에만 시범적으로 시행되었다.
④ 피고인이 원하지 않을 경우 배심제를 시행할 수 없다.

> **해설**
> 배심제는 시행 초기에는 살인죄, 강도와 강간이 결합된 범죄, 3,000만 원 이상의 뇌물죄 등 중형이 예상되는 사건에만 시범적으로 시행되었다.

55 다음 중 국회에서 원내 교섭단체를 이룰 수 있는 최소 의석수는?

① 20석
② 30석
③ 40석
④ 50석

해설
국회에서 단체교섭회에 참가하여 의사진행에 관한 중요한 안건을 협의하기 위하여 의원들이 구성하는 단체를 교섭단체라고 한다. 국회법 제33조에 따르면 국회에 20명 이상의 소속의원을 가진 정당은 하나의 교섭단체가 된다. 다만 다른 교섭단체에 속하지 않는 20명 이상의 의원으로 따로 교섭단체를 구성할 수도 있다.

56 다음 중 국제기구인 APEC에 대한 설명으로 옳은 것은?

① 우리나라는 가입돼 있지 않다.
② 1989년에 호주 캔버라에서 출범했다.
③ 아시아·태평양 지역 12개국 간의 자유무역협정이다.
④ 동남아시아 국가를 중심으로 한 정치·경제·문화 공동체다.

해설
아시아태평양경제협력체(APEC)는 태평양 주변 국가들의 정치·경제적 결속을 다지는 기구로 지속적인 경제 성장과 공동의 번영을 위해 1989년 호주 캔버라에서 12개국 간의 각료회의로 출범했다. 회원국은 한국, 미국, 일본, 호주, 뉴질랜드, 캐나다, ASEAN 6개국(말레이시아, 인도네시아, 태국, 싱가포르, 필리핀, 브루나이) 등 총 21개국이 가입해 있다. ③은 CPTPP, ④는 ASEAN에 대한 설명이다.

57 형벌의 종류 중 무거운 것부터 차례로 나열한 것은?

① 사형 – 자격상실 – 구류 – 몰수
② 사형 – 자격상실 – 몰수 – 구류
③ 사형 – 몰수 – 자격상실 – 구류
④ 사형 – 구류 – 자격상실 – 몰수

해설
형벌의 경중 순서
사형 → 징역 → 금고 → 자격상실 → 자격정지 → 벌금 → 구류 → 과료 → 몰수

CHAPTER 02 경제 · 경영 · 금융

01 양적완화
경기부양을 위해 중앙은행이 발권력을 동원해 시중에 돈을 공급하는 정책

금리중시 통화정책을 시행하는 중앙은행이 정책금리가 0%에 근접하거나 혹은 다른 이유로 시장경제의 흐름을 정책금리로 제어할 수 없는 이른바 유동성 저하 상황에서, 유동성을 충분히 공급함으로써 중앙은행의 거래량을 확대하는 정책이다.

02 테이퍼링 Tapering
중앙은행이 자산 매입으로 시장에 돈을 푸는 양적완화 정책을 점진적으로 축소하는 것

벤 버냉키 미국 전 연방준비제도(Fed) 의장이 처음 사용한 용어로 미국의 양적완화 정책을 점진적으로 줄여 나가는 것을 말한다. 즉, 출구 전략의 일환으로서 그동안 매입하던 채권의 규모를 점진적으로 축소하는 정책을 취하는 것이다.

03 유로존 Eurozone
유럽연합의 단일화폐인 유로를 국가통화로 도입하여 사용하는 국가나 지역

유로를 국가통화로 사용하는 지역으로 오스트리아, 핀란드, 독일, 에스토니아, 프랑스, 아일랜드, 스페인, 라트비아, 벨기에, 키프로스, 그리스, 슬로바키아, 이탈리아, 룩셈부르크, 몰타, 네덜란드, 포르투갈, 슬로베니아, 리투아니아, 크로아티아 등 총 20개국이 가입되어 있다. 유로존 가입 조건은 정부의 재정적자 규모가 국내총생산의 3% 미만, 정부의 공공부채 규모가 국내총생산의 60% 이내, 인플레율(물가상승률)이 유로존 회원국 최저 3개국보다 1.5%를 초과하지 않을 것 등 재정·부채·물가·환율 등의 조건을 충족해야 한다.

04 재화
인간에 도움이 되는 효용을 가지고 있는 모든 물체와 물질

- 정상재 : 소득이 증가(감소)했을 때 수요가 증가(감소)하는 재화
- 열등재 : 소득이 증가(감소)했을 때 수요가 감소(증가)하는 재화
- 경제재 : 희소성이 있어 대가를 지불하지 않고는 얻을 수 없는 경제적 가치가 있는 것
- 자유재 : 사용가치는 있으나 무한하여 교환가치가 없는 비경제재 예 공기, 물
- 대체재 : 한 재화에 대한 수요와 다른 재화의 가격이 같은 방향으로 움직이는 관계에 있는 재화
  예 커피 - 홍차, 소고기 - 돼지고기
- 보완재 : 하나의 소비활동을 위해 함께 소요되는 경향이 있는 재화 예 커피 - 설탕, 만년필 - 잉크
- 기펜재 : 열등재의 한 종류로, 재화가격이 하락할 때 수요량이 오히려 감소하는 재화

05 세이프가드 Safeguard
자국의 산업보호를 위한 긴급 조치

한국어로는 '긴급 수입제한 조치'라 한다. 수입 품목 중 특정 상품이 매우 경쟁력이 있어 자국 시장을 잠식하고 자국 산업에 큰 피해를 입힐 우려가 있을 경우 긴급 수입제한을 하거나 해당 상품에 큰 관세를 매길 수 있다. 세계무역기구(WTO)는 각 국가의 이러한 긴급 수입제한 권리를 인정하고 있다.

06 구글세 Google Tax
세금을 내지 않는 다국적 IT기업에 부과하는 각종 세금

특허료 등 막대한 이익을 올리고도 조세 조약이나 세법을 악용해 세금을 내지 않았던 다국적 기업에 부과하기 위한 세금을 말한다. 구글 등 글로벌 정보통신기술(ICT) 업체들이 전 세계 이용자들로부터 막대한 이익을 얻었음에도 불구하고 합당한 세금을 내지 않아 발생했던 문제를 해결하겠다는 취지에서 도입됐다. '디지털세(Digital Service Tax)'라고도 한다.

07 경기확산지수 DI ; Diffusion Index
경기동향요인이 다른 부문으로 점차 확산·파급되어 가는 과정을 파악하기 위한 지표

경기의 변화방향만을 지수화한 것으로 경기동향지수라고도 한다. 즉, 경기국면의 판단 및 예측, 경기전환점을 식별하기 위한 지표이다.

경기동향지수
- 0<DI<50 ☞ 경기수축국면
- DI = 50 ☞ 경기전환점
- 50<DI<100 ☞ 경기확장국면

08 퍼플오션 Purple Ocean
레드오션과 블루오션의 장점만을 따서 만든 새로운 시장

레드와 블루를 섞었을 때 얻을 수 있는 보라색 이미지를 사용한다. 경쟁이 치열한 레드오션에서 자신만의 차별화된 아이템으로 블루오션을 개척하는 것을 말한다. 포화시장으로 인식되던 감자칩 시장에서 '허니버터칩'의 등장, 초코파이 시장에서 '녹차맛 초코파이'의 등장 등이 좋은 예이다.

- 레드오션(Red Ocean) : 경쟁이 치열해 성공을 낙관하기 힘든 시장을 의미한다.
- 블루오션(Blue Ocean) : 경쟁자가 없는 미지의 시장을 의미한다.

09 칵테일 리스크 Cocktail of Risk
국제유가 급락, 신흥국 경제위기 등 각종 악재가 동시다발적으로 한꺼번에 터지는 것

여러 가지 악재가 동시에 발생하는 경제위기 상황을 칵테일 리스크라고 하는데, 다양한 술과 음료를 혼합해 만드는 칵테일에 빗대 표현한 말이다. 세계적인 경기침체, 이슬람 무장단체의 테러 등이 혼재된 경제위기를 의미한다.

10 유동성 함정 Liquidity Trap
금리를 낮추고 통화량을 늘려도 경기가 부양되지 않는 상태

경제주체들이 돈을 움켜쥐고 시장에 내놓지 않는 상황으로, 기업의 생산·투자와 가계의 소비가 늘지 않아 경기가 나아지지 않고 저성장의 늪으로 빠지는 것처럼 보이는 현상이다.

11 베블런 효과 Veblen Effect
가격이 오르는데도 수요가 줄어들지 않고, 오히려 증가하는 현상

가격이 오르는데도 일부 계층의 과시욕이나 허영심 등으로 인해 수요가 줄어들지 않는 현상으로 상류층 소비자들의 소비심리를 표현한 용어이다. 미국의 경제학자이자 사회학자인 소스타인 베블런(Thorstein Bunde Veblen)의 저서 〈유한계급론〉(1899)에서 유래했다.

12 독점적 경쟁시장
기업들이 독점적 입장의 강화를 꾀하면서도 서로 경쟁하는 시장

진입장벽이 없어 많은 경쟁자가 시장에 있지만 제품 차별화를 통해 생산자가 일시적으로 독점력을 행사하는 시장을 말한다. 즉, 독점적 경쟁시장은 진입과 퇴거가 자유롭고, 다수의 기업이 존재하며, 개별 기업들이 차별화된 재화를 생산하는 시장 형태이다.

- 완전경쟁시장 : 수많은 판매자와 구매자가 주어진 조건에서 동일한 재화를 사고파는 시장
- 독점시장 : 특정 기업이 생산과 시장을 지배하고 있는 시장
- 과점시장 : 소수의 몇몇 대기업들이 시장의 대부분을 지배하는 형태
- 독과점시장 : 독점시장과 과점시장을 합친 형태

13 리디노미네이션 Redenomination
한 나라에서 통용되는 화폐의 액면가를 동일한 비율의 낮은 숫자로 변경하는 조치

화폐의 가치적인 변동 없이 액면을 동일 비율로 하향 조정하는 것을 말한다. 경제규모가 커지고 물가가 상승함에 따라 거래되는 숫자의 자릿수가 늘어나는 계산상의 불편을 해소하기 위해 도입한다.

14 스텔스 세금 Stealth Tax
납세자들이 세금을 낸다는 사실을 잘 체감하지 못하고 내는 세금

부가가치세, 판매세 등과 같이 납세자들이 인식하지 않고 내는 세금을 레이더에 포착되지 않고 적진에 침투하는 스텔스 전투기에 빗대 표현한 것이다. 담배세가 대표적이다.

15 RE100 Renewable Energy 100%
필요한 전력을 재생에너지로만 충당하겠다는 기업들의 자발적인 약속

2050년까지 필요한 전력의 100%를 태양광, 풍력 등 재생에너지로만 충당하겠다는 기업들의 자발적인 약속이다. 2014년 영국의 비영리단체인 기후그룹과 탄소공개프로젝트가 처음 제시했다.

16 엥겔계수 Engel Coefficient
총가계지출액 중에서 식료품비가 차지하는 비율

저소득 가계일수록 가계지출 중 식료품비가 차지하는 비율이 높고, 고소득 가계일수록 식료품비가 차지하는 비율이 낮은 것을 엥겔의 법칙이라고 한다. 식료품은 필수품이기 때문에 소득 수준과 관계없이 반드시 일정한 비율을 소비해야 하며 동시에 어느 수준 이상은 소비할 필요가 없는 재화이다. 따라서 엥겔계수는 소득 수준이 높아짐에 따라 점차 감소하는 경향이 있다.

$$엥겔계수 = \frac{식료품비}{총가계지출액} \times 100$$

17 지니계수 Gini Coefficient

빈부격차와 계층 간 소득분포 불균형 정도를 나타내는 수치

계층 간 소득분포의 불균형 정도를 나타내는 수치로, 소득이 어느 정도 균등하게 분배돼 있는지를 평가하는 데 주로 이용된다. 지니계수는 0에서 1 사이의 수치로 표시되는데 소득 분배가 완전평등한 경우가 0, 완전불평등한 경우가 1이다. 즉, 낮은 수치는 더 평등한 소득 분배를, 반면에 높은 수치는 더 불평등한 소득 분배를 의미한다.

18 스태그플레이션 Stagflation

경기침체기에 발생하는 인플레이션으로, 저성장·고물가의 상태

경기침체를 의미하는 '스태그네이션(Stagnation)'과 물가 상승을 의미하는 '인플레이션(Inflation)'을 합성한 용어로, 경제활동이 침체되고 있는 상황에서도 물가는 지속적으로 상승하고 있는 현상이다.

- 초인플레이션(하이퍼 인플레이션) : 인플레이션의 범위를 초과하여 경제학적 통제를 벗어난 인플레이션
- 디스인플레이션 : 인플레이션이 발생해 통화가 팽창하여 물가가 상승할 때, 그 시점의 통화량 - 물가수준은 유지한 채 안정을 도모하며 서서히 인플레이션을 수습하는 경제정책
- 애그플레이션 : 농산물 상품의 가격 급등으로 일반 물가도 덩달아 상승하는 현상

19 소프트 패치 Soft Patch

경기회복 국면에서 일시적인 어려움을 겪는 상황

경기가 상승하는 국면에서 본격적인 침체국면에 접어들거나 후퇴하는 것은 아니지만 일시적으로 성장세가 주춤해지며 어려움을 겪는 현상을 의미한다.

> **러프 패치(Rough Patch)**
> 소프트 패치 국면이 상당기간 길어질 수 있다는 뜻으로, 소프트 패치보다 더 나쁜 경제상황을 의미한다.

20 G7
세계 정치와 경제를 주도하는 주요 7개국의 모임

1975년 프랑스가 G6 정상회의를 창설했다. 이에 미국, 프랑스, 독일, 영국, 이탈리아, 일본 등 서방 선진 6개국의 모임으로 출범하였으며, 그 다음해 캐나다가 추가되어 서방 선진 7개국 정상회담(G7)으로 매년 개최됐다. 1990년대 이후 냉전 구도 해체로 세계에서 가장 큰 나라인 러시아가 옵서버 형식으로 참가하기 시작했고, 1997년 이후 러시아가 정식 멤버가 되면서 세계 주요 8개국의 모임(G8)으로 불렸으나 2014년 이후 제외됐다.

21 자유무역협정 FTA ; Free Trade Agreement
둘 또는 그 이상의 나라들이 상호 간에 수출입 관세와 시장점유율 제한 등의 무역장벽을 제거하기로 약정하는 조약

협정을 체결한 국가 간에 상품·서비스 교역에 대한 관세 및 무역장벽을 철폐함으로써 배타적인 무역특혜를 서로 부여하는 협정이다. 그동안 유럽연합(EU)이나 북미자유무역협정(USMCA) 등과 같이 인접 국가나 일정한 지역을 중심으로 이루어졌기 때문에 흔히 '지역무역협정(RTA ; Regional Trade Agreement)'이라고도 부른다.

22 세계무역기구 WTO ; World Trade Organization
세계의 교역 증진과 경제발전을 목적으로 설립된 국제기구

1994년 우루과이라운드 협상이 마무리되고 마라케시 선언을 공동으로 발표함으로써 1995년 1월 정식 출범했다. 이에 따라 1947년 이래 국제무역질서를 규율해 오던 '관세 및 무역에 관한 일반협정(GATT)' 체제를 대신하게 됐다. WTO는 세계 무역분쟁 조정, 관세인하 요구, 반덤핑규제 등 막강한 국제적인 법적권한과 구속력을 행사하며, 본부는 제네바에 있다. 우리나라에서는 WTO 비준안 및 이행방안이 1994년 통과되었다.

23 경제협력개발기구 OECD ; Organization for Economic Cooperation and Development
경제발전과 세계무역 촉진을 위하여 발족한 국제기구

제2차 세계대전 뒤 유럽 각국은 협력체제의 정비가 필요하다는 협의 하에 1948년 4월 마셜플랜을 수용하기 위한 기구로서 유럽경제협력기구(OEEC)를 출범시켰다. 이후 1960년 12월 OEEC의 18개 회원국과 미국·캐나다를 포함하여 20개국 각료와 당시 EEC(유럽경제공동체), ECSC(유럽석탄철강공동체), EURATOM(유럽원자력공동체)의 대표들이 모여 '경제협력개발기구조약(OECD조약)'에 서명하고, 1961년에 협정문이 발효됨으로써 OECD가 탄생했다. 우리나라는 1996년 12월에 29번째 회원국으로 가입했다.

24 BCG 매트릭스
상대적 시장점유율과 사업성장률을 기초로 구성된 분석기법

보스턴컨설팅그룹에 의해 1970년대 초반 개발된 것으로, 기업의 경영전략 수립에 있어 하나의 기본적인 분석도구로 활용되는 사업포트폴리오 분석기법이다. BCG 매트릭스는 자금의 투입·산출 측면에서 사업(전략사업 단위)이 현재 처해 있는 상황을 파악하여 상황에 알맞은 처방을 내리기 위한 분석도구이다.

- 스타(Star) 사업 : 성공사업. 수익성과 성장성이 크므로 계속적인 투자가 필요하다.
- 캐시카우(Cash Cow) 사업 : 수익창출원. 기존의 투자에 의해 수익이 계속적으로 실현되므로 자금의 원천 사업이 된다. 시장성장률이 낮으므로 투자금액이 유지·보수 차원에서 머물게 되어 자금투입보다 자금산출이 많다.
- 물음표(Question Mark) 사업 : 신규사업. 상대적으로 낮은 시장점유율과 높은 시장성장률을 가진 사업으로 기업의 행동에 따라서는 차후 스타(Star) 사업이 되거나, 도그(Dog) 사업으로 전락할 수 있는 위치에 있다.
- 도그(Dog) 사업 : 사양사업. 성장성과 수익성이 없는 사업으로 철수해야 한다.

25 상계관세
타국 수출상품의 가격경쟁력이 높은 경우, 수입국이 국내의 산업경쟁력을 유지하기 위해 부과하는 관세

국내 산업의 경쟁력을 유지하기 위한 제도로, 수출을 하는 나라가 수출기업에 보조금이나 장려금을 지급하여 수출상품의 경쟁력을 높일 경우 수입국이 보조금이나 장려금에 해당하는 금액만큼 수입상품에 대해 추가로 부과하는 특별관세를 의미한다.

26 니치 마케팅 Niche Marketing
시장의 빈틈을 공략하는 새로운 상품을 내놓아 경쟁력을 제고시키는 마케팅

'니치(Niche)'란 틈새를 비집고 들어가는 것을 의미하는 것으로 세분화된 시장이나 소비 상황을 설명하는 말이기도 하다. 니치 마케팅은 특정한 성격을 가진 소규모의 소비자를 대상으로 판매목표를 설정하는 것인데 왼손잡이용 가위 등이 니치 마케팅에 해당한다.

27 코즈 마케팅 Cause Marketing
기업과 사회적 이슈가 연계되어 상호이익을 추구하는 것

기업이 일방적으로 기부나 봉사활동을 하는 것에서 나아가 환경, 보건, 빈곤 등과 같은 사회적 이슈, 즉 '코즈(Cause)'를 활용하여 공익과 기업의 이익을 동시에 추구하는 것을 말한다.

28 프로슈머 마케팅 Prosumer Marketing
상품의 기획·개발·출시 단계에 고객의 목소리를 적극적으로 담아내는 마케팅

'프로슈머(Prosumer)'란 1980년 엘빈 토플러가 〈제3의 물결〉에서 처음 사용한 용어로 생산자적 기능을 수행하는 소비자를 말한다. 프로슈머 마케팅은 소비자들이 자신들의 욕구에 따라 직접 상품의 개발을 요구하고 심지어 유통에까지 관여하는 마케팅을 말한다.

29 미국 연방준비제도 Fed ; Federal Reserve System
미국의 중앙은행제도

1913년 미국의 연방준비법에 의해 설치된 미국의 중앙은행제도로 미국 달러를 발행하는 역할 등을 한다. 미국은 전역을 12개 연방준비구로 나눠 각 지구에 하나씩 연방준비은행을 두고 이들을 연방준비제도 이사회(FRB)가 통합하여 관리하는 형태를 취한다. 이사회는 각 연방은행의 운영을 관리하고 미국의 금융정책을 결정하는 역할을 하고 있는데, 화폐공급 한도를 결정하는 것은 연방공개시장위원회(FOMC)이며 FRB는 FOMC와 협력하여 금융정책을 수행한다.

30 M&A Merger and Acquisition
기업인수합병

'Merger(합병)'과 'Acquisition(인수)'의 합성어로 우리나라에서는 '기업인수합병'이라는 뜻으로 사용되고 있다. 최근에는 각각 독립된 둘 이상의 기업이 하나의 경제적 실체가 되는 모든 행위를 포괄하는 개념으로 쓰인다.

- 합병 : 두 개 이상의 기업이 하나의 기업으로 재편되는 것
- 인수 : 특정기업이 기존에 가지고 있는 지분을 매입하거나 신주발행에 참여하여 경영권을 획득하는 것

31 경영진 매수 MBO ; Management BuyOut
현 경영진이 중심이 되어 회사 또는 사업부를 인수하는 것

일반적인 인수합병(M&A)은 외부 제3자에 의해 이루어지지만 경영진 매수(MBO)는 회사 내부의 임직원에 의해 이루어진다. 따라서 MBO는 기존 임직원이 신설회사의 주요 주주이면서 동시에 경영인이 된다. 이는 기존 경영자가 그대로 사업을 인수함으로써 경영의 일관성을 유지하고, 고용안정과 기업의 효율성을 동시에 추구할 수 있다는 장점을 갖고 있다.

32 기업공개 IPO ; Initial Public Offering
회사가 발행한 주식을 대중에게 분산하고 재무내용을 공시하여 주식회사 체제를 갖추는 것

형식적으로 주식회사가 일반 대중에게 주식을 분산시킴으로써 기업공개 요건을 갖추는 것을 의미한다. 실질적으로 소수의 대주주가 소유한 주식을 일반 대중에게 분산시켜 증권시장을 통해 자유롭게 거래될 수 있게 함으로써 자금 조달의 원활화를 기하고 자본과 경영을 분리하여 경영합리화를 도모한다.

33 리니언시 Leniency
담합행위를 한 기업들에 자진신고를 유도하는 자진신고자 감면제

담합 사실을 처음 신고한 업체에는 과징금 100%를 면제해주고, 2순위 신고기업에는 50%를 면제해준다. 이 제도는 상호 간의 불신을 자극하여 담합을 방지하는 효과를 얻을 수 있다. 다만 매출액이 클수록 과징금이 많아지기 때문에 담합으로 인해 가장 많은 혜택을 본 기업이 자진신고를 하여 처벌을 면할 수 있다는 한계도 있다.

34 스톡옵션 Stock Option
직원이 일정 수량의 주식을 살 수 있는 권한

기업이 임직원에게 자기회사의 주식을 일정 수량, 일정 가격으로 매입할 수 있는 권리를 부여하는 제도이다. 주가가 상승할 때에는 직원의 충성심과 사기의 향상을 기대할 수 있다.

35 CSR Corporate Social Responsibility
기업의 사회적 책임

기업이 지역사회 및 이해관계자들과 공생할 수 있도록 의사결정을 해야 한다는 윤리적 책임의식을 말한다. 기업의 활동으로 인해 직·간접적으로 영향을 주고받는 이해관계자들에 대해, 향후 발생할 수 있는 사건이나 사고 등 이슈에 대한 법적·경제적·윤리적 책임을 감당하는 것이다.

36 BIS 비율
국제결제은행(BIS)에서 일반은행에 권고하는 자기자본비율 수치

은행의 건전성과 안정성을 확보할 목적으로 은행의 위험자산에 대해 일정 비율 이상의 자기자본을 보유하도록 하는 것으로, 은행의 신용위험과 시장위험에 대비해 최소한 8% 이상이 되도록 권고하고 있으며, 10% 이상이면 우량은행으로 평가받는다.

37 세계 3대 신용평가기관

영국의 피치 레이팅스 · 미국의 무디스 · 스탠더드 앤드 푸어스(S&P)

세계 3대 신용평가기관은 각국의 정치 · 경제 상황과 향후 전망 등을 고려하여 국가별 등급을 매김으로써 국가신용도를 평가한다.

피치 레이팅스 (FITCH Ratings)	• 1913년 존 놀스 피치(John Knowles Fitch)가 설립한 피치퍼블리싱(Fitch Publishing Company)에서 출발 • 1924년 'AAA ~ D'까지 등급을 매기는 평가방식 도입 • 뉴욕 · 런던에 본사 소재
무디스 (Moody's Corporation)	• 1909년 존 무디(John Moody)가 설립 • 기업체 및 정부를 대상으로 재무와 관련된 조사 및 분석 • 뉴욕 증권거래소 상장기업
스탠더드 앤드 푸어스 (Standard & Poor's)	• 1860년 헨리 바늄 푸어(Henry Varnum Poor)가 설립한 후 1942년 스탠더드와 합병하며 지금의 회사명으로 변경 • 미국의 3대 지수로 불리는 S&P 500지수 발표 • 뉴욕에 본사 소재

38 총부채원리금상환비율 DSR ; Debt Service Ratio

총체적 상환능력 비율

주택에 대한 대출 원리금뿐만 아니라 전체 금융 부채에 대한 원리금상환액 비율을 말한다. DSR은 모든 대출금 상환액을 연간소득으로 나눠 계산하며, 차주의 종합부채 상환능력을 따지는 지표이다.

신(新)DTI와 DSR의 비교

구 분	신(新)DTI	DSR
명 칭	총부채상환비율	총체적 상환능력비율
산정방식	(모든 주택담보대출 원리금상환액 + 기타 대출이자 상환액)/연간소득	모든 대출 원리금상환액/연간소득

39 사이드카 Side Car
현물시장을 안정적으로 운용하기 위해 도입한 프로그램 매매호가 관리제도

프로그램 매매호가 관리제도의 일종으로 선물가격이 기준가 대비 5% 이상(코스닥은 6% 이상)인 상황이 1분간 지속되는 경우 선물에 대한 프로그램 매매만 5분간 중단한다. 5분이 지나면 자동으로 해제되며 1일 1회만 발동할 수 있다.

> **서킷브레이커(Circuit Breaker)**
> 코스피나 코스닥지수가 전일 대비 10% 이상 폭락한 상태가 1분간 지속되는 경우, 모든 시장 종목의 매매거래를 중단하는 조치다. 20분간의 매매정지가 풀리면 10분간 동시호가로 접수해서 매매를 재개한다. 1일 1회만 발동할 수 있다.

40 콘체른 Konzern
법률적으로 독립된 기업들이 하나의 기업처럼 결합하는 형태

여러 개의 기업이 주식교환이나 출자 등 금융적 결합에 의해 하나의 기업처럼 수직적으로 결합하는 기업집단을 의미한다. 일반적으로 하나의 거대한 기업이 계통이 다른 다수의 기업을 지배하기 위해 형성하며, 법률적으로 독립되어 있지만 실질적으로는 결합되어 있는 형태이다. 개개의 기업의 독립성을 보장하는 카르텔, 동일산업 내의 기업합동으로 이루어진 트러스트와 구별되며 각종 산업에 걸쳐 독점력을 발휘한다.

> **지주회사**
> 콘체른형 복합기업의 대표적인 형태로서 모자회사 간의 지배관계를 형성할 목적으로 자회사의 주식 총수에서 과반수 또는 지배에 필요한 비율을 소유·취득하여 해당 자회사의 지배권을 갖고 자본적으로나 관리기술적인 차원에서 지배관계를 형성하는 기업을 말한다.

41 숏커버링 Short Covering
주식시장에서 매도한 주식을 다시 사들이는 것

공매도한 주식을 되갚기 위해 다시 사는 환매수를 말한다. 주식시장에서 주가가 하락할 것이 예상될 때 공매도를 하게 되는데, 이후 주가가 하락하면 싼 가격에 사서 돌려줌으로써 차익을 챙길 수 있지만 주가가 상승할 때는 손실을 줄이기 위해 주식을 매수하게 된다. 이러한 숏커버링은 주가 상승을 가져온다.

42 배드뱅크 Bad Bank
금융기관의 부실자산을 인수하여 전문적으로 처리하는 기구

금융기관의 부실자산을 인수해 신용불량자에게는 채권추심에 대한 부담을 덜어주면서 신용회복의 기회를 제공해주고, 금융기관 입장에서는 채권추심 일원화에 따라 채권추심비용을 절약하면서 채권 회수 가능성도 제고하는 등 부실채권을 효율적으로 정리할 수 있게 하는 전문기구다.

43 빅스텝 Big Step
중앙은행이 기준금리를 한 번에 0.50%포인트 인상하는 것

금리를 한꺼번에 많이 올리는 경제정책을 뜻하는 경제 용어로 국내 언론에서 미국 연방준비제도(Fed, 연준)가 물가를 조정하기 위해 기준금리를 인상하는 정책을 시행할 때 주로 언급된다. 경제에 미치는 영향을 최소화하기 위해 통상적으로 기준금리는 0.25%포인트(p)씩 올리거나(Baby Step, 베이비스텝) 내리는 것이 일반적이나 인플레이션(물가 상승) 등의 우려가 커질 때는 이보다 큰 폭으로 금리를 올린다. 이를 빅스텝이라고 하는데, 보통 0.50%p 이상 올릴 때를 말한다. 또한 기준금리를 한 번에 0.75%p 인상하는 것은 '자이언트스텝(Giant Step)', 1%p 인상하는 것은 '울트라스텝(Ultra Step)'이라고 한다. 다만 이러한 용어들은 국내에서만 사용되는 것으로 알려져 있다.

44 리쇼어링 Reshoring
싼 인건비나 시장을 찾아 해외로 진출한 기업들이 본국으로 되돌아오는 현상

해외에 나가 있는 자국 기업들을 각종 세제혜택과 규제완화 등을 통해 자국으로 불러들이는 정책을 말한다. 특히 미국은 리쇼어링을 통해 세계의 패권을 되찾는다는 전략을 추진 중이다.

> **오프쇼어링(Off-shoring)**
> - 기업업무의 일부를 인건비 등이 싼 해외 기업에 맡겨 처리하는 것으로 리쇼어링의 반대개념이다.
> - 국내 자본과 설비가 해외로 빠져나가기 때문에 국내 근로자의 일자리가 부족하게 되는 사회문제가 있다.

45 하이브리드 채권 Hybrid Bonds
은행이나 기업이 주로 자본조달을 목적으로 발행하는 것

채권처럼 매년 확정이자를 받을 수 있고, 주식처럼 만기가 없으면서도 매매가 가능한 신종 자본증권이다. 은행 또는 기업이 주로 자본을 조달하기 위한 목적으로 발행한다. 채권과 주식의 특징을 지니며, 일정한 조건하에서 기업이 만기를 연장할 수 있기 때문에 일반 채권에 비해서 이자율이 높다.

46 환율
자국통화와 외국통화 간의 교환 비율

한 나라의 통화가치는 대내가치(구매력인 물가로 표시)와 대외가치(외국통화를 대가로 매매할 수 있는 환율)가 있으며, 표시방법으로는 자국통화표시방법(직접표시법)과 외국통화표시방법(간접표시법)이 있다.

- 환율 하락(평가절상) : 한 국가의 통화가치가 상대적으로 상승하는 것으로 수입 증대, 수출 감소, 외채부담 감소, 국제적인 영향력 강화 제고 현상이 나타난다.
- 환율 상승(평가절하) : 한 국가의 통화가치가 상대적으로 하락하는 것으로 수출 증대, 수입 감소, 외채부담 증가, 국내 인플레이션 현상이 나타난다.

47 환매조건부채권 RP ; Repurchase Agreements
금융기관이 일정 기간 후 확정금리를 보태어 되사는 조건으로 발행하는 채권

일정 기간이 지난 후에 정해진 가격으로 같은 채권을 다시 구매하거나 판매하는 조건으로 채권을 거래하는 방식을 말한다. RP거래는 콜거래, 기업어음거래 등과 같이 단기자금의 대차거래이지만 그 거래대상이 장기 금융자산인 채권이며, 이 채권이 담보의 성격을 지닌다는 점에서 다른 금융거래와는 다르다.

48 MMF Money Market Funds

단기금융상품에 집중투자하여 얻는 수익률을 되돌려주는 초단기형 실적배당상품

투자신탁회사가 고객들의 자금으로 펀드를 구성한 다음 금리가 높은 1년 미만의 기업어음(CP), 양도성예금증서(CD), 콜 등 단기금융상품에 집중투자를 하여 얻은 수익을 고객에게 돌려주는 만기 30일 이내의 초단기 금융상품이다.

> **기업어음(CP)**
> 신용상태가 양호한 기업이 상거래와 관계없이 단기자금을 조달하기 위하여 자기신용을 바탕으로 발행하는 만기가 1년 이내인 융통어음이다.

49 유니콘 기업

기업가치가 10억 달러를 넘어서는 스타트업

설립한 지 10년 이하이면서 뛰어난 기술력과 시장지배력으로 10억 달러 이상의 기업가치를 인정받는 비상장 벤처기업을 말한다. 기업가치가 10억 달러를 넘어서는 것을 마치 전설 속 동물인 유니콘처럼 상상 속에서나 존재할 수 있는, 엄청난 일로 받아들인다는 차원에서 이름 지어졌다. 세계적인 벤처기업들의 산실로 여겨지는 미국 실리콘밸리에서는 유니콘보다 열 배나 큰 데카콘(Decacorn·기업가치 100억 달러) 기업들이 등장하고 있다.

50 규제 샌드박스

신기술 분야에서 일정 기간 동안 규제를 면제 또는 유예하는 제도

'샌드박스(Sand Box)'는 모래로 채워진 상자에서 어린이들이 자유롭게 노는 것에서 따온 용어로 기업이 새로운 기술이나 서비스를 자유롭게 시도할 수 있게 일정 기간 규제를 유예하거나 면제해주는 제도다. 영국에서 핀테크 산업을 빠르게 발전시키기 위해 이 제도를 처음 도입했다.

51 윔블던 효과
외국 자본이 국내 시장을 지배하는 현상

국내 시장에서 외국 기업이 자국 기업보다 잘 나가는 현상이다. 영국의 유명 테니스대회인 '윔블던 대회'가 외국 선수에게 문호를 개방한 이후 대회 자체의 명성은 올라갔지만, 영국인 우승자를 배출하는 것이 어려워진 것에 빗댄 것으로 금융시장을 개방하고 나서 외국계 자본이 국내 자본을 몰아내고 오히려 안방을 차지하는 현상을 말한다.

52 사모펀드 Private Equity Fund
소수의 투자자로부터 비공개 방식을 통해 자금을 조성해 주식, 채권 등을 운용하는 펀드

금융기관이 관리하는 일반펀드와는 달리 '사인(私人) 간 계약'의 형태이므로 금융감독기관의 감시를 받지 않으며, 공모펀드와 달리 운용에 제한이 없는 만큼 자유로운 운용이 가능하다.

53 벌처펀드 Vulture Fund
파산위기에 놓인 부실기업이나 부실채권에 투자하는 자금

사냥해서 먹이를 얻지 않고 동물의 사체를 먹는 대머리독수리(Vulture)에서 유래한 표현으로, 거의 회생가능성이 없는 파산위기의 기업이나 부실채권에 투자해 수익을 내는 자금을 말한다. 싼 값에 매수하여 정상화시킨 후 비싼 값에 팔아 고수익을 노린다는 전략인데, 그만큼 위험성도 크다.

54 헤지펀드 Hedge Fund
투자위험 대비 고수익을 추구하는 투기성 자본

소수의 고액투자자를 대상으로 하는 사모펀드다. 주가의 장·단기 실적을 두루 고려해 장·단기 모두에 투자하는 식으로 포트폴리오를 구성하여 위험은 분산시키고 수익률은 극대화한다. 또한, 헤지펀드는 원래 조세회피 지역에 위장거점을 설치하고 자금을 운영하는 투자신탁으로 자금은 투자위험을 회피하기 위해 펀드로 사용한다.

55 인덱스펀드 Index Fund
특정 지수들을 따라가도록 설계되고 운용되는 펀드

주가지표의 변동과 동일한 투자성과를 내기 위해 구성된 포트폴리오로 증권시장의 장기적 성장추세를 전제로 한다. 그러므로 인덱스펀드의 목표수익률은 시장수익률 자체가 주된 목적이 되며 지수추종형 펀드 또는 패시브형 펀드라고도 한다.

56 어닝 시즌 Earning Season
기업들의 분기별·반기별 실적 발표 시기

기업은 일정 기간(1년에 4번, 분기별) 동안 실적을 종합하여 반기보고서, 연간결산보고서를 발표한다. 이때가 보통 12월인데, 실적 발표가 집중되는 만큼 주가의 향방이 결정되는 중요한 시기이기 때문에 투자자들은 어닝 시즌에 집중하게 된다.

> **어닝 서프라이즈(Earnings Surprise)**
> 시장 예상치를 뛰어 넘는 '기대 이상의 실적'을 말한다. 기업의 실적에 의하여 주가의 방향이 달라지는데, 발표한 실적이 예상보다 높을 때는 주가가 큰 폭으로 오르는 경우가 더욱 많다. 그러나 반대로 예상보다 훨씬 낮을 때는 주가에 충격을 준다는 의미로 '어닝 쇼크(Earning Shock)'라고 한다.

57 필립스 곡선 Phillips Curve
임금상승률과 실업률과의 관계를 나타낸 그래프

실업률이 낮으면 임금상승률이 높고 실업률이 높으면 임금상승률이 낮다는 관계를 나타낸 곡선이다. 영국 경제학자 필립스가 실제 영국의 사례를 토대로 분석한 결과에서 $x=$ 실업률, $y=$ 임금상승률로 하여 $\log(y+0.9)=0.984-1.394x$ 라는 관계를 도출하였다. 이 경우 실업률이 5.5%일 때 임금상승률은 0이 된다. 최근에는 임금상승률과 실업률의 관계보다는 물가상승률과 실업률의 관계를 보는 것이 일반적이다.

CHAPTER 02 출제예상문제

01 마케팅 분석기법 중 하나인 3C에 해당하지 않는 것은?

① Company
② Competitor
③ Coworker
④ Customer

> **해설**
> '3C'는 마케팅 전략을 수립하면서 분석해야 할 요소들을 말하는 것으로 'Customer(고객)', 'Competitor(경쟁사)', 'Company(자사)'가 해당한다. 자사의 강점과 약점, 경쟁사의 상황, 고객의 니즈 등을 종합적으로 판단해 마케팅 전략을 수립하는 데 활용한다.

02 전세가와 매매가의 차액만으로 전세를 안고 주택을 매입한 후 부동산 가격이 오르면 이득을 보는 '갭 투자'와 관련된 경제 용어는 무엇인가?

① 코픽스
② 트라이슈머
③ 레버리지
④ 회색 코뿔소

> **해설**
> • 갭(Gap) 투자 : 전세를 안고 하는 부동산 투자이다. 부동산 경기가 호황일 때 수익을 낼 수 있으나 부동산 가격이 위축돼 손해를 보면 전세 보증금조차 갚지 못할 수 있는 위험한 투자이다.
> • 레버리지(Leverage) : 대출을 받아 적은 자산으로 높은 이익을 내는 투자 방법이다. '지렛대 효과'를 낸다 하여 레버리지라는 이름이 붙었다.

03 경기상황이 디플레이션일 때 나타나는 현상으로 옳은 것은?

① 통화량 감소, 물가 하락, 경기침체
② 통화량 증가, 물가 상승, 경기상승
③ 통화량 감소, 물가 하락, 경기상승
④ 통화량 증가, 물가 하락, 경기침체

> **해설**
> 디플레이션은 통화량 감소와 물가 하락 등으로 인하여 경제활동이 침체되는 현상을 말한다.

04 어떤 증권에 대한 공포감 때문에 투자자들이 급격하게 매도하는 현상을 뜻하는 용어는?

① 패닉셀링 ② 반대매매
③ 페이밴드 ④ 손절매

해설
패닉셀링(Panic Selling)은 투자자들이 어떤 증권에 대해서 공포감과 혼란을 느껴 급격하게 매도하는 현상을 뜻한다. '공황매도'라고도 한다. 증권시장이 악재로 인해 대폭락이 예상되거나, 대폭락 중일 때 투자자들이 보유한 증권을 팔아버리는 것이다. 패닉셀링이 시작되면 시장은 이에 힘입어 더욱 침체를 겪게 된다.

05 특정 품목의 수입이 급증할 때, 수입국이 관세를 조정함으로써 국내 산업의 침체를 예방하는 조치는 무엇인가?

① 세이프가드 ② 선샤인액트
③ 리쇼어링 ④ 테이퍼링

해설
특정 상품의 수입 급증이 수입국의 경제 또는 국내 산업에 심각한 타격을 줄 우려가 있는 경우 세이프가드(Safeguard)를 발동한다.

오답분석
② 선샤인액트(Sunshine Act) : 제약사와 의료기기 제조업체가 의료인에게 경제적 이익을 제공할 경우 해당 내역에 대한 지출보고서 작성을 의무화한 제도
③ 리쇼어링(Reshoring) : 해외로 진출했던 기업들이 본국으로 회귀하는 현상
④ 테이퍼링(Tapering) : 양적완화 정책의 규모를 점차 축소해가는 출구전략

06 다음 중 유로존 가입국이 아닌 나라는?

① 오스트리아 ② 프랑스
③ 아일랜드 ④ 스위스

해설
유로존(Eurozone)은 유럽연합의 단일화폐인 유로를 국가통화로 도입하여 사용하는 국가나 지역을 가리키는 말로 오스트리아, 핀란드, 독일, 포르투갈, 프랑스, 아일랜드, 스페인 등 총 20개국이 가입(2024년 기준)되어 있다. 스위스는 유로존에 포함되어 있지 않기 때문에 자국 통화인 스위스프랑을 사용한다.

정답 01 ③ 02 ③ 03 ① 04 ① 05 ① 06 ④

07 물가 상승이 통제를 벗어난 상태로, 수백 퍼센트의 인플레이션율을 기록하는 상황을 말하는 경제 용어는?

① 보틀넥 인플레이션 ② 하이퍼 인플레이션
③ 디맨드 풀 인플레이션 ④ 디스인플레이션

> **해설**
>
> **오답분석**
> ① 보틀넥 인플레이션(Bottleneck Inflation) : 생산능력의 증가속도가 수요의 증가속도를 따르지 못함으로써 발생하는 물가 상승
> ③ 디맨드 풀 인플레이션(Demand-pull Inflation) : 초과수요로 인하여 일어나는 인플레이션
> ④ 디스인플레이션(Disinflation) : 인플레이션을 극복하기 위해 통화증발을 억제하고 재정·금융긴축을 주축으로 하는 경제조정 정책

08 다음 중 리디노미네이션(Redenomination)에 대한 설명으로 옳지 않은 것은?

① 나라의 화폐를 가치의 변동 없이 모든 지폐와 은행권의 액면을 동일한 비율의 낮은 숫자로 표현하는 것을 말한다.
② 리디노미네이션의 목적은 화폐의 숫자가 너무 커서 발생하는 국민들의 계산이나 회계 기장의 불편, 지급상의 불편 등의 해소에 있다.
③ 리디노미네이션은 인플레이션 기대심리를 유발할 수 있다는 문제점이 있다.
④ 화폐단위가 변경되면서 새로운 화폐를 만들어야 하기 때문에 화폐 제조비용이 늘어난다.

> **해설**
>
> 리디노미네이션은 인플레이션의 기대심리를 억제시키고, 국민들의 거래 편의와 회계장부의 편리화 등의 장점을 갖고 있다.

09 GDP에 대한 설명으로 적절하지 않은 것은?

① 비거주자가 제공한 노동도 포함된다.
② 국가의 경제성장률을 분석할 때 사용된다.
③ 명목GDP와 실질GDP가 있다.
④ 한 나라의 국민이 일정 기간 동안 생산한 재화와 서비스이다.

> **해설**
>
> GDP(Gross Domestic Product, 국내총생산)는 한 나라의 영역 내에서 가계, 기업, 정부 등 모든 경제주체가 일정 기간 생산한 재화·서비스의 부가가치를 시장 가격으로 평가한 것이다. 비거주자가 제공한 생산요소에 의해 창출된 것도 포함된다. 물가상승분이 반영된 명목GDP와 생산량 변동만을 반영한 실질GDP가 있다. 한 국가의 국민이 일정 기간 동안 생산한 재화와 서비스를 모두 합한 것은 GNP(국민총생산)이다.

10 국제통상에서 한 나라가 다른 외국에 부여한 조건보다 불리하지 않은 조건을 상대국에도 부여하는 것은?

① 인코텀스
② 출혈 수주
③ 호혜 무역
④ 최혜국 대우

해설
최혜국 대우는 국제통상·항해조약에서 한 나라가 외국에 부여한 조건보다 불리하지 않은 대우를 상대국에도 부여하는 것을 말한다. 모든 국가들이 서로 국제통상을 할 때 차별하지 않고 동등하게 대한다는 원칙이다. 세계무역기구(WTO)에 가입된 조약국에는 기본적으로 적용된다.

11 복잡한 경제활동 전체를 '경기'로서 파악하기 위해 제품, 자금, 노동 등에 관한 통계를 통합·정리해서 작성한 지수는?

① 기업경기실사지수
② 엔젤지수
③ GPI
④ 경기동향지수

해설
경기동향지수는 경기의 변화방향만을 지수화한 것으로 경기확산지수라고도 한다. 즉, 경기국면의 판단 및 예측, 경기전환점을 식별하기 위한 지표이다.

12 다음 중 경상수지에 해당하지 않는 것은?

① 상품수지
② 서비스수지
③ 국제수지
④ 소득수지

해설
경상수지는 자본수지와 함께 국제수지를 이루는 요소로서 상품수지, 서비스수지, 소득수지, 경상이전수지로 구성된다. 국가 간의 상품과 서비스의 수출입 결과를 종합한 것으로 외국과의 교역을 통해 상품과 서비스가 얼마나 오갔으며, 자본·노동 등의 생산요소가 이동하면서 이에 따른 수입과 지급은 얼마나 이루어졌는지 총체적으로 나타낸 것이다.

정답 07 ② 08 ③ 09 ④ 10 ④ 11 ④ 12 ③

13 자원을 재활용하는 방식으로 친환경을 추구하는 경제모델을 뜻하는 용어는?

① 중립경제
② 공유경제
③ 순환경제
④ 선형경제

해설
순환경제는 자원을 아껴 쓰고 재활용하는 방식으로 지속가능한 경제활동을 추구하는 친환경 경제모델을 일컫는 용어다. 채취하고 생산하고 소비하며 폐기하는 기존의 선형경제와 대치되는 경제모델이다. 재활용이 가능한 원자재를 사용하고, 썩지 않는 플라스틱 등의 폐기물을 없애는 방식으로 나타난다.

14 돈을 풀고 금리를 낮춰도 투자와 소비가 늘지 않는 현상을 무엇이라 하는가?

① 유동성 함정
② 스태그플레이션
③ 디맨드 풀 인플레이션
④ 애그플레이션

해설
유동성 함정(Liquidity Trap)은 금리를 낮추고 통화량을 늘려도 경기가 부양되지 않는 상태를 말한다.

15 다음 〈보기〉에서 설명하고 있는 효과는?

보기
- 가격이 오르는데도 일부 계층의 과시욕이나 허영심 등으로 인해 수요가 줄어들지 않는 현상
- 상류층 소비자들의 소비 행태를 가리키는 말

① 바넘 효과
② 크레스피 효과
③ 스놉 효과
④ 베블런 효과

해설
베블런 효과는 미국의 경제학자이자 사회학자인 소스타인 베블런(Thorstein Bunde Veblen)이 자신의 저서 〈유한계급론〉(1899)에서 "상류층 계급의 두드러진 소비는 사회적 지위를 과시하기 위하여 자각 없이 행해진다"고 지적한 데서 유래했다.

16 다음 글이 설명하고 있는 시장의 유형으로 적절한 것은?

- 주변에서 가장 많이 볼 수 있는 시장의 유형이다.
- 공급자의 수는 많지만, 상품의 질은 조금씩 다르다.
- 소비자들은 상품의 차별성을 보고 기호에 따라 재화나 서비스를 소비하게 된다. 미용실, 약국 등이 속한다.

① 과점시장 ② 독점적 경쟁시장
③ 생산요소시장 ④ 완전경쟁시장

해설
다수의 공급자, 상품 차별화, 어느 정도의 시장 지배력 등의 특징을 갖고 있는 시장은 독점적 경쟁시장이다. 과점시장은 소수의 기업이나 생산자가 시장을 장악하고 비슷한 상품을 제조하며 동일한 시장에서 경쟁하는 시장형태이다. 우리나라 이동통신회사가 대표적인 예이다.

17 기업들이 자발적으로 필요 전력을 재생에너지로 충당한다는 캠페인은?

① CF100 ② RE100
③ ESG ④ 볼트온

해설
RE100은 2050년까지 필요한 전력의 100%를 태양광, 풍력 등 재생에너지로만 충당하겠다는 기업들의 자발적인 약속이다. 2014년 영국의 비영리단체인 기후그룹과 탄소공개프로젝트가 처음 제시했다.

18 총가계지출액 중에서 식료품비가 차지하는 비율, 즉 엥겔(Engel)계수에 대한 설명과 가장 거리가 먼 것은?

① 농산물 가격이 상승하면 엥겔계수가 올라간다.
② 엥겔계수를 구하는 식은 식료품비/총가계지출액×100이다.
③ 엥겔계수는 소득 수준이 높아짐에 따라 점차 증가하는 경향이 있다.
④ 엥겔계수 상승에 따른 부담은 저소득층이 상대적으로 더 커진다.

해설
식료품은 필수품이기 때문에 소득 수준과 관계없이 반드시 일정한 비율을 소비해야 하며 동시에 어느 수준 이상은 소비할 필요가 없는 재화이다. 따라서 엥겔계수는 소득 수준이 높아짐에 따라 점차 감소하는 경향이 있다.

19 경기침체 속에서 물가 상승이 동시에 발생하는 상태를 가리키는 용어는?

① 디플레이션(Deflation)
② 하이퍼 인플레이션(Hyper Inflation)
③ 스태그플레이션(Stagflation)
④ 애그플레이션(Agflation)

> **해설**
> [오답분석]
> ① 디플레이션 : 경제 전반적으로 상품과 서비스의 가격이 지속적으로 하락하고 경제활동이 침체되는 현상
> ② 하이퍼 인플레이션 : 물가 상승 현상이 통제를 벗어난 초인플레이션 상태
> ④ 애그플레이션 : 곡물 가격이 상승하면서 일반 물가도 오르는 현상

20 서방 선진 7개국 정상회담(G7)은 1975년 프랑스가 G6 정상회의를 창설하고 그 다음해 캐나다가 추가·확정되면서 매년 개최된 회담이다. 다음 중 G7 회원국이 아닌 나라는?

① 미 국
② 영 국
③ 이탈리아
④ 중 국

> **해설**
> 1975년 프랑스가 G6 정상회의를 창설했다. 미국, 프랑스, 독일, 영국, 이탈리아, 일본 등 서방 선진 6개국의 모임으로 출범하였으며, 그 다음해 캐나다가 추가되어 서방 선진 7개국 정상회담(G7)으로 매년 개최되었다. 1990년대 이후 냉전 구도 해체로 러시아가 옵서버 형식으로 참가하였으나, 2014년 이후 제외됐다.

21 다음 중 지니계수에 대한 설명으로 옳지 않은 것은?

① 0과 1 사이의 값을 가지며 1에 가까울수록 불평등 정도가 낮다.
② 로렌츠곡선에서 구해지는 면적 비율로 계산한다.
③ 계층 간 소득분포의 불균형 정도를 나타내는 수치로 나타낸 것이다.
④ 소득이 어느 정도 균등하게 분배되는지 평가하는 데 이용된다.

> **해설**
> 지니계수는 계층 간 소득분포의 불균형 정도를 나타내는 수치로, 소득이 어느 정도 균등하게 분배돼 있는지를 평가하는 데 주로 이용된다. 지니계수는 0과 1 사이의 값을 가지며 1에 가까울수록 불평등 정도가 높은 것을 뜻한다.

22 세계경제포럼의 회장이며 제4차 산업혁명 시대 전환을 최초로 주장한 인물은?

① 폴 크루그먼
② 제러미 리프킨
③ 클라우스 슈밥
④ 폴 밀그럼

> **해설**
> 경제학자이자 세계경제포럼(WEP)의 회장인 클라우스 슈밥은 '제4차 산업혁명'이라는 개념을 최초로 주창한 인물로 알려져 있다. 2016년 1월 열린 다보스 포럼에서 제4차 산업혁명을 글로벌 의제로 삼은 슈밥은 이 새로운 물결로 인해 빈부격차가 심해지고 사회적 긴장이 높아질 것으로 전망했다.

23 다음 중 임금상승률과 실업률 사이의 상충관계를 나타낸 것은?

① 로렌츠곡선
② 필립스곡선
③ 지니계수
④ 래퍼곡선

> **해설**
> 실업률과 임금·물가상승률의 반비례 관계를 나타낸 곡선은 필립스곡선(Phillips Curve)이다. 실업률이 낮으면 임금이나 물가의 상승률이 높고, 실업률이 높으면 임금이나 물가의 상승률이 낮다는 것이다.

24 다음 중 경기가 회복되는 국면에서 일시적인 어려움을 겪는 상황을 나타내는 것은?

① 스크루플레이션(Screwflation)
② 소프트 패치(Soft Patch)
③ 러프 패치(Rough Patch)
④ 그린 슈트(Green Shoots)

> **해설**
> 경기가 상승하는 국면에서 본격적으로 침체되거나 후퇴하는 것은 아니지만 일시적으로 성장세가 주춤하면서 어려움을 겪는 현상을 소프트 패치(Soft Patch)라 한다.
>
> **오답분석**
> ① 스크루플레이션 : 쥐어짤 만큼 어려운 경제상황에서 체감 물가가 올라가는 상태
> ③ 러프 패치 : 소프트 패치보다 더 나쁜 경제상황으로, 소프트 패치 국면이 상당기간 길어질 수 있음을 의미
> ④ 그린 슈트 : 경제가 침체에서 벗어나 조금씩 회복되면서 발전할 조짐을 보이는 것

정답 19 ③ 20 ④ 21 ① 22 ③ 23 ② 24 ②

25 미국 보스턴 컨설팅 그룹이 개발한 BCG 매트릭스에서 기존 투자에 의해 수익이 계속적으로 실현되는 자금 공급 원천에 해당하는 사업은?

① 스타(Star) 사업
② 도그(Dog) 사업
③ 캐시카우(Cash Cow) 사업
④ 물음표(Question Mark) 사업

> **해설**
> 캐시카우 사업은 시장점유율이 높아 안정적으로 수익을 창출하지만 성장 가능성은 낮은 사업이다. 스타 사업은 수익성과 성장성이 모두 큰 사업이며, 그 반대가 도그 사업이다. 물음표 사업은 앞으로 어떻게 될 지 알 수 없는 사업이다.

26 친환경 정책을 바탕으로 새로운 부가가치를 창출하는 시장을 일컫는 말은?

① 그린오션
② 블루오션
③ 레드오션
④ 퍼플오션

> **해설**
> 그린오션(Green Ocean)은 경제·사회·환경 분야에서 '지속 가능한 성장'을 달성하기 위한 핵심 개념으로, 친환경 정책을 바탕으로 새로운 경제적 부가가치를 창출하는 경영 전략이나 시장을 말한다.

27 다음 중 기업이 공익을 추구하면서도 실질적인 이익을 얻을 수 있도록 공익과의 접점을 찾는 마케팅은?

① 바이럴 마케팅
② 코즈 마케팅
③ 니치 마케팅
④ 헤리티지 마케팅

> **해설**
> 기업이 일방적으로 기부나 봉사활동을 하는 것에서 나아가 기업이 공익을 추구하면서도 이를 통해 실질적인 이익을 얻을 수 있도록 공익과의 접점을 찾는 것을 코즈(Cause) 마케팅이라 한다.

28 다음 중 BCG 매트릭스에서 원의 크기가 의미하는 것은?

① 시장성장률
② 상대적 시장점유율
③ 기업의 규모
④ 매출액의 크기

> **해설**
> BCG 매트릭스에서 원의 크기는 매출액의 크기를 의미한다.
>
> **BCG 매트릭스**
> 미국의 보스턴컨설팅그룹이 개발한 사업 전략의 평가기법으로 '성장-점유율 분석'이라고도 한다. 상대적 시장점유율과 시장성장률이라는 2가지를 각각 X, Y축으로 하여 매트릭스(2차원 공간)에 해당 사업을 위치시켜 사업 전략을 위한 분석과 판단에 이용한다.

29 제품 생산부터 판매에 이르기까지 소비자를 관여시키는 마케팅 기법을 무엇이라고 하는가?

① 프로슈머 마케팅　　　　② 풀 마케팅
③ 앰부시 마케팅　　　　　④ 노이즈 마케팅

해설
프로슈머 마케팅(Prosumer Marketing)은 소비자의 아이디어를 제품 개발 및 유통에 활용하는 마케팅 기법이다.

오답분석
② 풀 마케팅(Pull Marketing) : 광고・홍보활동에 고객들을 직접 주인공으로 참여시켜 벌이는 마케팅 기법
③ 앰부시 마케팅(Ambush Marketing) : 스폰서의 권리가 없는 자가 마치 자신이 스폰서인 것처럼 하는 마케팅 기법
④ 노이즈 마케팅(Noise Marketing) : 상품의 품질과는 상관없이 오로지 상품을 판매할 목적으로 각종 이슈를 요란스럽게 치장해 구설에 오르도록 하거나, 화젯거리로 소비자들의 이목을 현혹시켜 판매를 늘리는 마케팅 기법

30 다음 중 재벌의 황제경영을 바로잡아 보려는 직접적 조처에 해당하는 것은?

① 사외이사제도　　　　　② 부채비율의 인하
③ 채무보증의 금지　　　　④ 지주회사제도

해설
사외이사제도는 1997년 외환위기를 계기로 우리 스스로가 기업 경영의 투명성을 높이고자 도입한 제도이다. 경영감시를 통한 공정한 경쟁과 기업 이미지 쇄신은 물론 전문가를 경영에 참여시킴으로써 기업경영에 전문지식을 활용하려는 데 목적이 있다.

31 다음 중 주주총회에 대한 설명으로 틀린 것은?

① 주주총회에서 행하는 일반적인 결의방법은 보통 결의이다.
② 특별결의는 출석한 주주의 의결권의 3분의 1 이상의 수와 발행주식 총수의 3분의 1 이상의 수로써 정해야 한다.
③ 총회의 결의에 관하여 특별한 이해관계가 있는 자는 의결권을 행사할 수 없다.
④ 주주총회의 의사의 경과요령과 그 결과를 기재한 서면을 의사록이라고 한다.

해설
특별결의는 출석한 주주의 의결권의 3분의 2 이상의 수와 발행주식 총수의 3분의 1 이상의 수로써 정해야 한다.

32 다음 중 중앙은행이 발행한 화폐의 액면가에서 제조·유통 비용을 제한 차익을 일컫는 용어는?

① 오버슈팅
② 페그제
③ 그레샴
④ 시뇨리지

> **해설**
> 시뇨리지(Seigniorage)는 중앙은행이 발행한 화폐의 실질가치에서 제조와 유통 등의 발행비용을 뺀 차익을 말한다. 이는 곧 정부의 이익이 되는데, 가령 1,000원권 화폐의 제조비용이 100원이 든다면, 나머지 900원은 정부의 시뇨리지가 되는 것이다. 시뇨리지라는 용어는 유럽의 중세 봉건제 시절 영주였던 시뇨르(Seigneur)가 화폐 주조를 통해 이득을 얻었던 데서 따왔다.

33 전 세계 1~3% 안에 드는 최상류 부유층의 소비자를 겨냥해 따로 프리미엄 제품을 내놓는 마케팅을 무엇이라고 하는가?

① 하이엔드 마케팅(High-end Marketing)
② 임페리얼 마케팅(Imperial Marketing)
③ 카니발라이제이션(Cannibalization)
④ 하이브리드 마케팅(Hybrid Marketing)

> **해설**
> 고소득층 및 상류층과 중상류층이 주로 구입하는 제품 또는 서비스를 럭셔리(Luxury) 마케팅, 프레스티지(Prestige) 마케팅, 하이엔드 마케팅, VIP 마케팅이라고 한다.

34 IPO에 대한 설명 중 옳지 않은 것은?

① 주식공개나 기업공개를 의미한다.
② IPO 가격이 낮아지면 투자자의 투자수익이 줄어 자본조달 여건이 나빠진다.
③ 소유권 분산으로 경영에 주주들의 압력이 가해질 수 있다.
④ 발행회사는 주식 발행가격이 높을수록 IPO 가격도 높아진다.

> **해설**
> IPO(Initial Public Offering, 주식공개제도)는 기업이 일정 목적을 가지고 주식과 경영상의 내용을 공개하는 것을 의미한다. 발행회사는 주식 발행가격이 높을수록 IPO 가격이 낮아지므로 투자자의 투자수익은 줄어 추가 공모 등을 통한 자본조달 여건이 나빠진다. 성공적인 IPO를 위해서는 적정 수준에서 기업을 공개하는 것이 중요하며 투자자들의 관심을 모으는 것이 필요하다.

35 기업 M&A에 대한 방어 전략의 일종으로 적대적 M&A가 시도될 경우 기존 주주들에게 시가보다 싼 값에 신주를 발행해 기업인수에 드는 비용을 증가시키는 방법은?

① 황금낙하산
② 유상증자
③ 신주발행
④ 포이즌 필

> **해설**
> 포이즌 필(Poison Pill)은 적대적 M&A 등 특정 사건이 발생하였을 때 기존 주주들에게 회사 신주(新株)를 시가보다 훨씬 싼 가격으로 매입할 수 있도록 함으로써 적대적 M&A 시도자로 하여금 지분확보를 어렵게 하여 경영권을 방어할 수 있도록 하는 것이다.

36 기업이 임직원에게 자기회사의 주식을 일정 수량, 일정 가격으로 매수할 수 있는 권리를 부여하는 제도는?

① 사이드카(Side Car)
② 스톡옵션(Stock Option)
③ 트레이딩칼라(Trading Collar)
④ 서킷브레이커(Circuit Breaker)

> **해설**
> [오답분석]
> ① 사이드카(Side Car) : 선물시장이 급변할 경우 현물시장에 대한 영향을 최소화함으로써 현물시장을 안정적으로 운용하기 위한 관리제도
> ③ 트레이딩칼라(Trading Collar) : 주식시장 급변에 따른 지수 변동성 확대로 시장의 불안 정도가 높아질 때 발효되는 시장 조치
> ④ 서킷브레이커(Circuit Breaker) : 주식시장에서 주가가 급등 또는 급락하는 경우 주식매매를 일시정지하는 제도

37 기업이 담합행위를 자진으로 신고한 경우 처벌을 경감하거나 면제해주는 제도는?

① 신디케이트
② 엠네스티 플러스
③ 리니언시
④ 플리바게닝

> **해설**
> 리니언시(Leniency)는 담합행위를 한 기업이 자진신고를 할 경우 처벌을 경감하거나 면제하는 제도로 기업들 간의 불신을 자극하여 담합을 방지하는 효과를 얻을 수 있다.

38 금융기관의 재무건전성을 나타내는 기준으로, 위험가중자산(총 자산)에서 자기자본이 차지하는 비율을 말하는 것은?

① DTI
② LTV
③ BIS 비율
④ 지급준비율

> **해설**
> 국제결제은행(Bank for International Settlement)에서는 BIS 비율로써 국제금융시장에서 금융기관이 자기자본비율을 8% 이상 유지하도록 권고하고 있다.

39 제품의 가격을 인하하면 수요가 줄어들고 오히려 가격이 비싼 제품의 수요가 늘어나는 것을 무엇이라고 하는가?

① 세이의 법칙
② 파레토최적의 법칙
③ 쿠즈네츠의 U자 가설
④ 기펜의 역설

> **해설**
> 기펜의 역설(Giffen's Paradox)은 한 재화의 가격 하락(상승)이 도리어 그 수요의 감퇴(증가)를 가져오는 현상이다. 예를 들어 쌀과 보리는 서로 대체적인 관계에 있는데, 소비자가 빈곤할 때는 보리를 많이 소비하나, 부유해짐에 따라 보리의 수요를 줄이고 쌀을 더 많이 소비하는 경향이 있다.

40 다음 중 '네 마녀의 날'에 대한 설명으로 틀린 것은?

① 쿼드러플 위칭 데이라고도 불린다.
② 네 가지 파생상품의 만기일이 겹치는 날이다.
③ 우리나라는 2008년에 처음 맞았다.
④ 이 날에는 주가의 움직임이 안정을 띠게 된다.

> **해설**
> 네 마녀의 날은 쿼드러플 위칭 데이(Quadruple Witching Day)라고도 하며 우리나라의 경우 매년 3, 6, 9, 12월 둘째 주 목요일은 주가지수 선물·옵션과 주식 선물·옵션 만기일이 겹쳐 '네 마녀의 날'로 불린다. 해당 일에는 막판에 주가가 요동칠 때가 많아서 '마녀(파생상품)가 심술을 부린다'는 의미로 이 용어가 만들어졌다. 네 마녀의 날에는 파생상품과 관련된 숨어 있었던 현물주식 매매가 정리매물로 시장에 쏟아져 나오며 예상하기 어려운 주가의 움직임을 보인다. 우리나라는 2008년 개별주식선물이 도입돼 그해 6월 12일에 첫 번째 네 마녀의 날을 맞았다.

41 선물시장이 급변할 경우 현물시장에 들어오는 프로그램 매매주문의 처리를 5분 동안 보류하여 현물시장의 타격을 최소화하는 프로그램 매매호가 관리제도를 무엇이라고 하는가?

① 코스피
② 트레이딩칼라
③ 사이드카
④ 서킷브레이커

해설
오답분석
① 코스피(KOSPI) : 한국증권거래소에 상장된 종목들의 주식 가격을 종합적으로 표시한 수치
② 트레이딩칼라(Trading Collar) : 주식시장 급변에 따른 지수 변동성 확대로 시장의 불안 정도가 높아질 때 발효되는 시장 조치
④ 서킷브레이커(Circuit Breaker) : 주식시장에서 주가가 급등 또는 급락하는 경우 주식매매를 일시정지하는 제도

42 지주회사에 대한 설명으로 옳지 않은 것은?

① 카르텔형 복합기업의 대표적인 형태이다.
② 한 회사가 타사의 주식 전부 또는 일부를 보유함으로써 다수기업을 지배하려는 목적으로 이루어지는 기업집중 형태이다.
③ 자사의 주식 또는 사채를 매각하여 타 회사의 주식을 취득하는 증권대위의 방식에 의한다.
④ 콘체른형 복합기업의 전형적인 기업집중 형태이다.

해설
지주회사는 콘체른형 복합기업의 대표적인 형태로서 모자회사 간의 지배관계를 형성할 목적으로 자회사의 주식총수에서 과반수 또는 지배에 필요한 비율을 소유·취득하여 해당 자회사의 지배권을 갖고 자본적으로나 관리기술적인 차원에서 지배관계를 형성하는 기업을 말한다.

43 주가가 떨어질 것을 예측해 주식을 빌려 파는 공매도를 했지만 반등이 예상되자 빌린 주식을 되갚으면서 주가가 오르는 현상은?

① 사이드카
② 디노미네이션
③ 서킷브레이커
④ 숏커버링

해설
없는 주식이나 채권을 판 후 보다 싼 값으로 주식이나 그 채권을 구해 매입자에게 넘기는데, 예상을 깨고 강세장이 되어 해당 주식이 오를 것 같으면 손해를 보기 전에 빌린 주식을 되갚게 된다. 이때 주가가 오르는 현상을 숏커버링(Short Covering)이라 한다.

44 다음 중 금융기관의 부실자산이나 채권만을 사들여 전문적으로 처리하는 기관을 무엇이라고 하는가?

① 굿뱅크
② 배드뱅크
③ 다크뱅크
④ 캔디뱅크

> **해설**
> 배드뱅크(Bad Bank)는 금융기관의 방만한 운영으로 발생한 부실자산이나 채권만을 사들여 별도로 관리하면서 전문적으로 처리하는 구조조정 전문기관이다.

45 국가의 중앙은행이 0.75%포인트 금리를 인상하는 것을 의미하는 용어는?

① 자이언트스텝
② 빅스텝
③ 리디노미네이션
④ 트리플딥

> **해설**
> 빅스텝(Big Step)은 한 번에 0.50%포인트, 자이언트스텝(Giant Step)은 0.75%포인트의 금리를 조정하는 것을 의미한다.

46 해외로 나가 있는 자국 기업들을 각종 세제혜택과 규제완화 등을 통해 자국으로 다시 불러들이는 정책을 가리키는 말은?

① 리쇼어링(Reshoring)
② 아웃소싱(Outsourcing)
③ 오프쇼어링(Off-shoring)
④ 앵커링 효과(Anchoring Effect)

> **해설**
> 미국을 비롯한 각국 정부는 경기침체와 실업난의 해소, 경제활성화와 일자리 창출 등을 위해 리쇼어링 정책을 추진한다.

47 주식과 채권의 중간적 성격을 지닌 신종자본증권은?

① 하이브리드 채권
② 금융 채권
③ 연대 채권
④ 농어촌지역개발 채권

> **해설**
> 하이브리드 채권은 채권처럼 매년 확정이자를 받을 수 있고, 주식처럼 만기가 없으면서도 매매가 가능한 신종자본증권이다.

48 다음 중 환율 인상의 영향이 아닌 것은?

① 국제수지 개선 효과
② 외채 상환시 원화부담 가중
③ 수입 증가
④ 국내물가 상승

해설
환율 인상의 영향
• 수출 증가, 수입 감소로 국제수지 개선 효과
• 수입품의 가격 상승에 따른 국내물가 상승
• 외채 상환시 원화부담 가중

49 지급준비율에 대한 설명으로 틀린 것은?

① 지급준비율 정책은 통화량 공급을 조절하는 수단 중 하나로 금융감독원에서 지급준비율을 결정한다.
② 지급준비율을 낮추면 자금 유동성을 커지게 하여 경기부양의 효과를 준다.
③ 지급준비율은 통화조절 수단으로 중요한 의미를 가진다.
④ 부동산 가격의 안정화를 위해 지급준비율을 인상하는 정책을 내놓기도 한다.

해설
지급준비율이란 시중은행이 고객이 예치한 금액 중 일부를 인출에 대비해 중앙은행에 의무적으로 적립해야 하는 지급준비금의 비율이다. 지급준비율의 결정은 중앙은행이 하는데 우리나라의 경우 한국은행이 이에 해당한다.

50 다음 중 환매조건부채권에 대한 설명으로 틀린 것은?

① 금융기관이 일정 기간 후 확정금리를 보태어 되사는 조건으로 발행하는 채권이다.
② 발행 목적에 따라 여러 가지 형태가 있는데, 흔히 중앙은행과 시중은행 사이의 유동성을 조절하는 수단으로 활용된다.
③ 한국은행에서도 시중에 풀린 통화량을 조절하거나 예금은행의 유동성 과부족을 막기 위해 수시로 발행하고 있다.
④ 은행이나 증권회사 등의 금융기관이 수신 금융상품으로는 판매할 수 없다.

해설
은행이나 증권회사 등의 금융기관이 수신 금융상품의 하나로 고객에게 직접 판매하는 것도 있다.

51 고객의 투자금을 모아 금리가 높은 CD, CP 등 단기 금융상품에 투자해 고수익을 내는 펀드를 무엇이라 하는가?

① ELS
② ETF
③ MMF
④ CMA

> **해설**
> CD(양도성예금증서), CP(기업어음) 등 단기 금융상품에 투자해 수익을 되돌려주는 실적배당상품을 MMF(Money Market Fund)라고 한다.

52 다음 중 분수 효과에 대한 설명으로 옳지 않은 것은?

① 영국의 경제학자인 존 케인스가 처음 주장했다.
② 저소득층의 소득·소비증대가 고소득층의 소득도 높이게 된다는 이론이다.
③ 고소득층보다 저소득층의 한계소비성향이 크다는 것을 고려한 이론이다.
④ 저소득층에 대한 복지는 축소한다.

> **해설**
> 분수 효과(Trickle-Up effect)는 저소득층의 소득증대와 이에 따른 민간소비 증대가 총 수요를 진작하고 투자·경기활성화를 불러와 고소득층의 소득까지 상승시킨다는 이론이다. 영국의 경제학자인 존 케인스(John Maynard Keynes)가 주장했으며, 낙수 효과와 반대되는 개념이다. 저소득층에 대한 복지를 늘리고, 세금을 인하하는 등의 직접 지원이 경기부양에 도움이 된다고 본다. 저소득층의 한계소비성향이 고소득층보다 더 크다는 것을 바탕으로 한 이론이다.

53 신흥국 시장이 강대국의 금리 정책 때문에 크게 타격을 입는 것을 무엇이라 하는가?

① 긴축발작
② 옥토버 서프라이즈
③ 어닝 쇼크
④ 덤벨 이코노미

> **해설**
> 2013년 당시 벤 버냉키 미국 연방준비제도(Fed) 의장이 처음으로 양적완화 종료를 시사한 뒤 신흥국의 통화가치와 증시가 급락하는 현상이 발생했는데, 이를 가리켜 강대국의 금리 정책에 대한 신흥국의 '긴축발작'이라고 부르게 되었다. 미국의 금리인상 정책 여부에 따라 신흥국이 타격을 입으면서 관심이 집중되는 용어이다.

54 국내 시장에서 외국기업이 자국기업보다 더 활발히 활동하거나 외국계 자금이 국내 금융시장을 장악하는 현상을 지칭하는 용어는?

① 피셔 효과(Fisher Effect)
② 윔블던 효과(Wimbledon Effect)
③ 베블런 효과(Veblen Effect)
④ 디드로 효과(Diderot Effect)

해설

오답분석
① 피셔 효과 : 1920년대 미국의 경제학자 어빙 피셔의 주장. 인플레이션이 심해지면 금리 역시 따라서 올라간다는 이론
③ 베블런 효과 : 가격이 오르는데도 오히려 수요가 증가하는 현상(가격은 가치를 반영)
④ 디드로 효과 : 새로운 물건을 갖게 되면 그것과 어울리는 다른 물건도 원하는 효과

55 소수의 투자자에게 비공개로 자금을 조성해 주식·채권을 운용하는 펀드는?

① 공모펀드
② 벌처펀드
③ 인덱스펀드
④ 사모펀드

해설
사모펀드는 금융기관이 관리하는 일반 펀드와는 달리 '사인(私人) 간 계약'의 형태이므로 금융감독기관의 감시를 받지 않으며, 공모펀드와는 달리 운용에 제한이 없는 만큼 자유로운 운용이 가능하다.

56 기업의 실적이 시장 예상보다 훨씬 뛰어넘는 경우가 나왔을 때를 일컫는 용어는?

① 어닝 쇼크
② 어닝 시즌
③ 어닝 서프라이즈
④ 커버링

해설
시장 예상보다 훨씬 나은 실적이 나왔을 때를 '어닝 서프라이즈(Earning Surprise)'라고 하고 실적이 나쁠 경우를 '어닝 쇼크(Earning Shock)'라고 한다. 어닝 서프라이즈가 있으면 주가가 오를 가능성이, 어닝 쇼크가 발생하면 주가가 떨어질 가능성이 높다.

정답 51 ③ 52 ④ 53 ① 54 ② 55 ④ 56 ③

CHAPTER 03 사회·노동·환경

01 노블레스 오블리주 Noblesse Oblige
사회적으로 높은 위치에 있거나 명예를 가진 사람에게 요구되는 도덕적 의무

사회지도층의 책임 있는 행동을 강조하는 프랑스어로, 초기 로마 시대에 투철한 도덕의식으로 솔선수범했던 왕과 귀족들의 행동에서 비롯됐다. 도덕적 책임과 의무를 다하려는 사회지도층의 노력으로서 결과적으로 국민들을 결집시키는 긍정적인 효과를 기대할 수 있다.

> **리세스 오블리주(Richesse Oblige)**
> 부자가 쌓은 부(富)에도 사회적인 책임이 따른다는 의미이다. 노블레스 오블리주가 지도자층의 도덕의식과 책임감을 요구하는 것이라면, 리세스 오블리주는 부자들의 부의 독식을 부정적으로 보며 사회적 책임을 강조한다. 2011년 미국에서 일어난 월가 시위에서는 '1대 99'라는 슬로건이 등장해 1%의 탐욕과 부의 집중을 공격하기도 했다.
>
> **노블레스 말라드(Noblesse Malade)**
> '귀족'을 뜻하는 프랑스어 'Noblesse'와 '아픈, 병든'을 뜻하는 프랑스어 'Malade'의 합성어로, '부패한 귀족'을 의미한다. 오늘날로 말하면 갑질하는 기득권층이나 권력에 기대 부정부패를 일삼는 부유층이라 할 수 있다. '노블레스 오블리주'와 반대되는 것으로 그룹 회장의 기사 폭행, 최순실의 국정 농단, 땅콩 회항 사건 등 끊임없이 보도되는 권력층의 각종 만행들을 예로 들 수 있다.

02 풍선 효과 Balloon Effect
하나의 문제가 해결되는 즉시 다른 문제가 발생하는 현상

어떤 문제를 해결하기 위해 정책을 실시하여 그 문제가 해결되고 나면 다른 곳에서 그로 말미암은 또 다른 문제가 발생하는 현상을 말한다. 이러한 현상이 마치 풍선의 한 쪽을 누르면 다른 쪽이 튀어나오는 모습과 같다고 하여 풍선 효과라는 이름이 붙었다.

03 ILO International Labour Organization
노동조건 개선과 노동자들의 기본생활을 보장하기 위한 국제노동기구

국제적으로 노동자들을 보호하기 위해 설립돼 1946년 최초의 유엔전문기구로 인정받았으며 국제노동입법 제정을 통해 고용, 노동조건, 기술원조 등 노동자를 위한 다양한 활동을 하고 있다.

04 핌피 PIMFY 현상
수익성 있는 사업을 자기 지방에 유치하려는 현상

'Please In My Front Yard(제발, 우리 앞마당에!)'의 약어로, 사람들이 선호하거나 수익성 있는 시설을 자기 지역에 적극적으로 유치하려는 현상이다. 지역이기주의의 일종이다.

05 님비 NIMBY 현상
혐오시설이나 수익성 없는 시설이 자기 지역에 들어오는 것을 반대하는 현상

'Not In My Back Yard(나의 뒷마당에서는 안 된다)'의 약어로, 폐기물 처리장, 장애인 시설, 교도소 등 혐오시설이나 수익성이 없는 시설이 자기 지역으로 들어오는 것을 반대하는 현상이다. 지역이기주의의 또 다른 형태이다.

> **바나나 현상(Build Absolutely Nothing Anywhere Near Anybody)**
> 님비 현상과 유사한 개념으로, 공해와 수질오염 등을 유발하는 공단, 댐, 원자력 발전소, 핵폐기물 처리장 등 환경오염시설의 설치에 대해 그 지역 주민들이 집단으로 거부하는 지역이기주의 현상이다.

06 님투 NIMTOO 현상

공직자가 자기 임기 중에 혐오시설을 설치하지 않고 임기를 마치려고 하는 현상

'Not In My Terms Of Office(나의 공직 재임기간 중에는 안 된다)'의 약어로, 쓰레기 매립장, 분뇨 처리장, 하수 처리장, 공동묘지 등 주민들의 민원이 발생할 소지가 많은 혐오시설을 공직자가 자신의 재임기간 중에 설치하지 않고 임기를 마치려는 현상을 일컫는다. '님트(NIMT ; Not In My Term) 현상'이라고도 한다.

> **핌투 현상(PIMTOO ; Please In My Terms Of Office)**
> 공직자가 월드컵 경기장, 사회복지시설 등 선호시설을 자기 임기 중에 유치하려는 현상을 말한다. 가시적인 성과를 이뤄내기 위한 업무 형태로, 장기적인 계획은 고려하지 않은 채 무리하게 사업을 벌이는 행태를 꼬집는 말이다.

07 하인리히 법칙 Heinrich's Law

큰 사고가 일어나기 전에 반드시 유사한 작은 사고와 사전징후가 나타난다는 법칙

규모가 큰 사고가 일어나기 전에 반드시 유사한 작은 사고와 사전징후가 여러 차례 나타난다는 법칙이다. 1931년 미국의 보험회사에서 일하던 헐버트 하인리히가 발견했다. 그는 다양한 산업재해를 분석하면서 통계학적으로 유의미한 결과를 확인했다. 큰 규모의 사고 이전에는 반드시 수차례의 작은 사고가 수반되고, 이에 앞서 훨씬 더 많은 사고의 징후가 포착된다는 것이다.

08 가스라이팅 Gaslighting

상황조작을 통해 판단력을 잃게 만들어 지배력을 행사하는 것

연극〈가스등(Gas Light)〉에서 유래한 말로 세뇌를 통해 정신적 학대를 당하는 것을 뜻하는 심리학 용어다. 타인의 심리나 상황을 교묘하게 조작해 그 사람이 스스로 의심하게 만들어 타인에 대한 지배력을 강화하는 행위다. 거부, 반박, 전환, 경시, 망각, 부인 등을 통해 타인의 심리나 상황을 교묘하게 조작해 그 사람이 현실감과 판단력을 잃게 만들고, 이로써 타인에 대한 통제능력을 행사한다.

09 방관자 효과 Bystander Effect
주변에 사람이 많을수록 위험에 처한 사람을 덜 돕게 되는 현상

주위에 사람들이 많을수록 책임이 분산되어 오히려 어려움이나 위험에 처한 사람을 돕지 않게 되는 현상을 뜻하는 심리학 용어이다. 이는 자신이 아닌 누군가가 도와줄 것이라는 심리적 요인에 의한 것이다. 방관자 효과 때문에 살해당한 피해자 제노비스의 이름을 따서 '제노비스 증후군(Genovese Syndrome)'이라고도 하고, '구경꾼 효과'라고도 한다.

10 생산가능인구
15세에서 64세까지의 노동가능인구

생산가능인구는 노동가능인구라고도 불린다. 우리나라의 생산가능인구의 연령기준은 15세에서 64세인데, 현재 급격한 고령화로 생산가능인구수가 빠른 속도로 줄어들고 있는 실정이다. 통계청의 자료에 따르면 지난 2020년 3,738만 명이었던 생산가능인구는 2030년에는 3,381만 명으로 감소하고, 2070년에는 1,737만 명으로 줄어 2020년의 절반 이하 수준일 것으로 전망됐다.

11 경제활동인구
노동시장에서 경제생활에 활동할 수 있는 인구

만 15세 이상 인구 중 노동 능력이나 노동 의사가 있어 경제활동에 기여할 수 있는 인구이다. 한편 경제활동참가율은 만 15세 이상 인구 중 경제활동인구(취업자 + 실업자)가 차지하는 비율을 말한다. 즉, 수입 목적으로 인한 취업자와 일을 찾고 있는 실업자를 포함한다.

$$경제활동참가율(\%) = \frac{경제활동인구}{만\ 15세\ 이상\ 인구} \times 100$$

비경제활동인구
- 우리나라에서는 15세 이상이 되어야 일할 능력이 있다고 보는데, 15세 이상 인구 가운데 일할 의사가 없는 사람을 말하며, 가정주부, 학생 등이 속한다.
- 15세 이상 인구 = 경제활동인구 + 비경제활동인구 = 취업자 + 실업자 + 비경제활동인구

12 침묵의 나선 이론 The Spiral of Silence Theory

다수의 의견에 조용해지는 소수의 의견

독일의 사회학자 노엘레 노이만이 저서 〈침묵의 나선 이론 – 여론 형성 과정의 사회심리학〉을 통해 제시한 이론이다. 여론이 형성되는 과정에서 자기 입장이 다수 의견과 동일하면 적극적으로 동조하지만, 소수 의견일 경우에는 남에게 나쁜 평가를 받거나 고립되는 것이 두려워 침묵하는 현상을 말한다. 여론의 형성 과정이 한 방향으로 쏠리는 모습이 마치 나선 모양과 같다고 해서 붙여진 이름이다.

13 증후군의 분류

구 분	특 징
뮌하우젠 증후군 (Munchausen Syndrome)	1951년 미국의 정신과 의사인 리처드 애셔가 〈The Lancet〉에 이 증상을 묘사하며 알려졌는데, 어떠한 신체적인 증상을 의도적으로 만들어내는 정신과적 질환을 말한다.
서번트 증후군 (Savant Syndrome)	사회성이 떨어지고 소통능력이 떨어지는 등의 지적 장애를 갖고 있으나 기억, 암산, 퍼즐 등의 특정 분야에서는 천재적인 능력을 갖는 증상이다.
스톡홀름 증후군 (Stockholm Syndrome)	인질이 인질범에게 동화되어 그들에게 동조하는 비이성적 현상을 가리키는 범죄심리학 용어이다.
리마 증후군 (Lima Syndrome)	인질범이 인질에게 정신적으로 동화되어 자신을 인질과 동일시함으로써 공격적인 태도가 완화되는 현상을 가리키는 범죄심리학 용어이다.
VDT 증후군 (Visual Display Terminal Syndrome)	컴퓨터 단말기를 오랜 시간 사용함으로써 발생하는 질병을 의미하는 것으로 VDT(Visual Display Terminal)란 주로 컴퓨터 모니터를 말한다.
피터팬 증후군 (Peter Pan Syndrome)	성년이 되어도 어른들의 사회에 적응할 수 없는 '어린 아이'와 같은 남성들에게 나타나는 심리증상을 말한다.
리플리 증후군 (Ripley Syndrome)	남들을 속이는 데 도가 지나쳐 거짓말이 늘고 결국에는 자기 자신도 그 거짓을 진실인 것으로 믿게 되는 증상이다.
파랑새 증후군 (Bluebird Syndrome)	장래의 행복만을 꿈꾸면서 자기 주변에 만족하지 못하는 사람을 의미한다. 즉, 몽상가처럼 지금 시점에 만족하지 못하고 새로운 이상만을 추구하는 것이다.
샹그릴라 증후군 (Shangrila Syndrome)	시간적인 여유와 경제적인 풍요를 가진 시니어 계층을 중심으로 단조롭고 무색무취한 삶의 틀을 깨고, 젊게 살아가고자 하는 노력을 통틀어 말한다.
므두셀라 증후군 (Methuselah Syndrome)	과거는 항상 좋고 아름다운 것으로 생각하려는 현상을 말한다.
스탕달 증후군 (Stendhal Syndrome)	뛰어난 미술품이나 예술작품을 봤을 때 순간적으로 느끼는 각종 정신적 충동이나 분열증상으로, 이 현상을 겪고 처음으로 기록한 스탕달의 이름을 따서 명칭을 붙였다.
LID 증후군 (LID Syndrome)	노인들은 퇴직, 수입 감소, 자녀의 결혼, 배우자와의 사별, 친척·친구의 죽음, 신체적 감퇴 등으로 상실을 경험하면서 고독과 소외감을 느끼는데, 이런 상태가 지속되면 병적인 우울증에 빠지게 된다.
빈둥지 증후군 (Empty Nest Syndrome)	자녀가 결혼이나 독립을 하면서 집을 떠난 후 부모·양육자가 겪게 되는 외로움과 상실감이 지속되어 우울증에 빠지는 것을 말한다.
쿠바드 증후군 (Couvade Syndrome)	아내가 임신했을 경우 남편도 육체적·심리적 증상을 아내와 똑같이 겪는 현상을 말한다.

14 집단별 분류

구 분	내 용
딩크족 (DINK族)	'Double Income, No Kids'의 약어로 자녀 양육에 대한 경제적 부담이나 사회적 성공 등을 이유로 의도적으로 자녀를 두지 않는 맞벌이 부부를 말한다.
패라싱글족 (Parasite Single族)	'패러사이트(Parasite, 기생충)'와 '싱글(Single, 혼자)'이 합쳐진 용어로, 독립할 나이가 됐지만 경제적 이유로 부모 집에 얹혀살면서 자기만의 독립적인 생활을 즐기는 사람들을 가리킨다.
딘트족 (DINT族)	'Double Income, No Time'의 약어로 맞벌이를 해서 수입은 두 배이지만 업무가 바쁘고, 서로 시간이 없어 소비를 못하는 신세대 맞벌이 부부를 지칭하는 신조어다.
그루밍족 (Grooming族)	피부, 두발, 치아관리는 물론 성형수술까지 마다하지 않으면서 자신을 꾸미는 것에 대한 투자를 아끼지 않는 남성들을 가리킨다.
여피족 (Yuppie族)	'Young(젊음)', 'Urban(도시형)', 'Professional(전문직)'의 머리글자를 딴 YUP에서 나온 용어로, 도시에서 전문직에 종사하는 고수입의 젊은 인텔리를 말한다.
더피족 (Duppie族)	'여피(Yuppie)족'에서 'y' 대신 'Depressed(우울한)'의 'D'를 조합하여 만든 용어로, 경기침체로 인해 제대로 된 직장을 구하지 못하고 임시직으로 어렵게 생활하고 있는 도시 전문직을 의미한다.
욘족 (YAWN族)	'Young And Wealthy but Normal'의 준말로, 비교적 젊은 30~40대 나이에 부를 축적하였지만 호화생활을 멀리하고 자선사업을 하며 소박하게 사는 사람들을 가리킨다.
네스팅족 (Nesting族)	'새가 둥지를 짓다'는 뜻의 'Nest'에서 유래한 용어로, 일·돈·명예보다 화목한 가정과 여가·여유를 추구하는 신가정주의를 뜻한다.
슬로비족 (Slobbie族)	'Slow but better working people(천천히 그러나 더 훌륭하게 일하는 사람)'의 뜻을 지닌 용어로, 현대사회의 빠른 속도를 따르지 않고 천천히 느긋하게 살려는 사람들을 말한다.
니트족 (NEET族)	'Not in Education, Employment or Training'의 줄임말로서, 나라에서 정한 의무교육을 마친 후 진학이나 취직을 하지 않고 일할 의지도 없는 청년을 가리킨다.
프리터족 (Freeter族)	일본에서 생겨난 용어로 'Free(프리)+Arbeit(아르바이트)'를 줄여 만든 용어다. 일정한 직업 없이 돈이 필요할 때 일시적으로 아르바이트를 하며 생활하는 젊은 층을 말한다.
프리커족 (Freeker族)	자유를 뜻하는 '프리(Free)'와 노동자를 뜻하는 '워커(Worker)'를 합성한 용어로, 1~2년 동안 직장 등에서 일하여 모은 돈으로 1~2년 동안 쉬면서 취미·여가를 즐기거나 자기계발을 하는 새로운 계층을 가리킨다.
시피족 (CIPie族)	'Character(개성)', 'Intelligence(지성)', 'Professionalism(전문성)'의 머리글자를 딴 CIP에서 나온 말로, 지적 개성을 강조하고 심플 라이프를 추구하는 신세대 젊은이들을 말한다.
통크족 (TONK族)	'Two Only No Kids'의 준말로, 손자들을 돌보던 할아버지·할머니 역할에서 벗어나 부부끼리 여가생활을 즐기는 노인세대를 말한다.
보보스족 (Bobos族)	'부르주아 보헤미안(Bourgeois Bohemian)'의 준말로 삶의 여유와 가치를 중시하고, 가치 있다고 판단하는 제품과 서비스에 대해서는 가격에 상관없이 아낌없이 지불하는 젊은 세대이다.
쿠거족 (Cougar族)	원래 쿠거란 북미에 서식하는 동물인데, 연하남과 교제하며 미모와 경제력을 두루 갖춘 자신감 있는 여성을 쿠거에 빗대 표현한 것이다.
오팔족 (OPAL族)	'Old People with Active Life'의 준말인 OPAL은 니시무라 아키라와 하타 마미코가 지은 〈여자의 지갑을 열게 하라〉라는 책에서 처음 사용된 용어로, 활동적인 삶을 사는 노인들을 뜻한다.

15 실업의 종류

일주일에 1시간 이상 일에 종사하여 수입이 있는 사람을 취업자라 하고, 경제활동인구 가운데 취업자를 제외한 사람을 실업자라고 한다.

구 분	내 용
자발적 실업	일할 능력과 의사는 있지만 현재의 임금 수준이나 복지 등에 만족하지 못하고 다른 곳으로 취업하기 원하여 발생하는 실업이다. 소득 수준, 여가시간 활용에 대한 사람들의 관심이 증가하면서 자발적 실업도 늘고 있다.
잠재적 실업	표면적으로는 취업 중이지만 생계유지를 위해 잠시 만족스럽지 않은 직업에 종사하며 계속 구직에 힘쓰는 상태이다. 형식적으로는 취업 중이기 때문에 실업통계에 실업으로 기록되지 않아 '위장실업'이라고도 한다.
구조적 실업	경제가 성장함에 따라 산업구조·기술 등의 변화가 생기는데 이에 적절하게 대응하지 못해 발생하는 실업이다. 즉, 경제 구조가 바뀌고 기술혁신 등으로 기술격차가 발생할 때 이에 적응하지 못하는 근로자에게 발생하는 실업 유형이다.
경기적 실업	경기가 침체됐을 때 인원 감축의 결과로 나타나는 실업으로, 일할 의지는 있지만 경기악화로 인해서 발생하며 비자발적 실업의 한 형태이다. 경기가 회복되면 해소가 가능하지만, 회복될 때까지 긴 시간이 필요하며 경기변동은 주기적으로 발생하는 속성이 있어 경기적 실업은 끊임없이 발생하게 된다.
기술적 실업	기술진보로 인해서 기계가 노동인력을 대체함에 따라 노동수요가 감소해 발생하는 구조적 실업 형태 중의 하나이다. 기술진보의 영향에 민감한 산업에서 발생하며 일반적으로 선진국에서 볼 수 있는 유형이다.
마찰적 실업	구직자·근로자들이 더 좋은 조건을 찾는 탐색행위로 인해 발생하는 실업으로, 고용시장에서 노동의 수요와 공급 간에 소통이 원활하지 않아 발생한다. 근로자들이 자발적으로 선택해서 발생하는 일시적인 실업 유형이므로 자발적 실업에 해당한다.

16 노동자의 분류

구 분	내 용
논칼라	블루칼라와 화이트칼라 이후에 나타난 무색칼라 세대로, 손에 기름을 묻히지도 않고 서류에 매달리지도 않는 컴퓨터 작업 세대를 말한다.
블루칼라	제조업·건설업 등 작업 현장에서 일하는 노동자로, 주로 청색 작업복을 입기 때문에 붙여진 용어이다.
화이트칼라	하얀 셔츠를 입고 사무실에서 일하는 노동자를 말한다.
그레이칼라	블루칼라와 화이트칼라의 중간층으로, 과학기술의 발달과 생산공정의 자동화로 인해 블루칼라와 화이트칼라의 노동이 유사해지면서 등장한 용어이다.
르네상스칼라	다양한 지식과 경험을 바탕으로 인터넷 분야에서 두각을 나타내는 사람들을 말한다.
퍼플칼라	근무시간과 장소가 자유로워 일과 가정을 함께 돌보면서 일할 수 있는 노동자를 말한다.
골드칼라	1985년 카네기멜론대학의 로버트 켈리 교수가 최초로 사용한 용어로, 주로 정보를 다루는 첨단기술, 통신, 광고, 서비스직 등에서 아이디어를 무기로 사업능력을 발휘하는 사람을 말한다.

17 직장폐쇄 Lock Out
근로자 측의 쟁의행위에 대항하는 사용자의 쟁의행위로, 사업장을 폐쇄하는 행위

「노동조합 및 노동관계조정법」에는 노동관계 당사자가 그 주장을 관철할 목적으로 행하는 쟁의행위 중 한 가지로 '직장폐쇄'를 인정하고 있다(제2조). 단 사용자는 노동조합이 쟁의행위를 개시한 이후에만 직장폐쇄를 할 수 있고, 직장폐쇄를 할 경우에는 미리 행정관청 및 노동위원회에 각각 신고해야 한다(제46조). 직장폐쇄는 임금을 지급하지 않는 것을 전제로 하는 경제적 압력 수단이기 때문에 엄격한 제한이 필요하다.

18 매칭그랜트 Matching Grant
기업 임직원들이 모금한 후원금액에 비례해서 기업도 후원금을 내는 제도

기업이 사회적 역할과 책임을 다한다는 신념에 따라 실천하는 나눔 경영의 일종으로, 기업 임직원이 비영리 단체나 기관에 정기적으로 내는 기부금만큼 기업에서도 동일한 금액을 1:1로 매칭(Matching)시켜 내는 것을 말한다. 매칭그랜트는 기업과 직원이 함께 참여하여 이루어지므로 노사 화합에 긍정적인 영향을 준다.

19 유니언숍 Union Shop
종업원이 입사하면 반드시 노조에 가입하고 탈퇴하면 회사가 해고하도록 하는 제도

채용된 근로자가 일정 기간 내에 조합에 가입하지 않거나, 조합에서 제명 혹은 탈퇴한 근로자는 해고하는 제도다. 채용할 때에는 가입 여부를 따지지 않지만 일단 채용되면 반드시 노동조합에 가입해야 한다는 점에서 오픈숍과 클로즈드숍을 절충한 것이다.

> **오픈숍(Open Shop)**
> 근로자가 노동조합에 대한 가입과 탈퇴를 자기 의사에 따라 결정할 수 있는 제도로, 조합원과 비조합원을 차별하지 않고 동등하게 대우해야 한다. 우리나라에서는 공무원을 제외한 모든 근로자에게 오픈숍을 적용하고 있다.
>
> **클로즈드숍(Closed Shop)**
> 사용자가 근로자를 고용할 때 노동조합의 가입을 필수조건으로 하는 제도이다. 조합에 가입하겠다는 의사를 밝히지 않은 사람은 고용하지 않고, 조합을 탈퇴하거나 제명된 사람은 해고한다.

20 사보타주 Sabotage
근로자가 고의로 사용자의 사유재산을 파괴하거나 업무를 게을리하는 쟁의행위

'사보(Sabo, 나막신)'는 중세유럽 소작농이 주인에 대항하여 나막신으로 추수한 농작물을 짓밟은 데서 유래한 용어이다. 우리나라에서는 '태업'이라고 하는데, 생산시설 파괴, 불량품 생산, 원재료 과소비 등을 통해 사용자에게 피해를 입히는 쟁의행위를 말한다.

21 노동 3권
헌법상 노동자가 기본적으로 누려야 할 3가지 권리

헌법 제33조 제1항에 규정한 근로자의 기본권리로, 근로자는 근로조건의 향상을 위해 자주적인 단결권, 단체교섭권, 단체행동권을 가진다.

- 단결권 : 노동조합을 결성·운영하며 노동조합 활동을 할 수 있는 권리
- 단체교섭권 : 근로자가 근로조건을 유지하거나 개선하기 위해 단체로 모여 사용자와 교섭할 수 있는 권리
- 단체행동권 : 근로자가 단체로 집단적인 행동을 할 수 있는 권리

22 기초연금
저소득층 노인의 생계유지를 위해 매달 일정액이 지급되는 연금제도

65세 이상 노인 중 소득이 하위 70%에 해당되는 저소득층 노인의 생계유지를 위해 매달 일정액의 연금을 지급하는 제도이다. 국민연금과 연계하여 지급한다.

> **차상위계층**
> 연간 총소득이 최저생계비의 100 ~ 120% 이하인 계층을 말한다. 총소득이 실질적으로 최저생계비 이하이지만, 부양의무자나 소유재산이 있기 때문에 기초생활보장수급 대상에서 제외된 비수급 빈곤층이다.

23 제노포비아 Xenophobia
타당한 이유 없이 외국인을 혐오하는 현상

이방인을 뜻하는 '제노(Xeno)'와 혐오·공포를 뜻하는 '포비아(Phobia)'의 합성어로 '낯선 것 혹은 이방인을 싫어한다'라는 의미를 갖고 있다. 단지 자신과 다르다는 이유로 경계하고 배척하는 경향을 보이거나, 지역에 따라 자신을 보호하고 싶어하는 의식 또는 열등감 때문에 나타나기도 한다.

24 깨진 유리창 이론 Broken Window Theory
사소한 것들을 방치하면 더 큰 범죄나 사회문제로 이어진다는 사회범죄심리학 이론

미국의 범죄학자가 1982년 〈깨진 유리창〉이라는 글에 처음으로 소개한 이론이다. 길거리에 있는 상점에 어떤 이가 돌을 던져 유리창이 깨졌을 때 이를 방치해두면 그 다음부터는 '해도 된다'라는 생각에 훨씬 더 큰 문제가 발생하고 결국 범죄로 이어질 확률이 높아진다는 이론이다.

25 업사이클링 Up-cycling
재활용품에 디자인 또는 활용도를 더해 그 가치를 더 높은 제품으로 만드는 것

단순히 쓸모없어진 것을 재사용하는 리사이클링(Recycling)의 상위 개념으로 디자인 또는 활용도를 더해 전혀 다른 제품으로 생산하는 것을 말한다.

> **리자인(Resign)**
> 기존에 사용되다 버려진 물건에 디자인적 요소를 가미해 재탄생시키는 것

26 열섬 현상
도시의 온도가 주변 지역보다 높아지는 현상

도시의 온도가 교외보다 5℃ ~ 10℃ 정도 더 높아지는 현상이다. 도시에는 사람, 건물, 자동차로 인한 인공열이 많이 발생하고, 대기오염물질로 인한 온실 효과가 있으며, 고층건물들 때문에 대기 환기가 어려워 열섬 현상이 나타난다.

27 탄소발자국 Carbon Footprint
개인 또는 단체가 직접·간접적으로 발생시키는 온실기체의 총량

우리가 일상생활을 하면서 탄소를 얼마나 배출해내는지 그 양을 한눈에 볼 수 있도록 표시한 것이다. 지구온난화의 가장 큰 원인 중의 하나인 탄소 발생에 대해 경각심을 갖고 정화를 위한 노력을 해나가자는 취지에서 만들어졌다.

탄소포인트제
온실가스 중 이산화탄소 감축 실적에 따라 탄소포인트를 발급하고, 그에 상응하는 인센티브를 제공하는 제도이다. 탄소포인트제는 환경부가 정책지원 및 제도화 추진을 맡아 총괄하고, 한국환경공단이 운영센터 관리와 기술·정보를 제공하며, 지방자치단체가 운영·관리한다.

생태발자국(Ecological Footprint)
인간이 기본적인 생활을 하는 데 있어서 필요한 자원의 생산과 폐기에 드는 비용을 토지로 환산한 지수이다. 지구가 감당할 수 있는 생태발자국의 면적 기준은 1인당 1.8ha이고 면적이 넓으면 넓을수록 환경문제가 심각하다는 것을 의미한다.

28 탄소배출권 CERs ; Certified Emission Reductions
일정 기간 동안 온실가스를 일정량 배출할 수 있는 권리

지구온난화를 일으키는 일산화탄소(CO), 메탄(CH), 아산화질소(NO)와 3종의 프레온가스, 6개 온실가스를 배출할 수 있는 권리를 의미한다. 유엔 기후변화협약에서 발급하며, 발급된 CERs는 시장에서 상품처럼 거래할 수 있다. 주로 온실가스 배출을 줄여야 하는 의무를 지는 국가와 기업이 거래한다.

29 바이오에너지 Bioenergy
바이오매스(Biomass)를 연료로 하여 얻을 수 있는 에너지

저장할 수 있고 재생이 가능하며, 물과 온도 조건만 맞으면 어느 곳에서나 얻을 수 있는 에너지를 말한다. 적은 자본으로도 개발이 가능하며, 원자력 등 다른 에너지와 비교할 때 환경보전에 있어서 안전하다. 하지만 가용에너지량과 채산성 결여의 단점이 있다.

> **바이오매스**
> 에너지 이용의 대상이 되는 생물체를 총칭하여 바이오매스라고 한다. 주요 바이오매스 자원으로는 나무, 초본식물, 수생식물, 해조류, 조류(藻類), 광합성 세균 등이 있다. 유기계 폐기물, 농산 폐기물, 임산 폐기물, 축산 폐기물, 산업 폐기물, 도시 쓰레기 등도 직접 또는 변환하여 연료화할 수 있다.
>
> **바이오 메탄**
> 유기물이 분해되어 형성되는 바이오 가스에서 메탄만을 정제하여 추출한 연료로, 천연가스 수요처에서 에너지로 활용할 수 있다.

30 스마트 그리드 Smart Grid
집이나 사무실에서 효율적으로 전기를 쓸 수 있는 지능형 전력망 시스템

기존 전력망에 정보 기술을 접목해 전력 공급자와 소비자가 서로 정보를 실시간 교환함으로써 효율적으로 전력을 생산·소비하는 시스템이다. 우리나라는 2030년까지 국내 전역에 스마트 그리드 설치를 완료하는 것을 골자로 한 국가 로드맵을 확정했다.

31 몬트리올 의정서 Montreal Protocol
지구의 오존층을 보호하기 위해 오존층 파괴물질 사용을 규제하는 국제협약

정식 명칭은 '오존층을 파괴시키는 물질에 대한 몬트리올 의정서'이며 1989년 1월 발효됐다. 오존층 파괴물질인 프레온가스(CFC), 할론 등의 사용을 규제하여 지구의 오존층을 보호하는 것이 목적이다.

32 나고야 의정서 Nagoya Protocol
다양한 생물자원을 활용하여 생기는 이익을 공유하기 위한 지침을 담은 국제협약

생물다양성협약의 부속협약으로서 유전자원에 대한 접근 및 유전자원 이용으로부터 발생하는 이익의 공정하고 공평한 공유에 관한 규정이다. '생물다양성협약'을 이행하고자 채택된 것으로, 우리나라에서는 2017년 8월 17일에 발효됐다.

> **생물다양성협약(CBD)**
> 1992년 유엔 환경개발회의에서 채택된 국제협약으로, 생물다양성 보호를 위한 국가 간의 권리 및 의무 관계를 규정한다.

33 람사르 협약 Ramsar Convention
습지와 습지자원을 보호하기 위한 국제 환경협약

물새 서식처로서 국제적으로 중요한 습지에 관한 협약으로, 1971년 2월 이란 람사르에서 체결됐다. 가맹국은 철새의 번식지가 되는 습지를 보호할 의무가 있으며 국제적으로 중요한 습지를 1개소 이상 보호지로 지정해야 한다. 대한민국은 101번째로 람사르 협약에 가입하였으며, 2008년에 경남 창원에서 '제10차 람사르 총회'를 개최했다.

34 바젤 협약 Basel Convention
유해 폐기물의 국가 간 교역을 규제하는 국제협약

카이로 지침을 바탕으로 1989년 스위스 바젤에서 채택된 국제협약으로, 유해 폐기물의 불법적인 이동을 막는 데 목적이 있다. 병원성 폐기물을 포함한 유해 폐기물을 국가 간에 이동시킬 때, 교역하는 나라뿐만 아니라 경유하는 나라에까지 사전 통보·조치를 취해야 한다는 내용이다.

35 유엔 기후변화협약 UNFCCC
지구온난화를 규제·방지하기 위한 국제협약

1992년 6월 브라질의 리우회의에서 채택된 협약으로 정식명칭은 '기후변화에 관한 유엔 기본협약(United Nations Framework Convention on Climate Change)'이다. '리우 환경협약'이라고도 하는데, 온실가스의 방출을 제한하여 지구온난화를 방지하고자 하는데 목적이 있다. 협약을 이행하기 위한 교토 의정서가 만들어졌다.

36 국제환경규격 ISO 14000 규격
기업의 환경경영체제에 관한 국제 표준화 규격

기업활동 전반에 걸친 환경경영체제를 평가하여 국제규격임을 객관적으로 인증하는 제도로, 'ISO 14000 규격'이라고도 한다. 기업의 환경법규 준수, 환경방침, 환경 관련 계획·실행·조치 등이 지속적으로 이루어지는지 포괄적으로 평가한다.

37 파리 기후변화협약 Paris Climate Agreement
전 세계 온실가스 감축을 위해 맺은 국제협약

전 세계 온실가스 감축을 위해 2015년 12월 12일 프랑스 파리에서 열린 제21차 기후변화협약에서 맺은 국제협약으로, 지구 평균온도가 2도 이상 상승하지 않도록 온실가스를 단계적으로 감축하는 내용을 담고 있다. '파리 협정'이라고도 하며 2021년부터 교토 의정서를 대체하는 기후협약이다.

38 녹색기후기금 GCF ; Green Climate Fund
개발도상국의 온실가스 감축과 기후변화 대응을 지원하기 위해 만든 국제금융기구

UN 산하기구로 선진국이 개발도상국의 이산화탄소 감축과 기후변화 대응을 지원하기 위해 만든 기후변화 특화기금이다. 2010년 12월 멕시코 칸쿤에서 열린 유엔 기후변화협약(UNFCCC) 제16차 당사국 총회에서 기금 설립이 승인됐고, 사무국은 우리나라 인천 송도에 위치해 있다.

39 런던 협약 London Dumping Convention
해양오염 방지를 위한 국제협약

방사성 폐기물을 비롯하여 바다를 오염시킬 수 있는 각종 산업 폐기물의 해양투기나 해상소각을 규제하는 협약으로, 해양오염을 방지하는 것이 목적이다. 우리나라는 1992년에 가입했다.

40 스톡홀름 협약 Stockholm Convention on Persistent Organic Pollutants
잔류성 유기오염물질(POPs)의 규제를 위한 국제협약

다이옥신, PCB, DDT 등 12가지 유해물질의 사용이나 생산 및 배출을 저감·근절하기 위해 체결된 국제협약으로, 'POPs 규제협약'이라고도 한다. POPs에 대한 지역별 오염도를 평가하고 아울러 협약 발효 이후 협약이행의 실효성을 평가하기 위해 국가 또는 지역단위의 모니터링 실시, 측정 자료에 대한 지역적·지구적 차원의 공유를 요구하고 있다.

> **UNEP(유엔환경계획)**
> 1972년 채택된 스톡홀름 선언을 바탕으로, 환경과 지속 가능한 개발에 관한 유엔 공식 국제기구이다. 환경 분야에서 국제 협력의 추진, 유엔 기구의 환경 관련 활동 및 정책 작성, 세계의 환경 감시 등을 목적으로 한다.

41 유엔 환경개발회의 UNCED
지구 환경 보전을 위해 세계 각국 대표단이 모이는 국제환경회의

지구 환경문제에 대한 범세계적 차원의 행동계획을 채택할 목적으로 개최된 국제환경회의이다. 정식 명칭은 '환경 및 개발에 관한 국제연합회의(United Nations Conference on Environment and Development)'이며, 개최지 이름을 따서 '리우 정상회의' 또는 '지구정상회의(Earth Summit)'라고 칭한다.

42 BOD Biochemical Oxygen Demand
물의 오염 정도를 나타내는 지표가 되는 생화학적 산소요구량

물속에 있는 호기성 미생물이 유기물을 분해시켜 정화하는 데 사용하는 산소량으로, 5일간을 기준으로 하여 ppm으로 나타낸다. BOD 값이 클수록 오염 정도가 심한 물이고, BOD 값이 작을수록 깨끗한 물이다.

43 젠트리피케이션 Gentrification
낙후지역의 활성화로 중상층이 유입되면서 원주민들이 집값이나 임대료를 감당하지 못하고 그 지역을 떠나는 현상

지주계급 또는 신사계급을 뜻하는 '젠트리(Gentry)'에서 파생된 용어로, 1964년 영국 사회학자 루스 글라스가 처음 사용했다. 당시 런던 변두리에 있는 하층계급 주거지역에 중상층이 유입되면서 고급 주거지가 형성되고 기존 주민들은 비용을 감당하지 못하여 살던 곳에서 쫓겨났는데, 이로 인해 지역 전체의 구성과 성격이 변하는 현상을 설명하며 젠트리피케이션을 언급했다. 우리나라에서는 서촌, 해방촌, 경리단길, 성수동 서울숲길 등이 대표적이다.

> **투어리스티피케이션(Touristification)**
> '관광지화(Touristify)'와 '젠트리피케이션(Gentrification)'의 혼성어로, 지역 내 관광이 활성화되면서 원주민이 쫓겨나거나 이주하는 현상을 말한다. 상업적인 이유 외에도 소음이나 쓰레기 문제와 사생활 침해 등으로 인해 나타나기도 한다.
>
> **투어리즘포비아(Tourism Phobia)**
> 관광객 공포증・혐오증을 뜻하는 용어로, '과잉관광(Overtourism)', '투어리스티피케이션(Touristification)'과 함께 반(反)관광 정서를 대표하는 용어이다. 투어리즘포비아가 단적으로 나타난 도시는 세계적으로 유명한 관광지인 이탈리아 베네치아, 오스트리아 비엔나, 네덜란드 암스테르담, 스페인 바르셀로나 등이다.

44 미세플라스틱 Microplastics
환경 중에 존재하는 미세한 플라스틱 조각

미세플라스틱은 만들어질 때부터 미세플라스틱으로 제조되기도 하고, 커다란 플라스틱이 미세플라스틱으로 분해되면서 생성되기도 한다. 주로 필링용 세안제, 연마재 등으로 활용되는 미세플라스틱은 입자가 극도로 작아 하수처리시설로 걸러지지 않고 그대로 강이나 바다로 유입되어 생태계뿐만 아니라 인류의 건강을 위협하는 요인이 된다.

45 초고령사회(超高齡社會)
전체 인구 중에서 65세 이상의 인구가 20% 이상을 차지하는 사회

국제연합(UN)의 기준에 따르면 65세 이상 노인이 전체 인구의 7% 이상을 차지하면 고령화사회(Aging Society), 14% 이상을 차지하면 고령사회(Aged Society), 20% 이상을 차지하면 초고령사회(Super-aged Society)로 구분한다. 현재 우리나라는 세계에서 가장 빠르게 고령화가 진행되고 있다. 2000년 '고령화사회'에 진입한 지 17년 만인 2017년 8월 65세 이상의 인구가 전체 인구의 14.02%를 차지하며 본격적인 고령사회에 접어들었다. 이후 7년 후인 2024년 12월 65세 이상 인구가 전체 인구의 20%를 넘어서며 초고령사회에 진입하게 됐다.

46 임금피크제 Salary Peak System
일정 나이가 지나면 정년은 보장하지만 임금을 삭감하는 제도

임금은 줄어들지만 대신 정년을 보장받을 수 있는 제도다. 임금피크제는 크게 정년보장형과 정년연장형으로 나뉘며, 우리나라 대다수의 기업들은 정년보장형을 채택하고 있다. 임금피크제를 시행하면 기업의 입장에서는 인건비 절감, 숙련된 인력의 안정적 확보라는 효과를 얻고 근로자는 생활의 안정, 근로기회 확보 등의 효과를 얻을 수 있다.

03 출제예상문제

01 부자의 부의 독식을 부정적으로 보고 사회적 책임을 강조하는 용어로 월가 시위에서 1대 99라는 슬로건이 등장하며 1%의 탐욕과 부의 집중을 공격하는 이 용어는 무엇인가?

① 뉴비즘 ② 노블레스 오블리주
③ 뉴리치현상 ④ 리세스 오블리주

해설
노블레스 오블리주(Noblesse Oblige)가 지도자층의 도덕의식과 책임감을 요구하는 것이라면, 리세스 오블리주(Richesse Oblige)는 부자들의 부의 독식을 부정적으로 보며 사회적 책임을 강조하는 것을 말한다.

02 다음 중 노동3권에 포함되지 않는 것은?

① 단체설립권 ② 단결권
③ 단체교섭권 ④ 단체행동권

해설
노동3권은 근로자의 권익과 근로조건의 향상을 위해 헌법상 보장되는 기본권으로, 단결권·단체교섭권·단체행동권이 이에 해당한다.

03 일과 여가의 조화를 추구하는 노동자를 지칭하는 용어는 무엇인가?

① 골드칼라 ② 화이트칼라
③ 퍼플칼라 ④ 논칼라

해설
오답분석
① 골드칼라(Gold Collar)는 높은 정보와 지식으로 정보화시대를 이끌어가는 전문직 종사자, ② 화이트칼라(White Collar)는 사무직 노동자, ④ 논칼라(Non Collar)는 컴퓨터작업 세대를 일컫는다.

정답 01 ④ 02 ① 03 ③

04 우리나라 생산가능인구의 연령기준은?

① 14~60세
② 15~64세
③ 17~65세
④ 20~67세

> **해설**
> 생산가능인구는 노동가능인구라고도 불리며, 우리나라의 생산가능인구의 연령기준은 15세에서 64세이다.

05 공직자가 자신의 재임 기간 중에 주민들의 민원이 발생할 소지가 있는 혐오시설들을 설치하지 않고 임기를 마치려고 하는 현상은?

① 핌투 현상
② 님투 현상
③ 님비 현상
④ 핌피 현상

> **해설**
> [오답분석]
> ① 핌투 현상(PIMTOO Syndrome) : 공직자가 사업을 무리하게 추진하며 자신의 임기 중에 반드시 가시적인 성과를 이뤄내려고 하는 업무 형태로, 님투 현상과는 반대개념이다.
> ③ 님비 현상(NIMBY Syndrome) : 사회적으로 필요한 혐오시설이 자기 집 주변에 설치되는 것을 강력히 반대하는 주민들의 이기심이 반영된 현상이다.
> ④ 핌피 현상(PIMFY Syndrome) : 지역발전에 도움이 되는 시설이나 기업들을 적극적으로 자기 지역에 유치하려는 현상으로 님비 현상과는 반대개념이다.

06 자신과는 다른 타인종과 외국인에 대한 혐오를 나타내는 정신의학 용어는?

① 호모포비아
② 케미포비아
③ 노모포비아
④ 제노포비아

> **해설**
> 제노포비아(Xenophobia)란 국가, 민족, 문화 등의 공동체 요소가 다른 외부인에 대한 공포감·혐오를 보이는 것을 가리킨다. 현대에는 이주 노동자로 인해 경제권과 주거권을 위협받는 하류층에서 자주 관찰된다.
> [오답분석]
> ① 호모포비아(Homophobia) : 동성애나 동성애자에게 갖는 부정적인 태도와 감정을 말하며, 각종 혐오·편견 등으로 표출된다.
> ② 케미포비아(Chemiphobia) : 가습기 살균제, 계란, 생리대 등과 관련하여 불법적 화학 성분으로 인한 사회문제가 연이어 일어나면서 생활 주변의 화학제품에 대한 공포감을 느끼는 소비자 심리를 가리킨다.

07 처음 접한 정보가 나중에 접한 정보보다 기억에 더 큰 영향을 끼치는 효과는?

① 초두 효과
② 맥락 효과
③ 후광 효과
④ 최신 효과

해설
초두 효과(Primacy Effect)는 '첫인상 효과'라고도 부르며 대상 사람·사물에 대해 처음 접하게 된 인상이 굳어지게 되는 심리현상을 말한다. 첫인상으로 그 대상을 기억하게 되고 이미지를 각인하게 된다. 초두 효과의 반대개념으로는 '빈발 효과'가 있는데, 이는 좋지 않았던 첫인상이 상대의 지속적인 개선 노력으로 좋은 인상으로 바뀌게 되는 것을 의미한다.

08 일에 몰두하여 온 힘을 쏟다가 갑자기 극도의 신체·정신적 피로를 느끼며 무력해지는 현상은?

① 리플리 증후군
② 번아웃 증후군
③ 스탕달 증후군
④ 파랑새 증후군

해설
번아웃 증후군은 'Burn out(불타서 없어진다)'에 증후군을 합성한 말로, 힘이 다 소진됐다고 하여 소진 증후군이라고도 한다.

오답분석
① 리플리 증후군(Ripley Syndrom) : 거짓된 말과 행동을 일삼으며 거짓을 진실로 착각하는 증상
③ 스탕딜 증후군(Stendhal Syndrome) : 뛰어난 예술 작품을 감상한 후 나타나는 호흡 곤란, 환각 등의 증상
④ 파랑새 증후군(Bluebird Syndrome) : 현실에 만족하지 못하고 이상만을 추구하는 병적 증상

09 외부 세상으로부터 인연을 끊고 자신만의 안전한 공간에 머물려는 칩거 증후군의 사람들을 일컫는 용어는?

① 딩크족
② 패라싱글족
③ 코쿤족
④ 니트족

해설
오답분석
① 딩크족(DINK族) : 자녀 없이 부부만의 생활을 즐기는 사람들
② 패라싱글족(Parasite Single族) : 결혼하지 않고 부모집에 얹혀사는 사람들
④ 니트족(NEET族) : 교육을 받거나 구직활동을 하지 않고, 일할 의지도 없는 사람들

정답 04 ② 05 ② 06 ④ 07 ① 08 ② 09 ③

10 1964년 미국 뉴욕 한 주택가에서 한 여성이 강도에게 살해되는 35분 동안 이웃 주민 38명이 아무도 신고하지 않은 사건과 관련된 것으로, 방관자 효과라고도 불리는 이것은?

① 라이 증후군
② 리마 증후군
③ 아키바 증후군
④ 제노비스 증후군

> **해설**
> 제노비스 증후군(Genovese Syndrome)은 주위에 사람들이 많을수록 어려움에 처한 사람을 돕지 않게 되는 현상을 뜻하는 심리학 용어이다. 대중적 무관심, 방관자 효과, 구경꾼 효과라고도 한다.

11 다음 내용 중 밑줄 친 비경제활동인구에 포함되지 않는 사람은?

> 대졸 이상 비경제활동인구는 2000년 159만 2,000명(전문대졸 48만 6,000명, 일반대졸 이상 110만 7,000명)이었으나, 2004년 200만 명 선을 넘어섰다. 지난해 300만 명을 돌파했으므로 9년 사이에 100만 명이 늘었다.

① 가정주부
② 학생
③ 심신장애자
④ 실업자

> **해설**
> '경제활동인구'는 일정 기간 동안 제품 또는 서비스 생산을 담당하여 노동활동에 기여한 인구로, 취업자와 실업자를 합한 수를 말한다. '비경제활동인구'는 만 15세 이상 인구에서 취업자와 실업자를 뺀 것으로, 일자리 없이 구직활동도 하지 않는 사람을 말한다.

12 우리나라 근로기준법상 근로가 가능한 최저근로 나이는 만 몇 세인가?

① 13세
② 15세
③ 16세
④ 18세

> **해설**
> 근로기준법에 따르면 만 15세 미만인 자(초·중등교육법에 따른 중학교에 재학 중인 18세 미만인 자를 포함한다)는 근로자로 채용할 수 없다.

13 큰 사고가 일어나기 전에 반드시 유사한 작은 사고와 사전징후가 나타난다는 법칙은?

① 샐리의 법칙
② 하인리히 법칙
③ 이케아 효과
④ 깨진 유리창 이론

> **해설**
> 하인리히 법칙(Heinrich's Law)은 큰 사고가 일어나기 전에 반드시 유사한 작은 사고와 사전징후가 나타난다는 법칙이다. 1930년대 초 미국 보험회사의 관리감독자였던 허버트 W. 하인리히가 주장한 것으로 그는 수천 건의 산업재해를 분석한 결과를 토대로 '1대 29대 300'이라는 법칙을 정립했다. 이는 심각한 안전사고 1건이 발생하기 전 동일한 요인으로 인해 경미한 사고가 29건, 위험에 노출되는 경험이 300건이나 있었다는 것이다. 다시 말하면 이러한 징후를 제대로 파악해 대비를 철저히 한다면 대형사고를 막을 수 있다는 논리이기도 하다.

14 다음 중 직장폐쇄와 관련된 설명으로 맞지 않는 것은?

① 직장폐쇄기간 동안에는 임금을 지급하지 않아도 된다.
② 직장폐쇄를 금지하는 단체협약은 무효이다.
③ 사용자의 적극적인 권리행사 방법이다.
④ 노동쟁의를 사전에 막기 위해 직장폐쇄를 실시하는 경우에는 사전에 해당관청과 노동위원회에 신고해야 한다.

> **해설**
> 사용자는 노동조합이 쟁의행위를 개시한 이후에만 직장폐쇄를 할 수 있고, 직장폐쇄를 할 경우에는 미리 행정관청 및 노동위원회에 각각 신고해야 한다(노동조합 및 노동관계조정법 제46조).

15 잘못된 것을 알고 있지만 이를 이야기할 경우 닥칠 위험 때문에 누구도 말하지 못하는 큰 문제를 가리키는 말은?

① 하얀 코끼리
② 검은 백조
③ 방 안의 코끼리
④ 샐리의 법칙

> **해설**
> 방 안의 코끼리란 누구나 인식하고 있지만, 이를 지적하거나 이야기했을 때 초래될 위험이 두려워 아무도 선뜻 먼저 이야기를 꺼내지 못하는 큰 문제를 비유적으로 이르는 말이다. 방 안에 코끼리가 있는 상황처럼 누구나 알 수 있고 위험한 상황에서도 모르는 척하며 문제 삼지 않는 것이다.

16 기업이 사회적 역할과 책임을 다한다는 신념에 따라 실천하는 나눔 경영의 일종으로, 기업 임직원들이 모금한 후원금 금액에 비례해서 회사에서도 후원금을 내는 제도는?

① 매칭그랜트(Matching Grant)
② 위스타트(We Start)
③ 배리어프리(Barrier Free)
④ 유리천장(Glass Ceiling)

해설

오답분석
② 위스타트(We Start) : 저소득층 아이들이 가난의 대물림에서 벗어나도록 복지와 교육의 기회를 제공하는 운동
③ 배리어프리(Barrier Free) : 장애인들의 사회적응을 막는 물리적·제도적·심리적 장벽을 제거해 나가자는 운동
④ 유리천장(Glass Ceiling) : 직장 내에서 사회적 약자들의 승진 등 고위직 진출을 막는 보이지 않는 장벽

17 노동쟁의 방식 중 하나로, 직장을 이탈하지 않는 대신에 원료·재료를 필요 이상으로 소모함으로써 사용자를 괴롭히는 방식은 무엇인가?

① 사보타주
② 스트라이크
③ 보이콧
④ 피케팅

해설

오답분석
② 스트라이크(Strike) : 근로자가 집단적으로 노동 제공을 거부하는 쟁의행위로 '동맹파업'이라고 한다.
③ 보이콧(Boycott) : 부당 행위에 대항하기 위해 집단적·조직적으로 벌이는 거부 운동이다.
④ 피케팅(Picketing) : 플래카드, 피켓, 확성기 등을 사용하여 근로자들이 파업에 동참할 것을 요구하는 행위이다.

18 중대재해처벌법에 따라 근로현장에서 사망사고 발생시 사업주에게 행해지는 처벌기준은?

① 1년 이하의 징역 또는 5억 원 이하의 벌금
② 1년 이상의 징역 또는 10억 원 이하의 벌금
③ 7년 이하의 징역 또는 5억 원 이하의 벌금
④ 7년 이상의 징역 또는 10억 원 이하의 벌금

해설
2022년부터 시행된 중대재해처벌법에 따르면 사업주·경영책임자 등이 작업장 내의 안전보건확보 의무를 위반하여 사망사고가 발생한 경우, 1년 이상의 징역 또는 10억 원 이하의 벌금에 처하도록 했다. 사망 외 사고가 발생했을 때에는 7년 이하의 징역 또는 1억 원 이하의 벌금에 처한다.

19 다음 중 유니언숍(Union Shop) 제도에 대한 설명으로 틀린 것은?

① 노동자들이 노동조합에 의무적으로 가입해야 하는 제도이다.
② 조합원이 그 노동조합을 탈퇴하는 경우 사용자의 해고의무는 없다.
③ 채용할 때에는 조합원·비조합원을 따지지 않는다.
④ 목적은 노동자의 권리를 강화하기 위한 것이다.

해설
유니언숍 제도에 따르면 조합원이 그 노동조합을 탈퇴하는 경우 사용자는 해고의무를 가진다.

20 수입은 많지만 서로 시간이 없어 소비를 못하는 신세대 맞벌이 부부를 이르는 말은?

① 여피족　　　　　　　　　　② 네스팅족
③ 딘트족　　　　　　　　　　④ 욘 족

해설
딘트족(DINT族)은 'Double Income, No Time'의 약어로 맞벌이를 해서 수입은 두 배이지만 업무가 바쁘고, 서로 시간이 없어 소비를 못하는 신세대 맞벌이 부부를 지칭하는 용어다.

21 다음의 예시 사례는 어떤 현상에 대한 해결방법인가?

- 해방촌 신흥시장 – 소유주·상인 자율협약 체결, 향후 6년간 임대료 동결
- 성수동 – 구청, 리모델링 인센티브로 임대료 인상 억제 추진
- 서촌 – 프랜차이즈 개업 금지

① 스프롤 현상　　　　　　　② 젠트리피케이션
③ 스테이케이션　　　　　　　④ 투어리스티피케이션

해설
젠트리피케이션(Gentrification)은 도심 변두리 낙후된 지역에 중산층 이상 계층이 유입됨으로써 지가나 임대료가 상승하고, 기존 주민들은 비용을 감당하지 못하여 살던 곳에서 쫓겨나면서 지역 전체의 구성과 성격이 변하는 것이다. 지역공동체 붕괴나 영세상인의 몰락을 가져온다는 문제가 제기되면서 젠트리피케이션에 대한 대책 마련이 시급한 상황이다.

22 만 10세 ~ 14세 미만으로 형벌에 처할 범법행위를 한 미성년자를 뜻하는 말은?

① 위법소년
② 소년범
③ 촉법소년
④ 우범소년

해설
촉법소년은 형법에 저촉되는 행위를 한 만 10세 이상 만 14세 미만인 소년, 소녀를 말한다.

23 자기에게 손해가 가지 않는다면 사회나 이웃의 일에는 무관심한 개인이기주의 현상은?

① 노비즘
② 루키즘
③ 프리거니즘
④ 맨해트니즘

해설
노비즘(Nobyism)은 이웃사회에 피해가 가더라도 자기에게 손해가 아니라면 무관심한 현상을 말한다.

24 어른이 마치 아이처럼 젊고 개성 있게 생활하려고 하는 개인적 풍조를 뜻하는 말은?

① 피터팬 신드롬
② 파랑새 신드롬
③ 아도니스 신드롬
④ 네버랜드 신드롬

해설
네버랜드 신드롬(Neverland Syndrome)은 나이 든 어른이 실제 나이보다 젊고 개성 있게 살아가는 것을 미덕으로 여기는 개인적 풍조를 뜻한다. 성인인데도 아이의 행동양식을 가지려 하는 피터팬 신드롬과는 다르다. 삶의 질 향상과 정보화로 인터넷에서 다양한 유행을 접할 수 있게 되면서, 자신의 개성을 자유롭게 표현하려는 풍조가 만든 현상이라고 볼 수 있다.

25 재활용품에 디자인 또는 활용도를 더해 그 가치를 더 높은 제품으로 만드는 것은?

① 업사이클링(Up-cycling)
② 리사이클링(Recycling)
③ 리뉴얼(Renewal)
④ 리자인(Resign)

해설
업사이클링(Up-cycling)은 쓸모없어진 것을 재사용하는 리사이클링의 상위 개념이다. 즉 자원을 재이용할 때 디자인 또는 활용도를 더해 전혀 다른 제품으로 생산하는 것을 말한다.

26 대도시 지역에서 나타나는 열섬 현상의 원인으로 적절하지 않은 것은?

① 인구의 도시 집중 ② 콘크리트 피복의 증가
③ 인공열의 방출   ④ 옥상 녹화

> **해설**
> 옥상 녹화는 건물의 옥상이나 지붕에 식물을 심는 것으로, 주변 온도를 낮추어 도시의 열섬 현상을 완화시킨다.

27 2007년 환경부가 도입한 제도로서 온실가스를 줄이는 활동에 국민들을 참여시키기 위해 온실가스를 줄이는 활동에 대해 각종 인센티브를 제공하는 제도는?

① 프리덤 푸드   ② 탄소발자국
③ 그린워싱   ④ 탄소포인트제

> **해설**
> [오답분석]
> ① 프리덤 푸드(Freedom Food) : 동물학대방지협회가 심사·평가하여 동물복지를 실현하는 농장에서 생산된 축산제품임을 인증하는 제도
> ② 탄소발자국(Carbon Footprint) : 개인 또는 단체가 직·간접적으로 발생시키는 온실기체의 총량
> ③ 그린워싱(Green Washing) : 실제로는 환경에 유해한 활동을 하면서 마치 친환경적인 것처럼 광고하는 행위

28 다음 중 바이오에너지에 대한 설명으로 적절하지 않은 것은?

① 직접연소, 메테인 발효, 알코올 발효 등을 통해 얻을 수 있다.
② 산업폐기물도 바이오에너지의 자원이 될 수 있다.
③ 재생 가능한 무한의 자원이다.
④ 브라질이나 캐나다 등의 국가에서 바이오에너지가 도입 단계에 있다.

> **해설**
> 브라질, 캐나다, 미국 등에서는 알코올을 이용한 바이오에너지 공급량이 이미 원자력에 맞먹는 수준에 도달해 있다.

정답 22 ③ 23 ① 24 ④ 25 ① 26 ④ 27 ④ 28 ④

29 오존층 파괴물질의 규제와 관련된 국제협약은?

① 리우 선언 ② 교토 의정서
③ 몬트리올 의정서 ④ 런던 협약

해설

오답분석
① 리우 선언 : 환경보전과 개발에 관한 기본원칙을 담은 선언문
② 교토 의정서 : 기후변화협약(UNFCCC)에 따른 온실가스 감축을 이행하기 위한 의정서
④ 런던 협약 : 바다를 오염시킬 수 있는 각종 산업폐기물의 해양투기나 해상소각을 규제하는 협약

30 다음 중 탄소배출권에 대한 설명으로 옳은 것은?

① 유엔 기후변화협약에서 발급한다.
② 상품처럼 시장에서 거래할 수 없다.
③ 일산화탄소, 메탄, 아산화질소 배출권은 제외된다.
④ 온실가스 배출에 대한 영구적 권리를 의미한다.

해설

탄소배출권(CERs)은 지구온난화를 일으키는 일산화탄소, 메탄, 아산화질소와 3종의 프레온가스, 6개 온실가스를 일정 기간 배출할 수 있는 권리를 의미한다. 유엔 기후변화협약에서 발급하며, 발급된 탄소배출권은 시장에서 상품처럼 거래할 수 있다. 주로 온실가스 배출을 줄여야 하는 의무를 지는 국가와 기업이 거래한다.

31 다음 〈보기〉에서 설명하는 협약은 무엇인가?

보기

정식 명칭은 '물새 서식지로서 특히 국제적으로 중요한 습지에 관한 협약'으로, 환경올림픽이라고도 불린다. 가맹국은 철새의 번식지가 되는 습지를 보호할 의무가 있으며 국제적으로 중요한 습지를 1개소 이상 보호지로 지정해야 한다.

① 런던 협약 ② 몬트리올 의정서
③ 람사르 협약 ④ 바젤 협약

해설

오답분석
① 런던 협약 : 선박이나 항공기, 해양시설로부터의 폐기물 해양투기나 해상소각을 규제하는 국제협약
② 몬트리올 의정서 : 지구의 오존층을 보호하기 위해 오존 파괴물질의 사용을 규제하는 국제협약
④ 바젤 협약 : 유해폐기물의 국가 간 교역을 규제하는 국제협약

32 다음에서 설명하고 있는 것은 무엇인가?

> 이것은 유기물이 분해되어 형성되는 바이오 가스에서 메탄만을 정제하여 추출한 연료로, 천연가스 수요처에서 에너지로 활용할 수 있다.

① 질 소
② 이산화탄소
③ 바이오-메탄 가스
④ LNG

해설
생물자원인 쓰레기, 배설물, 식물 등이 분해되면서 만들어지는 바이오 가스에서 메탄을 추출한 바이오-메탄 가스는 발전이나 열에너지원으로 이용할 수 있다.

33 다음 중 온실 효과를 일으키는 물질로만 짝지어진 것은?

① 이산화탄소(CO_2), 메탄(CH_4)
② 질소(N), 아산화질소(N_2O)
③ 프레온(CFC), 산소(O_2)
④ 질소(N), 이산화탄소(CO_2)

해설
질소(N), 산소(O_2) 등의 기체는 가시광선이나 적외선을 모두 통과시키기 때문에 온실 효과를 일으키지 않는다. 교토 의정서에서 정한 대표적 온실가스에는 이산화탄소(CO_2), 메탄(CH_4), 아산화질소(N_2O), 과불화탄소(PFCs), 수소불화탄소(HFCs), 육불화유황(SF_6) 등이 있다.

34 핵가족화로 인해 노인들이 고독과 소외로 우울증에 빠지게 되는 것을 무엇이라 하는가?

① LID 증후군
② 쿠바드 증후군
③ 펫로스 증후군
④ 빈둥지 증후군

해설

오답분석
② 쿠바드 증후군 : 아내가 임신했을 경우 남편도 육체적·심리적 증상을 아내와 똑같이 겪는 현상
③ 펫로스 증후군 : 가족처럼 사랑하는 반려동물이 죽은 뒤에 경험하는 상실감과 우울 증상
④ 빈둥지 증후군 : 자녀가 독립하여 집을 떠난 뒤에 부모나 양육자가 경험하는 외로움과 상실감

35 다음 중 요소수에 대한 설명으로 옳은 것은?

① 가솔린 차량에서 발생하는 질소산화물을 정화시키기 위한 물질이다.
② 유럽의 배출가스 규제인 유로6의 도입으로 사용이 의무화되었다.
③ 질소산화물을 물과 이산화탄소로 환원시킨다.
④ 요소수가 소모되어도 차량운행에는 문제가 없다.

> **해설**
> 요소수는 디젤 차량에서 발생하는 질소산화물(NOx)를 정화하기 위한 물질로, 차량에 설치된 정화장치인 SCR에 사용된다. 배기가스가 지나는 통로에 요소수를 뿌리면 질소산화물이 물과 질소로 환원된다. 2015년에 유럽의 배기가스 규제인 유로6이 국내에 도입되면서, 디젤 차량에 반드시 SCR을 탑재하고 요소수 소모 시 보충해야 한다. SCR이 설치된 디젤 차량은 요소수가 없으면 시동이 걸리지 않는 등 운행할 수 없다.

36 호기성 미생물이 일정 기간 동안 물속에 있는 유기물을 분해할 때 사용하는 산소의 양을 말하며, 물의 오염된 정도를 표시하는 지표로 사용되는 것은?

① pH
② DO
③ COD
④ BOD

> **해설**
> 생화학적 산소요구량(Biochemical Oxygen Demand)은 일반적으로 BOD로 부르며, 생물분해가 가능한 유기물질의 강도를 뜻한다. BOD 값이 클수록 오염 정도가 심한 물이고, BOD 값이 작을수록 깨끗한 물이다.

37 '생물자원에 대한 이익 공유'와 관련된 국제협약은?

① 리우 선언
② 교토 의정서
③ 나고야 의정서
④ 파리 기후협약

> **해설**
> 나고야 의정서는 다양한 생물자원을 활용해 생기는 이익을 공유하기 위한 지침을 담은 국제협약이다.

38 환경영향평가에 대한 설명으로 옳은 것은?

① 환경보존 운동의 효과를 평가하는 것
② 환경보전법, 해상환경관리법, 공해방지법 등을 총칭하는 것
③ 공해지역 주변에 특별감시반을 설치하여 환경보전에 만전을 기하는 것
④ 건설이나 개발 전에 주변 환경에 미치는 영향을 미리 측정하여 대책을 세우는 것

해설
환경영향평가란 건설이나 개발 전에 주변 환경에 미치는 영향을 미리 측정하여 해로운 환경영향을 측정해보는 것이다. 정부나 기업이 환경에 끼칠 영향이 있는 사업을 수행하고자 할 경우 시행하게 되어 있다.

39 핵 폐기물의 국가 간 교역을 규제하는 내용의 국제 환경협약은?

① 람사르 협약
② 런던 협약
③ 생물다양성협약
④ 바젤 협약

해설
오답분석
① 람사르 협약 : 물새 서식지로서 특히 국제적으로 중요한 습지에 관한 협약
② 런던 협약 : 해양오염 방지를 위한 국제협약
③ 생물다양성협약(CBD) : 지구상의 동·식물을 보호하고 천연자원을 보존하기 위한 국제협약

40 지구상의 동·식물을 보호하고 천연자원을 보존하기 위한 국제협약으로 멸종 위기의 동식물을 보존하려는 것이 목적인 협약은?

① 생물다양성협약
② 람사르 협약
③ 세계물포럼
④ 교토 의정서

해설
오답분석
③ 세계물포럼(WWF) : 세계 물 문제 해결을 논의하기 위해 3년마다 개최되는 국제회의
④ 교토 의정서 : 기후변화협약(UNFCCC)에 따른 온실가스 감축을 이행하기 위한 의정서

정답 35 ② 36 ④ 37 ③ 38 ④ 39 ④ 40 ①

CHAPTER 04 과학·컴퓨터·IT·우주

01 운동법칙
뉴턴이 확립한 역학(力學)의 3대 법칙

물체의 운동에 관한 기본법칙으로 뉴턴의 운동법칙이라고도 부른다.

- 관성의 법칙(뉴턴의 제1법칙)
 외부의 힘이 가해지지 않는 한 모든 물체는 자기의 상태를 그대로 유지하려는 성질이 있는데, 이것을 '관성의 법칙'이라고 한다. 즉 정지되어 있는 물체는 계속 정지하고 움직이는 물체는 계속 등속도 운동을 한다는 것이다. 관성은 물체의 질량이 클수록 크다.
 예 멈춰있던 차가 출발할 때 몸이 뒤로 가는 것, 달리던 차가 급정차할 때 몸이 앞으로 가는 것

- 가속도의 법칙(뉴턴의 제2법칙)
 물체에 힘이 가해졌을 때 가속도의 크기는 힘의 크기에 비례하고, 질량에 반비례하며, 가속도의 방향은 힘의 방향과 일치한다는 법칙이다.
 예 같은 무게의 볼링공을 어른과 아이가 굴렸을 때 어른이 굴린 볼링공이 더 빠르게 굴러가는 것

- 작용·반작용의 법칙(뉴턴의 제3법칙)
 두 물체 간에 작용하는 힘은 늘 한 쌍으로 작용하며, 그 방향은 서로 반대이나 크기는 같다.
 예 풍선에서 바람이 빠지며 날아가는 것, 노를 저으면 배가 앞으로 나아가는 것

02 엔트로피 Entropy
자연계의 무질서도를 나타내는 양

자연의 모든 현상은 엔트로피가 증가하는 방향으로 일어난다. 물에 잉크를 떨어뜨리면 잉크는 물 전체로 퍼져 나간다. 그러나 그 반대로는 되지 않는다. 처음의 잉크 방울 형태를 질서 있는 상태, 잉크가 퍼져 나간 상태를 무질서한 상태라고 할 때, 세상의 모든 물질은 반드시 엔트로피가 증가하는 방향, 즉 무질서한 상태가 되려하는 경향이 있다.

03 pH Hydrogen Exponent

수용액의 수소 이온 농도를 나타내는 지표

수소 이온 농도의 역수의 상용log 값을 말한다. pH7(중성)보다 pH 값이 작은 수용액은 산성이고, pH 값이 7보다 크면 염기성, 즉 알칼리성이다. pH가 작을수록 수소 이온(H+)이 많아 더욱 산성을 띠고, pH가 클수록 수소 이온이 적어 염기성이 강해진다.

여러 용액들의 pH 값

건전지에 이용되는 산	0.1~0.3	마시는 물	6.3~6.6
위 액	1.0~3.0	순수한 물	7.0
식 초	2.4~3.4	바닷물	7.8~8.3
탄산음료	2.5~3.5	암모니아수	10.6~11.6
재배토	6.0~7.0	세 제	14

04 프레온가스 Freon Gas

염소, 플루오린, 탄소로만 구성된 화합물로, 오존층 파괴의 주범이 되는 물질

염화불화탄소(CFC ; Chloro Fluoro Carbon)를 말하며, 염소와 플루오린을 함유한 일련의 유기화합물을 총칭한다. 가연성·부식성이 없는 무색무미의 화합물로, 독성이 적으면서 휘발하기 쉽지만 잘 타지 않고 화학적으로 안정하여 냉매, 발포제, 분사제, 세정제 등으로 산업계에서 폭넓게 사용되고 있다. 그러나 화학적으로 안정되었기 때문에 대기권에서 분해되지 않고 오존이 존재하는 성층권에 올라가서 자외선에 의해 분해되어 오존층 파괴의 원인이 된다.

05 희토류

첨단산업의 비타민으로 불리는 비철금속 광물

희귀한 흙이라는 뜻의 희토류는 지각 내에 총 함유량이 300ppm(100만분의 300) 미만인 금속이다. 화학적으로 안정되고 열을 잘 전달하는 것이 특징이다. 물리적·화학적 성질이 비슷한 란탄, 세륨 등 원소 17종을 통틀어서 희토류라고 부르며, 우라늄·게르마늄·세슘·리튬·붕소·백금·망간·코발트·크롬·바륨·니켈 등이 있다. 희토류의 이용범위는 점차 넓어지고 있으며, 휴대전화, 반도체, 하이브리드카 등의 생산에 필수자원으로 각광받고 있다.

06 QLED Quantum dot Light Emitting Diodes
양자점 발광다이오드

QLED에서 'Q'는 '퀀텀닷'을 의미한다. 퀀텀닷은 양자점이라고도 하는데, 크기가 10 ~ 15nm(나노미터)인 초미세 반도체 결정체를 말한다. 작은 크기의 퀀텀닷은 밝기를 더욱 세밀하게 표현하는 장점을 가지는데, QLED는 퀀텀닷 입자 하나하나가 스스로 빛과 색을 내도록 함으로써 큰 폭의 화질 개선 효과를 보여주는 기술이다.

> **OLED(Organic Light Emitting Diodes)**
> 유기발광다이오드로, 형광성 유기화합물질을 이용하여 전류를 흐르게 하면 자체적으로 빛을 내는 발광 현상을 이용하는 디스플레이를 말한다. LCD(Liquid Crystal Display)보다 선명하고 보는 방향과 무관하게 잘 보이는 장점을 가진다. 화질의 반응 속도 역시 LCD에 비해 1,000배 이상 빠르지만 제조공정이 비교적 단순하여 가격도 합리적이다. 휴대폰, 디지털카메라와 같은 소형기기의 디스플레이에 사용된다.

07 세슘 Cesium
은백색을 띠는 알칼리 금속원소

핵반응시 발생하는 방사선 동위원소로 반감기는 30년이다. 호흡기를 통해 몸 안에 흡수되면 주로 근육에 농축된다. 인체에 오래 남아 위험도가 상대적으로 높지만, 정상적 대사 과정으로 방출되고 몸에 남는 양은 극히 적어 실제 생물학적 반감기는 100일 ~ 150일인 것으로 알려져 있다. 세슘에 많이 노출될 경우 폐암, 갑상선암, 유방암, 골수암, 불임증, 전신마비 등을 유발할 수 있다.

> **동위원소**
> 원자 번호는 같으나 질량수가 서로 다른 원소. 양성자의 수는 같으나 중성자의 수가 다르다.

08 플라스마 Plasma
기체 상태의 중성물질이 고온에서 이온핵과 자유전자의 집합체로 바뀌는 상태

고체에 열을 가하면 액체가 되고, 액체에 열을 가하면 기체가 된다. 기체에 계속해서 열을 가하면 플라스마가 되는데 이를 제4의 물질 상태라고 한다. 플라스마 상태는 전기적으로 중성을 띠며 현재 네온사인, 형광등, PDP TV 등에서 사용되고 있다. 화석연료를 대체할 수 있고, 핵융합을 바탕으로 하는 인공태양 발전에도 쓰이기 때문에 각국에서는 플라스마를 이용한 대체에너지 개발을 연구하고 있다.

09 GI Glycemic Index

어떤 식품이 혈당을 얼마나 빨리, 많이 올리느냐를 나타내는 수치

'혈당지수'라고도 하며 어떤 식품이 혈당을 얼마나 빨리, 많이 올리느냐를 나타내는 수치이다. 예를 들어 혈당지수가 85인 감자는 혈당지수가 40인 사과보다 혈당을 더 빨리 더 많이 올린다. 일반적으로 혈당지수 55 이하는 저혈당지수 식품, 70 이상은 고혈당지수 식품으로 분류한다.

> 고혈당지수 식품(혈당지수 70 이상)
> • 곡류군 : 쌀밥, 흰 빵, 감자, 와플, 베이글
> • 과일군 : 수박

10 간의 기능

물질 대사, 알코올 대사, 호르몬 대사, 쓸개즙의 생성 및 배설, 해독과 방어 기능

간은 우리 몸의 모든 기능에 관여한다고 해도 지나치지 않을 정도로 많은 일을 한다. 간의 주요 기능은 다음과 같다.

물질 대사	탄수화물 대사, 단백질 대사, 지방 대사 모두에 관여한다. 그밖에도 비타민과 무기질의 저장 기능도 한다.
알코올 대사	알코올이 몸에서 제거되는 데 필요한 효소들이 간에 많이 있기 때문에 섭취한 알코올 중 많게는 80~90%가 간에서 분해된다.
호르몬 대사	간의 지배를 받는 호르몬도 있어 호르몬 분비량 조절에도 관여한다.

11 GMO Genetically Modified Organism

유전자 변형 농산물

병충해에 대한 내성과 저항력을 갖게 하거나 양적인 가치와 보존성을 높이기 위해 외래 유전자를 주입하여 키운 농산물을 일컫는다. 자연의 섭리를 거슬러 해당 작물에 종을 뛰어넘는 유전자를 주입하는 것에 대한 두려움과 공포 때문에 유럽에서는 '프랑켄슈타인 식품'이라고 부른다.

12 줄기세포
여러 종류의 신체조직으로 분화 가능한 미분화세포

어떤 기관으로도 전환할 수 있는 만능 세포로 '배아줄기세포'와 '성체줄기세포'로 나뉜다. 줄기세포를 이용해 심장조직을 치료하는 심장근육세포, 뇌의 질병을 치료하는 신경세포 등을 만드는 연구가 진행되고 있다.

- 배아줄기세포 : 정자와 난자가 수정된 후 조직과 기관이 분화하는 8주까지의 초기 생명체인 배아에서 얻는다. 신체 모든 기관으로 분화 가능하다고 알려졌다.
- 성체줄기세포 : 사람의 피부, 골수 등에서 얻는다. 모든 기관으로 분화할 수는 없으나 정해진 장기나 조직으로 분화할 수 있다.

13 mRNA백신
바이러스의 유전정보가 담긴 mRNA를 체내에 주입해 항원을 만들게 하는 백신

핵 안의 유전정보를 세포질 내 리보솜에 전달하는 RNA백신이다. 기존의 백신이 바이러스 단백질을 체내에 직접 주입한다면, mRNA백신은 DNA상의 유전정보를 전령하는 방식으로 신체 면역반응을 유도해 '전령(메신저) RNA'라고 부른다. 기존 백신과 달리 바이러스 항원 배양 시간이 들지 않아 시간이 절약된다는 장점이 있다. 하지만 보관온도 등 주변 환경에 매우 취약하다는 단점도 있다. 코로나19 백신을 만드는 데 쓰였다.

14 온난화 현상
지구의 평균 온도가 온실가스로 인해 상승하는 현상

지구의 평균 온도를 상승시키는 온실가스에는 이산화탄소, 메탄, 프레온가스가 있다. 지구의 기온이 점차 상승함에 따라 해수면이 상승하고 해안선이 바뀌며 생태계에 변화를 가져오고 있다. 이로 인해 많은 환경 문제들이 야기되고 있어 세계적으로도 이산화탄소 배출량을 줄이기 위해 그린업그레이드 운동 등의 환경운동을 하고 있다.

유엔 기후변화협약과 교토 의정서
1992년 온실가스의 인위적 방출을 규제하기 위한 '유엔 기후변화협약(UNFCCC)'이 채택됐으며, 1997년 국가 간 이행 협약인 '교토 의정서'가 만들어졌다. 교토 의정서에서 온실가스로 꼽힌 기체는 이산화탄소(CO_2), 메탄(CH_4), 아산화질소(N_2O), 수소불화탄소(HFCs), 과불화탄소(PFCs), 육불화황(SF_6) 등 6가지이다. 교토 의정서는 2021년 파리 기후협약으로 대체됐다.

15 불의 고리
환태평양 조산대의 별칭

세계의 주요 지진대와 화산대 활동이 중첩되는 환태평양 조산대를 가리키는 말이다. 남극의 팔머반도에서부터 남아메리카 안데스 산맥, 북아메리카 산지와 알래스카, 쿠릴 열도, 일본 열도, 동인도 제도, 동남아시아 국가, 뉴질랜드와 태평양의 여러 섬으로 이어지는 지대로 이 지역에 분포하는 활화산을 연결한 것이 원 모양이어서 이러한 이름이 붙었다.

16 아르테미스 계획 Artemis Program
미 항공우주국의 유인 달·우주탐사 계획

미 항공우주국(NASA)이 달에 다시 한 번 인류를 보낼 목적으로 추진 중인 우주 계획이다. 2025년까지 인류를 달에 보내고, 이후 달에 전초기지 등을 세워 유인우주탐사의 본격적인 발판으로 삼을 계획이다. 현재 미국을 포함해 호주, 캐나다, 일본, 룩셈부르크, 이탈리아, 영국, 아랍에미리트(UAE), 우크라이나 등 53개국이 참가하고 있다. 우리나라는 지난 2021년 5월 한미정상회담에서 아르테미스 협정에 공식 서명해 브라질을 제치고 10번째 참여국이 되었다.

17 장보고과학기지
대한민국의 두 번째 남극과학기지

2014년에 완공된 대한민국의 두 번째 남극과학기지로 테라노바만에 위치해 있다. 연면적 4,458m²에 연구동과 생활동 등 16개동의 건물로 구성된 장보고과학기지는 겨울철에는 15명, 여름철에는 최대 60명까지 수용할 수 있다.

> **세종과학기지**
> 1988년 설립된 대한민국 최초의 남극과학기지로 남극 최북단 킹조지섬에 위치해 있다.

18 바이오시밀러 Biosimilar
특허가 만료된 바이오의약품의 복제약

바이오의약품을 복제한 약을 말한다. 오리지널 바이오의약품과 비슷한 효능을 갖도록 만들지만 바이오의약품의 경우처럼 동물세포나 효모, 대장균 등을 이용해 만든 고분자의 단백질 제품이 아니라 화학적 합성으로 만들어지기 때문에 기존의 특허받은 바이오의약품에 비해 약값이 저렴하다.

19 리튬폴리머 전지 Lithium Polymer Battery
안정성이 높고 에너지 효율성이 좋은 차세대 2차 전지

외부 전원을 이용해 충전하여 반영구적으로 사용하는 고체 전해질 전지로, 안정성이 높고 에너지 효율이 높은 2차 전지이다. 전해질이 고체 또는 젤 형태이기 때문에 사고로 인해 전지가 파손되어도 발화하거나 폭발할 위험이 없어 안정적이다. 또한 제조공정이 간단해 대량생산이 가능하며 대용량도 만들 수 있다.

20 카오스 이론 Chaos Theory
무질서하고 불규칙적으로 보이는 현상에 숨어 있는 질서와 규칙을 설명하려는 이론

무질서해 보이는 현상의 배후에 질서와 규칙이 감추어져 있음을 전제로 하는 이론이다. 카오스 연구는 예측 불가능한 현상 뒤의 알려지지 않은 법칙을 밝혀내는 것을 목적으로 한다. 즉, 카오스 이론은 안정적이면서도 안정적이지 않은, 안정적이지 않으면서도 안정적인 다양한 현상을 설명하고자 한다.

> **나비 효과(Butterfly Effect)**
> 작은 변화가 파급되어 예상하기 어려운 큰 변화를 일으키는 것을 일컫는 말이다. 미국의 기상학자 에드워드 로렌츠가 컴퓨터로 기상을 모의 실험하던 중 초기 조건의 값의 미세한 차이가 엄청나게 다른 결과를 가져온다는 것을 발견하면서 알려졌다. 즉 아마존 정글에서 파닥이는 나비의 날갯짓이 몇 주 또는 몇 달 후 미국 텍사스에서 토네이도를 일게 할 수 있다는 것으로 나비 효과는 카오스 이론의 토대가 되었다.

21 컴퓨터의 기본구성

컴퓨터는 크게 하드웨어와 소프트웨어로 구성되어 작동한다.

하드웨어	**중앙처리장치(Central Processing Unit)**	CPU라고 부른다. 입력장치, 기억장치로부터 받은 데이터를 분석·처리하는 역할을 하기 때문에 컴퓨터의 두뇌에 해당한다고 볼 수 있다.
	주기억장치(Main Memory Unit)	중앙처리장치가 처리해야 할 데이터를 보관하는 역할을 한다. 롬(ROM)과 램(RAM)으로 나뉘는데 ROM은 데이터를 한 번 기록해두면 전원이 꺼져도 남아 있고, RAM은 자유롭게 데이터 관리가 가능하지만 전원이 꺼지면 모든 데이터가 사라져버린다. 대부분의 컴퓨터가 RAM을 사용한다.
	보조기억장치(Secondary Memory Unit)	대부분의 컴퓨터가 RAM을 사용하는데 용량이 적고 전원이 꺼지면 데이터가 지워진다는 단점이 있어서 보조기억장치는 주기억장치를 보완하는 역할을 한다. 하드디스크나 CD-ROM, USB 메모리가 대표적이다.
	입력장치(Input Device)	컴퓨터에 자료나 명령어를 입력할 때 쓰이는 장치를 말하며 키보드, 마우스, 조이스틱 등이 대표적이다.
	출력장치(Output Device)	CPU에서 처리한 정보를 구체화해서 사용자에게 전달하는 장치로, 모니터, 프린터, 스피커 등이 대표적이다.
소프트웨어	**운영체제(Operating System)**	컴퓨터 시스템을 총괄하는 중요한 소프트웨어이다. 컴퓨터를 구성하는 모든 하드웨어, 응용 소프트웨어는 운영체제가 있어야만 제 기능을 할 수 있다. 운영체제의 성격에 따라 컴퓨터 전반의 성능과 기능이 달라진다. PC용 운영체제로는 마이크로소프트의 윈도우 시리즈가 대표적이다.
	응용 소프트웨어(Application Software)	워드프로세서, 스프레드시트와 같은 사무용 소프트웨어를 비롯해 게임, 동영상 플레이어를 포함하는 멀티미디어 소프트웨어 등 종류가 다양하다.

22 프롭테크 Proptech

부동산 산업에 빅데이터 분석, VR 등 하이테크 기술을 결합한 서비스

'Property(부동산)'과 'Technology(기술)'의 합성어로, 기존 부동산 산업과 IT의 결합으로 볼 수 있다. 프롭테크의 산업 분야는 크게 중개 및 임대, 부동산 관리, 프로젝트 개발, 투자 및 자금조달 부분으로 구분할 수 있다. 프롭테크 산업 성장을 통해 부동산 자산의 고도화와 신기술 접목으로 편리성이 확대되고, 이를 통한 삶의 질이 향상될 전망이다.

23 알고리즘 Algorithm
문제를 해결하기 위한 절차와 방법의 집합

수학과 컴퓨터 과학, 언어학 등에서 어떤 문제를 해결하기 위한 명령들로 구성된 일련의 순서화된 절차를 의미한다. 문제를 논리적으로 해결하기 위해 필요한 절차, 방법, 명령어들을 모아놓은 것, 이를 적용해 문제를 해결하는 과정을 모두 알고리즘이라고 한다. 알고리즘은 연산, 데이터 진행 또는 자동화된 추론을 수행한다.

24 피싱 Phishing
개인정보를 불법적으로 알아내 이를 이용하는 사기수법

'Private Data(개인정보)'와 'Fishing(낚는다)'의 합성어로 사람들에게 메일을 보내 위장된 홈페이지로 접속하게 하거나, 이벤트 당첨, 사은품 제공 등을 미끼로 수신자의 개인정보를 빼내 범죄에 악용하는 수법을 말한다. 주로 금융기관, 상거래 업체를 사칭해 개인정보를 요구한다.

- **파밍(Pharming)**: 해커가 특정 사이트의 도메인 자체를 중간에서 탈취해 개인정보를 훔치는 인터넷 사기이다. 진짜 사이트 주소를 입력해도 가짜 사이트로 연결되도록 하기 때문에, 사용자들은 가짜 사이트를 진짜 사이트로 착각하고 자신의 개인정보를 입력한다. 그렇게 되면 개인 아이디와 암호, 각종 중요한 정보들이 해커들에게 그대로 노출돼 피싱보다 더 큰 피해가 발생할 수 있다.
- **스미싱**: 문자 메시지(SMS)와 피싱(Phishing)의 합성어로, 인터넷 접속이 가능한 스마트폰의 문자 메시지를 이용한 휴대폰 해킹을 뜻한다.

25 사물인터넷 IoT ; Internet of Things
인터넷에 연결된 기기들이 센서 등을 통해 수집한 정보를 가지고 스스로 일을 처리하는 것

사물에 센서를 부착해 실시간 데이터를 인터넷으로 주고받는 기술이나 환경을 의미하는 사물인터넷은 1999년 케빈 애시튼 미국 MIT 교수가 처음 사용했다. 가전기기부터 자동차, 물류, 유통, 헬스케어 등 다양한 분야에서 활용폭이 크다. 가령 어디서나 스마트폰만 있으면 집안의 전자기기, 가스 검침 등을 제어할 수 있다. 물류에서는 상품 등 자산의 위치추적, 현황 파악, 원격지 운영관리에 사용할 수 있다.

26 쿠키 Cookie

PC 사용자의 인터넷 웹 사이트 방문기록이 저장되는 파일

쿠키에는 PC 사용자의 ID와 비밀번호, 방문한 사이트 정보 등이 담겨 하드디스크에 저장된다. 이용자들의 홈페이지 접속을 도우려는 목적에서 만들어졌기 때문에 해당 사이트를 한 번 방문하고 난 이후에 다시 방문했을 때에는 별다른 절차를 거치지 않고 빠르게 접속할 수 있다는 장점이 있다. 하지만 개인정보 유출, 사생활 침해 등 개인정보가 위협받을 수 있다는 우려가 공존한다.

27 OTT Over The Top

인터넷을 통해 영화, TV 방송 등 각종 미디어 콘텐츠를 제공하는 서비스

'Top(셋톱박스)를 통해 제공됨'이라는 뜻으로, 범용 인터넷을 통해 미디어 콘텐츠를 이용할 수 있는 서비스를 말한다. 시청자의 다양한 욕구, 온라인 동영상 이용의 증가는 OTT 서비스가 등장하는 계기가 되었으며 초고속 인터넷의 발달과 스마트 기기의 보급은 OTT 서비스의 발전을 가속화시켰다. 현재 전 세계적으로 OTT 서비스가 널리 제공되고 있고, 그중에서도 미국은 가장 큰 OTT 시장을 갖고 있다.

28 그래핀 Graphene

탄소원자 1개의 두께로 이루어진 아주 얇은 막으로 활용도가 뛰어난 신소재

흑연은 탄소들이 벌집 모양의 육각형 그물처럼 배열된 평면들이 층으로 쌓여 있는 구조를 하고 있는데, 이 흑연의 한 층을 그래핀이라 부른다. 그래핀은 구리보다 100배 이상 전기가 잘 통하고 실리콘보다 100배 이상 전자를 빠르게 이동시킨다. 강도는 강철보다 200배 이상 강하고, 열전도성은 다이아몬드보다 2배 이상 높다.

29 NFC Near Field Communication
근거리 무선통신

약 10cm 이내의 근거리에서 데이터를 교환할 수 있는 비접촉식 무선통신으로 13.56MHz 대역의 주파수를 사용한다. 스마트폰에 교통카드, 신용카드, 멤버십 카드, 쿠폰 등을 탑재할 수 있어 일상생활에 널리 쓰이고 있다. 통신거리가 짧다는 단점이 있으나 기존 RFID 기술보다 보안성이 높다는 장점이 있다. 또한 기존 근거리 무선데이터 교환 기술은 '읽기'만 가능했던 반면, NFC는 '읽기'뿐만 아니라 '쓰기'도 가능하다.

30 디도스 DDoS
특정 사이트를 마비시키기 위해 여러 대의 컴퓨터가 일제히 공격을 가하는 해킹수법

특정 컴퓨터의 자료를 삭제하거나 훔치는 것이 목적이 아니라 정당한 신호를 받지 못하도록 방해하는 '분산 서비스 거부 공격'을 말한다. 여러 대의 컴퓨터가 일제히 공격해 대량접속이 일어나게 함으로써 해당 컴퓨터의 기능이 마비되게 한다. 자신도 모르는 사이에 악성코드에 감염돼 특정 사이트를 공격하는 PC로 쓰일 수 있는데, 이러한 PC를 좀비PC라고 한다.

31 랜섬웨어 Ransomware
사용자 컴퓨터 시스템에 침투하여 중요 파일에 대한 접근을 차단하고, 몸값을 요구하는 악성 프로그램

'Ransom(몸값)'과 'Software(소프트웨어)'의 합성어다. 사용자 컴퓨터 시스템을 잠그거나 데이터를 암호화해서 사용할 수 없도록 만든 다음, 사용하고 싶다면 돈을 내라고 비트코인이나 금품을 요구한다. 주로 이메일 첨부파일이나 웹페이지 접속을 통해 들어오거나, 확인되지 않은 프로그램이나 파일을 내려 받는 과정에서 들어온다.

32 마이데이터 Mydata 산업

여러 금융회사에 흩어진 개인의 금융정보를 통합관리하는 산업

일명 신용정보관리업으로 금융데이터의 주인을 금융회사가 아니라 개인으로 정의해, 각종 기관과 기업에 산재하는 신용정보 등 개인정보를 직접 관리하고 활용할 수 있는 서비스다. 데이터3법(개인정보보호법·신용정보법·정보통신망법) 개정으로 2020년 8월부터 사업자들이 개인의 동의를 받아 금융정보를 통합관리해주는 마이데이터 산업이 가능해졌다.

33 DRM Digital Rights Management

디지털 콘텐츠 제공자의 권리를 보장하기 위해 무단사용을 방지하는 서비스

우리말로 '디지털 저작권 관리'라고 부른다. 허가된 사용자만 디지털 콘텐츠에 접근할 수 있도록 제한해 비용을 지불한 사람만 콘텐츠를 사용할 수 있도록 하는 서비스, 또는 정보보호 기술을 통틀어 가리킨다. 불법 복제는 콘텐츠 생산자들의 권리와 이익을 위협하고, 출판, 음악, 영화 등 문화산업 발전의 걸림돌이 될 수 있다는 점에서 DRM은 점점 더 중요해지고 있다.

34 제로레이팅 Zero Rating

콘텐츠 사업자가 이용자의 데이터 이용료를 부담하는 제도

특정한 콘텐츠에 대한 데이터 비용을 이동통신사가 대신 지불하거나 콘텐츠 사업자가 부담하도록 하여 서비스 이용자는 무료로 이용할 수 있게 하는 것을 말한다. 예컨대 통신업체들이 넷플릭스나 페이스북 같은 특정 업체들의 사이트에서 영상과 음악, 게시물 등을 무제한 무료로 받을 수 있는 것이다.

망중립성(Network Neutrality)
인터넷망 서비스를 전기·수도와 같은 공공서비스로 분류해, 네트워크 사업자가 관리하는 망이 공익을 위한 목적으로 사용돼야 한다는 원칙이다. 즉 네트워크 사업자는 모든 콘텐츠를 동등하게 취급해야 하며, 어떠한 차별도 있어서는 안 된다는 원칙이다. 따라서 인터넷망을 통해 오고가는 인터넷 트래픽에 대해 데이터의 유형, 사업자, 내용 등을 불문하고 이를 생성하거나 소비하는 주체를 차별 없이 동일하게 처리해야 한다는 것이다. 이에 따라 통신사업자는 막대한 비용을 들여 망설치를 하여 과부하로 인한 망의 다운을 막으려고 하지만, 스마트TV 생산 회사들이나 콘텐츠 제공업체들은 망중립성을 이유로 이에 대한 고려 없이 제품 생산에만 그쳐, 망중립성을 둘러싼 갈등이 불거지기도 하였다.

35 메타버스 Metaverse
가상과 현실이 융합된 초현실세계

가상·초월을 뜻하는 '메타(Meta)'와 현실세계를 뜻하는 '유니버스(Universe)'를 더한 말이다. 현실세계와 가상세계를 더한 3차원 가상세계를 의미한다. 자신을 상징하는 아바타가 게임, 회의에 참여하는 등 가상세계 속에서 사회·경제·문화적 활동을 펼친다. 메타버스라는 용어는 닐 스티븐슨이 1992년 출간한 소설 〈스노 크래시(Snow Crash)〉에서 처음 나왔다.

36 RFID Radio Frequency IDentification
IC칩을 내장해 무선으로 다양한 정보를 관리할 수 있는 차세대 인식 기술

생산에서 판매에 이르는 전 과정의 정보를 극소형 IC칩에 내장시켜 이를 무선주파수로 추적할 수 있도록 하는 기술이다. 실시간으로 사물의 정보와 유통 경로, 재고 현황까지 무선으로 파악할 수 있으며 바코드보다 저장 용량이 커 바코드를 대체할 차세대 인식 기술로 꼽힌다. 대형 할인점 계산, 도서관의 도서 출납관리 등 활용 범위가 다양하다.

37 N스크린 N Screen
하나의 콘텐츠를 다양한 정보통신 기기에서 이용할 수 있는 네트워크 서비스

하나의 콘텐츠를 여러 개의 디지털 기기들을 넘나들며 시간과 장소에 구애받지 않고 이용할 수 있도록 해주는 기술이다. 'N'은 수학에서 아직 결정되지 않은 미지수를 뜻하는데, 하나의 콘텐츠를 이용할 수 있는 스크린의 숫자를 한정짓지 않는다는 의미에서 N스크린이라고 부른다.

38 클라우드 컴퓨팅 Cloud Computing

다양한 소프트웨어나 데이터를 컴퓨터 저장장치에 담지 않고 웹 공간에 두어 마음대로 다운받아 쓰는 차세대 인터넷 컴퓨터 환경

인터넷상의 서버에 데이터를 저장해두고, 언제 어디서나 인터넷에 접속해 다운받을 수 있어서 시간과 공간의 제약 없이 원하는 일을 할 수 있다. 구름처럼 무형의 형태인 인터넷상의 서버를 클라우드(Cloud)라고 하며, 사용자가 스마트폰이나 PC 등을 통해 문서, 음악, 동영상 등 다양한 콘텐츠를 편리하게 이용할 수 있다.

39 딥러닝 Deep Learning

컴퓨터가 사람처럼 생각하고 배울 수 있도록 하는 기술

컴퓨터가 다양한 데이터를 이용해 마치 사람처럼 스스로 학습할 수 있게 하기 위해 만든 인공신경망(ANN ; Artificial Neural Network)을 기반으로 하는 기계학습 기술이다. 이는 컴퓨터가 이미지, 소리, 텍스트 등의 방대한 데이터를 이해하고 스스로 학습할 수 있게 돕는다. 딥러닝의 고안으로 인공지능(AI)이 획기적으로 도약하게 됐다.

40 5G 5th Generation Mobile Communications

28GHz의 초고대역 주파수를 사용하는 이동통신기술

2020년 상용화된 모바일 국제표준을 말한다. 국제전기통신연합(ITU)은 5G의 공식 기술 명칭을 'IMT(International Mobile Telecommunication) 2020'으로 정하고, 최대 20Gbps의 데이터 전송 속도와 어디에서든 최소 100Mbps 이상의 체감 전송 속도를 제공하는 것을 5세대 이동통신이라고 정의했다. 이 속도는 기존 이동통신 속도보다 70배가 빠르고 일반 LTE와 비교했을 때는 280배 빠른 수준이다.

41 블랙홀 Black Hole
빛마저도 빨려 들어갈 정도로 중력과 밀도가 무한대에 가깝게 큰 천체

행성이 폭발할 때 극단적으로 수축하면서 밀도와 중력이 어마어마하게 커진 천체이다. 이때 발생한 중력으로부터 빠져나오려면 빛보다 빨라야 하므로, 빛조차도 블랙홀 안으로 빨려 들어가고 있다고 추측된다. 만약 지구만한 행성이 블랙홀이 된다면 그 반지름은 겨우 0.9cm로 줄어들게 될 정도로 중력이 크다. 블랙홀이라는 명칭이 붙게 된 이유도 직접 관측할 수 없는 암흑의 공간이기 때문이다. 영국의 물리학자 스티븐 호킹은 아인슈타인의 상대성 이론에 근거하여 블랙홀의 소멸 가능성을 주장했다.

42 태양계
태양을 중심으로 공전하는 천체의 집합

태양을 중심으로 공전하는 수성, 금성, 지구, 화성, 목성, 토성, 천왕성, 해왕성을 일컫는다. 이 8개의 행성들과 그 위성들, 왜소행성, 수십만 개 이상의 소행성, 혜성, 유성 그리고 태양 주위를 공전하는 수많은 티끌 입자들도 태양계에 속한다. 이외에도 태양계에는 태양에서 방출하는 전자, 양성자, 중성자로 이루어진 태양풍 입자들이 행성 사이의 공간을 채우고 있다.

43 무궁화 1호
우리나라 최초의 상용 방송·통신위성

1995년 8월 미국 플로리다 주 케이프커내버럴 우주 기지에서 발사된 우리나라 최초의 위성이다. 뉴미디어 시대를 열고, 미래의 우주 개발 경쟁에 대비하는 것을 목적으로 KT가 추진하였다. 무궁화 1호는 위성의 공전 주기와 지구의 자전 주기가 같아 지표에서 보면 상공의 한 지점에 정지해 있는 것처럼 보이는 정지궤도 위성이다. 무궁화 1호는 2005년 12월, 10년 4개월간의 임무를 끝마쳤다.

44 우리별 1호
우리나라 최초의 인공위성

과학위성과 통신위성의 역할을 함께 했던 우리나라 최초의 인공위성이다. 한국과 영국이 공동 설계·제작하여 1992년 남아메리카 기아나 쿠루 기지에서 아리안 42P로켓에 실려 발사되었다. 우리나라 최초의 국적위성으로 음성방송과 통신실험 등 각종 실험과 관측을 위한 과학위성이다.

45 아리랑 1호
우리나라 최초의 다목적 실용위성

한국항공우주연구원에서 발사한 국내 최초의 다목적 실용위성으로, 지리정보 시스템, 정지도 제작, 재해 예방 등에 사용된다. 우리나라의 주요 위성에는 아리랑 위성과 무궁화 위성이 있는데, 아리랑 위성은 관측을 주목적으로 제작된 것이고, 무궁화 위성은 통신을 주목적으로 제작된 것이다. 아리랑 1호는 1999년 12월 21일 미국 캘리포니아주 반덴버그 발사장에서 발사되었다.

46 나로우주센터 NARO Space Center
전남 고흥에 위치한 국내 최초의 우주센터

2009년에 완공된 나로우주센터는 국내의 기술로 만들어진 우주센터로, 인공위성을 발사할 수 있으며 세계에서 13번째로 설립되었다. 로켓을 발사할 수 있는 로켓 발사대와 발사체를 통제하고 관리하는 발사 통제동, 발사된 로켓을 추적하는 추적 레이더, 광학 추적 장비 등을 갖추고 있다. 그밖에 로켓 전시관, 인공위성 전시관, 우주과학 전시관, 야외 전시장 등의 우주 과학관이 함께 있다.

47 미국 항공우주국 NASA
미국 대통령 직속의 우주항공 연구개발기관

소련이 미국보다 먼저 발사한 스푸트니크 위성의 충격으로, 미국에서 미국 항공자문위원회를 해체시키고 1958년 발족한 대통령 직속 우주항공 연구개발기관이다. 미국 워싱턴에 위치한 본부 이외에 유인우주선(우주왕복선)센터, 케네디 우주센터, 마샬 우주센터 등의 부속기관이 있다. 아폴로 계획, 우주왕복선 계획, 우주정거장 계획, 화성탐사 계획, 스카이랩 계획 등을 추진했으며, 현재 아르테미스 계획을 추진 중이다.

48 블록체인 Block Chain
데이터 분산처리를 통해 거래정보를 참여자가 공유하는 기술

온라인 거래 시 거래 기록을 영구히 저장하여, 장부를 통한 증명으로 돈이 한 번 이상 지불되는 것을 막는 기술이다. 거래가 기록되는 장부가 '블록(Block)'이 되고, 이 블록들은 시간의 흐름에 따라 연결된 '사슬(Chain)'을 이루게 된다. 이렇게 생성된 블록은 네트워크 안의 모든 참여자에게 전송되는데 모든 참여자가 이 거래를 승인해야 기존의 블록체인에 연결될 수 있다. 이러한 과정의 반복으로 형성된 구조는 거래장부의 위·변조를 불가능하게 만든다.

49 빅데이터 Big Data
디지털 환경에서 생성되는 부피가 크고, 변화의 속도가 빠르며, 속성이 매우 다양한 데이터

기존 데이터베이스 관리도구의 데이터 수집·저장·관리·분석의 역량을 넘어서는 대량의 정형 또는 비정형 데이터 세트와 이러한 데이터로부터 가치를 추출하고 결과를 분석하는 기술을 의미한다. 대규모 데이터의 생성·수집·분석을 특징으로 하는 빅데이터는 과거에는 불가능했던 기술을 실현시키기도 하며, 전 영역에 걸쳐 인류에 가치 있는 정보를 제공한다.

CHAPTER 04 출제예상문제

01 다음 중 건조주의보는 실효습도가 몇 % 이하로 지속될 것이 예상될 때 발효되는가?

① 25% ② 30%
③ 35% ④ 40%

해설
기상청에서는 산불발생의 가능성을 경고하기 위해 실효습도를 관측·예측하여 건조주의보와 건조경보를 발표하고 있다. 건조주의보는 실효습도 35% 이하가 2일 이상 지속될 것이라 예상될 때, 건조경보는 실효습도 25% 이하가 2일 이상 지속되리라 예상될 때 발효된다.

02 다음 중 방사능과 관련 있는 에너지(량) 단위는?

① Bq ② J
③ eV ④ cal

해설
Bq(베크렐)은 방사능 물질이 방사능을 방출하는 능력을 측정하기 위한 방사능의 국제단위이다.

03 석회암이 물속의 탄산가스에 의해 녹거나 침전되어 생성되는 지형은?

① 드럼린 지형 ② 카르스트 지형
③ 모레인 지형 ④ 바르한 지형

해설
카르스트 지형은 석회암이 물속에 함유된 탄산가스에 의해 용해되고 침전되어 만들어지는 지형으로 석회암 지역에서 나타나는 독특한 지형이다. 석회암 지반에서 빗물에 의해 용식작용이 일어나면서 구멍이 생기는데, 이 구멍으로 빗물이 침투하여 공간이 더욱 확장된다. 이렇게 공간이 확장된 석회암 지대는 석회동굴로 발전한다.

정답 01 ③ 02 ① 03 ②

04 다음 중 우주밀도의 약 70%를 차지한다고 알려진 물질은?

① 암흑에너지
② 은하단
③ 중성자
④ 페르미 거품

> **해설**
> 암흑에너지(Dark Energy)는 우주 공간의 약 70%를 차지하고 있다고 알려진 에너지의 한 형태로, 우주 전체에 고르게 퍼져 있으며 그 실체는 아직 명확히 밝혀지지 않았다. 빅뱅으로 탄생한 우주는 점점 빠르게 팽창하고 있는데 이 팽창의 가속이 이뤄지는 원동력이 암흑에너지라고 추측되고 있다.

05 다음 중 밑줄 친 '이것'이 가리키는 것은?

> 탄수화물을 섭취하면 혈당이 올라가는데, 우리 몸은 이 혈당을 낮추기 위해 인슐린을 분비하고, 인슐린은 당을 지방으로 만들어 체내에 축적하게 된다. 하지만 모든 탄수화물이 혈당을 동일하게 올리지는 않는다. 칼로리가 같은 식품이어도 <u>이것</u>이 낮은 음식을 먹으면 인슐린이 천천히 분비되어 혈당 수치가 정상적으로 조절되고 포만감 또한 오래 유지할 수 있어 다이어트에 <u>도움</u>이 되는 것으로 알려졌다.

① GMO
② 글루텐
③ GI
④ 젖산

> **해설**
> GI, 즉 혈당지수는 어떤 식품이 혈당을 얼마나 빨리, 많이 올리느냐를 나타내는 수치이다. 예를 들어 혈당지수가 85인 감자는 혈당지수가 40인 사과보다 혈당을 더 빨리 더 많이 올린다. 일반적으로 혈당지수 55 이하는 저혈당지수 식품, 70 이상은 고혈당지수 식품으로 분류한다.

06 다음 중 OLED에 대한 설명으로 옳지 않은 것은?

① 스스로 빛을 내는 현상을 이용한다.
② 휴대전화, PDA 등 전자제품의 액정 소재로 사용된다.
③ 화질 반응속도가 빠르고 높은 화질을 자랑한다.
④ 에너지 소비량이 크고 가격이 비싸다.

> **해설**
> OLED(Organic Light-Emitting Diode)는 형광성 유기화합물질에 전류를 흐르게 하면 자체적으로 빛을 내는 발광현상을 이용하는 디스플레이를 말한다. LCD보다 선명하고 보는 방향과 무관하게 잘 보이는 장점을 가진다. 화질의 반응속도 역시 LCD에 비해 1,000배 이상 빠르다. 또한 단순한 제조공정으로 인해 가격 경쟁면에서 유리하다.

07 버스가 갑자기 서면 몸이 앞으로 쏠리는 현상은 무엇과 관련이 있는가?

① 관성의 법칙
② 작용·반작용의 법칙
③ 가속도의 법칙
④ 원심력

해설
관성의 법칙은 물체가 원래 운동 상태를 유지하고자 하는 법칙이다. 달리던 버스가 갑자기 서면서 몸이 앞으로 쏠리는 것은 관성 때문이다.

08 대기 중에 이산화탄소가 늘어나는 것이 원인이 되어 발생하는 온도상승 효과는?

① 엘니뇨 현상
② 터널 효과
③ 온실 효과
④ 오존층파괴 현상

해설
온실 효과는 대기 중에 탄산가스, 아황산가스 등이 증가하면서 대기의 온도가 상승하는 현상으로 생태계의 균형을 위협한다.

09 다음 중 아폴로 11호를 타고 인류 최초로 달에 첫 발걸음을 내디딘 인물은 누구인가?

① 에드윈 올드린
② 닐 암스트롱
③ 알렉세이 레오노프
④ 이소연

해설
닐 암스트롱은 1969년 7월 20일 아폴로 11호에 탑승해 인류 역사상 최초로 달에 착륙했다.

10 다음 중 뉴턴의 운동법칙이 아닌 것은?

① 만유인력의 법칙
② 관성의 법칙
③ 작용·반작용의 법칙
④ 가속도의 법칙

해설
뉴턴의 운동법칙으로는 관성의 법칙, 가속도의 법칙, 작용·반작용의 법칙이 있다. 만유인력은 뉴턴의 운동법칙이 아니다.

11 다음 중 희토류가 아닌 것은?

① 우라늄 ② 망간
③ 니켈 ④ 구리

해설
구리는 금속물질이며, 희토류가 아니다.

12 전 세계의 모든 문자를 다룰 수 있도록 설계된 표준 문자전산처리 방식은?

① 아스키코드 ② 유니코드
③ BCD코드 ④ EBCDIC코드

해설
유니코드(Unicode)는 전 세계 모든 국가의 언어를 모두 표현하기 위한 코드로서, 운영체제나 프로그램과 상관없이 문자마다 고유한 값을 부여함으로써 모든 언어를 16진수로 표현할 수 있다. 각 언어를 통일된 방식으로 컴퓨터상에 나타내며, 1995년 9월에 국제표준으로 지정되었다.

13 다음 중 리튬폴리머 전지에 대한 설명으로 옳지 않은 것은?

① 안정성이 높고, 에너지 효율이 높은 2차 전지이다.
② 외부 전원을 이용해 충전하여 반영구적으로 사용한다.
③ 전해질이 액체 또는 젤 형태이므로 안정적이다.
④ 제조공정이 간단해 대량생산이 가능하다.

해설
리튬폴리머 전지(Lithium Polymer Battery)는 외부 전원을 이용해 충전하여 반영구적으로 사용하는 고체 전해질 전지로, 안정성이 높고 에너지 효율이 높은 2차 전지이다. 전해질이 고체 또는 젤 형태이기 때문에 사고로 인해 전지가 파손되어도 발화하거나 폭발할 위험이 없어 안정적이다. 또한 제조공정이 간단해 대량생산이 가능하며 대용량도 만들 수 있다.

14 특허가 만료된 바이오의약품과 비슷한 효능을 내게 만든 복제의약품을 무엇이라 하는가?

① 바이오시밀러 ② 개량신약
③ 바이오베터 ④ 램시마

해설
바이오시밀러(Biosimilar)란 바이오의약품을 복제한 약을 말한다. 오리지널 바이오의약품과 비슷한 효능을 갖도록 만들지만 바이오의약품의 경우처럼 동물세포나 효모, 대장균 등을 이용해 만든 고분자의 단백질 제품이 아니라 화학 합성으로 만들기 때문에 기존의 특허받은 바이오의약품에 비해 약값이 저렴하다.

15 매우 무질서하고 불규칙적으로 보이는 현상 속에 내재된 일정 규칙이나 법칙을 밝혀내는 이론은?

① 카오스 이론　　② 빅뱅 이론
③ 엔트로피　　　　④ 퍼지 이론

해설
카오스 이론은 무질서하고 불규칙적으로 보이는 현상에 숨어 있는 질서와 규칙을 설명하려는 이론이다.

16 방사성 원소란 원자핵이 불안정하여 방사선을 방출하여 붕괴하는 원소이다. 다음 중 방사성 원소가 아닌 것은?

① 헬륨　　　　　　② 우라늄
③ 라듐　　　　　　④ 토륨

해설
방사성 원소는 천연 방사성 원소와 인공 방사성 원소로 나눌 수 있다. 방사성 원소는 방사선을 방출하고 붕괴하면서 안정한 원소로 변하는데, 안정한 원소가 되기 위해 여러 번의 붕괴를 거친다. 천연적인 것으로는 우라늄, 악티늄, 라듐, 토륨 등이 있고, 인공적인 것으로는 넵투늄 등이 있다. 헬륨은 방사성 원소가 아니라 비활성 기체이다.

17 장보고기지에 대한 설명으로 옳지 않은 것은?

① 남극의 미생물, 천연물질을 기반으로 한 의약품 연구 등 다양한 응용 분야 연구기 이뤄진다.
② 대한민국의 두 번째 과학기지이며 한국해양연구원 부설기관인 극지연구소에서 운영한다.
③ 남극 최북단 킹조지섬에 위치한다.
④ 생명과학, 토목공학과 같은 응용 분야 연구에도 확장되고 있다.

해설
세종과학기지가 킹조지섬에 위치해 있다. 장보고기지는 테라노바만에 있다.

18 여러 금융회사에 흩어진 개인의 금융정보를 통합관리하는 산업은?

① 데이터경제 산업　　② 오픈뱅킹 산업
③ 빅데이터 산업　　　④ 마이데이터 산업

해설
마이데이터(Mydata) 산업은 일명 신용정보관리업으로 금융데이터의 주인을 금융회사가 아니라 개인으로 정의해, 각종 기관과 기업에 산재하는 신용정보 등 개인정보를 직접 관리하고 활용할 수 있는 서비스다.

19 기술의 발전으로 인해 제품의 라이프 사이클이 점점 빨라지는 현상을 이르는 법칙은 무엇인가?

① 스마트 법칙
② 구글 법칙
③ 안드로이드 법칙
④ 애플 법칙

해설
안드로이드 법칙은 구글의 안드로이드 운영체제를 장착한 스마트폰을 중심으로 계속해서 향상된 성능의 스마트폰이 출시돼 출시 주기도 짧아질 수밖에 없다는 법칙이다. 구글이 안드로이드를 무료로 이용할 수 있게 하면서 제품의 출시가 쉬워진 것이 큰 요인이다.

20 다음 중 딥러닝에 대한 설명으로 틀린 것은?

① 인공지능이 스스로 문제를 해결하도록 한다.
② 인공신경망을 기반으로 한다.
③ 머신러닝 이전에 먼저 개발되었다.
④ 인공지능의 획기적 도약을 이끌었다.

해설
딥러닝(Deep Learning)은 컴퓨터가 다양한 데이터를 이용해 마치 사람처럼 스스로 학습할 수 있게 하기 위해 만든 인공신경망을 기반으로 하는 기계학습 기술이다. 이는 컴퓨터가 이미지, 소리, 텍스트 등의 방대한 데이터를 이해하고 스스로 학습할 수 있게 돕는다. 딥러닝의 고안으로 인공지능이 획기적으로 노약하게 되었다. 딥러닝은 기존 머신러닝(기계학습)의 한계를 넘어선 것으로 평가된다.

21 다음에 나타난 게임에 적용된 기술은 무엇인가?

> 유저들이 직접 현실세계를 돌아다니며 스마트폰 화면 속 캐릭터를 찾는 모바일 게임 열풍에 평소 사람들이 찾지 않던 장소들이 붐비는 모습을 보였다.

① MR
② BR
③ AV
④ AR

해설
현실에 3차원의 가상물체를 겹쳐서 보여주는 기술을 활용해 현실과 가상환경을 융합하는 복합형 가상현실을 증강현실(AR ; Augmented Reality)이라 한다.

22 컴퓨터 전원을 끊어도 데이터가 없어지지 않고 기억되며 정보의 입출력도 자유로운 기억장치는?

① 램
② 캐시메모리
③ 플래시메모리
④ CPU

해설
플래시메모리(Flash Memory)는 전원이 끊겨도 저장된 정보가 지워지지 않는 비휘발성 기억장치이다. 내부 방식에 따라 저장용량이 큰 낸드(NAND)형과 처리속도가 빠른 노어(NOR)형의 2가지로 나뉜다.

23 클라우드를 기반으로 하는 이 서비스는 하나의 콘텐츠를 여러 플랫폼을 통해 이용할 수 있다. 이 서비스는 무엇인가?

① N스크린　　　　　② DMB
③ IPTV　　　　　　④ OTT

해설
N스크린은 하나의 콘텐츠를 여러 개의 디지털 기기들을 넘나들며 시간과 장소에 구애받지 않고 이용할 수 있도록 해주는 기술이다. 'N'은 수학에서 아직 결정되지 않은 미지수를 뜻하는데, 하나의 콘텐츠를 이용할 수 있는 스크린의 숫자를 한정짓지 않는다는 의미에서 N스크린이라고 부른다.

24 이용자의 특정 콘텐츠에 대한 데이터 비용을 이동통신사가 대신 부담하는 것을 무엇이라 하는가?

① 펌웨어　　　　　② 플러그 앤 플레이
③ 제로레이팅　　　④ 웹2.0

해설
제로레이팅(Zero-rating)은 특정한 콘텐츠에 대한 데이터 비용을 이동통신사가 대신 지불하거나 콘텐츠 사업자가 부담하도록 하여 서비스 이용자는 무료로 이용할 수 있게 하는 것을 말한다.

25 다음은 무엇에 대한 설명인가?

> 악성코드에 감염된 다수의 좀비PC를 이용하여 대량의 트래픽을 특정 시스템에 전송함으로써 장애를 일으키는 사이버공격이다.

① 해 킹　　　　　② 스푸핑
③ 크래킹　　　　④ 디도스

해설
디도스(DDoS)는 여러 대의 컴퓨터가 일제히 공격해 대량접속이 일어나게 함으로써 해당 컴퓨터의 기능이 마비되게 하는 것이다. 자신도 모르는 사이에 악성코드에 감염돼 특정 사이트를 공격하는 PC로 쓰일 수 있는데, 이러한 컴퓨터를 좀비PC라고 한다.

26 다음 중 RAM에 대한 설명으로 옳은 것은?

① 컴퓨터의 보조기억장치로 이용된다.
② 크게 SRAM, DRAM, ROM으로 분류할 수 있다.
③ 'Read Access Memory'의 약어이다.
④ SRAM이 DRAM보다 성능이 우수하나 고가이다.

해설
SRAM은 DRAM보다 몇 배나 더 빠르긴 하지만 가격이 고가이기 때문에 소량만 사용한다.

오답분석
① 컴퓨터의 주기억장치로 이용된다.
② 크게 SRAM, DRAM으로 분류할 수 있다.
③ 'Random Access Memory'의 약어이다.

27 악성코드에 감염된 PC를 조작해 이용자를 허위로 만든 가짜 사이트로 유도하여 개인정보를 빼가는 수법은 무엇인가?

① 스미싱   ② 스피어피싱
③ 파 밍   ④ 메모리해킹

해설
파밍(Pharming)은 해커가 특정 사이트의 도메인 자체를 중간에서 탈취해 개인정보를 훔치는 인터넷 사기이다. 진짜 사이트 주소를 입력해도 가짜 사이트로 연결되도록 하기 때문에, 사용자들은 가짜 사이트를 진짜 사이트로 착각하고 자신의 개인정보를 입력하여 피해를 입는다.

오답분석
① 스미싱(Smishing) : SMS(문자메시지)와 Phishing(피싱)의 합성어로, 인터넷 접속이 가능한 스마트폰의 문자메시지를 이용한 휴대폰 해킹
② 스피어피싱(Spear Phishing) : 대상의 신상을 파악하고 그것에 맞게 낚시성 정보를 흘리는 사기수법으로 주로 회사의 고위 간부들이나 국가에 중요한 업무를 담당하고 있는 사람들이 공격 대상이 됨
④ 메모리해킹(Memory Hacking) : 컴퓨터 메모리에 있는 수취인의 계좌번호, 송금액을 변조하는 등으로 돈을 빼돌리는 해킹

28 넷플릭스를 통해 많은 사람들이 인터넷으로 TV드라마나 영화를 본다. 이렇듯 인터넷으로 TV 프로그램 등을 볼 수 있는 서비스를 무엇이라 하는가?

① NFC   ② OTT
③ MCN   ④ VOD

해설
OTT는 'Top(셋톱박스)를 통해 제공됨'을 의미하는 것으로, 범용 인터넷을 통해 미디어 콘텐츠를 이용할 수 있는 서비스를 말한다. 넷플릭스는 세계적으로 유명한 OTT 서비스 제공업체이다.

29 어떤 문제를 해결하기 위한 절차, 방법, 명령어들의 집합을 뜻하는 말은?

① 프로세스　　② 프로그래밍
③ 코 딩　　　　④ 알고리즘

해설
알고리즘(Algorithm)은 어떤 문제를 해결하기 위한 명령들로 구성된 일련의 순서화된 절차를 의미한다. 문제를 논리적으로 해결하기 위해 필요한 절차, 방법, 명령어들을 모아놓은 것과 이를 적용해 문제를 해결하는 과정을 모두 알고리즘이라고 한다.

30 인터넷 사용자가 접속한 웹사이트 정보를 저장하는 정보 기록 파일을 의미하며, 웹사이트에서 사용자의 하드디스크에 저장되는 특별한 텍스트 파일을 무엇이라 하는가?

① 쿠 키　　② 피 싱
③ 캐 시　　④ 텔 넷

해설
쿠키(Cookie)에는 PC 사용자의 ID와 비밀번호, 방문한 사이트 정보 등이 담겨 하드디스크에 저장된다. 이용자들의 홈페이지 접속을 도우려는 목적에서 만들어졌기 때문에 해당 사이트를 한 번 방문하고 이후에 다시 방문했을 때에는 별다른 절차를 거치지 않고 빠르게 접속할 수 있다는 장점이 있다.

31 인터넷 주소창에 사용하는 'HTTP'의 의미는?

① 인터넷 네트워크망　　② 인터넷 데이터 통신규약
③ 인터넷 사용경로 규제　　④ 인터넷 포털서비스

해설
HTTP(Hyper Text Transfer Protocol)는 WWW상에서 클라이언트와 서버 사이에 정보를 주고 받는 요청·응답 프로토콜로 인터넷 데이터 통신규약을 뜻한다.

32 기업이나 조직의 모든 정보가 컴퓨터에 저장되면서, 컴퓨터의 정보보안을 위해 외부에서 내부 또는 내부에서 외부의 정보통신망에 불법으로 접근하는 것을 차단하는 시스템은?

① 쿠 키　　② DNS
③ 방화벽　　④ 아이핀

해설
화재가 발생했을 때 불이 번지지 않게 하기 위해서 차단막을 만드는 것처럼, 네트워크 환경에서도 기업의 네트워크를 보호해주는 하드웨어·소프트웨어 체제를 방화벽이라 한다.

33 하나의 디지털 통신망에서 문자, 동영상, 음성 등 각종 서비스를 일원화해 통신·방송 서비스의 통합, 효율성 극대화, 저렴화를 추구하는 종합 통신 네트워크는 무엇인가?

① VAN
② UTP케이블
③ ISDN
④ RAM

해설
ISDN(Integrated Service Digital Network)은 종합 디지털 서비스망이라고도 하며, 각종 서비스를 일원화해 통신·방송 서비스의 통합, 효율성 극대화, 저렴화를 추구하는 종합 통신 네트워크이다.

34 다음 중 증강현실에 대한 설명으로 옳지 않은 것은?

① 현실세계에 3차원 가상물체를 겹쳐 보여준다.
② 스마트폰의 활성화와 함께 주목받기 시작했다.
③ 실제 환경은 볼 수 없다.
④ 위치기반 서비스, 모바일 게임 등으로 활용 범위가 확장되고 있다.

해설
가상현실(VR) 기술은 가상환경에 사용자를 몰입하게 하여 실제 환경은 볼 수 없지만, 증강현실(AR) 기술은 실제 환경을 볼 수 있게 하여 현실감을 제공한다.

35 스마트TV와 인터넷TV 각각의 기기는 서버에 연결되는 방식이 서로 달라 인터넷망 사용의 과부하가 발생할 수밖에 없다. 최근에 이와 관련해 통신사와 기기회사 사이에 갈등이 빚어졌는데 무엇 때문인가?

① 프로그램 편성
② 요금징수 체계
③ 수익모델
④ 망 중립성

해설
망 중립성은 네트워크 사업자가 관리하는 망이 공익을 위한 목적으로 사용돼야 한다는 원칙이다. 통신 사업자는 막대한 비용을 들여 망을 설치해 과부하로 인한 망의 다운을 막으려고 하는 반면, 스마트TV 생산회사들이나 콘텐츠 제공업체들은 망 중립성을 이유로 이에 대한 고려 없이 제품 생산에만 그쳐, 망 중립성을 둘러싼 갈등이 불거졌다.

36 다음 인터넷 용어 중 허가된 사용자만 디지털 콘텐츠에 접근할 수 있도록 제한해 비용을 지불한 사람만 콘텐츠를 사용할 수 있도록 하는 서비스는?

① DRM(Digital Rights Management)
② WWW(World Wide Web)
③ IRC(Internet Relay Chatting)
④ SNS(Social Networking Service)

해설
DRM은 우리말로 디지털 저작권 관리라고 부른다. 허가된 사용자만 디지털 콘텐츠에 접근할 수 있도록 제한해 비용을 지불한 사람만 콘텐츠를 사용할 수 있도록 하는 서비스 또는 정보보호 기술을 통틀어 가리킨다.

오답분석
② WWW : 인터넷에서 그래픽, 음악, 영화 등 다양한 정보를 통일된 방법으로 찾아볼 수 있는 서비스를 의미한다.
③ IRC : 인터넷에 접속된 수많은 사용자와 대화하는 서비스이다.
④ SNS : 온라인 인맥구축 서비스로 1인 미디어, 1인 커뮤니티, 정보 공유 등을 포괄하는 개념이다.

37 다음 내용에서 밑줄 친 이것에 해당하는 용어는?

- 이것은 웹2.0, SaaS(Software as a Service)와 같이 최근 잘 알려진 기술 경향들과 연관성을 가지는 일반화된 개념이다.
- 이것은 네트워크에 서버를 두고 데이터를 저장하거나 관리하는 서비스이다.

① 클라우드 컴퓨팅   ② 디버깅
③ 스 풀   ④ 멀티태스킹

해설
오답분석
② 디버깅(Debugging) : 원시프로그램에서 목적프로그램으로 번역하는 과정에서 발생하는 오류를 찾아 수정하는 것
③ 스풀(SPOOL) : 데이터를 주고받는 과정에서 중앙처리장치와 주변장치의 처리속도가 달라 발생하는 속도 차이를 극복해 지체 현상 없이 프로그램을 처리하는 기술
④ 멀티태스킹(Multitasking) : 한 사람의 사용자가 한 대의 컴퓨터로 2가지 이상의 작업을 동시에 처리하거나, 2가지 이상의 프로그램들을 동시에 실행시키는 것

38 우리나라 최초의 인공위성은 무엇인가?

① 무궁화 1호   ② 우리별 1호
③ 온누리호   ④ 스푸트니크 1호

해설
우리나라 최초의 인공위성은 우리별 1호(1992)이고, 세계 최초의 인공위성은 구소련의 스푸트니크 1호(1957)이다.

정답 33 ③ 34 ③ 35 ④ 36 ① 37 ① 38 ②

CHAPTER 05 문화 · 미디어 · 스포츠

01 세계유산

유네스코에서 인류의 소중한 문화유산 및 자연유산을 보호하기 위해 지정한 유산

유네스코는 1972년부터 세계유산협약에 따라 역사적 중요성, 뛰어난 예술성, 희귀성 등을 지니고 인류를 위해 보호해야 할 가치가 있는 유산을 세계유산으로 지정하고 있다. 세계유산은 '문화유산', '자연유산', '복합유산'으로 나누어 관리한다.

구 분	국내 등록현황
세계문화유산	석굴암·불국사(1995), 해인사 장경판전(1995), 종묘(1995), 창덕궁(1997), 수원화성(1997), 경주역사유적지구(2000), 고창·화순·강화 고인돌 유적(2000), 조선왕릉(2009), 안동하회·경주양동마을(2010), 남한산성(2014), 백제역사유적지구(2015), 산사·한국의 산지승원(2018), 한국의 서원(2019), 한국의 갯벌(2021), 가야고분군(2023)
세계자연유산	제주화산섬과 용암동굴(2007)

02 세계기록유산

사회적·문화적 가치가 높다고 인정되는 기록물을 보존하기 위해 지정하는 유산

유네스코가 지정하는 세계유산 중 가치가 높다고 인정되는 기록물을 대상으로 지정한다. 인류의 소중한 기록유산을 보존·활용하기 위해 1997년부터 2년마다 국제자문위원회의 심의를 통해 유네스코 사무총장이 선정한다. 무형문화재 가운데 선정되는 세계무형유산과는 구별되며 별도로 관리된다.

구 분	국내 등록현황
세계기록유산	훈민정음(1997), 조선왕조실록(1997), 직지심체요절(2001), 승정원일기(2001), 해인사 대장경판 및 제경판(2007), 조선왕조의궤(2007), 동의보감(2009), 일성록(2011), 5·18 민주화운동 기록물(2011), 난중일기(2013), 새마을운동 기록물(2013), 한국의 유교책판(2015), KBS 특별 생방송 〈이산가족을 찾습니다〉 기록물(2015), 조선왕실 어보와 어책(2017), 국채보상운동 기록물(2017), 조선통신사 기록물(2017), 4·19 혁명 기록물(2023), 동학농민혁명 기록물(2023)
세계무형유산	종묘제례 및 종묘제례악(2001), 판소리(2003), 강릉단오제(2005), 강강술래(2009), 남사당놀이(2009), 영산재(2009), 처용무(2009), 제주칠머리당영등굿(2009), 가곡(2010), 대목장(2010), 매사냥(2010), 택견(2011), 줄타기(2011), 한산모시짜기(2011), 아리랑(2012), 김장문화(2013), 농악(2014), 줄다리기(2015), 제주해녀문화(2016), 씨름(2018), 연등회(2020), 한국의 탈춤(2022), 한국의 장 담그기 문화(2024)

03 국보·보물

보물은 국가가 법적으로 지정한 유형문화유산이고, 그 중 가치가 크고 유례가 드문 것이 국보다.

보물과 국보는 모두 유형문화유산으로, '보물'은 건조물·전적·서적·고문서·회화·조각·공예품·고고자료·무구 등의 문화유산 중 중요한 것을 국가유산청(구 문화재청)장이 문화유산위원회의 심의를 거쳐 지정하고, '국보'는 보물에 해당하는 문화유산 중 제작 연대가 오래되고 시대 특유의 제작 기술이 뛰어나며 형태나 용도가 특이한 것을 문화유산위원회의 심의를 거쳐 지정한다. 따라서 국보보다 보물이 많다.

구 분	1호	2호	3호
국 보	서울 숭례문(남대문)	원각사지 10층 석탑	북한산 신라 진흥왕순수비
보 물	서울 흥인지문(동대문)	서울 보신각종	대원각사비
사 적	경주 포석정지	김해 봉황동 유적	수원화성
무형문화유산	종묘제례악	양주 별산대놀이	남사당놀이

서울 4대문
- 동대문 – 흥인지문
- 서대문 – 돈의문
- 남대문 – 숭례문
- 북대문 – 숙청문

04 베른 조약

문학·예술 저작물의 국제적인 저작권 보호 조약

1886년 스위스의 수도 베른에서 체결된 조약으로, 외국인의 저작물을 무단 출판하는 것을 막고 다른 가맹국의 저작물을 자국민의 저작물과 동등하게 대우하도록 한다. 무방식주의에 따라 별도의 등록 없이 저작물의 완성과 동시에 저작권이 발생하는 것으로 보며, 보호기간은 저작자의 생존 및 사후 50년을 원칙으로 한다.

05 카피레프트 Copyleft
지적 창작물에 대한 권리를 모든 사람이 공유할 수 있도록 하는 것

1984년 리처드 스톨먼이 주장한 것으로 저작권(Copyright, 카피라이트)에 반대되는 개념이며 정보의 공유를 위한 조치이다. 카피레프트를 주장하는 사람들은 지식과 정보는 소수에게 독점되어서는 안 되며 모든 사람에게 열려 있어야 한다고 주장한다.

카피라이트	카피레프트
창작자에게 독점권 권리 부여	저작권 공유 운동
창작의 노고에 대한 정당한 대가 요구	자유로운 정보 이용으로 창작 활성화
궁극적으로 문화 발전을 유도	지식과 정보는 인류 전체의 공동 자산

06 노벨상 Noble Prizes
인류 문명의 발달에 공헌한 사람이나 단체에 수여하는 상

다이너마이트를 발명한 스웨덴의 화학자 알프레드 노벨(Alfred B. Nobel)은 인류복지에 가장 구체적으로 공헌한 사람들에게 나누어 주도록 그의 유산을 기부했고, 스웨덴의 왕립과학아카데미는 노벨재단을 설립해 1901년부터 노벨상을 수여했다. 노벨상은 해마다 물리학·화학·생리의학·경제학·문학·평화의 6개 부문에서 인류 문명의 발달에 공헌한 사람이나 단체를 선정하여 수여한다. 평화상을 제외한 물리학, 화학, 생리의학, 경제학, 문학상의 시상식은 노벨의 사망일인 매년 12월 10일에 스톡홀름에서, 평화상 시상식은 같은 날 노르웨이 오슬로에서 열린다. 노벨상은 생존자 개인에게 주는 것이 원칙이나 평화상은 단체나 조직에 줄 수 있다. 역대 한국인 수상자로는 2000년에 김대중 전 대통령이 최초로 노벨평화상을 수상했으며, 2024년에는 작가 한강이 노벨문학상을 수상했다.

2024년 수상자
- 생리의학상 : 빅터 앰브로스, 게리 러브컨
- 물리학상 : 존 홉필드, 제프리 힌턴
- 화학상 : 데이비드 베이커, 데미스 허사비스, 존 점퍼
- 경제학상 : 다론 아제모을루, 사이먼 존슨, 제임스 A. 로빈슨
- 문학상 : 한강
- 평화상 : 니혼 히단쿄

07 아카데미상 Academy Award, OSCAR
미국 영화계에서 가장 권위 있는 영화상

1929년에 시작되었으며, 오스카상으로도 불린다. 전년도에 발표된 미국 영화 및 LA에서 1주일 이상 상영된 외국 영화를 대상으로 우수한 작품과 그 밖의 업적에 대하여 해마다 봄철에 시상한다.

> **2025년 주요 수상자(작품)**
> - 작품상 : 〈아노라〉
> - 감독상 : 숀 베이커, 〈아노라〉
> - 남우주연상 : 에이드리언 브로디, 〈브루탈리스트〉
> - 여우주연상 : 마이키 매디슨, 〈아노라〉
> - 각본상 : 숀 베이커, 〈아노라〉

08 토니상 Tony Awards
미국 브로드웨이에서 수여하는 연극상

매년 미국 브로드웨이에서 상연된 연극과 뮤지컬의 우수한 업적에 대해 수여하는 상으로, 연극의 아카데미상이라고도 불린다. 해마다 5월 하순~6월 상순에 최종 발표와 시상식이 열리고, 연극 부문인 스트레이트 플레이와 뮤지컬 부문인 뮤지컬 플레이로 나뉘어 작품상, 남녀 주연상, 연출상 등이 수여된다.

09 에미상 Emmy Awards
TV 프로그램 및 관계자의 우수한 업적에 대해 수여하는 미국 최대의 프로그램상

TV의 아카데미상으로 불리는 이 상은 1948년 창설되어 뉴욕에서 시상식이 개최되며, 미국 텔레비전예술과학아카데미가 주최한다. 본상격인 프라임타임 에미상과 주간 에미상, 로스앤젤레스 지역 에미상, 국제 에미상 등의 부문으로 나뉘어 수상작을 발표한다.

10 세계 3대 영화제

베니스 영화제, 칸 영화제, 베를린 영화제

- 베니스 영화제(이탈리아) : 최고의 작품상(그랑프리)에는 '황금사자상'이 수여되고, 감독상에는 '은사자상'이, 남녀 주연상에는 '볼피컵상'이 수여된다. 2021년 9월 개막한 제78회 베니스 영화제에는 한국인 최초로 봉준호 감독이 심사위원장에 위촉됐다.
- 칸 영화제(프랑스) : 대상은 '황금종려상'이 수여되며 시상은 경쟁 부문과 비경쟁 부문, 주목할 만한 시선 부문 등으로 나뉜다. 2019년 제72회 시상식에서 봉준호 감독의 〈기생충〉이 황금종려상을 받았다.
- 베를린 영화제(독일) : 최우수작품상에 수여되는 '금곰상'과 심사위원 대상·감독상·주연상·조연상 등에 수여되는 '은곰상' 등이 있다.

11 미장센 Mise-en-scene

영화에서 연출가가 모든 시각적 요소를 배치하여 단일한 쇼트로 영화의 주제를 만들어내는 작업

몽타주와 상대적인 개념으로 쓰이며, 특정 장면을 찍기 시작해서 멈추기까지 한 화면 속에 담기는 모든 영화적 요소와 이미지가 주제를 드러내도록 하는 것을 말한다. 관객의 능동적 참여를 요구하고, 주로 예술 영화에서 강조되는 연출 기법이다.

12 국악의 빠르기

진양조 → 중모리 → 중중모리 → 자진모리 → 휘모리

진양조	가장 느린 장단으로 1장단은 4분의 24박자이다.
중모리	중간 속도로 몰아가는 장단으로, 4분의 12박자이다.
중중모리	8분의 12박자 정도이며 춤추는 대목, 통곡하는 대목 등에 쓰인다.
자진모리	매우 빠른 12박으로, 극적이고 긴박한 대목에 쓰인다.
휘모리	매우 빠른 8박으로, 급하고 분주하거나 절정을 묘사한 대목에 쓰인다.

13 판소리

한 명의 소리꾼이 창(소리)·아니리(말)·발림(몸짓)을 섞어가면서 긴 이야기를 노래하는 것

- 판소리의 유파

동편제	전라도 동북 지역의 소리, 단조로운 리듬, 짧고 분명한 장단, 씩씩하고 담백한 창법
서편제	전라도 서남 지역의 소리, 부드럽고 애절한 창법, 수식과 기교가 많아 감상적인 면이 강조됨
중고제	경기도와 충청도 지역의 소리, 동편제와 서편제의 절충형, 상하성이 분명함

- 판소리의 3대 요소

창	판소리에서 광대가 부르는 노래이자 소리로, 음악적인 요소에 해당함
아니리	창자가 한 대목에서 다음 대목으로 넘어가기 전에 장단 없이 자유로운 리듬으로 말하듯이 사설을 엮어가는 것으로 문학적인 요소에 해당함
발림	판소리 사설의 내용에 따라 몸짓을 하는 것으로, 춤사위나 형용 동작을 가리키는 연극적 요소에 해당함. 비슷한 말인 '너름새'는 몸짓으로 하는 모든 동작을 의미함

- 판소리 5마당 : 〈춘향가〉, 〈심청가〉, 〈흥보가〉, 〈적벽가〉, 〈수궁가〉

14 사물놀이

꽹과리, 장구, 북, 징의 네 가지 악기로 연주하도록 편성한 음악 또는 연주

네 가지 악기, 즉 사물(四物)로 연주하도록 편성된 음악이다. 농민들이 하던 대규모 풍물놀이에서 앞부분에 배치되어 있던 악기 중 꽹과리, 장구, 북, 징의 4가지 악기를 빼서 실내 무대에서도 공연이 가능하도록 새롭게 구성한 것으로, 1970년대 후반에 등장했다. '사물놀이'라는 이름도 그 무렵 만들어진 것이다.

15 음악의 빠르기

라르고(Largo) → 아다지오(Adagio) → 안단테(Andante) → 모데라토(Moderato) → 알레그레토(Allegretto) → 알레그로(Allegro) → 비바체(Vivace) → 프레스토(Presto)

라르고(Largo) : 아주 느리고 폭넓게 → 아다지오(Adagio) : 아주 느리고 침착하게 → 안단테(Andante) : 느리게 → 모데라토(Moderato) : 보통 빠르게 → 알레그레토(Allegretto) : 조금 빠르게 → 알레그로(Allegro) : 빠르게 → 비바체(Vivace) : 빠르고 경쾌하게 → 프레스토(Presto) : 빠르고 성급하게

16 르네상스 3대 거장

레오나르도 다빈치, 미켈란젤로, 라파엘로

- 레오나르도 다빈치 : 〈암굴의 성모〉, 〈성모자〉, 〈모나리자〉, 〈최후의 만찬〉 등의 작품을 남겼고, 해부학에서도 큰 업적을 남겼다. 또한 천문학, 물리학, 지리학, 토목학, 병기 공학, 생물학 등 다양한 분야에서 독창적인 연구를 하였으며, 음악에도 뛰어난 재능이 있었다.
- 미켈란젤로 : 작품에 〈최후의 심판〉, 〈천지창조〉 등의 그림과 〈다비드〉 조각이 있으며, 건축가로서 산피에트로 대성당의 설계를 맡기도 했다.
- 라파엘로 : 아름답고 온화한 성모를 그리는 데에 재능이 뛰어나 미술사에 독자적인 자리를 차지하고 있으며, 조화로운 공간 표현·인체 표현 등으로 르네상스 고전 양식을 확립했다.

17 비엔날레 Biennale

2년마다 열리는 국제 미술전

이탈리아어로 '2년마다'라는 뜻으로 미술 분야에서 2년마다 열리는 전시행사를 일컫는다. 세계 각지에서 여러 종류의 비엔날레가 열리고 있지만, 그중에서도 가장 역사가 길며 그 권위를 인정받고 있는 것은 베니스 비엔날레이다.

- 세계 3대 비엔날레 : 베니스 비엔날레, 상파울루 비엔날레, 휘트니 비엔날레
- 광주 비엔날레 : 1995년 한국 미술문화를 새롭게 도약시키자는 목표로 창설
- 트리엔날레 : 3년마다 열리는 미술행사
- 콰드리엔날레 : 4년마다 열리는 미술행사

18 미국의 3대 방송사

NBC, CBS, ABC

NBC (National Broadcasting Company)	1926년 라디오 방송으로 출발하여 1941년 TV방송을 시작했다. 미국 3대 네트워크 중 가장 오랜 역사를 지니고 있다. 쇼, 영화, 모험 드라마와 사건 취재 등에 강하다.
CBS (Columbia Broadcasting System)	1927년 설립되어 1931년 미국 최초로 TV 정기방송을 시작한 데 이어 1951년 미국 최초로 컬러 TV방송을 도입했다. 대형 스타들을 기용하고 뉴스에 역점을 두며 네트워크 중 우세를 차지하기도 했다.
ABC (American Broadcasting Company)	1943년 설립되어 1948년 처음 TV방송을 시작한 ABC는 1996년 월트디즈니사에 인수되었다. 뉴스로 명성이 높으며 올림픽 중계 등 스포츠에서 강세를 보여왔다.

19 게이트키핑 Gate Keeping
뉴스 결정권자가 뉴스를 취사선택하는 과정

뉴스가 대중에게 전해지기 전에 기자나 편집자와 같은 뉴스 결정권자(게이트키퍼)가 대중에게 전달하고자 하는 뉴스를 취사선택하여 전달하는 것이다. 객관적 보도의 가능성과 관련한 논의에서 자주 등장한다.

20 오프더레코드 Off-the-record
보도하지 않는 것을 전제로, 기록에 남기지 않는 비공식 발언

소규모 집회나 인터뷰에서 뉴스 제공자가 오프더레코드를 요구하는 경우, 기자는 그것을 공표하지 않겠다고 약속하고 발언자의 이야기를 정보로서 참고만 할 뿐 기사화해서는 안 된다. 취재기자는 오프더레코드를 지키는 것이 기본자세이지만 반드시 지켜야 할 의무는 없다.

21 엠바고 Embargo
일정 시간까지 뉴스의 보도를 미루는 것

본래 특정 국가에 대한 무역·투자 등의 교류 금지를 뜻하지만 언론에서는 뉴스 기사의 보도를 한시적으로 유보하는 것을 말한다. 즉, 정부기관 등의 정보 제공자가 뉴스의 자료를 제보하면서 일정 시간까지 공개하지 말 것을 요구할 경우 그때까지 보도를 미루는 것이다. 흔히 '엠바고를 단다'고 말하며 정보 제공자 측과의 관계를 고려하여 되도록 지켜주는 경우가 많다.

22 저널리즘 유형

매스미디어를 통해 시사적 문제에 대한 보도 및 논평을 하는 언론활동의 유형

저널리즘의 유형	특 징
가차 저널리즘 (Gotcha Journalism)	'I got you'의 줄임말로, '딱 걸렸어!'라는 의미가 되는데, 사안의 맥락과 관계없이 유명 인사의 사소한 실수나 해프닝을 흥미 위주로 집중 보도하는 저널리즘
경마 저널리즘 (Horse Race Journalism)	• 경마를 구경하듯 후보자의 여론조사 결과 및 득표상황만을 집중 보도하는 선거보도 형태 • 선거에 필요한 본질적인 내용보다는 흥미 위주의 보도
뉴 저널리즘 (New Journalism)	• 1960년대 이후 기존 저널리즘의 관념을 거부하며 등장 • 속보성·단편성을 거부하고 소설의 기법을 이용해 심층적인 보도 스타일을 보임
블랙 저널리즘 (Black Journalism)	숨겨진 사실을 드러내는 취재활동으로, 약점을 이용해 보도하겠다고 위협하거나 특정 이익을 위해 보도하기도 함
옐로 저널리즘 (Yellow Journalism)	• 독자들의 호기심을 자극하고 끌어들이기 위해 선정적·비도덕적인 보도를 하는 형태 • 황색언론이라고도 하며 범죄·스캔들·가십 등 원시적 본능을 자극하는 흥미 위주의 소재를 다룸
제록스 저널리즘 (Xerox Journalism)	극비문서를 몰래 복사하여 발표하는 저널리즘으로, 비합법적인 폭로 기사 위주의 보도 형태
팩 저널리즘 (Pack Journalism)	• 취재방법 및 시각이 획일적인 저널리즘으로, 신문의 신뢰도 하락을 불러옴 • 정부 권력에 의한 은밀한 제한 및 강압에 의해 양산됨
하이에나 저널리즘 (Hyena Journalism)	권력 없고 힘없는 사람에 대해서 집중적인 매도와 공격을 퍼붓는 저널리즘

23 IPTV Internet Protocol Television

초고속 인터넷망을 이용해 멀티미디어 콘텐츠를 제공하는 방송·통신 융합 서비스

초고속 인터넷망을 통해 영화·드라마 등 시청자가 원하는 콘텐츠를 양방향으로 제공하는 방송·통신 융합 서비스이다. 가장 큰 특징은 시청자가 편리한 시간에 원하는 프로그램을 선택해 볼 수 있다는 것이다. TV 수상기에 셋톱박스를 설치하면 인터넷 검색은 물론 다양한 동영상 콘텐츠 및 부가 서비스를 제공받을 수 있다.

24 광고의 종류

광고의 종류	특 징
PPL 광고 (Product PLacement Advertisement)	• 영화나 드라마 등에 특정 제품을 노출시키는 간접 광고 • 엔터테인먼트 콘텐츠 속에 기업의 제품을 소품이나 배경으로 등장시켜 소비자들에게 의식·무의식적으로 제품을 광고하는 것
티저 광고 (Teaser Advertising)	• 처음에는 상품명을 감추거나 일부만 보여주고 궁금증을 유발하며 서서히 그 베일을 벗는 방법으로, 게릴라 마케팅의 일환으로 사용 • 티저는 '놀려대는 사람'이라는 뜻을 지니며 소비자의 구매욕을 유발하기 위해 처음에는 상품 광고의 주요 부분을 감추고 점차 공개하는 것
비넷 광고 (Vignet Advertisement)	한 가지 주제에 맞춰 다양한 장면을 짧게 연속적으로 보여줌으로써 강렬한 이미지를 주는 광고 기법
트레일러 광고 (Trailer Advertising)	• 메인 광고 뒷부분에 다른 제품을 알리는 맛보기 광고 • 한 광고로 여러 제품을 다룰 수 있어 광고비가 절감되지만 주목도가 분산되므로 고가품에는 활용되지 않음

25 근대 5종 경기

한 경기자가 사격, 펜싱, 수영, 승마, 크로스컨트리(육상) 등의 5가지 종목을 치러 종합 성적을 겨루는 경기

원래 병사들의 종합능력을 테스트할 목적으로 만들어졌다. 근대 5종은 오랜 역사를 가진 종목으로 고대 그리스의 올림픽(BC 708년)까지 거슬러 올라간다. 1일 동안 펜싱, 수영, 승마, 복합(사격+육상) 경기 등 5개 종목을 순서대로 진행하며, 각 종목별 기록을 근대 5종 점수로 바꾸었을 때 총득점이 가장 높은 선수가 우승한다. '근대 5종'이라는 이름으로 1912년 제5회 올림픽 경기대회 때부터 정식 종목으로 채택되었다.

26 와일드카드 Wild Card

스포츠 종목에서 출전 자격을 얻지 못했지만, 특별히 출전이 허용되는 선수나 팀

원래 카드 게임에서 '아무 카드나 대용으로 쓸 수 있는 카드', '동시에 다양한 용도로 쓰이는 카드'를 말한다. 여기서 의미가 확장되어 야구, 축구, 테니스 등 스포츠 종목에서 출전 자격을 얻지 못했지만, 특별히 출전이 허용되는 선수나 팀을 일컫는 말로도 사용되고 있다.

27 패럴림픽 Paralympic
장애가 있는 운동선수가 참가하는 국제스포츠대회

1988년 서울 올림픽 이후부터 매 4년마다 올림픽이 끝난 후 1개월 내에 올림픽을 개최한 도시에서 국제패럴림픽위원회(IPC)의 주관으로 열린다. 원래 패럴림픽은 척추 상해자들끼리의 경기에서 비롯되었기 때문에 'Paraplegic(하반신 마비)'과 'Olympic(올림픽)'의 합성어였지만, 다른 장애인들도 경기에 포함되면서 현재는 그리스어의 전치사 'Para(나란히)'를 사용하여 올림픽과 나란히 개최됨을 의미한다.

28 식스맨 Six Man
농구 경기에서 주전 5명을 제외한 후보 중 가장 기량이 뛰어난 선수

시합이 시작되면서부터 플레이하는 다섯 명의 선수를 스타팅 멤버라고 하는데, 이들은 팀에서 가장 실력이 출중하다고 평가되는 선수들로 구성된다. 경기를 하다가 스타팅 멤버의 체력이 떨어지거나 경기 분위기를 바꾸기 위해 다른 선수를 투입하기도 하는데, 이렇게 선수를 교체해야 할 때 대기 선수이지만 중요한 순간에 게임에 투입되어 경기를 잘 운영할 수 있는 선수를 식스맨이라 한다.

29 트리플 더블 Triple Double
한 선수가 득점, 어시스트, 리바운드, 스틸, 블록슛 중 세 부문에서 2자리 수 이상을 기록하는 것

농구에서 한 선수가 한 경기에서 득점, 어시스트, 리바운드, 스틸, 블록슛 중 2자리 수 이상의 기록을 세 부문에서 달성하는 것을 말한다. 네 부문에서 달성하면 '쿼드러플 더블(Quadruple Double)'이라고 하고, 2개 부문에서 2자리 수 이상을 달성하는 것은 '더블 더블(Double Double)'이라고 한다.

30 드래프트 시스템 Draft System
신인 선수를 선발하는 제도

일정한 기준에서 입단할 선수들을 모은 뒤 각 팀의 대표가 선발회를 구성, 각 팀이 후보자를 1회씩 순차적으로 뽑는 선발 방법이다. 이를 통해 스카우트 경쟁을 방지하고 우수선수를 균형 있게 선발해 각 팀의 실력 평준화와 팀 운영의 합리화를 꾀한다. 원래는 야구 용어였으나 현재는 배구, 축구, 농구 등 스포츠 분야에서 광범위하게 사용되고 있다.

31 퍼펙트 게임 Perfect Game
야구에서 투수가 상대팀에게 한 개의 진루도 허용하지 않고 승리로 이끈 게임

한 명의 투수가 선발로 출전하여 단 한 명의 주자도 출루하는 것을 허용하지 않은 게임을 말한다. 국내 프로야구에서는 아직 달성한 선수가 없으며, 120년 역사의 메이저리그에서도 단 24명만이 퍼펙트 게임을 기록했다.

32 가린샤 클럽 Garrincha Club
월드컵 본선에서 골을 넣은 뒤 파울로 퇴장당한 선수

1962년 칠레 월드컵에서 브라질의 스트라이커 가린샤가 칠레와의 4강전에서 2골을 넣은 뒤 상대 수비수를 걸어차 퇴장당하면서부터 가린샤 클럽이라는 용어가 생겼다.

> **가린샤 클럽 멤버**
> 1962년 가린샤(브라질), 1998년 하석주(한국), 2002년 살리프 디아오(세네갈), 2002년 호나우지뉴(브라질), 2006년 지네딘 지단(프랑스), 2022년 뱅상 아부바카(카메룬)

33 해트트릭 Hat Trick
축구 경기에서 1명의 선수가 1경기에서 3득점을 하는 것

1명의 선수가 1경기에서 3득점을 하는 것을 말한다. 크리켓(Cricket)에서 3명의 타자를 연속으로 삼진 아웃 시킨 투수에게 그 명예를 기리는 뜻으로 선물한 모자(Hat)에서 유래한 이름이다.

34 골프 Golf
골프채(Club)로 공을 쳐서 가장 적은 타수로 홀에 넣는 것으로 순위를 가리는 경기

각 홀마다 승패를 결정하는 매치 플레이(Match Play)와 정규 라운드에서 최소 타수를 기록한 선수가 우승하는 스트로크 플레이(Stroke Play), 각 홀의 1위 선수가 홀마다 걸린 상금을 획득하는 방식인 스킨스 게임(Skins Game)이 있다. 골프채는 골프 클럽(Golf Club)이라고 하는데 한 경기에서 사용할 수 있는 클럽은 14개 이하이며, 상황에 따라 드라이버(Driver), 우드(Wood), 아이언(Iron), 웨지(Wedge), 퍼터(Putter) 등을 사용한다.

> **우드와 아이언**
> 타구면이 있는 골프채의 머리 부분이 나무로 된 것은 우드, 쇳덩이로 된 것은 아이언이라 한다. 우드는 볼을 멀리 보내기 위한 클럽이고 아이언은 알맞은 거리에 따라 골라 쓰는 클럽으로, 우드가 아이언보다 길다.

35 데이비스컵 Davis Cup
테니스 월드컵이라고도 불리는 세계 최고 권위의 남자 테니스 국가 대항 토너먼트

1900년 미국과 영국의 대결에서 처음 시작됐다. 데이비스는 우승컵을 기증한 드와이트 필리 데이비스의 이름에서 따온 것이다. 해마다 지역 예선을 거친 세계 16개 나라가 토너먼트식으로 대전하여 우승국을 결정한다. 데이비스컵 대회는 매년 열리며 우승컵인 데이비스컵은 그 해의 우승 국가가 1년간 보관한다. 데이비스컵 보유국을 '챔피언네이션(Championnation)'이라 한다.

36 펜싱 Fencing

검으로 찌르기, 베기 등의 기술을 사용하여 겨루는 스포츠

유럽에서 유래하였으며, 국제 표준 용어는 모두 프랑스어가 사용된다. 사용하는 검에 따라 플뢰레, 에페, 사브르의 3종류가 있으며, 남녀 개인전과 단체전이 있다.

플뢰레 (Fleuret)	프랑스어의 꽃을 뜻하는 'Fleur'에서 나온 말로 칼날의 끝이 꽃처럼 생겨서 붙여졌다. 플뢰레는 심판의 시작 선언 후 먼저 공격적인 자세를 취한 선수에게 공격권이 주어진다. 공격을 당한 선수는 반드시 방어해야만 공격권을 얻을 수 있으며 유효 타깃은 얼굴, 팔, 다리를 제외한 몸통이다.
에페 (Epee)	창, 검 등을 의미하는 그리스어에서 유래했다. 에페는 먼저 찌르는 선수가 득점을 하게 된다. 마스크와 장갑을 포함한 상체 모두가 유효 타깃이며 하체를 허리 부분부터 완벽하게 가릴 수 있는 에이프런 모양의 전기적 감지기 옷이 준비되어 있다. 에페는 빠르게 찌르는 선수가 점수를 얻지만 1/25초 이내에 서로 동시에 찌를 경우는 둘 다 점수를 얻는다.
사브르 (Sabre)	검이란 뜻으로 베기와 찌르기를 겸할 수 있는 검을 사용한다. 베기와 찌르기가 동시에 가능하다. 유효 타깃은 허리뼈보다 위이며 머리와 양팔도 포함된다.

37 골프 4대 메이저 대회

구분	4대 메이저 대회
PGA	• PGA 챔피언십(PGA Championship, 1916) • US 오픈(US Open, 1895) • 브리티시 오픈(British Open, 1860) • 마스터스(Masters, 1930)
LPGA	• AIG 브리티시 여자오픈 • US 여자오픈 • KPMG 위민스 PGA 챔피언십(구 LPGA 챔피언십) • ANA 인스퍼레이션(구 크래프트 나비스코 챔피언십)

라이더컵(Ryder Cup)
1927년 미국과 영국 대결로 처음 시작돼 현재 유럽, 미국 등에 랭킹 순위가 높은 남자 골퍼들이 국가를 대표해 경기를 치르고 있다. 현재는 2년에 한 번씩 미국과 유럽에서 개최되고 있으며 타이거 우즈, 로리 맥킬로이, 필 미켈슨 등 세계적인 골퍼들이 참가했다.

38 세계 4대 모터쇼
프랑크푸르트, 디트로이트, 파리, 도쿄 모터쇼

세계 최초의 모터쇼는 1897년 독일에서 열린 프랑크푸르트 모터쇼이다. 그 후 세계 각국에서 모터쇼를 개최하였는데, 그중에서 1898년 처음 개최된 프랑스의 파리 모터쇼, 1907년 처음 개최된 미국의 디트로이트 모터쇼, 1954년 처음 열린 일본의 도쿄 모터쇼를 통틀어 '세계 4대 모터쇼'라고 부른다. 여기에 제네바 모터쇼를 합해 세계 5대 모터쇼로 부르기도 한다.

- 파리 오토 살롱 : 가장 많은 차종이 출품된다는 점에서 '자동차 세계 박람회'로 불리기도 한다. 화려한 컨셉트카나 쇼카 전시를 피하고 양산차 위주로 진행된다.
- 프랑크푸르트 모터쇼 : 자동차 기술을 선도하는 독일 메이커들이 중심이 되어 기술적 측면이 강조된 테크니컬쇼로 유명하다. 또 홀수 해에는 승용차 중심, 짝수 해에는 상용차 모터쇼가 열린다.

39 국제올림픽위원회 IOC ; International Olympic Committee
올림픽 운동의 감독 기구

국제올림픽위원회(IOC)는 1894년에 창설되어 올림픽 개최 도시를 선정하며, 각 올림픽 대회마다 열리는 올림픽 종목도 IOC에서 결정한다. IOC 조직과 활동은 올림픽 헌장을 따른다.

40 유럽 4대 축구리그
프리미어리그, 세리에 A, 라리가, 분데스리가

일반적으로 영국 프리미어리그, 이탈리아 세리에 A, 스페인 라리가, 독일 분데스리가를 유럽 4대 축구리그로 부르고 있다.

CHAPTER 05 출제예상문제

01 미국 브로드웨이에서 연극과 뮤지컬에 대해 수여하는 상은 무엇인가?
① 토니상 ② 에미상
③ 오스카상 ④ 골든글로브상

> **해설**
> 토니상은 연극의 아카데미상이라고 불리며 브로드웨이에서 상연된 연극과 뮤지컬 부문에 대해 상을 수여한다.

02 다음 중 판소리 5마당이 아닌 것은?
① 〈춘향가〉 ② 〈수궁가〉
③ 〈흥보가〉 ④ 〈배비장전〉

> **해설**
> 판소리 5마당은 〈춘향가〉, 〈심청가〉, 〈흥보가〉, 〈적벽가〉, 〈수궁가〉이다.

03 다음 중 유네스코 세계문화유산이 아닌 것은?
① 석굴암·불국사 ② 종 묘
③ 경복궁 ④ 수원화성

> **해설**
> **유네스코 세계문화유산**
> 석굴암·불국사, 해인사 장경판전, 종묘, 창덕궁, 수원화성, 경주역사유적지구, 고창·화순·강화 고인돌 유적, 조선왕릉, 안동하회·경주양동마을, 남한산성, 백제역사유적지구, 산사·한국의 산지승원, 한국의 서원, 한국의 갯벌, 가야고분군

정답 01 ① 02 ④ 03 ③

04 다음 중 성격이 다른 음악 장르는?

① 위령곡
② 광상곡
③ 레퀴엠
④ 진혼곡

해설
레퀴엠(Requiem)과 위령곡, 진혼곡은 모두 같은 의미를 가지고 있으며 가톨릭에서 죽은 이를 기리기 위한 위령 미사에서 사용되는 곡을 뜻한다. 광상곡은 '카프리치오(Capriccio)'라고도 불리며, 일정한 형식에 구속되지 않는 자유로운 요소가 강한 기악곡을 말한다.

05 다음 중 3대 영화제가 아닌 것은?

① 베니스 영화제
② 베를린 영화제
③ 몬트리올 영화제
④ 칸 영화제

해설
세계 3대 영화제는 베니스 영화제, 베를린 영화제, 칸 영화제이다.

06 '새로운 물결'이라는 뜻을 지닌 프랑스의 영화운동으로, 기존의 영화 산업의 틀에서 벗어나 개인적·창조적인 방식이 담긴 영화를 만드는 것은 무엇인가?

① 네오리얼리즘
② 누벨바그
③ 맥거핀
④ 인디즈

해설
누벨바그(Nouvelle Vague)는 '새로운 물결'이라는 뜻의 프랑스어로, 1958년경부터 프랑스 영화계에서 젊은 영화인들이 주축이 되어 펼친 영화운동이다. 대표적인 작품으로는 고다르의 〈네 멋대로 해라〉, 트뤼포의 〈어른들은 알아주지 않는다〉 등이 있다.

07 음악의 빠르기에 대한 설명이 잘못된 것은?

① 아다지오(Adagio) : 아주 느리고 침착하게
② 모데라토(Moderato) : 보통 빠르게
③ 알레그레토(Allegretto) : 빠르고 경쾌하게
④ 프레스토(Presto) : 빠르고 성급하게

해설
알레그레토(Allegretto)는 '조금 빠르게'라는 의미다.

08 국보 1호와 주요 무형문화재 1호를 각각 바르게 연결한 것은?

① 숭례문 - 남사당놀이
② 숭례문 - 종묘제례악
③ 흥인지문 - 종묘제례악
④ 흥인지문 - 양주별산대놀이

해설

오답분석
흥인지문은 보물 1호, 양주별산대놀이와 남사당놀이는 각각 무형문화재 2호와 3호이다.

09 다음 중 유네스코 지정 세계기록유산이 아닌 것은?

① 삼국사기
② 훈민정음
③ 직지심체요절
④ 5·18 민주화운동 기록물

해설

유네스코 세계기록유산
훈민정음, 조선왕조실록, 직지심체요절, 승정원일기, 해인사 대장경판 및 제경판, 조선왕조의궤, 동의보감, 일성록, 5·18 민주화운동 기록물, 난중일기, 새마을운동 기록물, 한국의 유교책판, KBS 특별 생방송〈이산가족을 찾습니다〉기록물, 조선왕실 어보와 어책, 국채보상운동 기록물, 조선통신사 기록물, 4·19 혁명 기록물, 동학농민혁명 기록물

10 2년마다 주기적으로 열리는 국제 미술 전시회를 가리키는 용어는?

① 트리엔날레
② 콰드리엔날레
③ 비엔날레
④ 아르누보

해설
비엔날레(Biennale)는 이탈리아어로 '2년마다'라는 뜻으로, 미술 분야에서 2년마다 열리는 전시행사를 일컫는다. 가장 역사가 길며 그 권위를 인정받고 있는 것은 베니스 비엔날레이다.

11 다음 중 사물놀이에 쓰이는 악기로 해당하지 않는 것은?

① 꽹과리
② 장구
③ 징
④ 소고

해설
사물놀이는 꽹과리, 징, 장구, 북을 연주하는 음악 또는 놀이이다.

정답 04 ② 05 ③ 06 ② 07 ③ 08 ② 09 ① 10 ③ 11 ④

12 국악의 빠르기 중 가장 느린 장단은?

① 휘모리 ② 중모리
③ 진양조 ④ 자진모리

해설
국악의 빠르기(느린 순서) : 진양조 → 중모리 → 중중모리 → 자진모리 → 휘모리

13 미국 하버드대학교의 과학잡지사에서 수여하는 상으로 기발한 연구나 업적을 대상으로 하는 상은?

① 이그노벨상 ② 프리츠커상
③ 뉴베리상 ④ 콜더컷상

해설
이그노벨상은 1991년 미국 하버드대학교의 유머과학잡지인 〈기발한 연구 연보(The Annals of Improbable Research)〉가 제정한 상으로 '흉내 낼 수 없거나 흉내 내면 안 되는 업적'에 수여되며 매년 진짜 노벨상 수상자가 발표되기 1~2주 전에 시상식이 열린다. 이그노벨상은 상금이 주어지지 않으며 실제 논문으로 발표된 과학업적 가운데 재미있거나 기발한 연구에 수여한다.

14 다음 중 르네상스 3대 화가가 아닌 사람은?

① 레오나르도 다빈치 ② 미켈란젤로
③ 피카소 ④ 라파엘로

해설
피카소는 20세기 초 입체파의 대표 화가이다.

15 베른 조약에 따르면 저작권의 보호기간은 저작자의 사후 몇 년인가?

① 30년 ② 50년
③ 80년 ④ 100년

해설
베른 조약은 1886년 스위스의 수도 베른에서 체결된 조약으로, 외국인의 저작물을 무단 출판하는 것을 막고 다른 가맹국의 저작물을 자국민의 저작물과 동등하게 대우하도록 한다. 보호기간은 저작자의 생존 및 사후 50년을 원칙으로 한다.

16 저작권에 반대되는 개념으로 지적 창작물에 대한 권리를 모든 사람이 공유할 수 있도록 하는 것은?

① 베른 조약
② WIPO
③ 실용신안권
④ 카피레프트

해설
카피레프트(Copyleft)는 저작권(Copyright)에 반대되는 개념이며 정보의 공유를 위한 조치이다.

17 조선 시대 국가의 주요 행사를 그림 등으로 상세하게 기록한 책은 무엇인가?

① 외규장각
② 조선왕조의궤
③ 종묘제례
④ 직지심체요절

해설
조선왕조의궤는 조선 시대 국가나 왕실의 주요 행사를 그림 등으로 상세하게 기록한 책이다. '의궤'는 의식과 궤범을 결합한 말로 '의식의 모범이 되는 책'이라는 뜻이다.

18 오페라 등 극적인 음악에서 나오는 기악 반주의 독창곡은?

① 아리아
② 칸타타
③ 오라토리오
④ 세레나데

해설

오답분석

② 칸타타(Cantata) : 아리아·중창·합창 등으로 이루어진 대규모 성악곡
③ 오라토리오(Oratorio) : 성경에 나오는 이야기를 극화한 대규모의 종교적 악극
④ 세레나데(Serenade) : 17~18세기 이탈리아에서 발생한 가벼운 연주곡

19 영화의 한 화면 속에 소품 등 모든 시각적 요소를 동원해 주제를 드러내는 방법은?

① 몽타주
② 인디즈
③ 미장센
④ 옴니버스

해설

오답분석

① 몽타주(Montage) : 미장센과 상대적인 개념으로 따로 촬영된 짧은 장면들을 연결해서 의미를 창조하는 기법
② 인디즈(Indies) : 독립영화의 약칭으로 대형 영화사가 아닌 규모가 작은 독립 프로덕션에 의해 제작된 영화 또는 독립 영화 예술가를 일컫는 용어
④ 옴니버스(Omnibus) : 독립된 콩트들이 모여 하나의 주제를 나타내는 것

정답 12 ③ 13 ① 14 ③ 15 ② 16 ④ 17 ② 18 ① 19 ③

20 다음 중 올림픽에 관한 설명으로 옳지 않은 것은?

① 한국은 1948년에 최초로 올림픽에 출전했다.
② 국제올림픽위원회 본부는 스위스 로잔에 있다.
③ 한국 대표팀이 최초로 메달을 획득한 구기 종목은 핸드볼이다.
④ 근대 5종 경기 종목은 펜싱, 수영, 승마, 사격, 크로스컨트리 등이다.

> **해설**
> 1976년 몬트리올 올림픽에서 여자 배구가 첫 메달(동메달)을 획득했으며, 1984년 로스앤젤레스 대회에서는 여자 농구와 핸드볼이 은메달을 획득했다. 또한 1988년 서울 대회에서 여자 핸드볼이 단체 구기 종목 사상 최초로 올림픽 금메달을 획득했다.

21 독립영화만을 다루는 세계 최고의 권위 있는 국제영화제는?

① 선댄스영화제
② 부산 독립영화제
③ 로테르담 국제영화제
④ 제라르메 국제판타스틱영화제

> **해설**
> 선댄스영화제(The Sundance Film Festival)는 세계 최고의 독립영화제로 독립영화를 다루는 권위 있는 국제영화제이다. 할리우드식 상업주의에 반발한 미국 영화배우 로버트 레드포드가 독립영화제를 후원하면서 시작됐다.

22 내용은 보도해도 되지만 취재원을 밝혀서는 안 되는 것을 뜻하는 취재 용어는?

① 백그라운드브리핑
② 딥백그라운드
③ 오프더레코드
④ 엠바고

> **해설**
> 딥백그라운드(Deep Background)는 취재원을 인터뷰한 내용을 쓸 때 특별한 경우를 제외하고 취재원 정보를 보도하지 않거나 익명으로 보도하는 관례이다. 딥백그라운드는 익명의 제보자를 뜻하는 딥스로트(Deep Throat)의 신변보호를 위해 취재원의 정보를 공개하지 않는다.

23 매스커뮤니케이션의 효과 이론 중 지배적인 여론과 일치되면 의사를 적극 표출하지만 그렇지 않으면 침묵하는 경향을 보이는 이론은 무엇인가?

① 탄환 이론
② 미디어 의존 이론
③ 모델링 이론
④ 침묵의 나선 이론

해설
침묵의 나선 이론은 매스미디어가 지배적인 여론 형성에 큰 영향력을 행사한다는 것을 설명하는 이론이다.

오답분석
① 탄환 이론 : 매스미디어는 고립된 대중들에게 즉각적·획일적으로 강력한 영향을 미친다는 이론이다.
② 미디어 의존 이론 : 매스미디어에 대한 수용자의 의존도가 점점 높아지는 현대사회에서 매스미디어가 수용자나 사회에 미치는 효과가 매우 크다는 것을 설명하는 이론이다.
③ 모델링 이론 : 수용자들은 매스미디어의 행동양식을 모델로 삼아서 행동하므로 매스미디어의 영향력이 매우 강력하다고 주장한다.

24 다음 중 미국의 4대 방송사가 아닌 것은?

① CNN
② ABC
③ CBS
④ NBC

해설
미국의 4대 방송사는 NBC, CBS, ABC, FOX이다.

25 광고의 종류에 관한 설명이 잘못 연결된 것은?

① 인포머셜 – 상품의 정보를 상세하게 제공하는 광고
② 애드버토리얼 – 언뜻 보아서는 무슨 내용인지 알 수 없는 광고
③ 레트로 광고 – 과거에 대한 향수를 느끼게 하는 회고 광고
④ PPL 광고 – 영화나 드라마 등에 특정 제품을 노출시키는 간접 광고

해설
애드버토리얼(Advertorial)은 신문·잡지에 기사 형태로 실리는 논설식 광고다. 신세대의 취향을 만족시키는 것으로 언뜻 보아서는 무슨 내용인지 알 수 없는 광고는 '키치 광고(Kitsch Advertisement)'이다.

정답 20 ③ 21 ① 22 ② 23 ④ 24 ① 25 ②

26 언론을 통해 뉴스가 전해지기 전에 뉴스 결정권자가 뉴스를 취사선택하는 것을 무엇이라고 하는가?

① 바이라인
② 발롱데세
③ 게이트키핑
④ 방송심의위원회

> **해설**
> 게이트키핑(Gate Keeping)은 뉴스 결정권자 등의 게이트키퍼가 뉴스를 취사선택하여 전달하는 것으로, 이 과정에서 게이트키퍼의 가치관이 작용할 수 있다.

27 처음에는 상품명을 감췄다가 서서히 공개하면서 궁금증을 유발하는 광고 전략을 무엇이라 하는가?

① PPL 광고
② 비넷 광고
③ 트레일러 광고
④ 티저 광고

> **해설**
> [오답분석]
> ① PPL 광고(Product PLacement Advertisement) : 영화나 드라마의 장면에 상품이나 브랜드 이미지를 노출시키는 광고 기법
> ② 비넷 광고(Vignet Advertisement) : 한 주제에 맞춰 다양한 장면을 짧게 보여주면서 강렬한 이미지를 주는 기법
> ③ 트레일러 광고(Trailer Advertising) : 메인 광고 뒷부분에 다른 제품을 알리는 맛보기 광고로 '자매품'이라고도 함

28 오락거리만 있고 정보는 전혀 없는 새로운 유형의 뉴스를 가리키는 용어는?

① 블랙 저널리즘(Black Journalism)
② 옐로 저널리즘(Yellow Journalism)
③ 하이프 저널리즘(Hype Journalism)
④ 팩 저널리즘(Pack Journalism)

> **해설**
> [오답분석]
> ① 블랙 저널리즘 : 감추어진 이면적 사실을 드러내는 취재활동
> ② 옐로 저널리즘 : 독자들의 관심을 유도하기 위해 범죄, 성적 추문 등의 선정적인 사건들 위주로 취재하여 보도하는 것
> ④ 팩 저널리즘 : 취재방법이나 취재시각 등이 획일적이어서 개성이나 독창성이 없는 저널리즘

29 선거 보도 형태의 하나로 후보자의 여론조사 결과 및 득표상황만을 집중적으로 보도하는 저널리즘은 무엇인가?

① 가차 저널리즘(Gotcha Journalism)
② 경마 저널리즘(Horse Race Journalism)
③ 센세이셔널리즘(Sensationalism)
④ 제록스 저널리즘(Xerox Journalism)

해설
오답분석
① 가차 저널리즘 : 유명 인사의 사소한 해프닝을 집중 보도하는 저널리즘
③ 센세이셔널리즘 : 스캔들 기사 등을 보도하여 호기심을 자극하는 저널리즘
④ 제록스 저널리즘 : 극비문서를 몰래 복사하여 발표하는 것

30 다음 중 IPTV에 관한 설명으로 잘못된 것은 무엇인가?

① 방송·통신 융합 서비스이다.
② 영화·드라마 등 원하는 콘텐츠를 제공받을 수 있다.
③ 양방향 서비스이다.
④ 별도의 셋톱박스를 설치할 필요가 없다.

해설
IPTV를 시청하기 위해서는 TV 수상기에 셋톱박스를 설치해야 한다.

31 미국 콜롬비아대 언론대학원에서 선정하는 미국 최고 권위의 보도·문학·음악상은?

① 토니상　　　　　　　　② 그래미상
③ 퓰리처상　　　　　　　④ 템플턴상

해설
퓰리처상은 미국의 언론인 퓰리처의 유산으로 제정된 언론·문학상이다. 1917년에 시작되어 매년 저널리즘 및 문학계의 업적이 우수한 사람을 선정하여 20여 개 부문에 걸쳐 시상한다.

32 언론의 사실적 주장에 관한 보도로 피해를 입었을 때 자신이 작성한 반론문을 보도해줄 것을 요구할 수 있는 권리는 무엇인가?

① 액세스권
② 정정보도 청구권
③ 반론보도 청구권
④ 퍼블릭액세스

해설

오답분석
① 액세스권 : 언론 매체에 자유롭게 접근·이용할 수 있는 권리
② 정정보도 청구권 : 언론에 대해 정정을 요구할 수 있는 권리로 사실 보도에 한정되며 비판·논평은 해당하지 않음
④ 퍼블릭액세스 : 일반인이 직접 제작한 영상물을 그대로 반영하는 것

33 다음 뉴스의 종류와 그에 대한 설명이 바르게 연결되지 않은 것은?

① 디스코 뉴스 – 뉴스의 본질에 치중하기보다 스타일을 더 중요시하는 형태
② 스폿 뉴스 – 사건 현장에서 얻어진 생생한 뉴스로, 핫 뉴스라고도 함
③ 패스트 뉴스 – 논평·해설 등을 통해 잘 정리되고 오보가 적은 뉴스
④ 스트레이트 뉴스 – 사건·사고의 내용을 객관적 입장에서 보도하는 것

해설

패스트 뉴스는 긴 해설이나 설명 없이 최신 뉴스를 보도하는 형태이다. 자세한 논평과 해설을 통해 잘 정리된 기사를 보도하는 형태의 뉴스는 '슬로 뉴스'이다.

34 숨겨진 사실을 드러내는 것으로 약점을 보도하겠다고 위협하거나 특정 이익을 위해 보도하는 저널리즘은 무엇인가?

① 블랙 저널리즘(Black Journalism)
② 뉴 저널리즘(New Journalism)
③ 팩 저널리즘(Pack Journalism)
④ 하이에나 저널리즘(Hyena Journalism)

해설

오답분석
② 뉴 저널리즘 : 속보성과 단편성을 거부하고 소설의 기법을 이용해 심층적인 보도 스타일을 보이는 저널리즘
③ 팩 저널리즘 : 취재방법 및 시각이 획일적인 저널리즘으로, 신문의 신뢰도 하락을 불러옴
④ 하이에나 저널리즘 : 권력 없고 힘없는 사람에 대해서 집중적인 매도와 공격을 퍼붓는 저널리즘

35 다음 중 미디어렙에 관한 설명으로 옳지 않은 것은?

① 'Media'와 'Representative'의 합성어이다.
② 방송사의 위탁을 받아 광고주에게 광고를 판매하는 대행사이다.
③ 판매대행시 수수료는 따로 받지 않는다.
④ 광고주가 광고를 빌미로 방송사에 영향을 끼치는 것을 막아준다.

> **해설**
> 미디어렙(Media Rep)은 방송광고 판매대행사로, 판매대행 수수료를 받는 회사이다.

36 매스컴 관련 권익 보호와 자유를 위해 설립된 기구 중 워싱턴에 위치하고 외국 수뇌 인물들의 연설을 듣고 질의·응답하는 것을 주 행사로 삼는 기구는?

① 내셔널프레스클럽
② 세계신문협회
③ 국제언론인협회
④ 국제기자연맹

> **해설**
> [오답분석]
> ② 세계신문협회 : 1948년 국제신문발행인협회로 발족한 세계 최대의 언론단체이다.
> ③ 국제언론인협회 : 1951년 결성된 단체로 언론인 상호 간의 교류와 협조를 통해 언론의 자유를 보장하는 것을 목적으로 매년 1회씩 대회가 열린다.
> ④ 국제기자연맹 : 본부는 브뤼셀에 있으며 3년마다 '기자 올림픽'이라 불리는 대규모 총회가 열린다.

37 신제품 또는 기업에 대하여 언론이 일반 보도로 다루도록 함으로써 결과적으로 무료로 광고 효과를 얻게 하는 PR의 한 방법은?

① 콩로머천드(Conglomerchant)
② 애드버커시(Advocacy)
③ 퍼블리시티(Publicity)
④ 멀티스폿(Multispot)

> **해설**
> 퍼블리시티는 광고주가 회사·제품·서비스 등과 관련된 뉴스를 신문·잡지 등의 기사나 라디오·방송 등에 제공하여 무료로 보도하도록 하는 PR방법이다.

정답 32 ③ 33 ③ 34 ① 35 ③ 36 ① 37 ③

38 다음 중 건물의 외벽에 LED 조명을 이용하여 영상을 표현하는 미술 기법은?

① 데포르마숑　　② 미디어 파사드
③ 실크스크린　　④ 옵티컬아트

해설
미디어 파사드(Media Facade)에서 파사드는 건물의 외벽을 의미하는 말로, 건물 외벽을 스크린처럼 이용해 영상을 표시하는 미술 기법을 말한다. LED 조명을 건물의 외벽에 설치하여 디스플레이를 구현한다. 옥외 광고로도 이용될 수 있어, 통신망을 통해 실시간으로 광고판에 정보를 전달하는 디지털 사이니지(Digital Signage)의 한 종류로 분류된다.

39 다음 중 국경 없는 기자회에 대한 설명으로 틀린 것은?

① 프랑스 파리에 본부를 두고 있다.
② 중동을 제외한 4개 대륙에 지부를 두고 있다.
③ 살해당하거나 체포된 언론인의 현황을 공개하고 있다.
④ 세계 언론인들의 인권보호를 위해 설립되었다.

해설
국경 없는 기자회(Reporters Sans Frontières)는 1985년에 설립된 세계 언론단체로 본부는 프랑스 파리에 있다. 언론인들의 인권보호와 언론자유의 신장을 위해 설립되었다. 아프리카·아메리카·아시아·중동·유럽 등 5개 대륙에 9개의 지부를 두고 있다. 부당하게 살해당하거나 체포된 언론인들의 현황을 조사하고, 각국의 언론자유지수를 발표하고 있다.

40 시청자가 원하는 콘텐츠를 양방향으로 제공하는 방송·통신 융합 서비스로 시청자가 편리한 시간에 원하는 프로그램을 선택해 볼 수 있는 방송 서비스는?

① CATV　　② Ustream
③ Podcasting　　④ IPTV

해설
오답분석
① CATV : 동축케이블을 이용해 프로그램을 송신하는 유선 TV
② Ustream : 실시간 동영상 중계 사이트
③ Podcasting : 사용자들이 인터넷을 통해 새로운 방송을 자동으로 구독할 수 있게 하는 미디어

41 스위스에 있는 올림픽 관리 기구는 무엇인가?

① IOC
② IBF
③ ITF
④ FINA

해설
IOC(International Olympic Committee) : 국제올림픽위원회

오답분석
② IBF(International Boxing Federation) : 국제복싱연맹
③ ITF(International Tennis Federation) : 국제테니스연맹
④ FINA(Federation Internationale de Natation) : 국제수영연맹

42 골프의 일반적인 경기 조건에서 각 홀에 정해진 기준 타수를 'Par'라고 한다. 다음 중 Par보다 2타수 적은 스코어로 홀인하는 것을 뜻하는 용어는 무엇인가?

① 버디(Birdie)
② 이글(Eagle)
③ 보기(Bogey)
④ 알바트로스(Albatross)

해설
기준 타수보다 2타수 적은 스코어로 홀인하는 것을 이글이라 한다.

오답분석
① 버디 : 기준 타수보다 1타수 적은 스코어로 홀인하는 것
③ 보기 : 기준 타수보다 1타수 많은 스코어로 홀인하는 것
④ 알바트로스 : 기준 타수보다 3타수 적은 스코어로 홀인하는 것

43 다음 육상 경기 중 필드경기에 해당하지 않는 것은?

① 높이뛰기
② 창던지기
③ 장애물 경기
④ 멀리뛰기

해설
필드경기는 크게 도약경기와 투척경기로 나뉜다. 도약경기에는 멀리뛰기, 높이뛰기, 장대높이뛰기, 세단뛰기 등이 있으며, 투척경기에는 창던지기, 원반던지기, 포환던지기, 해머던지기 등의 종목이 있다.

정답 38 ② 39 ② 40 ④ 41 ① 42 ② 43 ③

44 다음 중 야구에서 타자가 2스트라이크 이후 아웃이 되는 상황이 아닌 것은?

① 번트파울
② 헛스윙
③ 파울팁
④ 베이스 온 볼스

해설
2스트라이크 이후 번트는 3번트라고 하여 성공하지 못하고 파울이 되면 아웃이며, 파울팁은 타자가 스윙을 하여 배트에 살짝 스친 뒤 포수에게 잡히는 공이다. 베이스 온 볼스(Base On Balls)는 볼넷을 의미한다.

45 다음 중 야구를 통계·수학적 방법으로 분석하는 방식을 뜻하는 말은?

① 핫코너
② 피타고리안 기대 승률
③ 세이버매트릭스
④ 머니볼

해설
세이버매트릭스(Sabermetrics)는 야구를 통계적·수학적 방법으로 분석하는 방법론을 말한다. 기록의 스포츠인 야구를 객관적으로 분석하기 위한 기법이다. 선수 개개인의 기록과 경기의 통계 수치를 종합해 다음 혹은 향후 선수와 경기흐름에 대해 분석하고 예측하는 것을 말한다.

46 골프의 18홀에서 파 5개, 버디 2개, 보기 4개, 더블보기 4개, 트리플보기 3개를 기록했다면 최종 스코어는 어떻게 되는가?

① 이븐파
② 3언더파
③ 9오버파
④ 19오버파

해설
파 5개(0) + 버디 2개(-2) + 보기 4개(+4) + 더블보기 4개(+8) + 트리플보기 3개(+9) = 19오버파

47 남자부 4대 골프 대회에 속하지 않는 것은?

① 마스터스
② 브리티시 오픈
③ 맥도널드 오픈
④ US 오픈

해설
- 남자부 4대 골프 대회 : 마스터스, 브리티시 오픈(영국 오픈), PGA 챔피언십, US 오픈
- 여자부 4대 골프 대회 : AIG 브리티시 여자오픈, US 여자오픈, KPMG 위민스 PGA 챔피언십, ANA 인스퍼레이션

48 농구에서 스타팅 멤버를 제외한 벤치 멤버 중 가장 기량이 뛰어나 언제든지 경기에 투입할 수 있는 투입 1순위 후보는?

① 포스트맨
② 스윙맨
③ 식스맨
④ 세컨드맨

해설
벤치 멤버 중 투입 1순위 후보는 식스맨(Six Man)이라고 한다. 포스트맨은 공을 등지고 골 밑 근처에서 패스를 연결하거나 스스로 공격하는 선수이고, 스윙맨은 가드·포워드 역할을 모두 수행할 수 있는 선수이다.

49 축구 경기에서 해트트릭이란 무엇인가?

① 1경기에서 1명의 선수가 1골을 넣는 것
② 1경기에서 1명의 선수가 2골을 넣는 것
③ 1경기에서 1명의 선수가 3골을 넣는 것
④ 1경기에서 3명의 선수가 1골씩 넣는 것

해설
해트트릭(Hat Trick)이란 크리켓에서 3명의 타자를 삼진 아웃시킨 투수에게 명예를 기리는 뜻으로 선물한 모자(Hat)에서 유래했으며, 축구 경기에서는 1명의 선수가 3골을 넣는 것을 말한다. 또 한 팀이 3년 연속 대회 타이틀을 석권했을 때도 해트트릭이라고 한다.

50 다음 중 유럽의 국가와 국가별 프로축구 리그의 연결로 옳은 것은?

① 스페인 – 세리에 A
② 독일 – 분데스리가
③ 이탈리아 – 프리미어리그
④ 잉글랜드 – 라리가

해설
[오답분석]
① 스페인 – 라리가
③ 이탈리아 – 세리에 A
④ 잉글랜드 – 프리미어리그

정답 44 ④ 45 ③ 46 ④ 47 ③ 48 ③ 49 ③ 50 ②

51 다음 중 골프 용어가 아닌 것은?

① 로진백
② 이 글
③ 어프로치샷
④ 언더파

> **해설**
> 로진백(Rosin Bag)은 야구 경기에서 투수나 타자가 공이 미끄러지지 않게 하기 위해 묻히는 송진 가루나 로진이 들어있는 작은 주머니이다. 손에 묻힐 수는 있어도 배트, 공, 글러브 등에 묻히는 것은 금지되어 있다. 그밖에 역도나 체조 선수들도 사용한다.

52 월드컵 본선에서 골을 넣은 뒤 파울로 퇴장당한 선수들을 일컫는 용어는?

① 가린샤 클럽
② 블랙슈즈 클럽
③ 170 클럽
④ 벤치맙 클럽

> **해설**
> 가린샤 클럽(Garrincha Club)은 1962년 칠레 월드컵에서 브라질의 공격수 가린샤가 골을 넣은 뒤 상대팀 수비수를 걷어차 퇴장을 당하면서 생긴 용어이다.

53 세계 5대 모터쇼에 포함되지 않는 모터쇼는?

① 토리노 모터쇼
② 도쿄 모터쇼
③ 제네바 모터쇼
④ 북미 국제 오토쇼

> **해설**
> 세계 5대 모터쇼
> 파리 모터쇼, 프랑크푸르트 모터쇼, 제네바 모터쇼, 북미 국제 오토쇼(디트로이트 모터쇼), 도쿄 모터쇼

54 미국과 유럽을 오가며 2년마다 개최되는 미국과 유럽의 남자 골프 대회는?

① 데이비스컵　　　　　② 라이더컵
③ 프레지던츠컵　　　　④ 스탠리컵

해설
라이더컵은 영국인 사업가 새뮤얼 라이더(Samuel Ryder)가 순금제 트로피를 기증함으로써 그 이름을 따서 붙인, 미국과 유럽의 남자 골프 대회이다.

오답분석
① 데이비스컵 : 테니스 월드컵이라고도 불리는 세계 최고 권위의 국가 대항 남자 테니스 대회이다.
③ 프레지던츠컵 : 미국과 유럽을 제외한 인터내셔널팀 사이의 남자 프로골프 대항전이다.
④ 스탠리컵 : 북아메리카에서 프로아이스하키 리그의 플레이오프 우승팀에게 수여되는 트로피를 가리킨다.

55 다음 중 2스트라이크 이후에 추가로 스트라이크 판정을 받았으나 포수가 이 공을 놓칠 경우(잡기 전에 그라운드에 닿은 경우도 포함)를 가리키는 말은 무엇인가?

① 트리플 더블　　　　② 낫아웃
③ 퍼펙트 게임　　　　④ 노히트노런

해설
오답분석
① 트리플 더블(Triple Double) : 한 선수가 득점, 어시스트, 리바운드, 스틸, 블록슛 중 세 부문에서 2자리 수 이상을 기록하는 것을 가리키는 농구 용어
③ 퍼펙트 게임(Perfect Game) : 야구에서 투수가 상대팀에게 한 개의 진루도 허용하지 않고 승리로 이끈 게임
④ 노히트노런(No Hit No Run) : 야구에서 투수가 상대팀에게 한 개의 안타도 허용하지 않고 승리로 이끈 게임

56 근대 5종 경기는 기원전 708년에 실시된 고대 5종 경기를 현대에 맞게 발전시킨 것으로 근대 올림픽을 창설한 쿠베르탱의 실시로 시작하게 되었다. 이와 관련된 근대 5종 경기가 아닌 것은?

① 마라톤　　　　　　② 사 격
③ 펜 싱　　　　　　④ 승 마

해설
근대 5종 경기는 한 경기자가 사격, 펜싱, 수영, 승마, 크로스컨트리(육상) 5종목을 겨루어 종합 점수로 순위를 매기는 경기이다.

CHAPTER 06 한국사

01 전근대 한국사의 이해

1. 고대 국가의 지배 체제

(1) 선사문화와 국가의 등장

① 구석기 시대와 신석기 시대

구 분	구석기 시대	신석기 시대
시 기	약 70만년 전 시작	약 1만년 전 시작
도 구	주먹도끼, 찍개, 슴베찌르개 등 뗀석기	간석기, 토기(빗살무늬토기), 가락바퀴, 뼈바늘
생 활	이동 생활, 동굴이나 바위 그늘, 막집 거주	정착 생활, 강가나 바닷가 움집 거주
경 제	사냥과 채집	농경과 목축 시작, 사냥과 채집
사 회	계급이 없는 평등사회, 무리 생활	씨족마을 형성, 계급이 없는 평등사회

② 청동기 시대

시 기	기원전 2000년경 ~ 기원전 1500년경
도 구	• 청동기(비파형 동검, 거친무늬거울 등) • 간석기(반달돌칼 등 농기구), 토기(민무늬토기 등)
경 제	벼농사 보급으로 생산력 발전
사 회	• 사유재산, 빈부격차, 계급 발생 → 군장 출현(고인돌) • 청동기 문화를 바탕으로 최초의 국가인 고조선 건국

③ 철기 시대

시 기	기원전 5세기경 시작
도 구	• 철기(농기구, 무기) • 청동기(세형동검, 잔무늬 거울) → 독자적인 청동기 문화 형성
경 제	철제농기구 사용으로 농업 생산량 증가
사 회	• 철제무기 사용으로 정복전쟁 활발 • 부여, 고구려, 옥저, 동예, 삼한 등 여러 나라 등장

(2) 고조선과 여러 나라의 성장

① 고조선

건 국	• 청동기 문화를 바탕으로 단군왕검이 건국 • 요동 지방과 한반도 서북부에 위치
성 장	• 연과 대립 • 부왕, 준왕 등 왕위 세습 • 기원전 2세기경 위만의 집권 → 철기 문화 발달
사 회	8조법(계급 사회, 개인의 노동력과 사유재산 중시)으로 사회질서 유지
멸 망	한 무제의 침략으로 멸망(기원전 108년), 한 군현 설치

② 여러 나라의 성장

나 라	지 역	정치 체제	풍 습
부 여	쑹화강 유역	연맹국가, 사출도	형사취수제, 순장, 영고
고구려	졸본 지역	5부 연맹, 제가회의	형사취수제, 서옥제, 동맹
옥 저	함경도 동해안	군장 국가 (읍군, 삼로)	민며느리제, 가족 공동 무덤
동 예	강원도 북부 동해안		족외혼, 책화
삼 한	한반도 남부	제정 분리 (천군, 소도)	벼농사, 철 수출(변한)

(3) 중앙 집권 국가로 발전한 삼국

① 중앙 집권 국가의 특징
  ㉠ 중앙 체제 정비 : 관등제 마련, 공복 제정
  ㉡ 율령 반포 : 국가와 백성을 다스리는 기준 마련
  ㉢ 지방 행정조직 정비
  ㉣ 신분제 정비 : 골품제 등
  ㉤ 불교 수용

② 고구려의 성장과 발전

1 ~ 2세기	태조왕	정복활동 활발 → 옥저 정복, 요동 진출
	고국천왕	진대법 실시
4세기	미천왕	낙랑군 축출 → 대동강 유역 확보
	소수림왕	불교 수용, 태학 설립, 율령 반포
5세기	광개토대왕	만주 일대 장악, 신라에 침입한 왜 격퇴, 금관가야 공격, 한강 이북 차지
	장수왕	평양 천도(427), 남진 정책, 한강 유역 장악

③ 백제의 성장과 발전

3세기	고이왕	한강 유역 장악, 6좌평 등 관등과 공복 제정, 통치조직 정비
4세기	근초고왕	마한 정복, 왕위 부자 상속, 고구려 평양성 공격(고국원왕 전사)
5세기	나제동맹 체결(433), 웅진 천도(475)	
6세기	무령왕	22담로에 왕족 파견, 중국 남조와 교류
	성 왕	사비 천도, 국호 '남부여'로 변경, 한강 하류 일시 회복, 관산성 전투 패배

④ 신라의 성장과 발전

4세기	내물왕	김씨 왕위 계승 확립, '마립간' 칭호
6세기	지증왕	국호 '신라', '왕' 칭호, 우산국 정복
	법흥왕	불교 공인, 율령 반포, 17관등제 마련, 병부 및 상대등 설치, '건원' 연호 사용, 금관가야 정복
	진흥왕	화랑도를 국가 조직으로 개편, 영토 확장(한강 유역 장악, 대가야 정복, 함경도 진출) → 단양 신라 적성비, 진흥왕 순수비 건립

⑤ 가야연맹의 발전

건 국	• 변한 지역의 여러 소국에서 시작 • 철 생산 풍부, 벼농사 발달
금관가야	• 3세기 중반부터 전기 가야연맹 주도(김해) • 4세기 말 고구려 광개토대왕의 공격으로 쇠퇴
대가야	• 5세기 후반부터 후기 가야연맹 주도(고령) • 신라에 병합(562)

(4) 통일신라와 발해의 발전

① 신라의 삼국 통일

㉠ 고구려와 수·당의 전쟁 : 수의 침입 격퇴(살수대첩, 612), 당의 침입 격퇴(안시성 싸움, 645)

㉡ 백제와 고구려 멸망 : 백제의 신라 공격 → 나당동맹 체결(648) → 나당연합군의 공격으로 백제 멸망(660), 고구려 멸망(668)

㉢ 백제와 고구려의 부흥 운동

백 제	복신·도침(주류성), 흑치상지(임존성) 주도 → 실패
고구려	검모잠·안승(한성) 주도 → 실패

㉣ 나당전쟁과 신라의 삼국 통일 : 당의 한반도 지배 야욕(웅진 도독부, 계림 도독부, 안동 도호부 설치), 신라의 고구려 부흥 운동 지원, 사비에 주둔한 당군 격파 → 매소성·기벌포 전투에서 당에 승리 → 신라의 삼국 통일(676)

② 통일신라의 발전

㉠ 왕권 강화

무열왕	최초의 진골 출신 왕
문무왕	삼국 통일 완성
신문왕	김흠돌의 난 진압 → 진골 귀족 숙청, 왕권 강화

㉡ 통치 체제 정비

중 앙	• 집사부 중심 운영(장관인 시중의 권한 강화), 집사부 이하 13부가 행정 분담, 감찰기구 설치 (사정부 – 관리 감찰, 외사정 – 지방관 감찰 등) • 국학 설립 : 유학 교육, 인재 양성
지 방	• 9주 5소경, 특수행정구역인 향·부곡 존재 • 상수리제도(지방세력 견제) • 신라 촌락 문서(민정 문서) : 촌락 내 인구, 토지 종류와 면적, 가축 수 등 경제상황 기록

군 사	9서당(중앙군), 10정(지방군)
관료제	• 신문왕 때 녹읍 폐지, 관료전 지급 → 귀족세력 약화 • 골품제도 : 정치적·사회적 지위와 일상 생활까지 제한(가옥, 수레 등)

ⓒ 신라 말 지배 체제의 동요
- 신라 말의 상황 : 진골귀족 간의 왕위 다툼(김헌창의 난, 장보고의 난) → 왕권 약화, 농민 봉기 빈번(원종과 애노의 난), 호족과 6두품 성장
- 후삼국 성립 : 견훤의 후백제(900), 궁예의 후고구려(901)

③ 발해의 발전

㉠ 발해의 건국과 발전

대조영	지린성 동모산에서 발해 건국(698)
무 왕	영토 확장, 당의 산둥반도 공격, 신라 견제, 일본과 친교
문 왕	당·신라와 친선관계, 당 문물 수용, 신라도를 통해 신라와 교류
선 왕	고구려 영토 대부분 회복, 최대 영토 확보 → '해동성국'이라 불림

ⓒ 발해의 통치 체제 정비

중 앙	3성 6부 : 당 제도 모방, 명칭과 운영은 독자적, 정당성 중심 운영(장관 대내상이 국정 총괄)
지 방	5경 15부 62주, 말단 촌락은 토착세력이 운영

2. 고대 사회의 종교와 사상

(1) 고대 사회의 성장과 천신 신앙

① 선사 시대의 원시 신앙과 예술
  ㉠ 구석기 시대 : 다산과 풍요, 사냥 성공 기원
  ㉡ 신석기 시대 : 원시 신앙 등장(애니미즘, 토테미즘, 샤머니즘)

② 고대의 천신 신앙
  ㉠ 특징 : 초기 국가의 지배층이 자신의 기원을 천신과 연결 → 지배층의 통치를 정당화하는 논리로 이용
  ㉡ 사례 : 단군의 고조선 건국 설화, 제천 행사(영고, 동맹, 무천 등)

(2) 불교, 도교, 풍수지리설

① 불 교
  ㉠ 수용 : 중앙 집권 국가로 발전하는 과정에서 수용 → 고구려 소수림왕, 백제 침류왕, 신라 법흥왕(이차돈의 순교)
  ㉡ 특 징

왕권 강화	왕즉불 사상, 업설 수용(신분 질서 정당화), 신라의 불교식 왕명
호국불교	대규모 사찰 건설

ⓒ 통일신라 불교
- 특징 : 교리에 대한 이해 심화, 민간에 불교 확산
- 대표적 승려

원 효	일심 사상·화쟁 사상 주장, 아미타 신앙(불교 대중화)
의 상	당에 유학, 신라에 화엄 사상 정립(〈화엄일승법계도〉), 관음 신앙 전파
혜 초	인도와 중앙아시아 순례, 〈왕오천축국전〉

ⓔ 신라 말 선종 불교 유행

배 경	교종의 세속화·보수화
특 징	• 참선 수행 강조, 실천적 경향 • 9산 선문 형성 : 지방 호족세력과 연결
영 향	지방 문화 발달, 6두품 출신 유학자들과 새로운 사회 건설에 필요한 사상적 바탕 마련

ⓜ 발해의 불교
- 특징 : 왕실과 귀족 중심으로 발달, 고구려 불교 계승
- 불교 문화 : 이불병좌상, 흥륭사 발해 석등

② 도 교
- ㉠ 수용 : 삼국 시대에 중국으로부터 전래돼 귀족을 중심으로 유행
- ㉡ 특징 : 신선 사상을 바탕으로 산천 숭배, 민간 신앙과 결합 → 불로장생, 현세 구복 추구
- ㉢ 문화 : 고구려 고분 벽화(사신도), 백제 산수무늬 벽돌, 백제 금동 대향로

③ 풍수지리설
- ㉠ 수용 : 신라 말 도선 등 선종 승려들이 체계적인 이론으로 수용
- ㉡ 특징 : 산, 하천, 땅 등 지형적 요인이 인간 생활에 영향을 끼친다는 이론
- ㉢ 영향 : 수도 금성에서 벗어나 지역의 중요성 인식, 지방 호족세력의 확대 뒷받침

(3) 유학의 발달

① 삼국 시대
- ㉠ 수용 : 중국과 교류하며 수용
- ㉡ 특징 : 교육기관 설립(국가 주도) → 인재 양성, 유교적 도덕 규범 장려

고구려	소수림왕 때 중앙에 태학 설립(유교 경전, 역사 교육), 지방에 경당(한학, 무술 교육)
백 제	오경박사(유학 교육)
신 라	임신서기석(청년들이 유교 경전을 습득하고 실행할 것을 맹세한 내용이 적혀 있음)

- ㉢ 역사서 편찬 : 국력 안정 도모와 왕권 강화

고구려	〈유기〉 100권 편찬, 이문진의 〈신집〉 5권(영양왕)
백 제	고흥의 〈서기〉(근초고왕)
신 라	거칠부의 〈국사〉(진흥왕)

② 통일신라와 발해
- ㉠ 통일신라
  - 유학의 통치 이념화 : 유학 교육기관인 국학 설립(신문왕), 독서삼품과 실시(원성왕)
  - 대표적 유학자

6두품	강수(외교 문서 작성), 설총(이두 정리), 최치원(당의 빈공과 급제, 개혁안 10여 조 건의, 〈계원필경〉 저술)
진 골	김대문(〈화랑세기〉, 〈고승전〉 저술)

- ㉡ 발 해
  - 6부의 명칭에 유교 덕목 사용
  - 주자감(유교 경전 교육), 문적원(유교 서적 관리) 설립

3. 고려의 통치 체제와 국제 질서의 변동

(1) 고려 건국과 통치 체제 정비

① 후삼국 통일
- ㉠ 왕건이 궁예를 축출하고 고려 건국(918)
- ㉡ 신라 경순왕의 항복 → 후백제 격파 → 후삼국 통일(936)

② 국가 기틀 확립

태 조	• 호족 통합 정책 : 유력 호족과 혼인, 성씨 하사, 사심관제도와 기인제도 • 민생 안정 : 조세 부담 축소 • 북진 정책 : 고구려 계승 의식, 서경(평양) 중시
광 종	노비안검법 실시(호족, 공신의 경제력 약화), 과거제 실시, 관리 공복 제정, 황제 칭호와 독자적 연호 '준풍' 사용
성 종	• 유교 정치 : 최승로의 시무 28조 수용, 불교 행사 억제, 국자감 설치 • 통치 체제 : 2성 6부제, 12목에 지방관 파견, 향리제 정비

③ 고려의 통치 체제
- ㉠ 중앙정치제도

2성 6부	• 2성 : 중서문하성(최고 관서, 문하시중이 국정 총괄, 재신·낭사), 상서성(6부 관리, 정책 집행) • 6부(이부·호부·예부·병부·형부·공부) : 국정 실무 담당
중추원	군사 기밀, 왕명 출납 담당
어사대	관리 비리 감찰 및 풍속 교정, 어사대의 관원은 중서문하성의 낭사와 함께 대간으로 불림
삼 사	화폐와 곡식 출납 등 회계 담당
귀족회의기구	• 도병마사 : 국방 문제 논의 • 식목도감 : 법률·제도 제정

ⓒ 지방행정제도

5도	일반행정구역(안찰사 파견), 주현보다 속현이 많음
양 계	군사행정구역, 병마사 파견, 진 설치
향·부곡·소	특수행정구역, 주현 수령의 지배

ⓒ 군사제도

중 앙	2군(국왕 친위 부대), 6위(수도 경비, 국경 방어)
지 방	주현군(5도 주둔), 주진군(양계 주둔, 상비군)

ⓔ 관리 등용과 교육제도

관리 등용	• 과거제도 : 양인 이상 응시 가능, 문과와 잡과 위주, 무과 없음 • 음서 : 공신이나 5품 이상 고위 관리 자제를 과거 없이 관직에 임용
교육기관	• 국자감(개경), 향교(지방) → 관리 양성과 유학 교육 진흥 • 고려 중기 최충의 문헌공도를 비롯해 사학 12도 융성

(2) 고려 전기의 대외관계

① 다원적 동아시아 질서와 고려의 천하관
  ⓐ 10~12세기 동아시아 질서 : 당 중심의 국제 질서 붕괴로 다원적 국제 질서 확립 → 고려, 거란, 송 사이에 세력 균형
  ⓑ 고려의 독자적 천하관 : 해동 천하 인식, 황제국 체제(황제, 천자 칭호 사용)
② 고려의 대외관계
  ⓐ 거란의 침입

1차 침입	서희의 외교 담판(993) → 강동 6주 확보
2차 침입	강조의 정변을 구실로 고려 침입(1010) → 양규의 항전
3차 침입	강감찬의 귀주대첩(1019) 승리, 나성(개경)과 천리장성(압록강~영흥) 축조

  ⓑ 여진과의 충돌
    • 12세기 초 세력을 키운 여진이 동북쪽 국경 침략 → 윤관이 별무반 편성 후 여진 정벌 → 동북 9성 설치
    • 여진의 성장 : 여진의 금 건국(1115) → 고려에 군신관계 요구 → 이자겸 등이 금의 요구 수용

(3) 문벌귀족 사회의 동요와 무신정권 성립

① 문벌귀족 사회
  ⓐ 문벌 형성 : 여러 대에 걸쳐 고위 관직을 독점한 가문이 문벌 형성, 상호 혼인관계로 지위 유지, 음서·공음전 혜택

ⓛ 문벌귀족 사회의 동요

이자겸의 난(1126)	• 배경 : 외척 이자겸이 권력 독점 • 전개 : 인종과 측근 세력의 이자겸 제거 시도 → 이자겸, 척준경의 반란 • 결과 : 국왕 권위 실추, 문벌사회 분열
묘청의 서경 천도 운동(1135)	• 배경 : 인종의 개혁 • 전개 : 서경세력(묘청·정지상)이 황제 칭호, 서경 천도, 금 정벌 등 주장 → 개경세력(김부식) 반발 → 서경세력이 서경에서 반란 → 김부식의 관군에게 진압

② 무신정권 성립

ⓛ 무신정변(1170)
- 배경 : 무신에 대한 차별 대우
- 전개 : 정중부·이의방 등이 정변 → 중방 중심 정치 운영 → 무신 간의 잦은 권력 다툼과 백성 수탈로 혼란 심화

ⓒ 최씨 무신정권 수립
- 최충헌 집권 : 교정도감 설치, 사병 집단인 도방 확대 → 이후 4대 60여 년간 최씨 가문이 권력 독점
- 최우 : 정방·서방 설치, 야별초 조직
- 농민과 천민의 난 빈번 : 망이·망소이의 난(공주 명학소, 1176), 김사미·효심의 난(1193), 만적의 난(신분 해방 운동, 1198)

③ 몽골의 침략과 무신정권의 몰락

몽골의 침략	몽골 사신 '저고여' 피살 사건(1225) → 몽골의 고려 침략(1231) → 최씨 정권의 강화도 천도 → 처인성 전투(1232), 충주성 전투(1231, 1253) → 최씨 정권 몰락, 몽골과 강화 체결 → 개경 환도(1270)
삼별초 항쟁 (1270~1273)	삼별초가 몽골과 강화 반대, 강화도에서 진도·제주도로 차례로 이동하며 항전 → 고려와 몽골의 연합군에 진압됨

(4) 원 간섭기와 고려 후기 정치 변동

① 원 간섭기 고려의 상황

원의 내정간섭	• 위상 격하 : 원의 부마국, 왕실 칭호와 관제 격하 • 영토 상실 : 쌍성총관부, 동녕부, 탐라총관부 설치 • 일본 원정 동원 : 정동행성 설치(다루가치 파견) • 공물·공녀 요구, 몽골풍 유행
권문세족의 성장	• 친원적 성향 • 주로 음서로 관직 진출, 고위 관직 독점(도평의사사 장악), 지위 세습, 대농장과 노비 소유

② 고려 후기 정치 변동
  ㉠ 공민왕의 개혁 정책

반원 자주 정책	• 기철 등 친원파 제거, 정동행성 이문소 폐지 • 왕실 칭호와 관제 복구, 몽골풍 금지 • 쌍성총관부 공격 → 철령 이북 지역 수복
왕권 강화 정책	• 정방 폐지 : 인사권 장악 • 신진사대부 등용 • 신돈 등용(전민변정도감 설치)

  ㉡ 신진사대부의 성장과 고려의 멸망

신진사대부	• 지방 향리 자제, 중소 지주 출신 → 공민왕의 개혁 정치로 성장 • 성리학 수용, 권문세족과 사회 모순 비판
신흥무인세력	14세기 후반 홍건적과 왜구를 격퇴하는 과정에서 성장(이성계, 최영 등)

  ㉢ 고려 멸망 : 요동 정벌 추진 → 이성계의 위화도 회군(1388) → 이성계, 정도전 등이 과전법 실시(1391) → 조선 건국(1392)

4. 고려의 사회와 사상

(1) 고려의 신분 구조와 사회 모습
  ① 신분 구조 : 신라의 골품제에 비해 개방적, 과거나 군공을 통해 신분 상승 가능

양민	양 반	• 최상위 지배층 : 왕족, 문반, 무반 • 특징 : 문벌 형성(고위 관직 세습, 상호 혼인관계)
	중간계층	• 구성 : 서리, 남반, 향리, 하급 장교 등 • 특징 : 향리가 지방 행정을 실질적으로 담당(속현), 직역의 대가로 토지를 받음, 신분 세습
	양민(평민)	• 일반 군현민 : 농민(백정), 상인, 수공업자 • 특수행정구역민 : 향·부곡·소의 거주민, 일반 군현민에 비해 조세 차별받음, 이주 금지
천민	천 민	• 대다수가 노비 : 공노비(국가 소유), 사노비(개인 소유) • 특징 : 매매, 증여, 상속의 대상

  ② 고려 사회의 모습

사회 시책	• 의창 : 흉년 시 빈민 구제 • 상평창 : 물가 안정 활동 • 동서 대비원 : 환자 진료 및 빈민 구제 • 제위보 : 기금 마련, 이자로 빈민 구제
가족제도	• 일부일처제 • 여성의 지위 : 비교적 수평적, 여성 호주 가능, 태어난 순서대로 호적 기재, 여성 이혼과 재혼 가능, 재산 자녀 균등 상속, 사위와 외손에게 음서 혜택
사회공동체	향도 : 불교 신앙 활동 + 마을 공동체 유지

(2) 유학의 발달과 역사 인식의 변화

① 유학의 발달

고려 전기	• 6두품 출신 유학자 등용(태조), 과거제 시행(광종) • 유교 정치 이념 확립, 국자감 설립(성종)
고려 중기	• 최충의 9재 학당 : 고려 유학 발전 • 김부식 : 이자겸의 난 진압, 금의 사대 요구 수용 등 보수적 경향 → 유학 침체
고려 후기	• 충렬왕 때 안향이 성리학 소개 • 신진사대부의 성리학 수용, 권문세족 비판

② 역사서 편찬

고려 중기	김부식의 〈삼국사기〉 : 기전체, 유교적 합리주의 사관, 현존하는 가장 오래된 역사서
고려 후기	• 몽골 침략과 원 간섭으로 자주 의식을 강조한 역사서 편찬 → 이규보의 〈동명왕편〉(고구려 계승 의식), 이승휴의 〈제왕운기〉와 일연의 〈삼국유사〉(단군을 민족의 시조로 서술) • 성리학적 유교 사관 : 이제현의 〈사략〉

(3) 불교, 도교, 풍수지리설의 발달

① 불교의 발달

㉠ 국가의 불교 장려 : 태조의 훈요 10조, 광종 때 국사·왕사 제도 및 승과 실시, 사찰 건립, 불교 행사 거행

㉡ 대표적 승려

의 천	• 교종(화엄종) 중심의 선종 통합 → 해동 천태종 창시 • 교관겸수 제창
지 눌	• 송광사에서 수선사 결사 운동, 조계종 창시 • 돈오점수, 정혜쌍수 주장
혜 심	유불일치설 주장, 심성의 도야 강조(성리학 수용의 사상적 토대 마련)
요 세	• 천태종 신앙 결사체인 백련사 조직 • 참회(법화) 신앙

㉢ 대장경 조판
- 〈초조대장경〉 : 부처의 힘으로 거란의 침략을 물리치고자 간행 → 대구 부인사 보관 중 몽골 침략 때 소실
- 〈팔만대장경〉 : 몽골의 침입 때, 격퇴를 염원하며 간행 → 유네스코 세계기록유산(합천 해인사 보관)

② 도교와 풍수지리설의 발달

㉠ 도교 : 나라의 안녕과 왕실의 번영 기원, 불로장생과 현세 구복 추구

㉡ 풍수지리설 : 신라 말 도선 소개, 서경 길지설(묘청의 천도 운동의 이론적 근거), 한양 명당설(조선 수도 선정의 사상적 배경)

5. 조선의 정치 운영과 세계관의 변화

(1) 조선의 건국과 통치 체제 정비

① 조선 건국과 유교 정치 확립

㉠ 조선 건국 과정 : 명 건국 → 이성계와 급진파 신진사대부가 위화도 회군으로 정치적 실권 장악(1388) → 과전법 시행 → 조선 건국(1392)

㉡ 유교 정치 확립

태조	• 국호 '조선', 한양 천도(1394) • 군사 체제 정비, 경복궁 건설 • 정도전의 활약 : 재상 중심의 정치 주장, 불교 비판(〈불씨잡변〉 저술) → 성리학의 통치 이념화
태종	• 왕권 강화 : 의정부 설치와 6조 직계제 실시, 사간원 독립, 개국 공신세력 견제와 숙청 • 사병제도 폐지 : 국왕이 군사 지휘권 장악 • 국가의 경제 기반 안정 : 사원전·사원의 노비 제한, 양전 사업 실시, 호패법 시행
세종	의정부 서사제 실시(왕권과 신권의 조화), 경연 활성화, 집현전 설치(학문 연구), 훈민정음 창제·반포
세조	왕권 강화 : 6조 직계제 실시, 집현전과 경연제도 폐지, 유향소 폐지, 직전법 실시
성종	• 홍문관 설치 : 경연 활성화 • 문물 정비 : 조선 왕조의 기본 법전인 〈경국대전〉 완성 → 유교적 통치 체제 확립

② 유교적 통치 체제 정비

㉠ 중앙정치제도와 지방행정제도

중앙 정치 제도	의정부	국정 총괄, 재상 합의 기구
	6조	직능에 따라 행정 분담, 실제 행정 집행
	3사	사헌부(관리 감찰), 사간원(간쟁), 홍문관(경연) → 언론 기능, 권력 독점 견제
	기타	승정원(왕명 출납), 의금부(중죄인 처벌), 한성부(수도 행정, 치안 담당), 춘추관(역사서 편찬, 보관)
지방행정제도		• 8도 : 관찰사 파견 - 부·목·군·현(모든 군현에 수령 파견) • 향리 : 수령 업무 보좌, 지방 행정 실무 담당, 고려 시대에 비해 권한 약화 • 유향소(향청) : 지방 사족의 향촌 자치 기구, 수령 업무 보좌, 수령과 향리 감시, 풍속 교화

㉡ 군사제도

군역제도		양인 개병제, 정군(현역)과 보인(정군 비용 부담)
조직	중앙군	5위 : 궁궐, 수도 방어
	지방군	• 영·진 방어 • 병마절도사·수군절도사가 지휘

㉢ 관리등용제도와 교육제도

관리등용제도	과거(문과, 무과, 잡과), 음서(고려에 비해 대상 축소), 천거제 실시
교육제도	• 유학 교육 : 성균관(중앙 최고 교육기관), 향교(지방 군현에 설치), 서원·서당(사립 교육기관) • 기술 교육 : 각 해당 관청에서 담당

(2) 정치 운영의 변화

① 사림의 성장과 사화 발생
㉠ 사림의 형성과 성장 : 지방 사대부·중소 지주 출신으로 왕도 정치와 향촌 자치 추구 → 성종 때 본격적으로 정치 참여, 3사의 언관직 차지(훈구파의 비리 비판)
㉡ 사화 발생

무오사화(연산군)	훈구세력이 김종직의 〈조의제문〉을 문제 삼아 사림 축출
갑자사화(연산군)	연산군이 생모 폐위 문제로 훈구세력과 사림세력 제거
기묘사화(중종)	조광조의 개혁 정치(3사의 언론활동 활성화, 현량과 실시, 위훈 삭제, 소격서 폐지 등) → 훈구세력의 반발로 조광조 및 사림 제거
을사사화(명종)	외척 간의 권력 다툼 과정에서 훈구세력과 사림세력이 피해를 입음

② 붕당 정치의 전개와 변질
㉠ 사림세력 확대 : 서원과 향약을 기반으로 향촌 사회에서 세력 확대, 중앙 정계에서 세력 확장
㉡ 붕당 형성과 분화 : 이조 전랑 임명 문제로 대립 → 동인과 서인으로 분화

동 인	신진 사림(김효원 등), 척신 정치 청산과 도덕성 강조 → 이황, 조식, 서경덕의 학통 계승
서 인	기성 사림(심의겸 등), 척신 정치 청산에 소극적 → 이이와 성혼의 학통 계승

㉢ 붕당 정치의 전개와 변질

선조~광해군	• 동인이 정여립 모반 사건을 계기로 남인과 북인으로 분화 • 광해군 때 북인 집권
인조~효종	인조반정 후 서인 집권 → 상호 비판적 공존
현 종	두 차례 예송 발생 → 서인과 남인 대립 심화
숙 종	• 환국 전개 → 3사의 언론 기능 변질, 남인 몰락, 서인은 노론과 소론으로 분화 • 붕당 간 보복과 탄압으로 일당 전제화 경향

③ 탕평 정치
㉠ 영조와 정조의 탕평 정치

영 조	• 탕평 교서 발표(탕평비 건립) → 탕평 정책에 동의하는 인물(탕평파)을 등용해 정국 운영 • 붕당의 뿌리 제거 : 공론의 주재자인 산림의 존재를 인정하지 않음, 붕당의 근거지인 서원 정리 • 이조 전랑 권한 축소 • 개혁 정치 : 균역법 실시, 군영 정비, 신문고 제도 부활, 가혹한 형벌 폐지 • 문물제도 정비 : 〈속대전〉, 〈속오례의〉, 〈동국문헌비고〉 등 편찬
정 조	• 탕평책 계승(적극적 탕평), 소론 및 남인 계열 중용 • 규장각 설치 : 서얼 출신 등용, 국왕의 권력·정책을 뒷받침하는 정치 기구 • 초계문신제 시행 : 신진 인물이나 하급 관리 중 능력 있는 자를 재교육 • 장용영 설치 : 수원에 설치한 국왕 친위군, 군영의 독립적 성격 약화 → 왕권을 뒷받침하는 군사적 기반 • 수원의 화성 건설 : 정치적·군사적 기능 부여 → 정치적 이상을 실현하는 상징적 도시 육성 • 문물제도 정비 : 신해통공(금난전권 폐지), 〈대전통편〉, 〈무예도보통지〉, 〈탁지지〉 편찬

㉡ 한계 : 붕당 간 정쟁을 완화했으나 왕과 외척에 권력 집중 → 세도 정치의 배경이 됨

④ 세도 정치의 전개

배 경	탕평 정치의 붕괴로 유력 가문 출신에 권력 집중
전 개	순조, 헌종, 철종의 3대 60여 년 동안 안동 김씨, 풍양 조씨 등 몇몇 가문의 권력 독점
폐 단	• 소수의 유력한 가문들이 권력과 이권 독점, 언론활동 위축 • 비변사의 권한 강화 : 의정부와 6조 유명무실화 → 비변사에 권력 집중 • 정치 기강 문란 : 과거제 문란, 매관매직 등 • 탐관오리 수탈 극심, 삼정(전정·군정·환곡)의 문란으로 농촌 경제 피폐

(3) 국제 질서의 변동과 조선의 대외관계

① 사대교린의 외교관계

㉠ 명과의 사대관계

조 공	사신 파견·조공(경제적·문화적 교류 및 선진 문물 수용)
책 봉	명으로부터 국왕의 지위를 인정받음

㉡ 여진·일본과의 교린관계

여 진	• 회유책 : 귀순 장려, 국경 무역(무역소)과 조공 무역(북평관) 허용 • 강경책 : 4군 6진 개척(세종 때, 압록강~두만강까지 영토 확보)
일 본	• 회유책 : 계해약조 → 제한적 무역 허용, 3포 개항 • 강경책 : 세종 때 왜구의 본거지인 대마도 정벌(이종무)

② 임진왜란(1592)

㉠ 왜란의 배경 : 일본을 통일한 도요토미 히데요시의 대륙 침략 결정

㉡ 전개 과정

전쟁 초기	일본군이 한성과 평양 함락 → 선조의 의주 피난 → 명에 지원군 요청
수군의 활약	이순신(전라 좌수사)의 수군이 남해에서 활약 → 옥포, 사천(거북선 최초 사용), 한산도대첩(학익진 전법) 승리 → 전라도 곡창 지대 방어
의병의 항쟁	대표적 의병장 : 곽재우, 고경명, 조헌, 정문부, 서산대사, 사명대사 등
전쟁 극복	• 명군 참전, 조명연합군의 평양성 탈환, 권율의 행주대첩 승리 → 명의 휴전 제의 • 전열 정비 : 훈련도감 설치, 지방군 편제 개편(속오법 실시), 화포 개량, 조총 제작 등
정유재란(1597)	• 조명연합군이 재침입한 왜군을 직산에서 격퇴 • 이순신이 명량해전에서 왜군 대파 → 전세가 불리해진 일본군 철수

㉢ 왜란의 결과

• 조선의 변화

비변사 기능 강화	비변사가 임진왜란 이후 군사뿐 아니라 모든 정무를 총괄하는 최고 회의 기구화 됨 → 왕권 약화, 의정부·6조 중심 행정 체계 유명무실화
사회 변화	• 인구 감소, 농토 황폐화, 국가 재정 궁핍, 식량 부족 • 토지대장과 호적 소실 : 조세·역 징발 곤란 • 공명첩 발행과 신분제 동요 • 문화유산 소실 : 경복궁, 불국사, 사고(전주사고만 보존)

• 동아시아의 변화

일 본	• 도쿠가와 이에야스의 에도막부 정권 성립 • 문화유산 약탈, 포로로 잡아간 조선 학자와 기술자들에 의해 성리학·도자기 문화 전래
중 국	• 명 : 막대한 전쟁 비용 소모로 국력 쇠퇴 • 여진 : 명의 쇠퇴를 틈타 후금 건국 → 명·청 교체

• 일본과 국교 재개 : 에도막부의 요청으로 조선통신사 파견

③ 광해군의 정책과 호란의 전개

㉠ 광해군의 정치와 인조반정

전후 복구 사업	• 토지대장과 호적 재정비로 국가 재정 확충 노력 • 농민의 공납 부담을 줄이기 위해 대동법 실시(경기도)
중립 외교	• 배경 : 후금 건국(1616), 후금과 명의 충돌 → 명의 원군 요구 • 중립 외교(실리 외교) : 명과 후금 사이에서 중립 추구 → 강홍립 파병, 신중한 대응과 항복
인조반정	인목대비 폐위 및 유폐, 영창대군 살해에 대한 반발 → 서인 주도로 광해군 축출(1623) → 친명배금 정책 추진(명에 대한 의리와 명분 강조)

㉡ 정묘호란과 병자호란

정묘호란 (1627)	• 배경 : 인조와 서인 정권의 친명배금 정책 • 전개 : 후금의 침략 → 인조의 강화도 피신 → 정봉수, 이립의 활약 • 결과 : 후금과 형제관계를 맺고 강화 체결
병자호란 (1636)	• 원인 : 청의 군신관계 요구 거절(척화주전론 우세) • 전개 : 청의 침략 → 인조의 남한산성 피신·항전 • 결과 : 청에 항복(삼전도에서 청과 군신관계를 맺고 강화 체결), 소현세자와 봉림대군(효종) 등 청에 끌려감

④ 북벌 운동과 북학론 : 양난 이후 대외 인식 변화

북벌 운동(17세기)	• 배경 : 병자호란 이후 청에 대한 복수심 고조 • 전개 : 효종이 송시열, 이완 등과 함께 청 정벌 계획 추진 → 군대 양성, 성곽 수리 • 결과 : 효종의 죽음 등으로 좌절
북학론(18세기)	청의 선진 문물을 수용해 부국강병을 이루자는 주장 → 북학파 실학자들이 주도
백두산 정계비 건립(1712)	• 조선과 청과의 국경 분쟁 발생 → 숙종 때 국경을 확정하고 정계비 건립(서쪽으로는 압록강, 동쪽으로는 토문강) • 간도 귀속 분쟁 발생 : 19세기 후반 정계비 해석에 대해 조선과 청이 서로 다른 주장을 펴면서 발생

(4) 세계관의 변화

① 성리학 발전

　㉠ 통치 이념으로 활용 : 조선의 건국 이념, 사림의 성리학 절대화

　㉡ 생활 윤리에 영향 : 〈소학〉, 〈주자가례〉 보급, 서원과 향약

② 조선 후기 새로운 사상 등장

　㉠ 실학 등장 : 사회 모순을 해결하기 위한 개혁적 학문

농업 중심	• 서울 남인 출신, 농민 입장에서 토지제도 개혁과 자영농 육성 주장(경세치용 학파) • 유형원(〈반계수록〉), 이익(〈성호사설〉), 정약용(〈목민심서〉, 〈여유당전서〉) 등
상공업 중심	• 서울 노론 출신, 상공업 진흥, 청의 선진 문물과 기술 수용 주장(북학파, 이용후생 학파) • 유수원(〈우서〉), 홍대용(〈의산문답〉, 〈임하경륜〉), 박지원(〈열하일기〉), 박제가(〈북학의〉) 등

　㉡ 국학의 발달 : 역사, 지리 등 우리 것에 대한 관심 고조

역사 연구	• 안정복의 〈동사강목〉 : 우리 역사 체계화(고조선부터 고려까지) • 유득공의 〈발해고〉 : 발해와 만주에 대한 관심(최초로 '남북국' 용어 사용)
지리 연구	• 인문 지리서 편찬 : 한백겸의 〈동국지리지〉, 이중환의 〈택리지〉 • 실용적 지도 제작 : 김정호의 〈대동여지도〉

6. 양반 신분제 사회와 상품화폐 경제

(1) 양반 중심의 신분 질서 확립

① 조선 전기 신분 질서와 특징

　㉠ 양천제와 반상제

양천제	• 양인 : 자유민, 조세와 국역의 의무, 과거 응시 자격 • 천인 : 비자유민, 개인이나 국가에 소속, 천역 담당
반상제	지배층인 양반과 피지배층인 상민 간의 차별을 두는 제도 → 양반, 중인, 상민, 천민의 신분 제도 정착

　㉡ 신분별 특징

양 반	• 관직 진출 : 과거·음서·천거로 관직 독점 → 현직 또는 예비 관료로 활동, 국역 면제 • 경제적 기반 : 과전, 녹봉, 토지와 노비 소유
중 인	• 의미 : 양반과 상민의 중간 신분 계층(넓은 의미), 기술관(좁은 의미) • 구성 : 서리·향리·기술관(의관, 역관) - 직역 세습, 행정 실무 담당 / 서얼 - 양반 첩에게서 출생 → 중인과 같은 신분적 처우, 문과 응시 금지
상 민	• 구성 : 농민, 수공업자, 상인, 신량역천(신분은 양인이나 천역을 담당하는 계층) • 과거 응시 가능(실제로는 불가능)
천 민	• 대부분 노비이며 재산으로 취급, 매매·상속·증여의 대상 • 노비는 일반적으로 부모 중 한쪽이 노비이면 그 자녀도 노비로 귀속

② 양반 중심의 향촌 지배 체제 확립
  ㉠ 유향소 : 수령 보좌, 백성 교화
  ㉡ 향회 : 향촌 사족의 명단인 향안에 등록된 지방 양반들의 총회, 지방 사족들이 결속을 다지며 향촌에서 영향력 행사
  ㉢ 서원 : 여론 형성, 학문의 기반 마련
  ㉣ 향약 : 향촌 질서 유지, 농민 교화

(2) 수취제도 개편
① 조선 전기의 수취제도

조세 (전세)	• 토지에 대한 세금, 수확량의 1/10 징수 • 세종 때 공법 시행(전분 6등법, 연분 9등법) : 토지의 비옥도와 풍흉을 고려해 차등 징수
공납	각 지역의 특산물을 현물로 징수 → 방납의 폐단으로 농민 부담 증가
역	• 군역(정군·보인), 요역(토목공사 등에 동원) • 군역 기피로 대립, 방군수포 발생

② 조선 후기의 수취제도 개편

영정법 (전세)	풍흉에 관계없이 전세를 토지 1결당 쌀 4~6두로 고정 → 전세의 정액화, 세율 인하
대동법 (공납)	• 광해군 때 경기도에 처음 실시돼 점차 확대, 숙종 때 평안도와 함경도 등을 제외하고 전국적 실시 • 공납을 토지 1결당 쌀 12두 또는 삼베, 무명, 돈 등으로 징수 • 결과 : 농민 부담 감소, 관청에 물품을 납품하는 공인 등장, 상품화폐 경제 발달
균역법 (역)	• 군역 대신 1년에 군포 1필 징수 • 줄어든 군포 수입을 보충하기 위해 결작(토지 1결당 쌀 2두), 선무군관포(일부 상류층) 징수, 어염세·선박세 등을 활용

(3) 상품화폐 경제의 발달
① 농업의 발달과 농민층의 분화
  ㉠ 농업 생산력 증가 : 이앙법(모내기법) 확산으로 노동력 절감과 수확량 증가(이모작 가능, 광작 등장), 인삼·면화·담배 등 상품작물 재배, 일정액을 납부하는 도조법으로 지대 납부방식 변화
  ㉡ 농민층 분화
    • 일부 농민이 상품작물 재배를 통해 부농으로 성장
    • 대다수 농민은 소작농, 고용 노동자, 임노동자로 전락
② 수공업과 광업의 발달

수공업	• 관영 수공업 쇠퇴 : 장인세를 내고 물품을 직접 만들어 판매 • 민영 수공업 발달 : 공인·사상 등 상인 자본의 지원을 받아 제품을 만드는 선대제 유행, 임노동자를 고용해 공장제 수공업 형태로 물품 생산, 독립 수공업자가 등장해 생산과 판매까지 주관(18세기 후반)
광업	• 설점수세제(민간인의 광산 채굴을 허용하고 세금 징수), 잠채(광물을 몰래 채굴) 성행 • 전문 광산 경영인인 덕대 등장

③ 상업의 발달
　㉠ 상인의 성장

공인	• 대동법 실시로 정부에 필요한 물품을 공급하는 어용상인인 공인이 등장 • 서울 시전과 전국 장시를 중심으로 활동 → 점차 도고로 성장
사상	• 금난전권 폐지(신해통공) 이후 크게 성장 • 평양의 유상, 개성의 송상(송방 설치, 인삼 판매), 의주의 만상(대청 무역), 동래의 내상(대일본 무역) 등이 성장 • 일부 사상은 독점적 도매상인인 도고로 성장 → 상업 자본 축적 • 서울의 종로, 칠패 등에서 사상이 등장

　㉡ 상업의 발달

장시	• 15세기 말 등장해 16세기 무렵 전국적으로 확산 • 보부상 : 전국 지방의 장시를 돌아다니며 활동 → 보부상단 조합 결성
포구상업	• 포구 상업의 중심지 : 강경포, 원산포(18세기 발달) • 선상 : 선박을 이용해 각 지방의 물품을 구입한 뒤 포구에서 판매(경강상인) • 객주·여각 : 상품의 매매 및 중개와 부수적으로 운송, 보관, 숙박, 금융 등의 영업 행위 담당

　㉢ 대외 무역의 발달

청과의 무역	• 17세기 중엽부터 국경 지대를 중심으로 공무역(개시)과 사무역(후시)이 동시에 성행 • 의주의 만상이 청과의 무역 주도 • 비단·약재·문방구 등 수입, 금·은·무명·인삼 등 수출
일본과의 무역	• 17세기 이후 기유약조로 일본과의 관계가 정상화된 후 왜관 개시를 통한 대일 무역 활발 • 동래의 내상이 일본과의 무역 전개 • 은·구리·황 등 수입, 인삼·쌀 등 수출
중계 무역	• 개성의 송상이 청과 일본 연결 • 만상과 내상의 무역활동 중계

　㉣ 화폐의 유통

배경	상품화폐 경제 발달, 대동법 실시 이후 조세 및 소작료의 금납화 확대 → 화폐 사용 증가
전개	숙종 때 상평통보(동전)가 전국적으로 유통
한계	지주나 대상인들이 화폐를 고리대나 재산 축적에 이용하면서 시중에 유통되는 화폐가 크게 부족해지는 전황이 발생

④ 신분 질서의 변화와 농민 봉기
　㉠ 신분제 동요
　　• 양반층 분화 : 권력이 일부 양반에 집중되면서 다수의 양반이 향반, 잔반 등으로 몰락
　　• 상민의 신분 상승 : 부유한 상민이 공명첩, 납속책, 족보 위조 등을 통해 신분 상승 → 양반 수 증가, 상민 수 감소
　　• 중인층의 신분 상승

서 얼	• 영·정조의 개혁 분위기에 편승해 적극적인 신분 상승 시도(상소 운동) → 서얼들의 청요직 통청 요구를 수용 • 정조 때 유득공, 이덕무, 박제가 등 서얼 출신들이 규장각 검서관에 기용됨
기술직 중인	• 축적된 재산과 실무 경력을 바탕으로 신분 상승 운동 추구 • 철종 때 관직 진출 제한을 없애 달라는 대규모 소청 운동 전개 → 실패(전문직의 역할 부각)

　　• 노비의 신분 상승 : 군공과 납속 등으로 신분 상승 추구, 노비종모법(영조), 공노비 해방(순조) → 국가 재정 확보를 위해 노비 축소(상민 증가)
　㉡ 향촌 질서 재편

배 경	일부 부농층이 양반으로 신분 상승
과 정	향전 발생 : 구향(기존 양반)과 신향(부농층)의 대립 → 수령의 신향 지원, 관이 주도해 향촌 질서 확립
영 향	구향의 향촌 지배권 약화, 수령 권한 강화 → 수령, 향리의 농민 수탈 심화

　㉢ 새로운 사상의 등장

예언 사상	• 사회 변혁 운동의 이념적 기반 • 〈정감록〉 등의 비기·도참 유행, 미륵신앙이 현실을 부정하고 새로운 세상을 바라는 농민 의식을 자극함
천주교	17세기에 서학(학문)으로 수용 → 18세기 후반부터 남인 계열 실학자들로부터 신앙으로 수용 (인간 평등 주장) → 정부의 박해(신유박해)
동 학	• 철종 때 몰락 양반 최제우가 창시(1860) → 삼남 지방의 농촌 사회에 널리 보급 • 사상 : 인내천, 시천주, 후천개벽 • 탄압 : 세상을 어지럽히고 백성을 현혹한다는 이유로 탄압(최제우 처형)

　㉣ 세도 정치기의 농민 봉기 : 농민들이 사회 문제와 지배 체제의 모순에 저항

홍경래의 난(1811)	• 배경 : 평안도 지역에 대한 차별, 세도 정치기에 과도한 수탈에 대한 불만 • 전개 : 몰락 양반 홍경래가 영세 농민, 광산 노동자 등과 봉기 → 청천강 이북 지역 장악 → 관군에 의해 5개월 만에 진압
임술농민봉기 (1862)	• 배경 : 삼정의 문란과 지배층의 수탈 • 전개 : 몰락 양반 유계춘의 주도로 진주농민봉기 발발 → 전국 확산 • 결과 : 안핵사 파견, 삼정이정청 설치 → 근본적 문제는 해결하지 못함

02 근대 국민 국가 수립 운동

1. 서구 열강의 접근과 조선의 대응

(1) 서구 열강의 동아시아 접근

① 제국주의 대두

등장 배경	19세기 후반 독점 자본주의와 배타적·침략적 민족주의의 결합
특 징	• 서구 열강이 경제력·군사력을 이용해 대외 팽창 정책 추진 → 약소국 식민지화 • 백인 우월주의, 사회 진화론을 내세워 약소국에 대한 식민 지배 정당화

② 제국주의 열강의 동아시아 침략

㉠ 청의 개항

제1차 아편전쟁	• 과정 : 영국의 아편 밀수출 → 청 정부의 아편 몰수·폐기 → 전쟁 발발 → 청 패배 • 결과 : 난징 조약 체결(5개 항구 개항, 홍콩 할양, 배상금 지급, 추가 조약에서 영사 재판권과 최혜국 대우 허용)
제2차 아편전쟁	• 과정 : 영프 연합군의 공격 → 청 패배 • 결과 : 톈진 조약, 베이징 조약 체결(추가 10개 항구 개항, 러시아에 연해주 할양)

㉡ 일본의 개항

과 정	미국 페리 함대가 무력으로 개항 요구
결 과	• 미일화친조약 체결 : 12개 항구 개항, 최혜국 대우 허용 • 미일수호통상조약 체결 : 5개 항구 개항, 영사 재판권 허용

③ 19세기 조선의 국내외 상황

국 내	세도 정치, 삼정의 문란 → 농민 봉기, 천주교 확산
국 외	• 이양선 출몰 • 서구 열강의 통상 요구로 위기감 확산

(2) 흥선대원군의 개혁 정치

① 통치 체제 정비

세도 정치 타파	• 세도 가문인 안동 김씨 축출 • 고른 인재 등용
통치조직 정비	• 세도 정치의 핵심 권력 기구인 비변사 축소 • 의정부, 삼군부 기능 부활
법전 편찬	〈대전회통〉, 〈육전조례〉 → 통치 질서 정비
경복궁 중건	• 목적 : 왕권 강화 • 공사비 마련을 위해 원납전 징수, 당백전 발행 • 토목 공사에 많은 백성 동원, 양반 묘지림 벌목 → 백성과 양반들의 불만 초래

② 민생 안정책

삼정의 문란 개혁	• 전정 : 양전 사업 실시 → 토지대장에 누락된 토지 색출 • 군정 : 호포제 실시 → 개인이 아닌 가호 기준으로 군포 징수, 양반에게도 군포 부과 • 환곡 : 사창제 실시 → 민간 자치 운영
서원 정리	• 배경 : 서원은 붕당의 근거지로 면세·면역 특권을 누리며 백성 수탈 • 과정 : 전국에 47개소의 서원만을 남기고 모두 철폐, 만동묘 철폐, 토지와 노비 몰수 → 국가 재정 확충 • 결과 : 백성들의 환영, 양반 유생들의 반발

③ 개혁 정치의 의의와 한계

의 의	국가 기강 확립, 민생 안정에 기여
한 계	왕권 강화를 목적으로 한 전통적 왕조 체제 내에서의 개혁

(3) 서구 열강의 침략과 조선의 통상 수교 거부 정책

① 병인양요(1866)

배 경	천주교 확산, 흥선대원군이 프랑스 선교사를 통해 러시아 남하 견제 시도(실패) → 천주교 배척 여론 고조 → 병인박해(천주교 신자와 프랑스 선교사 처형, 1866)
과 정	프랑스군이 강화도 침공(강화부 점령, 재물 약탈) → 한성근 부대(문수산성), 양헌수 부대(정족산성)의 활약으로 프랑스군 격퇴
결 과	프랑스군이 철수하면서 외규장각 의궤 등 문화유산 약탈, 천주교 탄압 심화, 통상 수교 거부 정책 강화

② 오페르트 도굴 사건(1868)

배 경	조선 조정이 독일 상인 오페르트의 통상 요구 거절
과 정	오페르트 일행이 남연군 묘(흥선대원군의 아버지) 도굴 시도 → 지역 주민의 저항으로 실패
결 과	통상 수교 거부 정책 강화

③ 신미양요(1871)

배 경	미국 상선 제너럴 셔먼호가 대동강을 거슬러 평양까지 올라와 통상 요구 → 평안도 관찰사 박규수의 통상 요구 거부 → 미국의 민가 약탈 행위 → 평양 관민이 제너럴 셔먼호를 불태움(1866)
과 정	제너럴 셔먼 사건을 구실로 미군이 강화도 침략(초지진, 덕진진 점령) → 어재연 부대의 항전(광성보) → 미군 철수
결 과	전국에 척화비 건립(1871) → 통상 수교 거부 의지 천명

2. 동아시아의 변화와 근대적 개혁 추진

(1) 문호 개방과 불평등 조약 체결

① 중국과 일본의 근대화 운동

청의 양무운동 (1861~1894)	• 중체서용(중국 전통을 바탕으로 서양 기술 수용)의 원칙 • 내용 : 서양식 무기 도입, 군수공장 등 근대 산업시설 설립 • 한계 : 근본적 제도 개혁 없이 기술만 도입
일본의 메이지 유신	천황 중심의 메이지 정부 수립(1868) → 문명개화론을 내세워 근대화 개혁 추진 → 신분제 폐지, 근대 시설 도입, 의회 설립 → 대외 팽창 추진

② 조선의 개항

㉠ 운요호 사건(1875)

정세 변화	흥선대원군 실권 장악, 통상개화론 대두(박규수, 오경석, 유흥기 등)
과 정	운요호를 이끌고 강화도·영종도 일대 침략 → 개항, 강화도 조약 체결

㉡ 강화도 조약(조일수호조규, 1876)

배 경	운요호 사건
내 용	• 조선이 자주국임을 명시(청의 간섭 배제 의도) • 부산·원산·인천 개항, 해안 측량권 허용, 영사 재판권(치외 법권) 인정
성 격	외국과 맺은 최초의 근대적 조약, 불평등 조약
부속조약	• 조일수호조규 부록(1876. 6.) : 개항장 내 일본인 거류지(외국인 무역활동과 거주가 허용된 지역) 설정, 일본 화폐 유통 • 조일무역규칙 : 양곡의 무제한 유출, 일본의 수출입 상품에 대한 무관세 원칙 허용

㉢ 조미수호통상조약(1882)

배 경	황준헌의 〈조선책략〉 유포 → 미국과의 수교 주장 → 청의 알선(러시아와 일본 견제 의도)
내 용	• 거중 조정, 관세 조항 규정 • 치외 법권, 최혜국 대우 인정
성 격	서양과 맺은 최초의 근대적 조약, 불평등 조약

㉣ 서양 각국과의 수교 : 영국·독일(1883), 러시아(1884), 프랑스(1886) 등과 불평등 조약 체결

- 거중 조정 : 양국 중 한 나라가 제3국과 분쟁이 있을 경우 다른 한 나라가 국가 간의 분쟁을 조정하는 것을 말한다.
- 최혜국 대우 : 가장 유리한 대우를 조약 상대국에게 부여하는 것을 말한다.
- 〈조선책략〉 : 일본 주재 청 외교관 황준헌이 저술한 책으로, 러시아 남하를 견제하기 위해 조선이 중국, 일본, 미국과 우호관계를 맺을 것을 주장했다.

(2) 개화 정책 추진과 반발

① 개화 정책

통리기무아문 설치(1880)	• 부국강병 목표 → 김윤식, 박정양, 어윤중, 김홍집, 김옥균, 홍영식 등 개화파 인물 등용 • 실무를 담당하는 12사를 두고 국내외의 군국 기무 총괄 및 각종 개화 정책 담당	
군사 개편	• 2군영 : 기존 5군영을 무위영, 장어영의 2군영으로 개편 • 신식 군대 별기군 창설 : 신식 무기, 일본인 교관 초빙	
해외 사절단 파견	수신사	• 김기수(1차, 1876), 김홍집(2차, 1880, 〈조선책략〉 소개) • 강화도 조약 이후 일본에 파견 → 일본의 근대화 실상 파악
	조사시찰단(1881)	• 박정양, 어윤중, 홍영식 등 파견 • 일본 정부 각 기관의 사무 조사, 산업·군사 등 근대적 시설 관찰 • 시찰 후 보고서 제출
	영선사(1881)	• 김윤식을 중심으로 38명의 기술자 및 학생들 청에 파견 → 톈진에서 서양의 근대식 무기 제조 기술과 군사 훈련법 습득(1881) • 근대식 무기 제조 공장인 기기창 설립(1883)
	보빙사(1883)	• 조미수호통상조약을 계기로 미국에 파견 → 일부 사절단의 유럽 순방 • 민영익, 홍영식, 유길준 등으로 구성

② 위정척사 운동

㉠ 의미 : 반외세 자주 운동의 성격, 성리학적 전통사회 체제 수호 목적, 외세 배척을 기본 정신으로 일본과 서양의 침략성 인지 → 항일 의병운동으로 이어짐

㉡ 전개 과정

1860년대	• 배경 : 열강의 통상 요구, 병인양요 • 척화 주전론에 근거한 통상 반대 → 이항로, 기정진 등
1870년대	• 배경 : 강화도 조약 체결 • 개항 반대 운동, 왜양 일체론 → 최익현 등
1880년대	• 배경 : 개화 정책 추진, 〈조선책략〉 유포 • 개항 반대 운동, 영남 만인소 → 이만손 등

㉢ 의의와 한계
- 의의 : 조선의 자주성을 지키려 한 반외세·반침략 운동(이후 항일 의병으로 계승)
- 한계 : 개화 정책 추진의 걸림돌 됨

(3) 임오군란과 갑신정변

① 임오군란(1882)

㉠ 배경 : 개화 정책으로 인한 세금 증가에 대한 불만, 개항 이후 쌀 유출로 쌀값 폭등 → 백성 불만 고조

㉡ 전개

발단	신식 군대 별기군과 구식 군인에 대한 차별 대우, 밀린 급료로 받은 쌀에 겨와 모래가 섞임
전개 과정	구식 군인의 봉기(민씨 정권의 고위관료의 집과 일본 공사관·궁궐 습격) → 왕비 피신 → 흥선대원군 재집권(통리기무아문과 별기군 폐지, 5군영 복구) → 민씨 정권의 요청으로 청군 개입 → 흥선대원군이 청으로 압송, 군란 진압 → 민씨 정권 재집권

결 과	• 청의 내정간섭 심화 : 마건상과 묄렌도르프 파견, 조청상민수륙무역장정 체결(청 상인의 내륙 진출, 영사 재판권 인정) • 제물포 조약 체결 : 일본 공사관에 경비병 주둔 허용, 배상금 지불 • 개화 정책 후퇴

② 개화파의 분화
　㉠ 배경 : 개화 정책 추진 방식과 청에 대한 입장 차이
　㉡ 온건 개화파와 급진 개화파

구 분	온건 개화파	급진 개화파
중심인물	김홍집, 어윤중, 김윤식	김옥균, 박영효, 서광범, 홍영식
개화 모델	청의 양무운동	일본의 메이지 유신
개혁 사상	점진적 개혁 추구, 동도서기론 입장 → 전통적 유교와 도덕 유지, 서양의 기술만 수용	적극적인 근대화 추구, 문명개화론 입장 → 서양의 기술과 사상, 제도 수용
청과의 관계	전통적 우호관계 중시	청의 내정간섭 반대, 사대관계 청산

③ 갑신정변(1884)

배 경	• 개화 정책 지연 : 청의 내정간섭 강화, 민씨 정권의 친청 정책 • 급진 개화파 위축 : 김옥균이 일본에서 개화 정책 추진에 필요한 차관 도입을 시도했으나 실패 • 청프전쟁 발발 : 서울 주둔 청군의 절반이 베트남으로 철수 • 일본의 군사적 지원 약속
전개 과정	• 1884년 10월 급진 개화파(김옥균, 박영효, 서광범)가 우정총국 개국 축하연을 기회로 정변 • 사대당으로 지목한 고위 관료들 살해, 개화당 정부 수립 • 14개조 정강 발표 : 청과의 사대관계 청산, 내각제 수립, 지조법 개혁, 재정 일원화, 인민 평등 확립 등
결 과	• 청군이 진압 → 3일 만에 실패, 청의 내정간섭 심화 • 한성 조약 체결(1884) : 일본의 배상금 요구, 공사관 신축비 보상 • 톈진 조약 체결(1885) : 일본과 청의 양국 군대 철수 및 군대 파견 시 상대국에 알리도록 규정
의 의	• 근대 국가 건설을 목표로 한 최초의 정치 개혁 운동 • 근대화 운동의 선구자적 역할
한 계	• 소수의 지식인 중심 : 위로부터의 개혁 • 토지 개혁에 소홀 → 민중의 지지 부족 • 일본에 지나치게 의존

④ 갑신정변 이후 정세

거문도 사건 (1885)	러시아와 우호관계 강화 → 영국이 러시아의 남하를 견제한다는 명분으로 거문도 불법 점령
조선 중립화론 대두	조선 주재 독일 부영사 부들러와 미국 유학에서 돌아온 유길준 등이 주장

3. 근대 국민 국가 수립을 위한 노력

(1) 동학농민운동

① 동학의 확산과 교조신원운동

농민층의 동요	외세의 경제 침탈, 조세 부담 증가, 삼정의 문란, 지방관 수탈 심화 → 농촌 경제 악화
동학 확산	2대 교주 최시형이 포접제의 조직망 정비, 경전 간행 → 포교 활동을 통해 삼남 일대에 동학의 교세가 크게 확산
교조신원운동	• 정부의 탄압으로 처형당한 교조 최제우의 누명을 벗기고, 포교의 자유를 보장받으려는 목적 • 공주·삼례 집회, 보은 집회 등을 거치면서 종교 운동의 성격에서 정치·사회 운동으로 발전

② 전개 과정

㉠ 고부농민봉기(1894. 1.)

배 경	고부 군수 조병갑의 비리와 수탈
전 개	전봉준을 중심으로 농민 봉기 → 고부 관아 습격, 만석보 파괴 → 조병갑 파면, 신임 군수 박원명의 회유로 농민들 자진 해산
결 과	정부 안핵사 이용태 파견 → 동학교도 탄압

㉡ 제1차 봉기(1894. 3.)

배 경	안핵사 이용태의 봉기 주도자 체포
전 개	전봉준·손화중 등을 중심으로 봉기 → 백산에서 격문 발표(제폭구민, 보국안민 주장) → 황토현·황룡촌 전투 → 전주성 점령 → 정부가 청에 원군 요청, 청일 양국 파병(텐진 조약 구실)
결 과	정부와 농민군이 전주 화약 체결 → 폐정 개혁 12개조 제시, 자진 해산 → 집강소 설치(폐정 개혁안 실천)

㉢ 제2차 봉기(1894. 9.)

배 경	전주 화약 체결 후 조선 정부가 청군과 일본군의 철수 요구 → 일본이 내정 개혁을 요구하며 경복궁 기습 점령, 청일전쟁 발발
전 개	동학농민군의 재봉기 → 논산 집결(남북접 연합) → 공주 우금치 전투에서 관군·일본군에게 패배 → 전봉준 등 동학농민군 지도자 체포

③ 동학농민운동의 의의 및 한계

성 격	• 반봉건 : 신분제 개혁 등 정치·사회 개혁 요구 • 반외세 : 일본의 침략과 내정간섭에 저항
영 향	• 농민군의 요구가 갑오개혁에 부분적으로 반영 • 의병운동에 가담해 반일 무장 투쟁 활성화
한 계	근대 국가를 건설하기 위한 구체적인 방안을 제시하지 못함

(2) 갑오개혁과 을미개혁

① 제1차 갑오개혁(1894.7.)

전 개	농민의 개혁 요구(동학농민운동)를 일부 수용하면서 자주적 개혁 추진, 일제의 내정 개혁 요구와 경복궁 무력 점령 → 김홍집 내각 성립, 군국기무처 설치
내 용	• 정치 : 개국 기년 사용, 내각 권한 강화와 왕권 강화(궁내부 설치, 의정부 권한 집중, 6조 → 8아문 개편), 과거제 폐지, 경무청 중심의 경찰제도 도입 • 경제 : 재정을 탁지아문으로 일원화, 은 본위 화폐제도 채택, 도량형 통일, 조세의 금납화 • 사회 : 신분제 철폐, 전통적 폐습(조혼, 고문, 연좌제, 과부의 재가 불허) 타파

② 제2차 갑오개혁(1894.12.)

배 경	• 일본의 적극적인 간섭 → 군국기무처 폐지, 김홍집과 박영효 연립 내각 구성 • 홍범 14조 반포 → 조선은 청에 의존하는 관계를 청산하고 자주독립을 국내외에 선포
내 용	• 정치 : 내각제 도입, 8개 아문을 7부로 교체, 전국 8도를 23부로 개편, 행정구역 명칭을 '군'으로 통일, 재판소 설치, 사법권과 행정권 분리 • 경제 : 징세 기관 일원화, 지방재판소・한성재판소・고등재판소 설치, 근대적 예산제도 도입, 징세서・관세사 설치, 상리국 폐지 • 사회 : 교육 입국 조서에 따라 한성사범학교・외국어학교 관제 반포

③ 제3차 갑오개혁(을미개혁, 1895)

전 개	삼국간섭 이후 일본의 간섭을 막기 위해 친러 정책 추진, 박영효가 일본에 망명 → 일본이 명성황후 시해(을미사변), 친일 내각 수립(김홍집, 유길준), 을미개혁 추진
내 용	• '건양' 연호 제정 • 단발령 실시 • 태양력 사용, 종두법 실시
결 과	• 을미사변, 단발령 등에 대한 반발로 을미의병 봉기 → 전국으로 확산 • 아관파천(1896) : 고종이 러시아 공사관으로 처소를 옮김

④ 갑오・을미개혁의 의의와 한계

의 의	• 근대 국가 수립을 위한 시대적 요구에 부응하는 개혁 • 개화 인사들과 농민층의 개혁 의지가 일부 반영된 자주적 근대화 개혁을 위한 노력
한 계	• 개혁 주도 세력이 일본의 무력에 의존 • 민중의 지지를 얻지 못함(위로부터의 개혁 시도) • 국방력 강화와 상공업 진흥 등에 소홀

(3) 독립협회와 대한제국

① 독립협회

㉠ 독립협회 창립(1896)

배 경	아관파천 이후 열강의 이권 침탈 심화, 자유민주주의적 개혁 사상 보급, 자주독립국가 건설 목표
구 성	서재필, 윤치호, 이상재, 남궁억 등의 지도부와 광범위한 사회 계층(학생, 노동자, 여성, 천민 등) 참여
과 정	서재필 등이 자유민주주의 개혁 사상을 보급, 〈독립신문〉 창간 이후 독립협회 창립

ⓒ 독립협회 주요 활동

민중 계몽 운동	〈대조선 독립협회 회보〉 간행, 독립관에서 토론회 개최
자주 국권 운동	• 독립문 건립 • 만민공동회 개최 → 러시아의 절영도 조차 요구 저지
자유 민권 운동	국민의 신체와 재산권의 자유, 언론·출판·집회·결사의 자유 등 요구
의회 설립 운동	관민공동회를 개최해 헌의 6조 채택 → 고종의 수락, 중추원 관제 반포

- 헌의 6조
  1. 외국인에게 의지하지 말고 관민이 한마음으로 힘을 합해 전제 황권을 공고히 할 것
  2. 외국과의 이권에 관한 계약과 조약은 각 대신과 중추원 의장이 합동 날인해 시행할 것
  3. 국가 재정은 탁지부에서 전관하고, 예산과 결산을 국민에게 공표할 것
  4. 중대 범죄를 공판하되, 피고의 인권을 존중할 것
  5. 칙임관을 임명할 때에는 황제가 정부에 그 뜻을 물어서 중의에 따를 것
  6. 정해진 규정을 실천할 것

ⓒ 독립협회 해산

배 경	보수세력의 독립협회 모함(공화정 수립 모함)
해산 과정	고종의 독립협회 해산 명령, 간부 체포 → 독립협회는 만민공동회 개최하며 저항 → 고종이 황국협회와 군대를 동원해 강제 해산(1898)

② 대한제국

ⓐ 대한제국 수립(1897)

배 경	• 국내 : 고종의 환궁 요구, 자주독립의 근대 국가를 세우려는 국민적 열망 • 국외 : 조선에서 러시아의 세력 독점 견제
수립 과정	• 고종의 경운궁(덕수궁) 환궁 • 대한제국 선포(1897) : 국호는 대한제국, 연호는 광무로 하고, 황제라 칭하며 자주국가임을 선포 • 대한국 국제 반포(1899) : 만국 공법에 의거해 대한제국은 세계 만국이 공인한 자주독립국이며, 황제가 군 통수권, 입법권, 행정권, 사법권 등 모든 권한을 가진다고 규정 • 황제권 강화 : 입헌군주제가 아닌 전제군주제 지향(대한국 국제에 민권에 대한 언급 없음)

ⓑ 광무개혁 : 구본신참의 복고주의적, 점진적 개혁 → 전제 황권 강화

군 사	원수부 설치, 군부 권한 축소, 친위대(서울)와 진위대(지방) 확대, 무관학교 설립, 징병제 실시 추진
경 제	궁내부에 내장원 설치(수익 사업 관할), 양전 사업과 지계 발급 사업 추진, 상공업 진흥 정책(근대 시설 마련, 공장·회사 설립)
사 회	• 전화 가설, 우편제도 정비, 전차 부설 • 실업학교와 기술 교육기관 설립, 유학생 파견

ⓒ 의의와 한계

의 의	군사력 강화, 근대적 토지소유제도 확립, 상공업 진흥 등 근대화 지향
한 계	황제권 강화에 치중해 민권 보장 미흡, 재정 부족으로 외국 자본 도입

4. 일본의 침략 확대와 국권 수호 운동

(1) 일제의 국권 침탈

① 러일전쟁(1904 ~ 1905)

배경	한반도를 둘러싼 러시아와 일본의 대립 격화, 대한제국의 국외 중립 선언
전개	일본의 기습 공격 → 일본이 뤼순항 함락, 발트 함대 격파 → 일본 승리

② 일제의 국권 침탈 과정

한일의정서 (1904.2.)	• 러일전쟁 발발 직후 체결 • 일본이 군사 전략상의 요지를 임의로 사용할 수 있는 권리 확보
제1차 한일협약 (1904.8.)	재정 고문 메가타, 외교 고문 스티븐스 파견 → 일본의 내정간섭 본격화
제국주의 열강의 한국 지배 인정	• 가쓰라·태프트 밀약(1905.7.) : 일본의 한국 지배, 미국의 필리핀 지배를 서로 인정 • 제2차 영일동맹(1905.8.) : 영국이 한국에 대한 일본의 독점적 지배권 인정 • 포츠머스 조약(1905.9.) : 러시아가 한국에 대한 일본의 독점적 지배권 인정
을사늑약 (제2차 한일협약, 1905.11.)	• 대한제국의 외교권 박탈 • 통감부 설치 → 초대 통감 이토 히로부미 파견
고종 강제 퇴위 (1907.7.)	고종의 헤이그 특사 파견 → 일본이 고종을 강제로 퇴위, 순종 즉위
한일 신협약 (정미 7조약, 1907.7.)	• 통감의 내정(행정권) 장악, 일본인 차관 임명 • 부속 각서를 통한 대한제국 군대 해산
기유각서(1909)	사법권 및 감옥 관리권 박탈, 법부·군부 폐지
한일병합조약 (1910.8.)	경찰권 박탈(1910.6.) → 대한제국 국권 강탈 → 일본 식민지로 전락, 조선총독부 설치

(2) 항일 의병운동과 의열 투쟁

① 의병운동

을미의병(1895)	• 원인 : 을미사변(명성황후 시해 사건)과 단발령 강제 시행 • 주도 : 유인석 등 위정척사 사상을 가진 유생 • 활동 : 일본군과 거류민 공격, 친일 관리 처단 • 해산 : 아관파천 이후 단발령 철회와 고종의 해산 권고 조칙 발표로 자진 해산
을사의병(1905)	• 원인 : 을사늑약 체결, 러일전쟁 이후 일본의 침략 노골화 • 주도 : 최익현(양반), 민종식(전직 관리), 신돌석(평민 의병장) 등 • 활동 : 을사늑약의 폐기 및 친일 내각 타도(국권 회복)를 주장하며 무장 투쟁 전개
정미의병(1907)	• 원인 : 고종 황제의 강제 퇴위, 군대 해산 • 특징 : 해산 군인의 참여로 의병의 전투력·조직력 강화, 의병전쟁으로 발전해 전국으로 확산 • 활동 : 13도 창의군 결성(총대장 이인영), 서울 진공작전 전개 • 호남 의병전쟁 : 서울 진공작전 실패 후 13도 창의군이 해산되면서 전라도 지역을 중심으로 의병활동 전개 → 남한 대토벌 작전으로 의병활동 위축

② 의열 투쟁

나철, 오기호	5적 암살단 조직 → 을사 5적 처단 시도
이재명	명동 성당 앞에서 이완용 암살 시도(1909)
장인환, 전명운	미국 샌프란시스코에서 친일파 미국인 스티븐스 사살(1908)
안중근	만주 하얼빈에서 이토 히로부미 처단(1909)

(3) 애국 계몽 운동

① 애국 계몽 운동의 특징

주도 세력	을사늑약 전후에 개화 운동과 독립협회의 활동을 계승한 지식인
활동 목표	사회 진화론 기반 → 실력 양성을 통한 국권 수호

② 주요 애국 계몽 운동 단체

보안회(1904)	• 독립협회의 정신 계승 • 일제의 황무지 개간권 반대 운동 → 저지 성공
헌정연구회(1905)	• 민족의 정치의식 고취와 입헌군주제 수립 목표 • 일진회 규탄 → 일제의 탄압으로 해산
대한자강회(1906)	• 국권 회복을 위해 교육·산업 진흥 강조, 입헌군주제 수립 주장 • 고종의 강제 퇴위 반대 투쟁 전개 → 일제의 탄압으로 해산
대한협회(1907)	대한자강회 계승, 실력 양성을 통한 국권 회복과 입헌군주정 지향 → 일제의 탄압으로 활동 약화, 친일화

신민회(1907)	• 주도 : 안창호, 양기탁 등이 비밀 결사 형태로 조직
	• 목표 : 국권 회복, 공화정체의 근대 국가 건설
	• 활동
	  – 민족 교육 실시 : 대성학교·오산학교 설립
	  – 민족 산업 육성 : 태극서관·자기 회사 운영
	  – 국외 독립운동 기지 건설 : 만주에 신흥강습소 설립
	• 해산 : 일제가 날조한 105인 사건으로 와해(1911)

③ 교육·언론·출판 활동

교 육	서북학회, 기호흥학회 설립
언론·출판	황성신문(장지연의 시일야방성대곡), 대한매일신보(양기탁과 박은식이 국채보상운동 지원)

(4) 독도와 간도

① 독 도

연 원	• 고대 : 〈삼국사기〉 신라 영토로 기록 • 고려 : 〈고려사〉 독도 기록(우산국이 고려 왕실에 조공) • 조선 : 안용복이 독도가 조선의 영토임을 확인 • 대한제국 : 대한제국 칙령 제41호(1900) 선포[독도를 울도군(울릉도)의 행정구역으로 편입, 독도가 우리 영토임을 분명히 함]
강 탈	러일전쟁 중 일본의 시마네현 고시 → 불법적 영토 편입(1905)
반 환	1946년 '연합국 최고 사령관 각서' 등에서 독도를 일본 영토에서 제외

② 간 도

간도 귀속 분쟁	• 숙종 때 청과 조선의 국경 설정 → 백두산 정계비 설립(1712) • 19세기 후반 토문강 해석을 둘러싸고 간도 귀속 분쟁 발생
간도 관리사 파견(1902)	간도를 함경도의 행정구역으로 편입 → 간도 관리사 이범윤 파견
간도 협약	을사늑약 이후 청일 간의 외교 문제화 → 간도 협약(1909)으로 인해 간도의 중국 영토화

5. 개항 이후 경제적 변화

(1) 열강의 경제 침탈

① 개항 이후 무역 상황

개항 초기	• 강화도 조약과 부속 조약으로 각종 특권이 일본 상인에게 부여 • 거류지 무역, 중계 무역, 약탈 무역으로 이득
임오군란 이후	• 임오군란 후 청나라 상인들이 대거 진출 → 일본 상인들과 치열한 경쟁 • 조청상민수륙무역장정(1882) : 청 상인의 내륙시장 진출 허용 → 한성 진출 • 조일통상장정(1883) : 관세권 설정, 방곡령 선포 규정, 최혜국 대우 인정
청일 전쟁 이후	일본 상인 독점 → 조선의 중개 상인 몰락, 시전 상인의 타격, 조선의 무역수지 악화

② 열강의 주요 이권 침탈

배 경	청일전쟁과 아관파천 이후 열강들이 최혜국 대우를 내세워 이권 침탈
내 용	• 미국, 프랑스, 일본 등이 철도 부설권 차지 • 미국, 독일, 영국 등이 광산 채굴권 차지 • 러시아 등이 삼림 채벌권 차지

③ 일본의 경제 침탈

금융 지배	• 일본의 차관 제공 독점 → 일본에 재정 예속 • 대한제국 황실 재정 축소해 정부 재정에 통합 • 화폐정리사업(일본인 재정 고문 메가타 주도, 엽전과 백동화를 일본 제일은행 화폐로 교환 → 한국 상인과 은행 타격)
토지 약탈	일본이 철도 부지와 군용지 확보를 구실로 토지 대량 약탈, 동양척식주식회사 설립(1908)

• 백동화 : 전환국에서 1892년부터 발행했던 화폐이다. 액면가는 2전 5푼이었는데 재료값이 액면가에 크게 못 미쳤기 때문에 인플레이션을 일으켰다. 이후 화폐정리사업으로 통용이 중지됐다.
• 동양척식주식회사 : 1908년 한일 합작 회사로 설립됐다. 한국 정부에서 인수받거나 매입한 막대한 토지를 기반으로 일본인의 이민을 추진하는 등 한국 토지 침탈에 앞장섰다.

(2) 경제적 구국 운동

① 상권 수호 운동

회사 설립	대동상회(평양), 장통회사(서울) 등 상회사 설립
은행 및 기업 육성	• 조선은행(관료 자본 중심), 한성은행, 대한천일은행 등 설립 • 해운회사 및 철도회사 설립
상 인	• 개성 상인 : 수출입 유통업 확대 • 경강 상인 : 증기선 구입 • 시전 상인 : 황국중앙총상회 설립(1898)

- 황국중앙총상회 : 1898년 서울에서 창립된 시전 상인의 단체이다. 외국 상인의 침투에 대항해 민족적 권익을 지키면서 그 속에서 시전 상인의 독점적 이익을 수호·유지하고자 했다.

② 이권 수호 운동

배 경	아관파천 이후 열강의 이권 침탈 심화
내 용	• 독립협회 : 러시아의 절영도 조차 요구 저지, 한러은행 폐쇄, 프랑스와 독일의 광산 채굴권 요구 반대 • 보안회 : 일부 실업인과 관리들이 농광회사 설립(우리 손으로 황무지 개간 주장), 황무지 개간권 요구 반대 운동(1904) → 일제가 황무지 개간권 요구 철회

③ 방곡령

배 경	개항 이후 곡물이 대량으로 일본에 유출 → 국내 곡물 부족, 곡물가격 폭등
내 용	조선이 함경도와 황해도에서 방곡령 실시(1889, 1890) → 통보가 늦었다는 이유로 일본이 항의하며 배상 요구 → 방곡령 철수와 배상금 지급

④ 국채보상운동(1907)

배 경	대한제국을 경제적으로 예속시키기 위한 일제의 차관 강요
전 개	대구에서 서상돈 주도로 국채보상운동 전개 → 국채보상기성회 설립(서울) → 대한매일신보 등 언론기관의 대국민 홍보 → 전국 각계각층의 호응과 동참
결 과	일제의 탄압(주요 인사들을 횡령죄로 재판)과 고위 관료·부유층 불참으로 실패

6. 개항 이후 사회·문화적 변화

(1) 근대 문물 수용과 사회·문화의 변화

① 근대 문물 도입

통 신	• 전신 : 부산-나가사키 해저 전신(1884, 일본), 인천-서울-의주 육로 전신(1885, 청) • 우편 : 우정총국 설립(1884) → 갑신정변으로 중단 → 갑오개혁 때 재개(1895) • 전화 : 경운궁에 처음 설치 → 시내로 확대
전 기	경복궁에 최초로 전등 설치(1887), 한성전기회사 설립(1898)
교 통	• 전차 : 서대문~청량리 노선(1899, 한성전기회사) • 철도 : 경인선(1899), 경부선(1905), 경의선(1906)
의 료	• 광혜원(1885) : 최초의 서양식 병원, 이후 제중원으로 개칭 • 광제원(1900) : 국립 병원 • 지석영의 종두법 보급

② 생활 모습의 변화

의	단발 실시, 양복·양장 착용, 개량 한복 등장
식	• 서양식 요리, 커피 전래(궁중) • 중국, 일본 요리
주	서양식·일본식 건축 양식 도입(러시아 공사관, 명동성당, 덕수궁 정관헌, 덕수궁 석조전 등)

③ 문예·종교의 변화

㉠ 문예의 변화

문 학	역사·전기 소설(박은식의 〈서사건국지〉), 신체시(최남선의 〈해에게서 소년에게〉), 신소설(이인직의 〈혈의 누〉, 이해조의 〈자유종〉, 안국선의 〈금수회의록〉)
음 악	창가(서양식 곡과 우리말 가사) 유행, 서양식 군악대 설치, 창의가·용병가 등장, 창극 유행
미 술	서양 화풍 도입 → 유화 등장
연 극	원각사 설립(현대식 극장) → 〈은세계〉 공연

㉡ 종교계의 변화

유 교	박은식의 〈유교구신론〉 → 유교의 개혁과 유림계의 단결 주장
불 교	한용운의 〈조선불교유신론〉 → 불교 개혁과 불교 대중화를 위해 노력
동 학	손병희가 동학을 천도교로 개칭, 청년·여성·소년 운동 전개, 〈만세보〉 발행
대종교	나철·오기호 등이 창시, 단군신앙 체계화, 적극적인 항일 무장 투쟁 전개
천주교	애국 계몽 운동 참여, 고아원·양로원 설립, 교육기관 설립
개신교	병원 설립, 배재학당·이화학당 등 학교 설립

(2) 근대 의식의 확대

① 근대 교육 확산

개항 초기	• 원산학사(1883) : 함경남도 덕원, 최초의 근대적 사립학교 • 동문학(1883) : 정부가 설립한 외국어 교육기관, 통역관 양성 • 육영공원(1886) : 근대적 관립학교 • 개신교 선교사들이 배재학당(1885), 이화학당(1886) 등 근대 학교 설립
갑오개혁기	교육입국조서 반포(1895) → 한성사범학교, 소학교 등 관립학교 수립
을사늑약 전후	개신교 선교사들과 애국 계몽 단체들이 대성학교, 오산학교 등 사립학교 설립 → 민족 교육 실시

- 교육입국조서 : 1895년에 고종이 발표한 것으로 '국가의 부강은 국민의 교육에 있다'는 내용이다. 이를 실천하기 위해 한성사범학교와 소학교 등이 설립됐다.

② 근대 언론의 발달

한성순보 (1883)	순한문, 박문국에서 10일에 한 번 발간, 최초의 근대 신문, 관보 성격, 정부 정책 홍보
한성주보 (1886)	국한문 혼용, 〈한성순보〉 계승(7일에 한 번 발간), 최초로 상업 광고 게재
독립신문 (1896)	순한글, 영문판 발행, 서재필 등이 창간, 우리나라 최초의 민간 신문, 민권의식 향상에 기여
제국신문 (1898)	순한글, 서민층과 부녀자 대상, 민중 계몽
황성신문 (1898)	국한문 혼용, 유림층 대상
대한매일신보 (1904)	순한글·국한문·영문판 발행, 양기탁과 영국인 베델이 창간, 항일 논조(국채보상운동 지원)

③ 국학 연구

국 어	• 배경 : 갑오개혁 이후 국문 사용이 늘면서 문자 체계와 철자법에 대한 통일 필요성 제기 • 활동 : 국문연구소 설립(1907), 유길준·주시경·지석영 등이 국어 문법 연구
국 사	• 정부에서 〈조선 역사〉 등 교과서 편찬 • 위인전기(박은식의 〈동명왕실기〉, 신채호의 〈을지문덕전〉 등), 민족주의 역사학의 연구 방향 제시한 신채호의 〈독사신론〉

03 일제 식민지 지배와 민족 운동의 전개

1. 일제 식민지 지배 정책

(1) 제1차 세계대전과 전후의 세계

① 제1차 세계대전(1914 ~ 1918)

배경	제국주의 열강의 식민지 쟁탈전 고조 → 3국 동맹(독일, 오스트리아 – 헝가리 제국, 이탈리아)과 3국 협상(영국, 프랑스, 러시아)의 대립, 범게르만주의(독일 중심)와 범슬라브주의(러시아 중심)의 대립
전개	사라예보 사건(1914) → 3국 동맹과 3국 협상 측의 전쟁 가담 → 전쟁 장기화 → 미국 참전으로 협상국 우세 → 러시아 혁명(1917) 발생으로 러시아의 전선 이탈 → 독일 항복 → 협상국 승리

② 전후 처리와 베르사유 체제

베르사유 체제	전후 처리 문제를 논의하기 위해 파리 강화회의 개최(미국 대통령 윌슨의 14개조 평화 원칙) → 베르사유 조약 체결, 국제연맹 창설(1920)
워싱턴 체제	전후 일본의 성장(중국에 21개조 요구) → 일본 견제를 위해 미국 주도로 워싱턴 회의 개최(1921) → 아시아·태평양 지역에서 미국의 주도적 역할 확립, 일본이 산동반도를 중국에 반환, 군비 축소

③ 러시아 혁명과 사회주의 국가의 수립

러시아 혁명 (1917)	제1차 세계대전 이후 경제난 지속 → 3월 혁명(노동자와 군인들의 혁명으로 제정 붕괴, 임시정부 수립 → 임시정부의 개혁 미진, 전쟁 지속 → 11월 혁명(레닌 등 사회주의자들이 혁명 정부 수립)
소련 수립 (1922)	독일과 강화 조약 체결(1918), 사회 개혁 추진 → 혁명세력이 내전에서 승리 → 소비에트 사회주의 연방 공화국(소련) 수립

(2) 1910년대 일제의 식민 통치

① 무단통치

㉠ 식민지 통치제도 정비
- 조선총독부 설치 : 일제 식민 통치의 중추기관(행정·입법·사법·군통수권 장악)
- 중추원 설치 : 총독부 자문기관

㉡ 헌병경찰을 통한 무단통치
- 헌병경찰제도 시행 : 헌병이 경찰 업무와 일반 행정 업무 관여
- 범죄즉결례(1910) 제정 : 헌병경찰에게 즉결 처분권 부여
- 조선태형령(1912) 제정 : 한국인에게만 태형 적용
- 일반 관리와 학교 교원에게까지 제복을 입고 칼을 차게 함

㉢ 한국인의 기본권 제한과 식민지 교육
- 기본권 박탈 : 출판·언론·자유 박탈, 한글 신문 폐간
- 교육 정책 : 제1차 조선교육령 제정(보통 교육과 실업 교육 위주의 편성, 일본어 교육 강화), 사립학교와 서당 탄압

② 1910년대 경제 수탈 정책
  ㉠ 토지조사사업(1910 ~ 1918)

목 적	지세 수입을 늘려 한국을 일본의 식량과 원료 공급지화 → 토지 수탈 계획
내 용	• 시행 : 임시토지조사국 설치(1910), 토지조사령 공포(1912) • 방식 : 정해진 기간 안에 직접 신고한 토지만 소유권을 인정하는 신고주의
결 과	• 조선총독부의 지세 수입 증가 → 식민지 통치에 필요한 재정 확보 • 일본인의 토지 소유 증가 : 미신고 토지, 국유지·공유지를 조선총독부 소유로 편입해 동양척식주식회사나 일본인 지주에게 매매 → 일본인 대지주 증가 • 농민 몰락 : 지주의 소유권만 인정하고 소작농의 관습적 경작권 부정 → 농민들이 소작농·화전민으로 전락, 만주·연해주로 이주

  ㉡ 일제의 산업 통제

회사령(1910)	기업을 설립할 때 총독의 허가를 받은 후 회사 설립 → 한국인의 기업활동 억제
산업 침탈	어업령·삼림령·조선 광업령 공포, 인삼 등의 전매 사업 실시, 조선식산은행 설립
기간 시설 구축	철도·도로 건설 및 정비, 항만시설 확충 → 식량·자원 일본 반출 목적

(3) 1920년대 일제의 식민 통치

① 민족분열통치(문화통치)
  ㉠ 배경 : 3·1 운동 이후 무단통치의 한계 인식 → 사이토 마코토가 총독으로 부임, '문화통치' 표방
  ㉡ 목적 : 친일파 양성을 통해 민족분열 도모
  ㉢ 내 용

구 분	표면적 내용	실제 운영
총 독	문관 총독 임명 가능	문관 총독 임명되지 않음
경찰제도	헌병경찰제를 보통 경찰제로 전환, 태형제도 폐지, 관리·교원의 제복 착용 폐지	경찰서와 경찰관 수 증가, 치안유지법 제정 (1925)
언론 정책	언론·출판·집회·결사의 자유 허용	신문 검열 강화(기사 삭제, 신문 압수·정간·폐간 등)
교육 정책	교육기회 확대 표방 → 제2차 조선교육령(보통학교 교육 연한 6년으로 증가, 학교 수 증설)	학교 수 부족, 운영비 부담 증가로 한국인의 취학률 저조
지방제도	지방자치제 실시 표방 → 도 평의회, 부·면 협의회 구성	평의회와 협의회는 자문기관으로 의결권이 없는 자문기구에 불과

• **치안유지법(1925)** : 일제가 국가 체제나 사유재산제도를 부정하는 사회주의 사상을 탄압할 목적으로 1925년에 제정한 법률이다. 이 법은 사회주의자는 물론 민족주의 계열의 독립운동가들을 탄압하는 데 이용됐다.

② 1920년대 경제 수탈 정책

　㉠ 산미증식계획(1920 ~ 1934)

배 경	일본의 공업화로 도시 인구 증가 → 쌀 부족 현상 → 한국에서 쌀을 확보하려 함
내 용	품종 개량, 비료 사용 확대, 수리시설 확충, 농토 개간 사업(밭을 논으로 변경) → 쌀 증산 시도
결 과	• 증산량보다 많은 양을 반출 • 수리 조합비 및 소작료 증가로 농민 몰락, 식량 사정 악화, 농업 구조 변화

　㉡ 일제 자본의 산업 침투

회사령 폐지 (1920)	회사 설립을 허가제에서 신고제로 변경 → 일본 대기업의 한국 진출 증가(미쓰비시 등)
관세 철폐 (1923)	한일 간 관세 폐지 → 일본 상품의 한국 수출 급증 → 한국 기업 타격
금융 장악	신은행령 발표(1928), 한국인 소유 은행 합병

2. 3·1 운동과 대한민국 임시정부

(1) 1910년대 국내외 독립운동

① 국내 항일 비밀 결사

독립의군부 (1912)	의병장 임병찬이 비밀리에 조직, 복벽주의 표방, 일본에 국권 반환 요구하는 서신 발송 시도
대한광복회 (1915)	박상진(총사령)·김좌진(부사령) 등이 군대식 조직으로 결성, 공화정체의 근대 국가 수립 목표, 군자금 마련·친일파 처단 등의 활동

② 국외 독립운동

만 주	• 서간도(남만주) : 신민회 중심 → 삼원보에서 경학사 조직, 신흥강습소 설립(이후 신흥무관학교로 개편 – 독립군 양성) • 북간도(동만주) : 한인 집단촌 형성(용정촌, 명동촌 등), 서전서숙·명동학교 설립(민족 교육 실시), 중광단 결성(대종교가 결성했고 이후 북로군정서로 개편)
연해주	한인 집단촌인 신한촌 건설(1911), 권업회(자치 단체로서 권업신문 발간, 1911) 결성 → 이후 대한광복군 정부 조직, 전로한족회 중앙 총회, 대한국민의회 수립(1919)
상하이	동제사 조직(1912), 대동단결 선언 발표(박은식·신규식 등, 1917), 신한청년당(파리 강화회의에 김규식을 대표로 파견, 1918)
미 주	대한인국민회(장인환·전명운의 의거를 계기로 결성, 독립운동 자금 모금), 대조선국민군단(하와이, 군단장에 박용만), 숭무학교(멕시코)

(2) 3·1 운동의 전개와 영향

① 3·1 운동의 배경

국 내	• 일본의 무단통치와 수탈에 대한 반발 • 고종의 급사(독살설)
국 외	• 미국 대통령 윌슨이 민족자결주의 제시 • 레닌이 식민지와 반식민지의 민족 해방 운동 지원 선언

• 윌슨의 민족자결주의 : 다른 민족이나 국가의 간섭을 받지 않고 자민족의 정치적 운명을 스스로 결정하는 권리를 실현하고자 하는 사상이다.

② 3·1 운동의 전개 과정

독립 선언 준비	33인의 민족 대표 구성(대중적 비폭력 운동 전개 방침 수립) → 기미독립선언서 작성
독립선언서 발표	민족 대표 33인이 태화관에서 독립선언서 낭독 후 자진 체포 → 탑골공원에서 학생·시민들이 독립선언서 낭독 후 서울 시내에서 평화적 만세 시위 전개
시위 확산	철도를 따라 전국 주요 도시로 확산(청년·학생 중심, 상인·노동자 동참) → 농촌으로 확대(농민 참여, 일제의 탄압에 대항해 무력 투쟁 전개) → 국외 확산(만주, 연해주, 미주, 일본 등)
일제의 탄압	유관순 순국, 헌병경찰과 군대를 동원한 일본이 학살 자행(제암리 학살 사건)

• 제암리 학살 사건(1919.4.) : 화성 제암리에 파견된 일본군이 30여 명의 제암리 기독교도들을 교회에 모아 놓고 문을 잠근 뒤, 무차별 사살하고 불을 질러 증거를 인멸하려고 한 비인간적 학살 사건이다.

③ 3·1 운동의 의의와 영향
 ㉠ 우리 역사상 최대 규모의 민족 운동 : 모든 계층이 참여
 ㉡ 대한민국 임시정부 수립의 계기 : 독립운동을 조직적·체계적으로 전개할 지도부의 필요성 대두
 ㉢ 일제의 통치 방식 변화 : 기존의 무단통치에서 문화통치로 전환
 ㉣ 아시아의 반제국주의 민족 운동에 영향 : 중국의 5·4 운동과 인도의 독립운동에 영향

(3) 대한민국 임시정부 수립과 활동
① 대한민국 임시정부의 수립과 통합
 ㉠ 여러 지역의 임시정부 수립

대한국민의회	연해주, 전로한족회 중앙 총회를 정부 형태로 개편
한성정부	국내에서 13도 대표가 모여 수립
상하이 임시정부	신한청년당을 중심으로 임시의정원을 만들어 구성, 대한민국 임시헌장 선포

 ㉡ 임시정부의 통합
  • 수립 : 외교활동에 유리한 중국 상하이에 대한민국 임시정부 수립(1919.9.), 대한민국 임시헌법 공포
  • 체제 : 우리나라 최초로 3권 분립에 입각한 민주 공화정체의 정부(임시 대통령 이승만, 국무총리 이동휘)

② 대한민국 임시정부의 활동

비밀조직 운영	연통제(비밀 행정 조직), 교통국(통신기관) 조직 → 독립운동 자금 확보, 정보 수집
자금 모금	독립공채 발행, 국민 의연금 모금
외교활동	• 김규식을 전권대사로 임명, 파리 강화회의에 대표로 파견 → 독립청원서 제출 • 미국에 구미위원부 설치(1919) : 한국의 독립 문제를 국제 여론화하려 노력
무장 투쟁	군무부를 설치하고 직할 부대로 광복군 사령부, 광복군 총영, 육군 주만 참의부 편성
문화활동	기관지로 〈독립신문〉 간행, 외교 선전 책자 발행, 임시사료 편찬 위원회에서 〈한일관계 사료집〉 간행

③ 국민대표회의와 대한민국 임시정부의 변화

국민대표회의 (1923)	• 배경 : 일제의 탄압으로 임시정부의 연통제·교통국 마비, 외교활동 성과 미약, 이승만의 위임 통치 청원서 제출 → 독립운동의 노선을 둘러싼 논쟁 발생(외교 독립론, 무장 투쟁론, 실력 양성론 등) • 전개 : 독립운동의 새로운 활로를 모색할 목적으로 개최 → 창조파(임시정부 해산 후 새 정부 수립 주장)와 개조파(임시정부 유지)로 대립 → 결렬 • 결과 : 많은 독립운동가들이 임시정부에서 이탈 → 임시정부의 세력 약화
대한민국 임시정부의 변화	이승만 탄핵, 제2대 대통령 박은식 선출 → 국무령 중심 내각책임제로 개편(1925) → 국무위원 중심 집단 지도 체제로 개편(1927) → 일제의 상하이 점령 및 중국 침략으로 충칭으로 이동(1940)

3. 다양한 민족 운동의 전개

(1) 무장 투쟁과 의열 투쟁

① 1920년대 무장 독립 투쟁

봉오동 전투 (1920.6.)	• 독립군이 압록강·두만강 유역의 일본 경찰·식민통치기관 습격 → 일제의 독립군 공격 • 대한독립군(홍범도)을 중심으로 국민회군(안무), 군무도독부군(최진동) 등의 연합 부대 형성 → 봉오동에서 대승
청산리 대첩 (1920.10.)	• 봉오동 전투에서 패한 일본군의 독립군 소탕 계획 → 훈춘 사건을 조작해 일본군이 만주 진입 • 북로군정서(김좌진)와 대한독립군(홍범도)의 연합 부대가 청산리 백운평·어랑촌 등에서 일본군에게 반격 → 대승

② 독립군의 시련

간도 참변(1920)	청산리 대첩 이후 일본군이 독립군 소탕이라는 명분하에 간도 지역 한인 학살
자유시 참변(1921)	북만주 밀산으로 독립군 집결, 대한독립군단 결성 → 러시아 자유시로 이동 → 지원을 약속했던 소련이 독립군의 무장 해제 요구 → 밀산에서 자유시로 이동한 수백 명의 독립군 희생

③ 독립군 부대 재정비

3부 성립	• 배경 : 간도 참변, 자유시 참변 • 참의부(지안 지역), 정의부(남만주), 신민부(간도, 북만주) 조직
3부 통합	• 배경 : 미쓰야 협정 체결로 독립군 활동 위축, 민족 유일당 운동 확산 → 독립군 단체 통합의 필요성 대두 • 혁신의회(북만주)와 국민부(남만주)로 재편

④ 의열단

결성	3·1 운동 이후 강력한 무장 조직의 필요성 인식 → 김원봉을 중심으로 만주 지린성에서 결성
활동	• 신채호가 작성한 '조선혁명선언'을 의열단의 행동강령으로 채택 • 의거 : 박재혁(부산경찰서 투탄, 1920), 김익상(조선총독부 투탄, 1921), 김상옥(종로경찰서 투탄, 1923), 김지섭(일본 황궁 투탄, 1924), 나석주(동양척식주식회사와 식산은행 투탄, 1926)
변화	• 개별 의거의 한계 인식으로 조직적인 무장 투쟁의 필요성 자각 • 김원봉을 비롯한 단원들이 황푸군관학교에 입교 → 난징에 조선혁명간부학교 설립(1932) • 민족혁명당 결성(1935)

(2) 실력 양성 운동

① 물산장려운동

배경	일본 기업의 한국 진출 활발, 일본 상품의 관세 철폐(1923) → 일본 상품 대량 유입으로 한국 기업 위기 → 한국인 자본을 보호·육성해 민족의 경제적 실력을 양상하고자 함
전개	• 평양에서 조만식을 중심으로 평양물산장려회 설립(1920) → 서울과 전국으로 확산 • '내 살림 내 것으로', '조선 사람 조선 것' 등의 구호 제시 • 민족 산업 보호·육성을 위한 토산품 애용, 근검저축, 금주·금연 등 실천
결과	일부 기업가에 의해 토산품 가격 상승 → 일제의 탄압과 방해로 큰 성과 거두지 못함

② 민립대학 설립 운동

배경	3·1 운동 이후 교육열 고조, 일제의 교육령 개정 → 대학 설립을 통해 고등 교육을 실현하기 위해 교육 분야의 실력 양성 추진
전개	이상재 등이 주도, 조선민립대학기성회 결성(1923) → 전국적인 천 만원 모금 운동('한민족 1천 만이 한 사람이 1원씩'의 구호)
결과	• 일제의 탄압과 방해, 가뭄과 수해로 모금운동 부진 • 일제의 회유책 : 경성제국대학 설립(1924)

③ 문맹 퇴치 운동

문자 보급 운동	조선일보 주도, '아는 것이 힘, 배워야 산다' 구호
브나로드 운동	동아일보 주도, '배우자, 가르치자, 다함께 브나로드' 구호

④ 실력 양성 운동의 한계와 자치론 대두

한계	일본이 허용하는 범위 안에서만 전개, '선 실력 양성, 후 독립' 강조 → 큰 성과 거두지 못함
타협적 자치론 대두	일부 민족주의 계열(이광수, 김성수, 최린 등) : 일제의 식민 통치 인정, 자치권을 확보해 민족의 실력 양성을 주장(자치 운동, 참정권 운동 전개)
결과	민족주의 세력의 분열 초래(일제의 민족 분열 정책에 이용 당함)

(3) 민족 유일당 운동

① 사회주의 사상 확산과 탄압

확산	3·1 운동을 계기로 국내 유입, 청년·지식인층 중심으로 확산 → 조선공산당 결성(1925)
탄압	일제가 치안유지법 제정(1925) → 사회주의 세력 탄압

② 민족 유일당 운동의 전개(민족 협동 전선)

국 외	• 제1차 국공합작 성립(1924) • 한국독립유일당 북경촉성회를 결성(베이징), 만주에서 3부 통합 운동 전개
국 내	• 조선민흥회(1926) : 비타협적 민족주의 계열이 사회주의 세력과 연합 모색 • 정우회 선언(1926) : 사회주의 세력이 민족주의 세력과의 제휴 필요성 강조

③ 신간회

창 립	• 비타협적 민족주의 세력과 사회주의 계열이 연대해 창립(1927) • 회장 이상재, 부회장 홍명희 선출
활 동	• 민족 단결, 정치적·경제적 각성 촉구, 기회주의자 배격 • 민중 계몽활동으로 순회 강연, 야학 등 전개 • 농민·노동·여성·형평 운동 등 지원 • 광주학생항일운동 지원(조사단 파견, 대규모 민중 대회 계획)
해 소	민중 대회 사건으로 간부 대거 구속 → 타협적 민족주의와의 협력으로 갈등 발생, 코민테른 노선 변화 → 해소론 대두 → 해소(1931)
의 의	• 민족주의 계열과 사회주의 계열의 민족 연합 • 일제강점기 최대의 합법적인 반일 사회단체

4. 사회·문화의 변화와 사회 운동

(1) 사회 구조와 생활 모습의 변화

① 식민지 도시화

교통 발달	항만·전차 노선 확충, 철도망 완성(물자 수탈에 이용)
식민지 도시화	• 도시 발달 : 교통 발달 지역으로 확대(1920년대) → 공업도시 성장(1930년대 이후) • 특징 : 일본인과 한국인 거주 지역 구분, 일본인 거주 지역 중심으로 도시 발전, 도시 변두리에 빈민촌 형성(토막민 거주)

② 농민 몰락

일제의 농업 정책	• 1910년대 : 토지조사사업 → 일본인 지주의 대토지 소유 확대 • 1920년대 : 산미증식계획 → 한반도가 일본의 식량 공급지화 • 1930년대 : 농촌진흥운동(1932), 조선농지령(1934)을 통해 일제가 농촌 경제 안정화 시도 → 해결 실패
농민의 삶	지주의 횡포, 높은 소작료로 농민 몰락(화전민, 도시 빈민으로 전락) → 농민 운동 확산

③ 생활양식의 변화

의	• 서양식 복장 보편화(고무신, 운동화, 구두, 양복 등), 단발머리 유행 → 모던 걸, 모던 보이 유행 • 중일전쟁 이후에는 일제가 국민복, 몸뻬 착용 강요
식	커피·빵·아이스크림·맥주 등 서양 및 일본 음식 유행, 일반 서민 및 농민은 식량 부족
주	대도시에 근대적 고층 건물 건립, 개량 한옥과 문화 주택 보급, 농촌과 도시 서민은 여전히 초가집이나 구식 기와집 거주

(2) 근대 사상의 확산과 다양한 사회 운동

① 근대 사상 확산 : 3·1 운동 전후로 자유주의, 공화주의, 사회주의, 개조론, 아나키즘(무정부주의) 등의 근대 사상이 국내에 유입

② 농민 운동과 노동 운동

농민 운동	배경	토지조사사업, 산미증식계획 → 농민 몰락
	전개	• 1920년대 : 소작료 인하와 소작권 인정 등을 요구하는 소작 쟁의 전개, 암태도 소작 쟁의(1923) • 1930년대 : 혁명적 농민 조합 중심, 항일 운동·계급 투쟁 성격
노동 운동	배경	회사령 철폐 → 노동자 수 증가, 저임금, 열악한 노동 환경
	전개	• 1920년대 : 임금 인상, 열악한 노동 조건 개선 요구 → 원산 노동자 총파업(1929) • 1930년대 : 비합법적·혁명적 노동조합 건설

③ 학생 운동

6·10 만세운동 (1926)	• 순종의 장례식을 기해 일제의 수탈과 식민지 교육에 대한 반발로 발생한 항일 운동 • 조선공산당, 천도교 세력, 학생 단체가 만세 시위 계획 → 사전에 발각돼 학생들 주도로 전개, 민족 유일당 운동의 공감대 형성(신간회 결성의 계기)
광주학생항일운동 (1929)	• 배경 : 민족 차별, 식민지 교육 • 전개 : 한일 학생 충돌 → 일본의 편파적 처벌 → 광주 지역 학생 총궐기 → 신간회 등의 지원으로 전국적인 규모의 항일 운동으로 확산 • 의의 : 전국적 규모, 3·1 운동 이후 최대 규모의 민족 운동

④ 기타 사회 운동

여성 운동	• 배경 : 여성에 대한 봉건적 차별 • 근우회(1927) : 신간회의 자매단체, 여성 단결과 지위 향상 노력, 기관지 〈근우〉 발행, 노동·농민 운동에 참여
소년 운동	방정환이 소년 운동 전개 → 어린이날 제정(1923, 조선소년운동협회), 잡지 〈어린이〉 발간
청년 운동	조선청년총동맹 결성(1924) → 식민 교육 반대 활동, 계몽 운동 등 전개
형평 운동	• 배경 : 갑오개혁 때 신분제 철폐 이후에도 백정에 대한 사회적 차별 • 조선형평사 결성(1923) : 신분 차별과 멸시 타파를 목표로 진주에서 창립 → 다른 사회 운동 단체와 연합해 항일 민족 운동 전개

(3) 민족문화 수호 운동과 문예활동

① 한글 연구

배경	일제의 일본어 보급 → 학교에서 일본어 교육 비중 증가
활동	• 조선어연구회(1921) : 이윤재, 최현배 등, 잡지 〈한글〉 간행, 가갸날(한글날) 제정 • 조선어학회(1931) : 조선어연구회 확대 개편, 한글맞춤법통일안·표준어 제정, 〈우리말큰사전〉의 편찬 준비 → 조선어학회사건으로 강제 해산(1942)

• 조선어학회사건 : 1942년에 총독부가 조선어학회를 독립운동 단체로 규정하고 회원 상당수를 구속한 사건이다. 이로 인해 조선어학회는 해산됐다.

② 한국사 연구

배 경	일제의 식민 사관 → 타율성론(외세의 영향을 받음), 정체성론(발전 없이 정체됨), 당파성론(당파를 만들어 싸움) 등 한국사 왜곡, 조선사편수회에서 〈조선사〉를 편찬해 식민사관 전파 시도
민족주의 사학	• 박은식 : 〈한국통사〉, 〈한국독립운동지혈사〉 저술, 민족의 '혼' 강조 • 신채호 : 고대사 연구에 치중해 〈조선상고사〉, 〈조선사연구초〉 저술
사회경제 사학	• 사회주의의 영향으로 유물 사관을 토대로 한국사 정리 • 백남운 : 〈조선사회경제사〉, 〈조선봉건사회경제사〉 → 식민주의 사관의 정체성 반박
실증 사학	• 객관적 사실에 근거한 문헌 고증 • 이병도·손진태 : 진단학회 조직(1934), 〈진단학보〉 발간

③ 종교계 활동

불 교	한용운 등이 사찰령 폐지 운동 전개, 조선 불교 유신회 조직
천도교	〈개벽〉, 〈신여성〉 등 잡지 간행, 대중 운동 전개
대종교	만주에서 중광단 조직, 항일 무장 투쟁 전개
천주교	사회 사업 확대(고아원·양로원 설립 등), 만주에서 의민단 조직 → 항일 무장 투쟁 전개
개신교	신사 참배 거부 운동, 교육·의료 활동 전개
원불교	박중빈 창시, 불교의 생활화·대중화 추구, 새생활 운동 전개

④ 문예활동

문 학	• 1910년대 : 계몽직 문학 유행(이광수, 최남선 등) • 1920년대 : 동인지 발간, 신경향파 문학(사회주의 영향), 저항 문학(한용운, 이상화) • 1930년대 이후 : 순수 문학 등장(식민지 현실 외면), 친일 문학, 저항 문학 지속(심훈, 윤동주, 이육사 등)
예 술	• 연극 : 토월회(1923) → 본격적 신극 운동 전개 • 영화 : 나운규의 〈아리랑〉(1926) → 민족의 저항 의식과 한국적 정서 부각 • 음악 : 민족 정서가 드러난 가곡·동요, 안익태의 〈애국가〉 작곡(1936) • 미술 : 한국 전통회화 계승, 서양화 기법 도입(나혜석, 이중섭 등) • 대중문화 : 대중가요 유행, 대중잡지 발간

5. 전시 동원 체제와 민중의 삶

(1) 대공황과 제2차 세계대전

① 대공황 발생(1929 ~ 1939)

배 경	제1차 세계대전 이후 미국의 경제 호황 → 생산·소비의 불균형 심화
전 개	뉴욕증권거래소 주가 폭락(1929), 기업과 은행 도산, 대량 실업 사태 발생 → 전 세계로 공황 확산
각국의 대응	미국(뉴딜 정책), 영국·프랑스(블록 경제), 이탈리아·독일·일본(전체주의 추구, 대외 침략)

② 제2차 세계대전(1939 ~ 1945)

배 경	전체주의 국가 독일·이탈리아·일본의 3국 방공 협정(추축국), 독·소 불가침조약 체결
전 개	독일의 폴란드 침공 → 영국·프랑스의 선전 포고 → 독일·이탈리아의 유럽 장악 및 소련 공격 → 일본의 진주만 기습(태평양 전쟁, 1941)으로 미국 참전 → 노르망디 상륙 작전 → 이탈리아의 항복(1943) → 미국의 원자 폭탄 투하, 소련 참전 → 독일·일본 항복(1945)
결 과	유럽 열강 쇠퇴, 미·소 중심의 국제 질서, 식민지 국가 독립, 국제연합(UN) 창설

(2) 일제의 침략 전쟁과 전시 동원 체제

① 일제의 침략 전쟁

시 작	대공황에 따른 일본의 경제 위기 → 대륙 침략(만주사변, 1931) → 군부 쿠데타(전체주의 심화)
확 대	경제난 지속 → 중국 본토 침략(중일전쟁, 1937) → 동남아시아 침략 → 미국·영국의 경제 봉쇄 → 진주만 기습(1941), 태평양 전쟁 발발

② 병참 기지화 정책

식민지 공업화 정책	• 목적 : 대공황 극복과 전쟁에 필요한 군수 물자 공급 • 만주를 농업·원료 생산지대로, 한반도를 중화학 공업 지대로 설정 → 한반도 북부 지방에 발전소 건설, 중화학 공업 육성 → 산업 간·지역 간 불균형 초래
남면북양 정책	• 목적 : 일본 방직업자에게 싼값에 원료 공급 • 일본에 필요한 공업 제품의 원료 생산을 위해 남부 지방에 면화 재배, 북부 지방에 양 사육 강요

③ 전시 동원 체제(국가총동원법 제정, 1938)

인력 수탈	• 병력 동원 : 지원병제(1938), 학도 지원병제(1943), 징병제(1944) • 노동력 동원 : 국민징용령(1939), 근로보국대 조직 → 광산·철도 건설, 군수 공장 등에 학생과 청년들 강제동원 • 여성 동원 : 여자 정신 근로령(1944), 여성들에게 일본군 '위안부' 강요
물적 수탈	전쟁 물자 공출, 금속 및 미곡 공출제·양곡 배급제 실시, 위문 금품 모금, 국방 헌금 강요, 산미증식 계획 재개(1938)

④ 황국신민화 정책(민족말살통치)

내선일체 강요	황국신민서사 암송, 궁성 요배, 신사 참배, 창씨개명 강요
교육·언론 통제	소학교 명칭을 국민학교로 변경, 우리말 사용 및 교육 금지, 한글 신문·잡지 폐간
사상 탄압	조선사상범 예방구금령(1941) : 독립운동가들을 재판없이 구금

6. 광복을 위한 노력

(1) 1930년대 이후 독립운동

① 만주 지역의 항일 투쟁

조선혁명군	조선혁명당 산하 군사 조직, 총사령관 양세봉, 중국 의용군과 연합 작전, 영릉가·흥경성 전투에서 승리
한국독립군	한국독립당 산하 군사 조직, 총사령관 지청천, 북만주 일대에서 중국 호로군과 연합 작전 전개, 쌍성보·사도하자·대전자령 전투 등에서 승리

② 항일 유격 투쟁

동북인민혁명군	중국 공산당이 만주 주변의 항일 유격대를 통합해 조직(1933) → 동북항일연군으로 개편
동북항일연군	동북인민혁명군 확대·개편(1936), 동북항일연군 내 한인 간부 중심으로 조국광복회 결성(사회주의·민족주의 세력 통합, 1936) → 보천보 전투(1937) → 일본의 탄압으로 러시아 연해주로 이동

(2) 중국 관내 항일 투쟁

① 한인애국단의 활동

배 경	위축된 대한민국 임시정부의 활로를 모색하기 위해 김구가 상하이에서 조직(1931)
활 동	• 이봉창 : 도쿄에서 일본 국왕 폭살 시도(실패, 1932), 중국 신문에 보도 → 일제가 상하이 침략(상하이 사변) • 윤봉길 : 상하이 훙커우 공원에서 일왕 생일 및 상하이 사변 승리 축하 기념식장에 폭탄 투척(성공, 1932)
영 향	중국 국민당 정부가 대한민국 임시정부를 지원하는 계기

② 민족 운동 단체 결성

민족혁명당 (1935)	• 결성 : 의열단(김원봉)을 중심으로 한국독립당·조선혁명당 등이 모여 결성(민족주의·사회주의 계열 연합) • 분화 : 조소앙과 지청천 탈당
조선의용대 (1938)	• 결성 : 김원봉을 중심으로 중국 국민당 정부의 지원을 받아 조직 • 분화 : 일부 세력이 화북 지방으로 이동해 조선의용대 화북 지대 결성(1941) → 김원봉 등 나머지 세력은 충칭으로 이동해 한국광복군에 합류(1942)

(3) 건국 준비 활동

① 대한민국 임시정부의 활동

㉠ 체제 정비 : 윤봉길 의거 이후 일제의 탄압으로 근거지 이동 → 충칭에 정착, 주석(김구) 중심 체제 마련(1940)

㉡ 한국광복군(1940)

창 설	대한민국 임시정부의 정규군으로, 중일전쟁 이후 충칭에서 창설(1940) → 총사령관 지청천
활 동	• 대일 선전포고 : 태평양 전쟁 발발 직후 연합국의 일원으로 일본에 선전 포고(1941) • 군사력 증강 : 조선의용대원들의 합류(1942)로 군사력 강화 • 연합 작전 전개 : 영국군의 요청으로 인도·미얀마 전선에 공작대 파견, 문서 번역, 일본군을 상대로 한 정보 수집과 포로 심문 등의 활동 전개 • 국내 진공작전 : 미국 전략정보국(OSS)의 지원하에 국내 정진군을 조직해 준비 → 일제의 패망으로 불발

㉢ 대한민국 건국 강령 발표(1941)

기 초	• 조소앙의 삼균주의에 입각 • 대한민국 임시정부가 제시한 신국가 건설 계획
내 용	민주 공화정 수립, 보통선거와 무상교육 실시, 토지와 주요 산업의 국유화, 노동권 보장 등

② 조선독립동맹과 조선의용군

조선독립동맹 (1942)	• 결성 : 김두봉을 위원장으로 화북 지역 사회주의자들 중심으로 결성 • 활동 : 일본 제국주의 타도, 보통선거에 의한 민주 공화국 수립, 남녀평등권 확립 등의 건국 강령 발표
조선의용군 (1942)	• 화북 각지에서 중국 공산당군(팔로군)과 함께 항일전에 참여 • 광복 이후 중국 국공내전 참가 후 북한 인민군으로 편입

③ 조선건국동맹

결 성	국내에서 여운형 주도로 사회주의자와 민족주의자를 망라해 결성
활 동	• 건국 방침 : 일본 제국주의 세력 축출, 조선 민족의 자유와 독립 회복, 민주주의 국가 수립, 노농 대중 해방 • 전국에 조직망 설치, 농민동맹조직, 군사위원회 조직(일본군 후방 교란과 무장 봉기 목적) • 8·15 광복 후 조선건국준비위원회로 개편

④ 국제사회의 한국 독립 약속

카이로 회담 (1943.11.)	미국·영국 사이에 열린 회담, 적당한 시기에 한국을 독립시킨다는 것에 합의
얄타 회담 (1945.2.)	미국·영국 대표가 참여, 일본과의 전쟁에 소련의 참여 결정
포츠담 회담 (1945.7.)	미국·영국·소련 대표 참여, 포츠담 선언 발표, 일본의 무조건 항복 요구, 한국 독립 재확인

⑤ 한국 독립 : 미국이 일본에 원자폭탄 투하, 소련의 대일 선전포고 → 일본 항복, 한국 독립 (1945.8.15.)

04 대한민국의 발전

1. 8·15 광복과 통일 정부 수립을 위한 노력

(1) 냉전 체제 형성

① 제2차 세계대전 이후

전후 처리	제2차 세계대전 중 연합국은 카이로, 얄타, 포츠담 회담에서 전후 처리 문제 논의 → 독일이 서독(미국·영국·프랑스가 관리)과 동독(소련이 관리)으로 분리, 일본이 미국의 감시를 받음, 독일과 일본에서 군사 재판 개최
국제연합 창설(1945)	전쟁 방지와 세계 평화 유지 목적 → 안전보장이사회(5개 상임이사국에 안건 거부권 부여) 등 조직, 국제 분쟁을 해결하기 위한 유엔군 창설 허용

② 냉전 체제 형성과 심화
  ㉠ 냉전 체제 형성

자본주의 진영 (미국 중심)	트루먼 독트린 발표(1947), 유럽 부흥 계획(마셜 플랜) 수립 및 승인(1948), 북대서양조약기구(NATO) 설립(1949)
공산주의 진영 (소련 중심)	공산권 경제상호원조회의(COMECON) 조직(1949), 바르샤바조약기구(WTO) 설립(1955)

  ㉡ 냉전 체제 심화 : 베를린 봉쇄(독일 분단, 1948.6.), 6·25 전쟁(1950.6.25. ~ 1953.7.27.), 쿠바 미사일 위기(1962.10.), 베트남 전쟁(1960 ~ 1975), 중국 국공내전(1·2차) 등

(2) 8·15 광복과 국토 분단

① 8·15 광복(1945)

배 경	우리 민족의 끊임없는 독립운동 전개, 연합군의 한국 독립 약속과 전쟁 승리
광 복	연합군의 승리로 일본이 무조건 항복 선언 → 광복(1945.8.15.)

② 미·소 군정과 국토 분단

38도선 설정	38도선을 경계로 미국은 남한을, 소련은 북한을 각각 분할 점령
미·소 군정 실시	• 남한 : 1945년 9월 초 미군 진주 → 미군의 군정 실시(직접 통치) • 북한 : 소련군이 인민위원회를 통해 통치(간접 통치) → 민족주의 세력 탄압

③ 조선건국준비위원회

조 직	광복 직후 여운형, 안재홍 등이 조선건국동맹을 중심으로 민족주의 좌파와 사회주의 세력을 모아 결성(1945.8.15.)
활 동	전국에 145개 지부 설치, 치안대 조직(치안 유지)
해 체	좌익세력의 위원회 주도권 장악, 우익세력 이탈 → 중앙 조직을 정부 형태로 개편 → 각 지부를 인민위원회로 교체, 조선인민공화국 수립 선포(1945.9.) → 미 군정의 불인정

④ 광복 이후 국내 정치세력

우 익	• 한국민주당 : 송진우, 김성수 중심 • 독립촉성중앙협의회 : 이승만이 귀국 후 조직 • 한국독립당 : 김구, 대한민국 임시정부 세력 중심
좌 익	좌익 박헌영 등이 남조선노동당(남로당) 결성

⑤ 모스크바 3국 외상회의(1945.12.)

결정 사항	한반도에 임시 민주주의 정부 수립을 위한 미·소 공동위원회 설치, 미·영·소·중 4개국에 의한 최대 5년간의 신탁통치 결의
국내 반응	• 우익 : 반탁 운동 • 좌익 : 반탁 입장 → 회의 내용 총체적 지지로 입장 변경 • 결과 : 좌우세력 대립 격화

⑥ 제1차 미소 공동위원회 개최(1946.3.)

목 적	한반도에 임시정부 수립 목적
전 개	미국과 소련의 대립(미국은 모든 단체 참여 주장, 소련은 모스크바 3국 외상회의 결정에 찬성한 단체들만 참여 주장) → 회의 결렬

⑦ 이승만의 정읍 발언(1946.6.) : 제1차 미소 공동위원회 결렬 이후 전북 정읍에서 남쪽만의 단독 정부 수립 주장

(3) 통일 정부 수립을 위한 노력

① 좌우합작운동(1946 ~ 1947)

배 경	제1차 미소 공동위원회 결렬, 이승만의 정읍 발언(단독 정부 수립 주장)
전 개	• 중심 세력 : 여운형, 김규식 등 중도 세력 • 주요 활동 : 미 군정의 지원 아래 좌우합작위원회 결성, 좌우합작 7원칙 발표 • 좌우합작으로 임시 민주주의 정부 수립, 미소공동위원회 속개 요청, 유상 몰수·무상 분배에 의한 토지 개혁 및 과도 입법기구에서 친일파 처리 등 결의
한 계	• 김구·이승만·조선공산당 등 불참 • 좌우합작 7원칙 중 신탁통치·토지 개혁·친일파 처벌 문제를 두고 좌우익세력이 충돌
결 과	냉전 체제 심화로 미 군정이 좌우합작운동 지지 철회, 여운형 암살 → 좌우합작위원회 해체 (1947.12.)

② 유엔의 한반도 문제 논의

배 경	제2차 미소 공동위원회 결렬 → 미국이 한반도 문제를 유엔 총회에 상정
전 개	유엔 총회에서 인구 비례에 따른 남북한 총선거 결정(1947.11.) → 북한과 소련의 유엔 한국 임시 위원단 입북 거부로 남북한 총선거 실패 → 유엔 소총회에서 접근 가능한 지역(남한)에서의 총선거 실시 결정(1948.2.)

③ 남북협상(1948)

배 경	이승만·한국 민주당 등이 남한만의 단독 선거 결정 찬성, 좌익세력은 반대 → 김구와 중도세력이 통일 정부 수립을 위한 남북 정치 지도자 회담 제의
전 개	김구, 김규식 등이 평양 방문 → 남북 주요 정당 및 사회단체 연석회의와 남북지도자회의 개최 (1948.4.) → 단독 정부 수립 반대, 미소 양군 철수 요구 등을 담은 결의문 채택
결 과	미국과 소련이 합의안 미수용, 남북에서 각각 단독 정부 수립 절차 진행, 김구 피살로 남북 협상 중단

④ 단독 정부 수립 반대 운동

제주 4·3 사건 (1948)	남한만의 단독 정부 수립을 반대하며 제주도의 좌익세력과 일부 주민이 무장 봉기 → 군대와 경찰의 진압 과정에서 많은 민간인 사망
여수·순천 10·19 사건 (1948)	정부 수립 이후 이승만 정부가 제주 4·3 사건의 잔여 세력 진압 시도 → 출동 명령을 받은 여수 주둔 군대 내 좌익세력이 이에 반발해 출동 거부, 여수·순천 일시 점령 → 진압 과정에서 많은 민간인 사망

2. 대한민국 정부 수립

(1) 대한민국 정부 수립

① 대한민국 정부 수립 과정

5·10 총선거 (1948.5.10.)	38도선 이남 지역에서 총선거 실시(김구·김규식 등 남북 협상 세력은 남한 단독 정부 수립 반대로 불참) → 제헌 국회 구성
제헌 헌법 제정·공포 (1948.7.17.)	• '대한민국' 국호 결정, 3·1 운동 정신과 대한민국 임시정부의 법통을 계승한 민주 공화국임을 밝힘 • 제헌 헌법 제정 : 삼권분립과 대통령 중심제 채택, 평등·공공복리 강조, 국회에서 임기 4년의 대통령 간접 선거(1회에 한해 중임 허용), 대통령 이승만·부통령 이시영 선출
대한민국 정부 수립(1948.8.15.)	대통령 이승만의 내각 조직 → 대한민국 정부 수립을 국내외에 선포 → 유엔 총회에서 대한민국 정부를 한반도 유일의 합법 정부로 승인(1948.12)

② 북한 정권 수립

북조선 임시 인민 위원회	실질적 정부 역할, 토지 개혁 실시, 노동법 제정과 중요 산업의 국유화 조치 → 북조선인민위원회로 발전
정권 수립 과정	초대 수상 김일성을 중심으로 내각 구성 → 조선민주주의인민공화국 정부 수립 선포(1948.9.9.)

(2) 친일파 청산과 농지 개혁 추진

① 친일파 청산을 위한 노력

㉠ 반민족행위처벌법 제정(1948.9.)

배경	친일파 청산으로 민족 정기 확립 요구, 미 군정의 친일 관료 유지 정책
과정	일제강점기 반민족 행위자 처벌 및 재산 몰수 → 반민족행위 특별조사위원회(반민 특위) 설치

㉡ 반민족행위 특별조사위원회의 활동 및 위기

활동	활동은 1949년 1월부터 시작, 이광수·박흥식·노덕술·최린·최남선 등 친일 혐의자 체포·조사
위기	이승만 정부의 비협조와 방해, 일부 경찰의 반민 특위 습격, 국회 프락치 사건 등으로 활동 제약

㉢ 결과 : 처벌법 개정에 따른 반민 특위 활동기간 단축, 반민 특위 해체(1949) → 친일파 청산 노력 좌절

② 농지 개혁 실시

㉠ 배경 : 대다수 농민들이 토지 분배와 지주제 개혁 요구, 북한의 토지 개혁 실시(1946)

㉡ 농지 개혁

과정	제헌 국회의 농지개혁법 제정(1949.6.) → 1950년부터 농지 개혁 시행
내용	• 유상 매수·유상 분배 방식 • 가구당 농지 소유를 3정보로 제한 → 3정보 이상의 토지는 지가 증권을 발행해 정부가 매입
한계	유상 분배에 따른 농민의 부담, 지주들의 편법 토지 매각으로 개혁 대상 토지 감소
결과	지주-소작제 소멸, 경작자 중심의 토지 소유 확립

3. 6·25 전쟁과 남북 분단의 고착화

(1) 6·25 전쟁

① 6·25 전쟁의 배경과 전개 과정

배 경	• 미국·소련의 군대 철수, 38도선 일대에서 잦은 무력 충돌, 북한의 군사력 강화 • 냉전 격화, 애치슨 선언 발표(1950.1.)
전개 과정	북한의 기습 남침(1950.6.25.) → 서울 함락, 낙동강 유역까지 후퇴 → 유엔군 참전 → 국군과 유엔군의 연합 작전으로 남하 저지 → 인천상륙작전(9.15.) 성공 → 서울 수복(9.28.) 및 압록강까지 진격 → 중국군 참전 → 흥남 철수 → 서울 재함락(1·4 후퇴, 1951) → 서울 재수복 → 38도선 부근에서 전선 교착 → 미소 양국의 휴전 회담 합의, 협상 시작 → 정전 협정 체결(1953.7.) → 군사분계선(휴전선) 설정

> • 애치슨 선언 : 1950년 미 국무장관 애치슨이 발표한 미국의 태평양 방위선이다. 알래스카·일본·오키나와·대만·필리핀으로 구성돼 한반도는 제외됐고 북한은 이로 인해 남한을 공격해도 미국의 개입이 없을 것이라고 판단했다.

② 6·25 전쟁의 영향

㉠ 인적·물적 피해
- 인적 피해 : 수백만 명의 사상자 발생, 전쟁고아 및 이산가족 발생
- 물적 피해 : 전 국토 초토화, 대다수 산업 시설과 도로·주택·철도 등 파괴, 식량과 생활필수품 부족

㉡ 분단의 고착화
- 남북한 간의 이념 대립 및 적대적 감정 확대
- 한미상호방위조약 체결(1953) : 주한 미군 주둔, 한미 동맹관계 강화
- 북한에서 중국의 영향력 강화

(2) 전후 독재 체제 강화

① 전후 남한의 정치와 경제 변화

㉠ 이승만 정부의 독재 체제 강화

발췌 개헌 (1952)	• 배경 : 제2대 국회의원 선거(1950.5.) 결과 이승만 지지 세력 급감 • 내용 : 대통령 직선제, 양원제 국회 • 과정 : 자유당 창당, 임시 수도 부산 일대에 계엄령 선포 → 야당 의원 연행·협박 → 개헌안 국회 통과 • 결과 : 제2대 대통령 선거에서 이승만 당선
사사오입 개헌(1954)	• 배경 : 이승만의 대통령 장기 집권 목적 • 내용 : 초대 대통령에 한해 중임 제한 규정 철폐 • 과정 : 개헌안이 1표 차로 부결 → 사사오입(반올림) 논리로 개헌안 불법 통과 • 결과 : 제3대 대통령 선거(1956)에서 이승만 당선(3선)
독재 강화	진보당 사건(조봉암 사형, 1958), 국가보안법 개정(1958), 경향신문 폐간(1959) 등

- 사사오입 개헌 : 개헌안 통과를 위해 136명의 찬성이 필요하나 자유당은 사사오입, 즉 반올림한 135명만으로도 가능하다는 억지 논리로 개헌안을 통과시켰다.

   ⓒ 전후 복구와 원조 경제 체제
    • 전후 복구 : 귀속 재산과 미국의 원조 물자를 민간 기업에 헐값으로 팔아 전후 복구 자금 마련
    • 미국의 원조 경제 : 소비재 산업 원료(밀가루, 설탕, 면) 중심 물자 원조 → 삼백 산업(제분업, 제당업, 면방직 공업) 발달, 농산물 대량 유입으로 농업 기반 약화
  ② 전후 북한의 정치와 경제 변화
   ㉠ 김일성의 독재 체제 강화 : 6·25 전쟁 기간 중 남로당 출신 및 연안파, 소련파 인물 제거 → 반대파 숙청 → 김일성 1인 독재 체제 구축
   ⓒ 소련·중국의 지원과 사회주의 경제 체제 확립 : 사회주의 국가(소련, 중국)의 지원, 천리마 운동(대중 노동력을 중심으로 생산력 향상 도모), 농업 협동화(토지 및 생산 수단 통합, 노동량에 따른 수확물 분배)

4. 4·19 혁명과 민주화를 위한 노력

(1) 4·19 혁명(1960)
 ① 4·19 혁명의 배경과 전개 과정

배경	• 이승만 정부의 독재와 부정부패 • 3·15 부정 선거
전개 과정	각 지역에서 부정 선거 규탄 시위 → 마산에서 김주열 학생의 시신 발견(4.11.), 전국으로 시위 확산 → 학생·시민 대규모 시위 → 경찰 발포로 여러 사상자 발생, 비상계엄령 선포(4.19.) → 서울 시내 대학 교수단 시국 선언문 발표 및 시위(4.25.)
결과	이승만 대통령의 하야 성명 발표(4.26.), 허정 과도 정부 구성

 ② 장면 내각 수립
  ㉠ 과도 정부 : 헌법 개정(양원제 국회, 내각 책임제) → 총선거 실시 → 국회에서 대통령 윤보선, 국무총리 장면 당선
  ⓒ 장면 내각의 정책
   • 내용 : 지방자치제 실시, 공무원 공개채용제도 실시, 경제개발 5개년 계획 마련, 학생·노동 운동 전개, 통일 논의 활성화
   • 한계 : 시민들의 민주화 요구 수용 미흡, 부정 축재자·부정 선거 책임자 처벌에 소극적, 5·16 군사정변으로 붕괴

(2) 5·16 군사정변과 박정희 정부

① 5·16 군사정변(1961.5.16.)

발생	박정희를 중심으로 한 군인들의 군사정변 → 정권 장악, 장면 내각 붕괴
군정 실시	반공을 국시로 한 혁명 공약 발표, 비상계엄 선포 → 국가 재건 최고 회의를 통해 군정 실시, 모든 정당과 사회단체 해산
박정희 정부 수립	중앙정보부 설치, 민주공화당 조직 → 헌법 개정(대통령 중심제, 단원제 국회) → 민주공화당 후보로 출마해 제5대 대통령 선거에서 박정희 당선(1963)

② 박정희 정부의 활동

한일 국교 정상화(1965)	미국의 한일 국교 정상화 요구 → 한일 회담 추진(경제 개발에 필요한 자본 확보 목적) → 반대 시위 전개(6·3 시위, 1964) → 정부의 휴교령·계엄령 선포, 시위 진압 → 한일 협정 체결(1965)
베트남 파병 (1964 ~ 1973)	• 전개 : 미국의 한국군 파병 요청 → 부대 파견 → 미국의 추가 파병 요청 → 미국의 군사적·경제적 지원 약속을 받고 추가 파병(브라운 각서 체결, 1966.3.) • 성과 : 미군의 차관 제공, 파병 군인들의 송금·군수 물자 수출 등 베트남 특수로 외화 획득에 도움, 한미 동맹관계 강화 • 문제점 : 많은 사상자 발생, 고엽제 문제
3선 개헌	대통령 3회 연임을 허용하는 3선 개헌 추진 → 3선 개헌 반대 운동(야당 의원, 학생) → 반대 여론 억압, 개헌 단행(1969) → 제7대 대통령 선거에서 박정희 당선(1971)

(3) 유신 체제

① 유신 체제 성립

배경	닉슨 독트린(1969) 등 냉전 체제 완화, 장기 집권과 경제 불황으로 국민 불만 고조
전개	비상계엄령 선포, 국회 해산 → 유신 헌법 제정, 국민투표로 확정(1972.10.17) → 통일 주체 국민회의에서 제8대 대통령으로 박정희 선출
유신 헌법 (1972)	• 장기 독재 : 대통령 간선제(통일 주체 국민회의에서 선출, 임기 6년), 대통령 중임 제한 조항 삭제 • 대통령 권한 강화 : 대통령에게 긴급조치권, 국회 해산권, 국회의원 3분의 1 추천권(사실상 임명권) 부여

② 유신 체제의 전개와 붕괴

유신 반대 운동	김대중 납치 사건 → 장준하 등이 개헌 청원 100만인 서명 운동 전개 → 긴급조치 발표, 제2차 인혁당 사건 조작 → 명동 성당에서 유신 체제 반대 3·1 민주 구국 선언 발표(1976)
유신 체제 붕괴	• 배경 : YH 무역 사건에 항의하는 야당(신민당) 총재 김영삼 국회의원직 제명, 부마민주항쟁 발생 (1979) • 전개 : 시위 진압을 두고 정권 내 갈등 발생 → 중앙정보부장 김재규가 박정희 암살(10·26 사태, 1979)

• YH 무역 사건(1979) : 신민당사에서 농성하던 가발 공장 여성 노동자 중 1명이 진압 과정에서 숨진 사건이다.
• 부마민주항쟁(1979) : YH 무역 사건으로 김영삼이 국회의원직에서 제명된 것을 계기로 대학생들이 민주주의 회복과 학원 자율화 등을 요구하며 유신정권에 반대하는 시위를 벌이자, 정부는 부산과 마산 지역에 위수령을 발동했다.

(4) 5·18 민주화운동과 전두환 정부

① 신군부 등장

㉠ 배경 : 국무총리 최규하를 대통령으로 선출(통일주체국민회의) → 전두환·노태우 등 신군부 세력이 군사권 장악(12·12 사태, 1979)

㉡ 서울의 봄(1980) : 신군부 퇴진 요구, 유신 헌법과 계엄령 철폐 등을 요구하며 민주화운동 전개 → 정부의 계엄령 전국 확대, 모든 정치활동 금지, 국회와 대학 폐쇄, 민주화운동 탄압 등

> • 서울의 봄 : 10·26 사태 이후 1980년 5월 17일까지 벌어진 학생과 시민들의 민주화운동 시기를 말한다. 이들은 신군부 퇴진, 계엄령 철폐, 유신 헌법 폐지 등을 요구했다. 서울의 봄은 신군부가 전국에 계엄령을 선포하고 무력으로 진압하면서 종료됐다.

② 5·18 민주화운동(1980)

전 개	광주에서 비상계엄 확대와 휴교령 반대에 따른 민주화 시위 발생(1980.5.18.) → 신군부의 공수부대 투입, 계엄군의 발포 → 시민군 조직, 평화적 협상 요구 → 계엄군의 무력 진압
의 의	• 민주화운동의 기반 : 이후 민주화운동의 원동력이 됨 • 아시아 여러 나라의 민주화운동에 영향 • 5·18 민주화운동 기록물이 유네스코 세계기록유산에 등재(2011)

③ 전두환 정부

성 립	신군부의 국가보위비상대책위원회 설치 → 통일주체국민회의에서 전두환을 대통령으로 선출(11대, 1980) → 간선제(대통령 선거인단에서 7년 단임의 대통령 선출) → 제12대 대통령으로 전두환 당선(1981)
정 책	• 강압 정책 : 삼청교육대 운영, 언론사 통폐합 및 기사 검열·단속(보도지침), 학생·노동 운동 등 민주화 요구 세력 탄압 등 • 유화 정책 : 야간 통행금지 해제, 두발과 교복 자율화, 대입 본고사 폐지, 해외여행 자유화, 프로 스포츠 육성 등

5. 경제 성장과 사회·문화의 변화

(1) 산업화와 경제 성장

① 1960~1970년대 경제 성장

㉠ 제1·2차 경제개발 5개년 계획(1962~1971)

배 경	박정희 정부가 장면 내각의 경제개발 5개년 계획 보완 → 국가 주도 경제 성장 정책 추진
특 징	• 경공업 육성, 노동집약적 산업(가발·섬유 산업) 중심, 대규모 산업단지 조성 • 베트남 특수로 고도 성장, 경부고속국도 개통(1970) → 한강의 기적

ⓒ 제3・4차 경제개발 5개년 계획(1972~1981)

배 경	경공업 중심의 경제 성장 한계 인식
특 징	• 중화학 공업 육성, 자본집약적 산업 중심 • 포항제철소 준공, 울산・거제조선소 설립, 공업단지 건설 • 중화학 공업 비중이 경공업 비중 초과, 수출액 100억 달러 달성(1977)
경제 위기	제1・2차 석유파동(1973, 1978), 중화학 공업에 대한 과잉 투자 → 기업 도산, 실업률 증가, 경제성장률 감소

② 1980년대 경제 변화

전두환 정부의 경제 정책	경제 안정화 실시(부실기업 정리), 중화학 공업에 대한 투자 조정
3저 호황	1980년대 중반 저유가・저달러・저금리 상황으로 세계 경제 호황 → 중화학 공업(자동차, 철강) 발달, 첨단산업 육성(반도체) → 높은 경제성장률 기록, 국민소득 증가

③ 시장 개방

배 경	선진 자본주의 국가들의 보호무역 강화, 후발 자본주의 국가들에 대한 개방 압력 강화
과 정	신자유주의 정책과 자유 무역 강조(우루과이라운드) → 다국적 기업, 국제 금융 자본 등 국내 진출

④ 경제 성장 과정의 문제점
  ㉠ 경제 불균형 심화 : 지역 간 경제 격차 심화(대규모 산업시설이 영남 지방에 집중), 도시와 농촌 간의 소득격차 심화
  ㉡ 정부의 대기업 중심 육성 정책 : 정부와 대기업 간의 정경유착 지속, 정부의 특혜를 받는 재벌 중심의 산업 독과점 발생
  ㉢ 무역 의존도 심화 : 내수보다 무역의 비중이 커짐, 해외 자본에 대한 경제 의존도 심화, 외채 부담 증가
  ㉣ 산업 불균형 심화 : 정부의 공업 중심 경제개발 정책, 저임금・저곡가 정책 → 노동자・농민들의 경제적 어려움 심화

(2) 경제 성장에 따른 사회 변화

① 산업화와 도시화
  ㉠ 배경 : 제조업, 서비스 산업 → 도시로 인구 집중
  ㉡ 특징 : 도시 빈민 증가, 빈민촌 형성, 정부의 신도시 건설, 대규모 아파트 단지 조성(경기도 광주 대단지 사건 발생)
  ㉢ 소비・주거 형태 변화 : 분식・외식 문화 확산, 아파트・연립주택 등장

② 농촌의 변화
　㉠ 새마을운동(1970)

배경	정부의 공업화·저곡가 정책으로 도시와 농어촌 간 소득·문화 격차 심화
전개	근면·자조·협동을 바탕으로 농촌 환경 개선에 중점을 둔 정부 주도 운동 → 도시로 확대
결과	• 농어촌 근대화에 기여 • 유신 체제 유지에 이용 • 새마을운동 기록물이 유네스코 세계기록유산으로 등재(2013)

　㉡ 농민 운동의 성장

1970년대	• 정부의 저곡가 정책 → 농촌 경제 악화 • 추곡 수매 운동, 전남 함평 고구마 피해 보상 운동 등
1980년대	부족한 농산물 수입 개방 압력 → 외국 농산물 수입 개방 반대 운동 전개

③ 노동 운동의 성장

배경	• 산업화로 도시 노동자 급증 • 정부의 지속적 저임금 정책, 열악한 작업 환경으로 노동자의 생존권 위협
노동 운동	• 전태일 분신 사건(1970), YH 무역 사건 • 민주화의 진전으로 노동 운동 활성화, 노동조합 설립

(3) 문화의 변화
　① 교육의 변화

장면 내각	교육 자치제 실시 → 5·16 군사정변으로 중단
박정희 정부	• 국가주의 교육 → 국민 교육 헌장 • 사교육 열풍 → 중학교 무시험 추첨 제도(1969), 고교 평준화 제도(1974)
전두환 정부	국민 윤리 교육 강조, 과외 전면 금지, 대학 졸업 정원제

　② 언론활동의 성장

이승만 정부	언론 탄압 강화 → 경향신문 폐간(1959)
박정희 정부	• 유신 체제 성립 이후 정부에 비판적인 언론인 구속·해직 • 프레스 카드제 시행(기자 등록제) → 동아일보 기자들의 '자유언론 실천선언' 발표(1974)
전두환 정부	언론사 통폐합, 보도지침을 통해 기사 검열

　③ 대중문화 발달

1960년대	신문·라디오 보급 증가, 텔레비전 보유 가정 증가
1970년대	정부가 문화·예술 분야 검열 및 통제 강화(금지곡 지정), 반공 의식 고취
1980년대	상업적 프로 스포츠 등장(프로야구 출범, 1982), 6월 민주항쟁 이후 언론 및 대중문화 통제 완화

6. 6월 민주항쟁과 민주주의의 발전

(1) 민주주의의 발전

① 6월 민주항쟁(1987)

배경	• 전두환 정부의 군사 독재, 대통령 간선제 유지 • 부천 경찰서 성 고문 사건, 박종철 고문치사 사건(1987.1.) → 정부의 사건 은폐·조작 • 4·13 호헌 조치(대통령 직선제 논의 금지)
전개	대통령 직선제 개헌 및 전두환 정권 퇴진 운동 → 시위 도중 이한열이 경찰의 최루탄에 피격 → 민주 헌법 쟁취 국민운동 본부 민주항쟁 선언, '호헌 철폐, 독재 타도' 구호를 내세워 전국적 시위 전개(1987.6.10.)
결과	여당 대통령 후보 노태우의 6·29 민주화선언 발표(대통령 직선제 개헌 요구 수용)

• 박종철 고문치사 사건 : 1987년 1월 대학생 박종철이 경찰의 물고문에 의해 사망한 사건으로, 정부의 고문 은폐 시도가 드러나 전두환 정권에 대한 국민들의 분노는 더욱 커졌다.

② 민주화의 진전

노태우 정부	여소 야대 형성(여소 야대를 극복하기 위해 3당 합당 단행, 1990), 전두환의 비리 및 5·18 민주화운동 진상 규명, 부분적 지방자치제 실시, 언론자유 확대, 북방 외교(공산주의 국가와 수교)
김영삼 정부	공직자 윤리법 개정(고위 공직자 재산 등록 의무화), 금융실명제 시행, 지방자치제 전면 실시, '역사 바로 세우기' 사업 진행, 외환 위기로 국제통화기금(IMF)에 구제금융 지원 요청

③ 평화적 정권 교체 정착

김대중 정부	선거를 통한 최초의 여야 간 평화적 정권교체, 김대중 대통령 노벨 평화상 수상
노무현 정부	제2차 남북정상회담 개최(2007), 수도권 소재 주요 공공기관 지방 이전(행정수도 건설 특별법 제정), 과거사 정리 사업 추진, 권위주의 청산에 노력
이명박 정부	10년 만에 여야 정권 교체, 자유무역협정(FTA) 체결 확대, 기업활동 규제 완화
박근혜 정부	민간인에 의한 국정 농단 의혹 사건으로 국회에서 대통령 탄핵 소추안 가결 → 헌법 재판소의 탄핵 인용
문재인 정부	국민의 나라·정의로운 대한민국을 국정 지표로 삼음, 지역 발전·복지·한반도 완전한 비핵화와 남북 평화에 중점을 둔 정책

(2) 시민 사회의 성장

① 노동 운동 활성화

배경	6월 민주항쟁 이후 노동자의 사회의식 성장
내용	• 노동 환경·처우 개선을 위한 '노동자 대투쟁' 전개(1987) • 전국적 노동조합 설립

② 시민의 정치 참여 확대

배경	시민 단체가 경제, 환경, 여성, 인권 등 다양한 영역에서 활동하며 사회문제 제기
과정	호주제 폐지 운동, 2016년 국정 농단에 대한 진상 규명과 박근혜 대통령 퇴진 요구 집회, 총선 연대의 낙선 운동 등

③ 인권·사회 복지 증진
  ㉠ 인권 증진 : 헌법 소원 심판 청구 제도 마련, 국가인권위원회 설립, 여성부 설치, 학생인권조례 제정
  ㉡ 사회 복지 확대 : 의료보험, 국민연금, 국민기초생활보장법 등 사회보장제도 확대

7. 외환 위기와 사회·경제적 변화

(1) 세계화에 따른 한국 경제의 변화

① 시장 개방과 한국 경제

세계 경제의 변화	선진 자본주의 국가들의 전면적 시장 개방 논의 → 우루과이라운드 타결(1993) → 세계무역기구(WTO) 출범(1995) → 국제 교역 증가, 세계 자본시장 통합
한국 경제의 변화	시장 개방 압력 증가 → 상품과 자본 시장 개방으로 세계화 추진, 공기업 민영화, 금융 규제 완화, 경제협력개발기구(OECD) 가입(1996) 등 신자유주의 정책 추진

② 외환 위기 발생과 극복

전 개	동남아시아에서 시작된 외환 위기 및 금융 불안 → 외환 보유고 고갈, 기업 연쇄 부도 → 김영삼 정부가 국제통화기금(IMF)에 구제금융 요청(1997)
극 복	• 김대중 정부 : 기업의 구조조정 실시, 외국 자본 유치 노력, 공기업 민영화 및 경영 혁신 추진, 노사정 위원회 설치 • 금 모으기 운동 : 국민들의 자발적 참여
결 과	국제통화기금(IMF) 지원금 조기 상환(2001)
영 향	• 노동자 대량 해고, 비정규직 노동자 급증 → 고용 안정 저하, 소득 격차 심화 • 많은 자영업자의 도산 → 중산층 비중 감소

③ 외환 위기 이후 한국 경제
  ㉠ 자유무역협정(FTA) 체결 : 2004년 칠레를 시작으로 미국, 유럽연합(EU) 등과 체결 → 시장 확대
  ㉡ 첨단산업 발달 : 반도체·전자·자동차 산업 및 정보기술(IT) 산업 발달
  ㉢ 한국 경제의 과제 : 대외 무역 의존도 심화, 사회 계층 간 격차 심화, 농민 경제 위기, 대기업 중심의 경제구조로 소상공인 생계 어려움

(2) 현대 사회의 변화

① 사회 양극화 심화

배 경	외환 위기 이후 실업 증가, 소득 격차 확대
현 상	개인 간·계층 간 소득 불균형 심화, 도시와 농촌 간 지역 격차 심화, 부의 대물림 현상
해결 노력	사회취약계층 지원 제도, 중소기업 및 소상공인 지원 등

② 다문화 사회
- ㉠ 다문화 사회로의 변화 : 국제결혼을 통한 다문화 가정 증가, 외국인 이주 노동자와 새터민 유입 증가
- ㉡ 문제점 : 문화적 차이와 의사소통 문제, 사회적 차별과 편견
- ㉢ 해결 방향 : 사회 인식 개선, 각종 제도적 마련

8. 남북 화해와 동아시아 평화를 위한 노력

(1) 북한 사회의 변화

① 북한의 정치적 변화
- ㉠ 김일성 유일 지배 체제 확립
  - 주체사상 수립
  - 국가 주석제 채택
- ㉡ 3대 권력 세습 체제 확립

김정일	• 김일성 사망(1994) 이후 권력 승계 · 국방위원장 권한 강화 • 군대가 사회를 이끄는 '선군정치' 추구 • 두 차례 남북정상회담 진행
김정은	• 김정일 사망(2011) 이후 권력 승계 • 비핵화를 전제로 한 남북정상회담과 북미정상회담 성사

② 북한의 경제적 변화

1960 ~ 1970년대	• 경제개발계획 추진 → 공산품 생산 증가 • 지나친 자립 경제 노선, 국방비 증가로 목표 달성 실패
1980 ~ 1990년대	외국 자본과 기술 유치를 위해 합영법 제정(1984) → 동유럽 사회주의 국가의 붕괴와 미국의 제재, 식량난으로 경제 위기
2000년대 이후	7 · 1 경제관리개선조치 발표(2002)로 시장경제 요소 부분적 도입, 신의주 경제특구 설치 등 개방 정책 실시 → 핵무기 개발, 미사일 발사 등으로 인한 국제사회의 제재 지속

(2) 남북 화해와 협력을 위한 노력

① 남북 갈등 심화
- ㉠ 6 · 25 전쟁 이후 적대관계 지속
- ㉡ 5 · 16 군사정변 이후 반공정책 강화, 북한의 군사 도발로 긴장 고조

② 남북 관계의 개선

박정희 정부	닉슨 독트린 이후 냉전 체제 완화 → 남북적십자회담 개최(1971), 자주 · 평화 · 민족 대단결의 3대 통일 원칙에 합의한 7 · 4 남북공동성명 발표(1972), 남북조절위원회 설치
전두환 정부	민족 화합 민주 통일 방안 제시, 최초로 이산가족 고향 방문 및 예술공연단 교환 방문(1985)

③ 남북 관계의 변화와 진전

노태우 정부	남북한 유엔 동시 가입, 남북한 정부 간 최초의 공식 합의서인 남북기본합의서 채택, '한반도 비핵화 공동선언' 발표(1991)
김영삼 정부	북한의 핵확산금지조약(NPT) 탈퇴(1993)로 남북 관계 악화 → '한민족 공동체 건설을 위한 3단계 통일 방안' 제시(1994)
김대중 정부	대북 화해 협력 정책(햇볕 정책) 추진 → 정주영의 소떼 방북, 금강산 관광 시작, 평양에서 남북정상회담 개최 및 6·15 남북공동선언 발표(2000) → 이산가족 상봉, 경의선 철도 복구, 개성공단 건설 등 남북 교류 활성화
노무현 정부	대북 화해 협력 정책 계승·발전, 제2차 남북정상회담 개최 및 10·4 남북공동선언(6·15 남북공동선언의 이행 방안) 채택(2007)
이명박 정부	금강산 관광 중단(2008), 연평도 포격 사건(2010)
박근혜 정부	개성공단 폐쇄(2016), 대북 강경 정책 지속
문재인 정부	남북정상회담 개최 및 '한반도 평화와 번영, 통일을 위한 판문점 선언' 발표(2018)

(3) 역사 갈등 해결과 동아시아 평화를 위한 노력

① 영토 갈등
  ㉠ 러일 간 북방 4도 분쟁 : 일본이 러일전쟁 때 러시아에 빼앗긴 사할린 남부와 섬 4개(북방 4도) 반환 요구
  ㉡ 중일 간 센카쿠 열도(댜오위다오) 분쟁 : 청일전쟁에서 승리한 일본이 차지 → 중국은 강제로 빼앗겼다고 주장

② 역사 갈등
  ㉠ 중국의 역사 왜곡 : '통일적 다민족 국가론'을 내세워 만주 지역의 고구려, 발해의 역사를 자국의 역사로 편입·왜곡 시도
  ㉡ 일본의 역사 왜곡 : 한국 식민 지배 당시 강제 징병·징용 피해자 배상 거부와 침략 전쟁 옹호 발언, 일본군 '위안부' 문제 부인·배상 거부

③ 동아시아 역사 갈등 해결을 위한 노력
  ㉠ 한국·중국·일본 공동 역사교재 집필
  ㉡ 일본군 '위안부' 문제 해결을 위한 아시아 연대 회의 개최
  ㉢ 음악, 영화 드라마 등 문화 교류

CHAPTER 06 출제예상문제

01 (가) 시기의 생활 모습으로 옳은 것은?

| 구석기 시대 | (가) | 청동기 시대 | 철기 시대 |

① 고인돌 축조
② 뗀석기 사용
③ 막집에서 생활
④ 빗살무늬토기 제작

해설
(가)는 신석기 시대로, 이 시기에는 진흙으로 그릇을 빚어 불에 구워 만든 토기를 음식물 조리와 저장에 이용했는데, 대표적으로 빗살무늬토기가 있다.

오답분석
① 청동기 시대
②·③ 구석기 시대

02 단군 신화에 나타난 고조선의 사회상으로 적절하지 않은 것은?

① 농경이 발달했다.
② 제정이 분리된 사회였다.
③ 곰 부족과 환웅 부족이 연합했다.
④ 환웅 부족이 하늘의 자손임을 내세워 우월성을 과시했다.

해설
고조선을 다스린 단군왕검이라는 이름은 제사장을 뜻하는 '단군'과 정치·군사적 지도자를 뜻하는 '왕검'으로 이루어졌다. 따라서 이를 통해 고조선은 제정일치 사회였음을 알 수 있다.

03 다음 설명에 해당하는 것은?

동예는 다른 부족의 영역을 침범하면 노비나 소, 말로 배상하게 했다.

① 단오
② 순장
③ 책화
④ 영고

해설
동예의 책화라는 제도에 대한 설명이다.

정답 01 ④ 02 ② 03 ③

04 다음 업적을 남긴 신라의 국왕은?

> • 화랑도를 국가적 조직으로 정비했다.
> • 한강 유역을 확보하고 4개의 순수비를 건립했다.

① 내물왕　　　　　　　② 지증왕
③ 진흥왕　　　　　　　④ 문무왕

해설
진흥왕은 신라의 전성기를 이끌었던 왕으로 한강 하류 지역을 점령해 삼국 통일의 기반을 마련했다.

05 (가)에 들어갈 왕의 업적으로 옳은 것은?

> 쌍기는 (가) 에게 상소를 올려 과거제도를 통해 나라의 인재를 선발할 것을 건의했다.

① 국자감을 설치했다.
② 독서삼품과를 마련했다.
③ 노비안검법을 시행했다.
④ 12목에 지방관을 파견했다.

해설
고려 광종은 노비안검법을 시행해(956), 호족세력에 의해 불법으로 노비가 된 자를 다시 양민으로 돌아가게 했다.

오답분석
① · ④ 고려 성종
② 통일신라 원성왕

06 고려 때 몽골과의 강화에 반발해 진도와 제주도로 근거지를 옮기며 항쟁한 군대는?

① 별무반　　　　　　　② 속오군
③ 별기군　　　　　　　④ 삼별초

해설
고려 정부가 개경으로 환도하면서 몽골과 강화를 맺자 배중손과 김통정 등이 이에 반발해 진도와 제주도로 근거지를 옮기며 항전(삼별초 항쟁)을 이어갔다.

07 (가)에 들어갈 정치기구가 아닌 것은?

주제 : 조선의 주요 정치기구
- 언론 학술 기구 : (가)
- 왕권 강화 기구 : 승정원, 의금부

① 사간원 ② 사헌부
③ 춘추관 ④ 홍문관

해설
조선 시대에는 사간원, 사헌부, 홍문관 등 삼사가 언론의 기능을 담당했다.

08 다음과 같은 내용의 개혁 정치를 주장한 인물은?

- 현량과 실시와 위훈 삭제
- 소격서 폐지와 향약의 전국적 시행
- 불교·도교 행사 폐지

① 묘 청 ② 조광조
③ 정도전 ④ 최승로

해설
조광조의 개혁 정치에 대한 설명이다.

09 조선 후기에 볼 수 있었던 경제 상황으로 옳은 것은?

① 우경 시작
② 이앙법 확산
③ 청해진 설치
④ 해동통보 주조

해설
조선 후기 모내기법의 보급과 수리 시설의 확충으로 이앙법이 확산돼 농업 생산량이 증가했다.

정답 04 ③ 05 ③ 06 ④ 07 ③ 08 ② 09 ②

10 흥선대원군의 정책을 〈보기〉에서 모두 고른 것은?

> **보기**
> ㄱ. 경복궁 중건
> ㄴ. 호포제 시행
> ㄷ. 대마도 정벌
> ㄹ. 수원화성 축조

① ㄱ, ㄴ
② ㄱ, ㄹ
③ ㄴ, ㄷ
④ ㄷ, ㄹ

해설
흥선대원군은 왕권 강화를 위해 임진왜란 때 불에 타서 방치된 경복궁을 중건하고, 국가의 재정을 확충하기 위해 양반에게도 군포를 부과하는 호포제를 시행했다.

11 다음에서 설명하는 것은?

> • 흥선대원군이 권력을 잡은 후 프랑스 선교사 9명과 신자 8천여 명을 처형했다.
> • 프랑스는 천주교인에 대한 탄압을 구실로 강화도를 침략했다. 그러나 양헌수 부대의 활약으로 프랑스군은 강화도에서 철수했다.
> • 프랑스군이 외규장각 의궤 등 각종 문화유산을 약탈해갔다.

① 갑신정변
② 갑오개혁
③ 병인양요
④ 임오군란

해설
병인양요는 1866년 병인박해를 빌미로 프랑스의 군함이 강화도를 침략한 사건이다. 프랑스군은 약 30일 간 강화도를 점령했으며 외규장각 도서 등 중요 문화유산을 약탈했다.

12 다음 설명에 해당하는 것은?

〈대한제국 시기의 (가)〉
- '옛 법을 근본으로 하고 새로운 제도를 참작한다'라는 구본신참(舊本新參)을 기본 방향으로 했다.
- 개혁 내용으로는 원수부 설치, 양전 사업 실시, 지계 발급 등이 있다.

① 갑신정변 ② 광무개혁
③ 을미개혁 ④ 정묘호란

해설
고종은 광무개혁을 통해 원수부를 설치해 군 통수권을 장악하고 양지아문을 설치해 양전 사업을 실시했다. 또한, 지계아문을 통해 근대적 토지 소유 문서인 지계를 발급해 토지 소유권을 확립하고자 했다.

13 다음 설명에 해당하는 조약은?

- 조선이 외국과 맺은 최초의 근대적 조약
- 치외 법권과 해안 측량권을 인정한 불평등 조약

① 톈진 조약 ② 강화도 조약
③ 제물포 조약 ④ 시모노세키 조약

해설
조선이 외국과 맺은 최초의 근대적 조약인 강화도 조약은 치외 법권과 해안 측량권을 인정한 불평등 조약으로, 조선은 일본의 요구에 따라 부산·원산·인천을 개항했다.

14 다음 내용을 담고 있는 책으로 옳은 것은?

러시아가 강토를 공격하려 한다면 반드시 조선이 첫 번째 대상이 될 것이다. …… 러시아를 막을 수 있는 조선의 책략은 무엇인가? 오직 중국과 친하며 일본과 맺고 미국과 연합함으로써 자강을 도모하는 길뿐이다.

① 〈조선책략〉 ② 〈조선상고사〉
③ 〈삼국사기〉 ④ 〈동국통감〉

해설
1880년대에 김홍집이 청에서 황준헌의 〈조선책략〉을 국내로 들여왔다. 이로 인해 러시아의 남하 정책에 대비하기 위해 미국과 수교를 맺어야 한다는 여론이 형성됐고, 이만손을 중심으로 한 영남 유생들이 만인소를 올려 이를 비판하기도 했다.

정답 10 ① 11 ③ 12 ② 13 ② 14 ①

15 밑줄 친 '이 조약'에 해당하는 것은?

> 일본이 대한제국의 외교권을 빼앗은 이 조약은 체결 절차의 강제성 때문에 늑약으로 부르기도 한다.

① 을사조약
② 한성조약
③ 정미 7조약
④ 강화도 조약

해설
조선은 일제의 강압으로 을사조약(을사늑약)을 체결해 외교권을 박탈당했다.

16 다음 내용에 해당하는 민족 운동은?

> 1920년대 후반부터 농촌 계몽의 일환으로 언론기관이 중심이 돼 한글을 보급했다. 조선일보는 문자 보급운동을, 동아일보는 브나로드 운동을 전개했다.

① 형평 운동
② 국채보상운동
③ 문맹 퇴치 운동
④ 6·10 만세운동

해설
1930년대 초 조선일보와 동아일보 등의 언론사를 중심으로 농촌 계몽 운동이 전개됐다. 조선일보는 한글 교재의 보급과 순회강연을 통한 문자 보급 운동을 전개했고, 동아일보는 문맹 퇴치 운동인 브나로드 운동을 전개했다.

17 (가)에 들어갈 기관에 대한 설명으로 옳은 것은?

> (가) 는 1885년에 조선 정부가 세운 최초의 근대식 병원이다. 정부는 미국 공사관의 소속 의사가 갑신정변 당시 중상을 입은 민영익을 치료하자 그의 건의를 받아 이 병원을 세웠다.

① 제중원으로 이름을 바꾸었다.
② 경운궁(덕수궁) 내부에 설치됐다.
③ 일본이 군사적 목적으로 부설했다.
④ 갑신정변으로 인해 운영이 중단됐다.

해설
조선 정부는 알렌의 건의를 받아들여 최초의 서양식 병원인 광혜원을 건립했고(1885), 설립 이후 이름을 제중원으로 바꾸었다.

18 다음 (가)에 들어갈 내용은?

> 1903년부터 [(가)] 지역의 하와이의 사탕수수 농장의 노동자를 선발하면서 이주가 시작됐다.

① 미 주
② 만 주
③ 연해주
④ 동남아시아

해설
미주 지역의 한인들은 하와이 사탕수수 농장의 노동자로 이주하기 시작해 한인 단체를 조직했으며, 대한인국민회 등 자치 단체를 만들어 독립운동을 전개했다.

19 개항 이후 외국 상인과 무역을 전개하면서 나타난 결과로 옳은 것을 〈보기〉에서 모두 고른 것은?

보기
ㄱ. 조선의 곡물 가격이 폭락했다.
ㄴ. 조선의 면방직 수공업이 쇠퇴했다.
ㄷ. 객주·여각이 중개 무역으로 성장했다.
ㄹ. 공인이 등장했다.

① ㄱ, ㄴ
② ㄱ, ㄹ
③ ㄴ, ㄷ
④ ㄷ, ㄹ

해설
개항 초기에는 개항장 주변에서 거류지 무역이 활발했다. 일본 상인은 영국산 면직물을 싸게 들여와 조선에서 비싼 가격에 판매했고 이로 인해 조선의 면방직 수공업이 쇠퇴했다. 또한, 외국 상인과 국내 상인의 중개 무역이 활발해져 이를 담당하는 객주와 여각이 성장했다.

오답분석
ㄱ. 개항 이후에는 조선의 곡물이 일본에 다량 수출되면서 국내 곡물 가격이 폭등했다.
ㄹ. 조선 후기 대동법 실시 이후 공인이 등장했다.

20 1910년대 일제가 시행한 식민 정책이 아닌 것은?

① 조선태형령
② 헌병경찰제
③ 국가총동원법
④ 토지조사사업

해설
일제는 중일전쟁(1937) 이후 자원 수탈을 강화하기 위해 국가총동원법(1938)을 실시해 전쟁 수행에 필요한 인적, 물적 자원은 물론, 한민족의 문화까지 말살하려 했다.

오답분석
①·②·④ 1910년대 일제는 조선총독부를 설치하고 강력한 헌병경찰통치를 실시했다. 이 시기에는 조선인에 대한 처벌 수단으로 태형을 시행하고, 근대적 토지제도 확립을 명분으로 토지조사사업을 실시해 많은 토지를 약탈했다.

21 다음 설명에 해당하는 사건은?

> 모든 계층이 참여한 우리 역사상 최대 규모의 민족 운동으로, 대한민국 임시정부가 수립되는 계기가 됐다.

① 3·1 운동
② 브나로드 운동
③ 물산장려운동
④ 6·10 만세운동

해설
3·1 운동은 각계각층의 사람들이 참여한 대규모 독립운동으로 이후 대한민국 임시정부가 수립됐으며, 중국의 5·4 운동, 인도의 독립운동에도 영향을 주었다. 또한, 일제는 3·1 운동 이후 통치 체제를 기존의 무단통치에서 문화통치로 정책방향을 바꾸었다.

22 다음 (가)에 들어갈 인물은?

> 1919년 만주 지린성에서 (가) 의 주도로 의열단이 조직됐다. 의열단은 일제 고위 관리나 친일파 거두를 처단하고, 식민 통치 기관을 파괴하는 항일 투쟁 활동을 전개했다.

① 김원봉
② 김좌진
③ 안창호
④ 홍범도

해설
김원봉을 중심으로 만주 지역에서 결성된 의열단은 신채호가 작성한 조선혁명선언을 기본 행동 강령으로 해 직접적인 투쟁 방법인 암살, 파괴, 테러 등을 통해 독립운동을 전개했다.

23 일제 식민지 지배 당시 문예활동에 대한 설명으로 옳지 않은 것은?

① 이육사는 일제강점기의 저항 시인으로 활동했다.
② 나운규는 토월회를 결성해 신극 운동을 전개했다.
③ 이중섭은 일제강점기의 화가로 소 그림과 은지화 등을 남겼다.
④ 1920년대 후반 사회주의의 영향을 받은 카프(KAPF)가 결성됐다.

해설
박승희, 김기진 등이 중심이 돼 토월회를 결성해 신극 운동을 전개했다.

24 다음 중 일제가 1920년대 문화통치 시기에 시행한 정책으로 옳은 것은?

① 치안유지법을 제정했다.
② 남면북양 정책을 추진했다.
③ 토지조사사업을 실시했다.
④ 헌병경찰제도를 실시했다.

해설
치안유지법(1925)은 일제가 1920년대 사회주의 운동이 활성화되자 이를 탄압하기 위해 만든 법으로, 주로 사회주의 사상과 민족 독립운동을 탄압하는 데 이용됐다.

오답분석
② 1930년대 민족말살통치기의 병참 기지화 정책이다.
③·④ 1910년대 무단통치기에 실시된 정책이다.

정답 20 ③ 21 ① 22 ① 23 ② 24 ①

25 다음 인물들의 공통된 사실로 옳은 것은?

> - 박은식
> - 신채호
> - 정인보

① 한글 보급 운동
② 한국사 연구
③ 민립대학 설립 운동
④ 경제 자립 운동

해설
박은식, 신채호, 정인보 등은 한국사 연구를 통해 민족 문화의 우수성, 한국사의 주체적 발전을 강조했다.

26 대한민국 임시정부의 활동이 아닌 것은?

① 갑오개혁 추진
② 독립공채 발행
③ 한국광복군 창설
④ 연통제와 교통국 조직

해설
갑오개혁은 고종 시기인 1894년에 실시됐다.

27 다음 설명에 해당하는 단체는?

> - 일제 식민 통치 아래 백정에 대한 사회적 차별 심화
> - 공평은 사회의 근본이고 애정은 인류의 본령

① 근우회　　　　　　② 형평사
③ 보안회　　　　　　④ 신민회

해설
일제강점기 때 백정에 대한 차별이 더욱 심해지자 이러한 차별을 철폐하기 위해 조선형평사를 결성하고 형평 운동을 전개했다(1923).

28 밑줄 친 '그'에 해당하는 인물은?

그는 대한민국 임시정부의 주석을 역임했으며, 광복 후 남한만의 단독 정부 수립에 반대하고, 남북 협상을 추진했다.

① 김 구
② 나 철
③ 김옥균
④ 서재필

해설
김구의 활동에 대한 설명이다.

29 1948년 4월 평양에서 열린 남북협상에서 채택된 내용으로 옳은 것은?

① 신탁통치 반대
② 독재 정치의 타도
③ 통일된 조국 건설
④ 남한 단독 총선거 실시 결정

해설
1948년 김구와 김규식 등은 남북협상(남북지도자회의)을 통해 통일 정부를 수립하기 위해 김일성에게 회담을 제의했다. 이 회담에서 남한 단독 정부 수립 반대, 미·소 양군 철수 등을 요구하는 내용의 결의문이 채택됐다.

30 다음 (가)에 들어갈 정부는?

주제 : (가) 시기의 주요 사건
- 발췌 개헌
- 사사오입 개헌
- 경향신문 폐간

① 박정희 정부
② 전두환 정부
③ 노태우 정부
④ 이승만 정부

해설
이승만 정부 시기의 사건들이다.

정답 25 ② 26 ① 27 ② 28 ① 29 ③ 30 ④

31 5·16 군사정변을 일으킨 세력에 대한 설명으로 옳은 것을 〈보기〉에서 모두 고른 것은?

> **보기**
> ㄱ. 국가재건최고회의를 구성해 군정을 실시했다.
> ㄴ. 반민족행위처벌법을 제정했다.
> ㄷ. 대통령 중심제와 단원제 국회를 골자로 한 헌법 개정안을 공포했다.
> ㄹ. 이산가족 고향 방문을 최초로 성사시켰다.

① ㄱ, ㄴ
② ㄱ, ㄷ
③ ㄴ, ㄷ
④ ㄷ, ㄹ

해설
5·16 군사정변을 일으킨 박정희와 군부세력은 국가재건최고회의를 구성해 군정을 실시했다. 또한, 대통령 중심제와 단원제 국회를 골자로 한 헌법 개정안을 공포했다.

오답분석
ㄴ. 이승만 정부
ㄹ. 전두환 정부

32 다음 (가)에 들어갈 내용으로 가장 적절한 것은?

> **대한민국의 경제 발전 과정**
> 1960년대 : 노동집약적 경공업 육성
> 1970년대 : (가)
> 1980년대 : 3저 호황, 고도 성장

① 여러 국가와 자유무역협정(FTA) 체결
② 경제협력개발기구(OECD) 가입
③ 수출 주도형 중화학 공업화 정책 추진
④ 국제통화기금(IMF)으로부터 긴급 자금 지원

해설
1970년대 박정희 정부 시기 수출 주도형 중화학 공업 정책을 추진하였으며, 1977년에는 수출 100억 달러를 달성하기도 했다.

33 밑줄 친 '선언'에 해당하는 것은?

> 박종철의 고문치사 등을 배경으로 직선제 개헌을 요구하는 시위가 전국에서 일어났다. 결국 전두환 정부는 조속한 대통령 직선제 개헌을 약속하는 <u>선언</u>을 발표했다.

① 정우회 선언
② 6·29 민주화선언
③ 3·1 민주구국선언
④ 물산장려운동

해설

1987년에 박종철 고문치사 사건과 4·13 호헌 조치를 계기로 6월 민주항쟁이 전국적으로 확산됐다. 정부는 국민들의 직선제 개헌과 민주 헌법의 제정 요구를 받아들여 6·29 민주화선언을 발표했고, 5년 단임의 대통령 직선제를 바탕으로 한 새로운 헌법이 마련됐다.

34 다음 내용을 일어난 순서대로 바르게 나열한 것은?

> ㄱ. 4·19 혁명
> ㄴ. 유신 헌법 선포
> ㄷ. 3·15 부정 선거

① ㄱ-ㄴ-ㄷ
② ㄱ-ㄷ-ㄴ
③ ㄴ-ㄱ-ㄷ
④ ㄷ-ㄱ-ㄴ

해설

ㄷ. 3·15 부정 선거(1960.3.15.) → ㄱ. 4·19 혁명(1960.4.19.) → ㄴ. 유신 헌법 선포(1972)

35 다음과 같은 정책을 실시한 정부는?

> • 금융실명제 시행
> • 지방자치제 전면 실시
> • 고위 공직자 재산 공개 의무화

① 박정희 정부
② 전두환 정부
③ 노태우 정부
④ 김영삼 정부

해설

김영삼 정부는 금융 거래의 투명성을 확보하기 위해 1993년 금융실명제를 실시했고, 공직자 재산 등록, 지방자치제를 전면 실시했다. 또한, 1996년 경제협력개발기구(OECD)에 가입했다.

36 다음 내용에 해당하는 정부 시기에 있었던 사실로 옳은 것은?

> - 남북한 유엔 동시 가입
> - 남북기본합의서 채택
> - 한반도 비핵화에 관한 공동선언 합의

① 개성공단이 조성됐다.
② 서울 올림픽이 개최됐다.
③ 베트남 전쟁에 국군이 파병됐다.
④ 국민기초생활보장법이 제정됐다.

해설
노태우 정부 때 서울에서 올림픽을 개최했으며, 적극적인 북방 외교를 펼쳐 남북한의 유엔 동시 가입, 남북기본합의서 채택(1991)과 한반도 비핵화에 관한 공동선언이 이루어졌다.

오답분석
① 노무현 정부
③ 박정희 정부
④ 김대중 정부

37 김대중 정부 시기의 통일 정책으로 옳은 것은?

① 이산가족이 최초로 상봉했다.
② 남북한이 유엔에 동시 가입했다.
③ 7·4 남북공동성명을 발표했다.
④ 6·15 남북공동선언을 발표했다.

해설
김대중 정부 시기인 2000년에 평양에서 최초의 남북정상회담을 개최하고 6·15 남북공동선언을 발표했다.

오답분석
① 전두환 정부
② 노태우 정부
③ 박정희 정부

PART 4

경기도 역사·문화·시책

CHAPTER 01 경기도 역사
CHAPTER 02 경기도 산하와 문화
CHAPTER 03 경기도 시책
CHAPTER 04 출제예상문제

배우기만 하고 생각하지 않으면 얻는 것이 없고,
생각만 하고 배우지 않으면 위태롭다.

– 공자 –

CHAPTER 01 경기도 역사

01 시대별 경기도 역사

경기라는 이름이 역사에 처음 등장한 것은 1018년(현종 8)이며 왕도인 개경의 외곽지역을 일컬어 '경기'라고 하면서부터이다. '경기제(京畿制)'는 당나라에서 도성 안을 경현, 밖을 기현으로 구분하여 다스렸던 데서 비롯되었으며 고려 성종 때 그 개념을 도입하였고 현종 때 공식적인 명칭으로 경기를 사용하였다.

1. 선사 시대

경기도는 지리적으로 한반도 중앙에 위치하며, 해로와 육로를 이용하여 국토의 남부와 북부를 쉽게 연결할 수 있는 지정학적 위치에 자리하여 일찍부터 우리 역사의 중심무대가 되었다. 특히 한강, 임진강 등을 끼고 있어 농사짓기와 교통이 편리하여 선사 시대부터 사람이 모여 살았다.

1978년 연천 전곡리에서 동아시아 최초로 발견된 '아슐리안 주먹도끼'는 세계 구석기 연구의 큰 파장을 일으켰으며, 2000년 이후 구석기 유적이 폭발적으로 발굴됨에 따라 구석기 시대 경기도에 살았던 구석기인의 생활상을 대략적으로 복원할 수 있게 되었다.

우리나라의 청동기 시대는 민무늬토기와 간석기가 보편적으로 이용되고, 청동기를 제작·사용한 시기로서, 고인돌과 같은 정형적인 무덤이 등장하고 농경이 주요 생계경제가 되었던 시기이다. 경기도에서는 주로 천변의 충적지와 산지 또는 구릉에 유적들이 입지하고 있다. 장방형의 주거지 유적과 고인돌을 중심으로 하는 분묘 유적이 대부분이다. 이밖에 초기 철기 시대의 유적들도 다수 확인되고 있다.

2. 삼국 시대

경기도가 역사적으로 중요한 위치를 차지하게 된 것은 기원전 1세기 무렵 백제가 하남위례성에 도읍하면서부터였다. 한강 유역은 고구려·백제·신라 삼국의 경계지역이었으며, 이곳을 차지하는 국가가 역사의 주도권을 가질 수 있게 되었다. 처음 경기도에 정착한 국가는 백제였다.

백제는 서해 연안을 차지하고 중국과의 교통로까지 장악하여, 마한 등 여러 나라들이 개별적으로 누리고 있던 중국과의 교역창구를 독점하게 되었다. 이어 중부 내륙지역까지 영역을 넓혀 한강 유역을 중심으로 한 지역연맹체의 맹주가 되었다. 백제는 4세기 한강 유역을 기반으로 오늘날의 호남 지역까지 그 세력을 확대하고 고구려 평양성까지 공격하는 등 위세를 크게 떨쳤다.

5세기 무렵 고구려는 전성기를 맞아 한강 유역에 손을 뻗쳤으며, 이후 삼국이 이 지역에 대한 지배권을 놓고 치열한 쟁탈전을 벌였다. 백제는 고구려의 남진으로 인해 도읍을 웅진(공주)으로 옮기게 되면서 경기 지역은 더 이상 백제의 중심지로 남을 수 없었다. 6세기 중반 백제와 신라가 연합하여 한강 유역을 공략하기까지 70여 년간 경기 지역은 고구려 세력 하에 놓여있었다. 오늘날 임진강과 한강 주위에는 고구려 관방유적들이 남아 있다.

백제와 신라는 한강 하류와 상류지역을 각각 차지했으나 신라가 하류지역까지 모두 점령하면서 양국의 동맹은 깨졌다. 임진강 유역을 포함한 경기 지역 전역을 장악한 신라는 이곳에 신주(新州)를 설치하였다. 그러나 삼국 통일이 될 때까지 한강 유역은 전쟁의 추이에 따라 혼란스런 상황이 지속되었다.

백제와 고구려를 평정하고 당나라 세력을 몰아낸 후 신라는 9주 5소경의 편제를 시행하였다. 9주 중 규모가 가장 큰 한산주는 지금의 경기도와 충청북도, 황해도를 포함하였다. 통일신라 말의 혼란으로 신라의 지배체제가 한계를 드러내자 후삼국이 건립되어 각축을 벌였다. 한산주 관내에서도 장군과 성주를 지칭하는 호족들이 할거하게 되는데 궁예가 지역을 평정하고 후고구려를 세웠지만 왕건세력에 의해 제거되었다.

3. 고려 시대

궁예 휘하에 있던 송악(개성) 출신 왕건이 해상세력을 바탕으로 918년 고려를 건국하였다. 이어 935년 신라 경순왕이 고려에 귀부(歸附)함으로써 신라의 전통과 권위를 계승하게 되었고, 936년에는 내분에 휩싸인 후백제를 멸하여 후삼국 통일을 달성하였다. 발해 유민까지 흡수하여 우리나라 최초의 통일민족국가가 된 고려는 개경으로 수도를 옮겼는데, 군사적·지리적 요인뿐만 아니라 왕건의 고향으로서 세력의 근거지라는 점이 결정적 계기가 되었다.

고려왕조는 각 지방세력과의 타협 속에서 점차 중앙집권체제를 수립하였으며, 그것을 이끌어간 중심세력은 바로 근기(近畿), 즉 경기 지역 출신들이었다. 고려의 '경기'는 국왕의 근거지·직할지를 뜻했다. 태조 이래 개경과 그 주변은 왕실의 기반지로서, 또 국왕과 왕실을 보위하는 관료 등 지배층들을 물질적으로 지원하는 것이었다. 고려 말에는 경기 지역이 하나의 도(道)로 정착하게 되는데 13개 현에서 44개 현으로 확장하였고, 좌도와 우도로 나누었으며, 각기 도관찰출척사(현재의 도지사)를 파견하였다. 이때의 경기 지역을 오늘날 행정구역 기준으로 보면 안산 이북의 경기도와, 강원도 철원, 황해도 남부지역에 해당하며, 지금의 경기도에 비해 다소 북서쪽에 위치하고 있다.

고려 시대의 경기도 지역은 우리 민족의 역사와 문화가 구심력 있고 통일적 모습을 갖추는 데 결정적인 기여를 하였으며, 거란과 몽골, 홍건적과 왜구의 침입에 맞서 왕조를 지켜내는 중추 역할을 하였다.

4. 조선 시대

1392년 이성계에 의해 조선왕조가 개국하고, 한양을 새로운 도읍지로 결정하였다. 천도가 이루어지면서 경기 권역의 재편작업도 불가피하게 되었다. 도읍이 남쪽으로 이동하면서 일부 지역은 경기에서 제외되고 새로운 지역이 포함되었다. 1402년(태종 2) 경기좌도와 우도를 합쳐 경기좌우도성(京畿左右道省)이라 하였고, 1414년(태종 14)에는 명칭을 '경기'로 정했다. 지속적인 권역 조정 결과 경기도는 한양을 중심으로 크고 작은 군현이 한강과 임진강을 따라 분포하게 되었다. 8도 체제 아래 국왕과 중앙 정부가 있는 수도의 주변 지역을 담당하는 도(道)로 편제된 것이다. 최고 책임자는 경기관찰사였고, 도의 행정·사법·군사의 전권과 함께 지방 수령을 감독하는 권한을 가졌다. 〈경국대전(經國大典)〉에 따르면 경기관찰사는 4개의 목(牧), 7개의 도호부(都護府), 7개의 군(郡), 19개의 현(縣) 등 37개 고을을 다스렸다.

경기도는 한양을 둘러싸고 있어 국왕의 행차와 중앙 관료들의 출입이 잦았고, 외적의 침입에 대비한 관방시설이 많았다. 특히 임진왜란과 병자호란을 겪은 후 한양 주변의 성곽에 깊은 관심을 가지게 되었으며 축성에 힘을 기울였다.

17세기 이후 농업 생산력의 발전에 따라 경기도에는 도시근교의 상업적 농업과 수공업이 활성화되었다. 농업과 수공업에서의 상품생산의 활성화는 농촌장시(場市)와 나루·포구를 확대 발전시켰다. 18세기 중엽 경기도 내에 100개 시장이 개설되었는데 전국에서 손꼽히는 15개 장시 중 4개(광주의 사평장·송파장, 안성의 읍내장, 교하의 공릉장)를 보유하였다. 광주 일대는 조선 시대 초기부터 사용원의 분원에서 각종 도자기들을 제작한 곳으로 유명하였다. 정조 때의 수원화성 축조는 조선 시대 최대의 건설공사였다.

경기도는 학문의 중심지이기도 하였다. 16세기 이후 기호학파는 주로 경기 지방 사림을 중심으로 형성되었다. 또한 18세기 주자학을 극복하려는 양명학 연구가 안산(정제두)에서, 조선 후기의 새로운 학풍으로 특징 짓는 실학은 서울 주변을 둘러싼 안산(이익)·광주(안정복)·남양주(정약용) 등지에서 발달하였다.

5. 한말·일제강점기의 경기도

19세기 제국주의 세력의 등장 이후 수도와 가장 가까웠던 경기만(灣)은 외세 침략의 길목이 되었다. 프랑스와 미국의 침략으로 병인·신미양요가 일어났으며, 이어 일본도 무력시위를 벌인 끝에 강화도 조약이 체결되었다. 이 조약으로 인천이 개항되었으며 커다란 상품판매 시장인 경기도는 일제가 일찍감치 상권을 차지하는 곳이 되었다. 외세 침략에 대한 저항은 의병 투쟁으로 나타났다. 대표적인 의병부대는 단발령 공포 직후 최초로 결성된 이천수창의소(利川首倡義所)이다.

1905년 을사늑약 체결 전후시기에 나타난 의병은 반일 민족 운동이면서 자주적인 근대국가를 수립하려는 반봉건 항쟁으로 발전하였다. 1907년 군대 해산으로 발생한 정미의병 또한 경기도 지역에서 크게 활약했다. 1919년 발발한 3·1 만세운동에서 경기도 지역은 전국 어느 곳보다도 가장 활발한 양상을 보였다. 개성의 학생들로부터 시작한 만세 시위는 곧이어 고양과 시흥, 파주와 양평으로 이어졌고 점차 경기 전체로 번졌다. 당시 경기 지역은 전국에서 가장 많은 횟수의 만세운동과 가장 많은 인원을 기록하였다. 만세운동은 3월 하순부터 경기도의 농촌 지역으로 퍼져나갔다. 처음에는 태극기만 흔들며 만세운동을 하던 사람들은 서서히 무기를 들고 일본 경찰과 맞서기 시작했다. 경기도 최대의 무장 시위는 안성의 양성·원곡 만세운동이었다. 2,000여 명이 모여 양성의 순사 주재소, 양성 우편소, 양성·원곡 면사무소를 공격했다. 이 시위는 황해도 수안군 수안면 만세 시위와 평안북도 의주군 옥상면 만세 시위와 더불어 3·1 운동의 3대 투쟁으로 평가받고 있다. 1930년대 이후 식민지 산업화에 따른 공업지대의 발달과 함께 경기도의 인구가 크게 증가하였다. 경기도는 서울과 인천을 잇는 지역이었기 때문에 일찍부터 공업지대가 조성되었다. 1930년 후반부터 전시통제가 강화됨에 따라 경성 및 경기도 지역에 공장, 사업소가 집중되는 경향이 나타났다. 1939년 통계에 따르면 경기도에 위치하고 있는 공장 수는 조선 전체의 22.4%(1,559개소)에 달했다.

6. 현대

일제로부터의 해방도 잠시, 우리나라는 곧 분단과 6·25 전쟁이라는 시련을 맞이했다. 경기도는 치열한 전투 공방전의 주무대가 되면서 상당수 지역이 초토화되었다. 특히 북부지역의 피해는 엄청났다. 우리나라 최대의 경공업지대였던 경인공업지역도 대부분 파괴되었다.

서울을 중심으로 한 경기도의 수도권 지역은 경제개발 초기부터 한국의 산업화를 이끌어가는 중심지였다. 1950년대를 전후해서는 소비재생산 중심의 경공업지역으로 성장했으며, 1970년대 이후에는 정부의 정책과 맞물려 중화학공업이 본격화하였다. 경기도의 산업화는 경인공업지역의 형성·확대과정과 직결되었다. 1960년부터 빠르게 성장하기 시작한 경인공업지역은 1981년 통계에 의하면 전국 공장 수의 45.3%를 점한 최대의 공업지역으로 자리 잡았다. 1980년대에는 경기도 전 지역에 기업체들이 들어서기 시작하였고, 식품·피혁·목재·인쇄 분야뿐만 아니라 금속·기계·화학 부문이 크게 증가하였다.

공업화와 함께 사회간접자본의 확충도 이루어졌다. 1965년 경인선의 복선화, 1968년 경인고속도로의 개통은 경기도 서부지역 성장의 토대가 되었다. 1973년 경수산업도로 개통, 1974년 전철의 개통은 '수도권'의 형성을 촉진하였다.

1990년대 지방자치제도의 부활은 '지방화', '세계화' 추세와 함께 지방의 개념과 역할을 크게 변화시켰다. 경기도는 1991년 기초·광역의회 의원선거와 1995년 도지사 등 4대 선거의 동시 실시로 본격적인 지방자치 시대가 열리게 되었다. 관료주의적 중앙 집권제에서 벗어나 지방 분권적 자치행정체계로 전환되었다. 이것은 지역의 정치·행정·사회에 커다란 변화를 가져왔다.

경기도는 21세기 지식기반 산업의 절대조건인 세계 수준의 통신·IT 인프라를 구축하였고, 4차 산업혁명에 대비한 혁신 클러스터의 조성을 적극 추진 중이다. 경기도는 1,400만 인구의 전국 최대 광역자치단체로서 우리나라뿐만 아니라 동북아지역의 물류중심지로서 성장할 잠재력을 충분히 보유하고 있다. 서쪽 413km의 해안선을 따라 열리는 서해안 시대는 이미 가시화되었고, 남북의 화해와 협력의 분위기가 정착된다면 경기도는 동북아경제권의 중심지가 되어 시베리아를 넘고 유럽까지 진출하는 꿈이 현실로 다가올 것이다.

02 경기도 역대 도지사

경기도 도지사(2000년 이후)

구 분	도지사	재직기간	도정방침
36대	김동연	2022. 7. 1. ~ 현재	변화의 중심 기회의 경기
35대	이재명	2018. 7. 1 ~ 2021. 10. 25	새로운 경기 공정한 세상
34대	남경필	2014. 7. 1 ~ 2018. 6. 30	일자리 넘치고 따뜻하고 안전한 경기도
32~33대	김문수	2006. 7. 1 ~ 2014. 6. 30	경기도가 대한민국의 미래를 엽니다
31대	손학규	2002. 7. 1 ~ 2006. 6. 30	동북아 경제중심, 통일의 전진기지, 쾌적한 삶의 환경, 선진 교육·문화

CHAPTER 02 경기도 산하와 문화

01 경기도 산하

1. 경기도의 지리와 기후

① 경기도의 위치

경기도는 동북아시아에 길게 뻗은 한반도의 서부중앙지역으로 동경 126°와 127°, 북위 36°와 38° 사이에 위치해 있으며, 경기도청의 위치는 동경 127° 0'도와 북위 37° 16'도에 위치해 있다.

② 경기도의 면적

경기도의 면적은 전 국토의 약 10%인 10,185km²이며 북쪽으로는 86km의 휴전선에 서쪽으로는 332km의 해안선에 접해 있으며, 동쪽으로는 강원도, 남쪽으로는 충청도와 인접해 있고 그 중앙에는 서울이 위치하고 있다.

③ 경기도의 지형

동쪽에서 서쪽으로 흐르는 한강에 의해 남북으로 나뉘어져서 한수 이북은 산간지역, 한수 이남지역은 평야지대가 펼쳐져 있다. 경기도의 땅모양은 광주산맥과 차령산맥이 동쪽에서 뻗어와 차츰 낮아지는 모습이고 서쪽은 김포·경기·평택평야가 넓게 펼쳐져 있다. 그래서 예부터 동쪽땅이 높고 서쪽땅이 낮은 땅(경동지형)이라 했다.

④ 경기도의 기온

경기도의 기후는 여름과 겨울의 기온차이가 심한 대륙성 기후로서 연평균 기온은 11~13C°로서 북동부 산악지대가 낮고 남서쪽 해안지역이 약간 높다. 1월 평균기온은 경기만 일대가 −4°, 남한강 유역이 −4~−6°C이고 북한강과 임진강 유역이 −6~−8°C로 해안에서 내륙으로 갈수록 한랭하고 기온차가 커진다. 여름은 겨울보다 지역차가 적으며 내륙지방이 경기만 일대보다 높아 가장 더운 곳은 평택으로 8월 평균기온이 26.5C°이다.

⑤ 경기도의 강수량

연평균 강수량은 1,100mm 내외로 비의 양이 많다. 북동부 내륙지방인 북한강 유역과 임진강 상류는 강수량이 1,300~1,400mm나 되지만 해안지방 강수량이 900mm 정도 된다.

2. 경기도의 산천

① 경기도의 명산

지형은 대체로 추가령 구조곡을 경계로 북부산지와 남부산지로 나누어지는데 북부는 중국 요동방향의 마식령산맥, 남부는 중국 방향의 광주산맥과 차령산맥이 각각 그 골간을 이루고 있으며, 서쪽 해안에 가까워질수록 고도가 낮아져 평야나 구릉성 산지로 바뀐다. 도내에 분포하는 주요 산들은 주로 광주산맥에 속하는데 명지산(1,267m), 국망봉(1,167m), 용문산(1,157m), 연인산(1,068m) 등 1,000m 넘는 산들이 있으며, 화강암 지대에 발달된 이 산들은 화강암의 박리작용의 결과로 기암절벽이 많고 계곡이 깊어 예로부터 명산으로 알려져 있다.

한편, 산의 가치와 중요성을 새롭게 인식하고 '2002년 세계 산의 해'를 기념하기 위해 산림청에서 선정·공표한 100대 명산에 도내 산 중에서 생태적 가치가 크고 역사·문화·경관 등이 우수한 명성산, 백운산, 화악산, 감악산, 소요산, 운악산, 명지산, 축령산, 관악산, 천마산, 유명산, 용문산이 포함되어 있다.

또한, 경기도에서는 도내 명산을 제대로 즐길 수 있도록 〈가까이서 즐기는 경기명산 27〉을 발간한 바 있다. 〈경기명산 27〉 책자에는 등고선 지도 대신 입체 그림형 지도를 사용해 각 산의 높이에서부터 다양한 등산코스, 각 코스별 거리와 소요시간 등을 쉽게 알 수 있도록 했고, 각 산의 유래와 특징을 비롯해 산 내부와 주변의 주요 명소, 주변 관광지 등 정보도 포함하고 있다.

산수도권시역에서 등산인들이 즐겨 찾는 산으로는 포천시 일동면, 가평군 하면에 있는 청계산 849m, 동두천에 있는 소요산 587m, 가평군 설악면과 양평군 옥천면의 경계를 이루는 유명산 864m, 남양주시의 운길산 610m, 의정부시의 수락산 638m 등도 경관이 뛰어나다.

② 경기도의 하천

주요 하천은 한강, 임진강, 안성천(安城川) 등이며 대부분이 한강 유역에 속한다.

㉠ 한강 : 우리나라에서 네 번째로 긴 강(514km)이며, 그 유역 면적은 약 2만 7,260km^{2}로 압록강에 이어 전국 제2위이다. 한강은 금강산 부근에서 발원하는 북한강 수계와 오대산 부근에서 발원하는 남한강 수계로 구성되어 있다.

㉡ 북한강 : 소양강, 홍천강, 청평강 등의 지류를 합치면서 서남쪽으로 흐르다가 평창강, 옥동강, 달천, 청미천, 섬강, 복하천 등의 지류로 합치며, 서북쪽으로 돌아 흘러오는 남한강과 양수리 근처에서 합류하여 한강의 본류를 이룬 뒤 강화도의 북쪽을 돌아 경기만으로 들어간다.

㉢ 임진강 : 마식령산맥에서 발원하여 서남쪽으로 흐르다가 한탄강, 영평천, 사미천, 문산천 등의 지류를 모아 김포 부근에서 한강과 만난다.

㉣ 안성천 : 길이 76km의 짧은 하천에 불과하지만 한천, 진위천 등과 합류하여 아산만으로 흘러들어가면서 그 유역에 넓고 비옥한 안성평야를 발달시키고 있다.

3. 경기도의 자연환경

(1) 공 기

① 황사 현상

모래폭풍이 만든 황토 먼지 황사는 아시아 대륙의 중심부에 위치한 사막과 황토(黃土) 지대의 작은 모래나 황토가 하늘에 부유하거나, 상층 바람을 타고 멀리 수송돼 다시 지면 가까이 낙하하는 현상을 말한다. 세계적으로는 '노란 모래'라는 뜻의 황사란 용어보다 '아시아 먼지'로 알려져 있다. 사막 지역에서는 이와 유사한 현상들이 공통적으로 나타나는데, 아프리카 대륙 북부의 사하라 사막에서 발원하는 것은 '사하라 먼지'로 불린다. 우리나라에 영향을 미치는 황사의 고향은 중국의 신장과 황하 상류 지역, 몽골과 중국의 경계에 걸친 넓은 건조지역이다. 이곳에서는 우리나라에서 보이는 안개처럼 뿌연 황사가 아니라 무시무시한 모래 폭풍이 일어난다. 강한 바람과 함께 모래먼지가 갑자기 나타나 1km 밖을 구분할 수 없게 된다.

모래 폭풍 중에는 엄청나게 강력해 불과 200m 밖도 볼 수 없는 경우도 있는데, 중국에서는 이를 '흑풍폭(黑風暴)'이라 한다. 그러나 이 황사의 고향으로부터 수천km 떨어진 우리나라와 일본 지역에서는 중국처럼 강한 바람이 동반되는 모래 폭풍은 발생하지 않는다. 다만 누런 먼지가 공중에 퍼져 마치 안개가 낀 모습을 연상시킨다.

황사는 햇빛을 차단해 시야가 흐려지고 하늘이 황갈색으로 변하므로 안개와 구분된다. 또한 먼지는 건물이나 자동차 등에 은밀하게 쌓여 손가락으로 글씨를 쓸 수 있을 정도다. 황사 현상 전후로 비가 내리면 흙비가 돼 건물 유리창과 자동차에 먼지 자국을 남기기도 한다.

② 아황산가스(SO_2)

무색의 자극성 있는 유독기체이다. 연료 중에 포함된 황성분이 공기 중의 산소와 결합하여 형성되는 대기오염물질의 하나다.

③ 오존(Ozone)

대기 중 성층권의 오존은 태양으로부터의 자외선을 차단하는 역할을 하며, 대류권의 오존은 화학적 스모그의 주요 물질이다. 대류권의 오존은 호흡기관에 손상을 주며, 대부분 국가의 환경기준 오염물질로서, 자동차 배기가스 및 공장 배출가스 등에 함유된 질소산화물(NOx)과 탄화수소(HCs) 등이 태양광선(자외선)에 의해 복잡한 광화학반응을 일으켜 생성된다. 오존은 햇빛이 강하고 맑은 여름철에 많이 발생하는데, 특히 바람이 불지 않을 때 높게 나타나고, 하루 중 햇빛이 강한 2 ~ 3시경에 가장 많이 발생하며, 오존오염도는 광화학 스모그의 지표로 활용되고 있다.

④ 오존경보제

대기 중 오존의 농도가 일정 기준 이상 높게 나타났을 때 경보를 발령함으로써 해당 지역 주민들의 건강과 생활환경상의 피해를 최소화하기 위하여 실시하는 제도이다. 경보는 주의보, 경보, 중대경보 등 3단계로 발령하며 오존오염도가 기준 아래로 낮아질 때는 이를 해제한다.

⑤ 스모그(Smog)

'연기(Smoke)'와 '안개(Fog)'의 합성어로서 연개 또는 연무라고도 한다. 공장이나 건물의 굴뚝에서 나오는 연기가 기온·풍향·풍속 등의 기상조건과 지리적인 조건들에 의하여 지역적으로 오염물질의 농도가 높아져 안개를 형성함으로써 일어나는 대기오염 현상을 말한다.

⑥ 산성비

산성비는 석탄, 석유 등의 화학연료가 연소할 때 배출되는 황산화물, 질소산화물이 대기 중에서 수소와 결합되어 복잡한 화학반응을 일으킨 후 최종적으로 황산이온, 질산이온 등으로 변화하여 강한 산성을 띤 비가 내리는 현상을 말한다. 산성의 강약을 나타내는 척도로써 보통 수소이온농도(PH)가 사용되고 있는데, Ph5.6 이하인 빗물을 산성비라고 한다. 산성비는 빗물·서리·눈 등도 포함하는 습성강하물과 가스 상태의 건성강하물도 포함하고 있다. 산성도가 강한 비가 장기간에 걸쳐 내릴 경우 건물·교량 및 구조물 등을 부식시키고, 식물의 수분흡수를 억제하거나 토양의 유기물 분해를 방해하는 등 토양과 수질을 오염시켜 생태계에 손상을 입힌다.

⑦ 대기오염물질(Air Pollutant)

대기오염물질이라 함은 매연·먼지·가스 및 악취 등으로 사람의 건강상 또는 재산상 해를 미치거나 동·식물의 생육환경 등 자연환경에 악영향을 미치는 물질을 말하며, 크게 가스상물질 및 입자상물질로 나눌 수 있다. 가스상물질은 연소·합성·분해 시 발생하거나 물리적 성질에 의해서 발생되는 기체상의 물질로서 황산화물, 질소산화물, 일산화탄소 및 오존 등을 말하며, 입자상물질은 물질의 파쇄, 선별 등 기계적 처리 또는 연소·분해·합성 시에 발생하는 고체상 또는 액체상의 미세한 물질을 말한다. 현행 대기환경보전법에서는 대기오염의 원인이 되는 가스·입자상물질 또는 악취물질로 61가지를 정하고 있다.

(2) 자 연

① 노랑부리백로(Egtretta Eulophotes)

암수 동일하며 몸 전체가 흰색이다. 눈언저리는 푸른빛을 띤다. 뒷머리에는 8cm 정도의 관우가 20개 이상 난다. 부리와 발가락은 노란색이다. 몸길이는 약 65cm이다. 경기도 옹진군 신도에서 번식하는 여름 철새로 멸종위기에 처해 있는 국제 보호새이다. 강화도를 비롯한 서해 중부 도서와 해안에서 드물게 보인다. 천연기념물 제361호이다. 주로 어류, 갑각류 등을 잡아먹는다.

② 귀화식물

사람이나 동물 또는 화물 등과 함께 국내에 들어온 외래식물종이 우리 땅에 뿌리내려 사람의 간섭 없이 스스로 터 잡고 잘 살아가는 식물을 말한다.

③ 자연생태계 모니터링 제도

자연경관이 수려하거나 우수한 자연생태계를 유지하고 있는 지역에 대하여 정기적, 지속적 조사 및 감시를 실시하여 각종 인위적 훼손 및 파괴행위를 예방함으로써 우수한 자연환경을 보호함은 물론 우리 고유의 생물다양성을 유지하기 위한 제도이다.

④ 토양오염물질(Soil Contaminating Substances)

토양 중에서 분해되지 않고 오랫동안 잔류하는 물질로 농작물의 생육을 저해하고 사람의 건강에 악영향을 미치는 중금속(Cd, Cu, Hg, Pb 등), 석유류, 농약, 발암물질(PCB), 기타 독성물질(CN, Phenol) 등 11개 항목을 토양오염물질로 지정하여 관리하고 있다.

⑤ 특정 야생동식물(Specified Wild Fauna and Flora)

학술적으로 보호할 가치가 있거나 멸종위기에 처할 우려가 있는 야생동식물로서 자연생태계의 균형 유지와 그 종이 멸종위기에 처하는 것을 방지하기 위하여 멸종위기종, 감소추세종, 희귀종 등 179종을 특정 야생동식물로 지정하여 이들의 포획과 채취 등을 금지하고 있다.

⑥ 생태도시(Ecological City)

도시를 하나의 유기적인 체계로 보고 도시의 다양한 활동이나 구조를 자연생태계가 지니고 있는 다양성, 자립성, 순환성에 가깝도록 계획·설계하여 인간과 환경이 공존하는 도시라고 정의할 수 있다. 즉 도시 속에 자연 그대로의 생태계를 재현시켜 시민과 자연이 함께 어우러져 살아가는 '인간과 자연 공생형 도시', 시민들이 사용하는 물이 재이용·순환되어 공공수역에 대한 오염피해를 최소화하는 '물순환형 도시', 도시민들이 사용하는 각종 에너지와 자연의 이용효율을 높여 환경부하를 저감시키는 '에너지·자원 절약 및 재이용형 도시'를 구현하는 것이라 할 수 있다.

⑦ 생태계(Ecosystem)

생물의 군집 및 이들을 둘러싸고 있는 자연계의 물리적·화학적 환경요인이 종합된 물질계를 말하는데, 생태계는 녹색식물 등 생산자·동물 등의 소비자 및 곰팡이·세균 등 분해자로 구성되며, 유기물과 무기물 사이에는 물질 교대와 에너지 교대가 이루어지고 있다. 자연환경을 기준으로 하여 육지생태계, 해양생태계 등으로 구별되고, 생물군집을 기준으로 하여 삼림생태계, 조류생태계 등으로 구분된다.

(3) 쓰레기

① 쓰레기 종량제

쓰레기 처리 비용을 쓰레기 배출량에 따라 부과함으로써 배출자 각자가 스스로 쓰레기 배출량을 줄이고 재활용품을 최대한 분리 배출토록 유도하는 제도를 말한다.

② 사용(Use), 재사용(Reuse), 유지(Maintenance)

제품이나 원재료의 유통으로부터 시작해서 그러한 원료나 제품이 버려져 폐기물 처리시스템에 들어감으로써 종료되는 수명주기활동 중 제품이나 원재료의 고유기능이 수행되는 단계를 '사용'이라 하며, 1차 사용 후 최종폐기 전에 다시 제품이나 원재료의 고유기능을 활용하는 것을 '재사용'이라 하고, 이러한 과정에서 제품이나 원재료의 고유기능이 작동 가능한 상태로 보존되는 것을 '유지'라 한다.

③ 분해가능한(Degradable), 생분해가능한(Biodegradable)

분해가능한 물질이란 폐기되었을 때 생물·물리·화학적인 자연조건에 의하여 분해되는 물질을 말하며, 생분해가능한 물질이란 주로 곰팡이와 박테리아와 같은 미생물을 통하여 분해되는 물질을 말한다.

④ 리필(Refill) 제품

리필 제품은 내용물만 다시 채워 사용할 수 있는 제품으로 포장쓰레기를 대폭 줄일 수 있을 뿐만 아니라, 포장 절감에 따른 원가 절감 비용만큼 값이 저렴하므로 소비자에게는 경제적으로 더 이익이다.

⑤ 다이옥신(Dioxin)

다이옥신은 두 개의 벤젠(C_6H_6) 고리가 두 개의 산소(O_2)와 결합된 형태의 화합물을 말하며, 특히 이것에 염소가 붙어있는 화합물은 독성이 매우 높다. 다이옥신은 제초제에 불순물로 있거나 PVC와 같은 유기염소 화합물을 소각할 때 불완전연소에 의해 발생되어 사람과 동물에 미치는 영향이 크므로 중요시되고 있다. 또한 이와 같은 비슷한 구조를 가진 퓨란(Furan)도 그 염소화합물은 다이옥신과 같이 독성이 큰 것으로 알려져 있다. 이론적으로 염화다이옥신은 75개, 염화퓨란은 135개의 유사한 이성체가 있을 수 있다. 다이옥신과 퓨란계 화합물 중에서 사염화다이옥신(2, 3, 7, 8-TCDD)은 동물 및 사람에게 발암성이 매우 큰 물질 중 하나로 미국 등 선진국에서는 유해한 물질로 분류하고 있다.

⑥ 님비(NIMBY) 현상

환경적으로 보아 혐오시설(쓰레기 매립시설, 분뇨 처리시설, 화장장, 하수 종말처리시설 등)을 집 근처에 두지 않으려는 현상이다. 'Not In My Back Yard'에서 앞글자를 딴 것으로 '내 뒷마당에는 안된다.'는 이기주의적 현상이다. 한편, 지역이기주의 등에 따른 폐기물 처리시설 입지 반대에 적극 대처하기 위하여 1995년에 '폐기물 처리시설 설치촉진 및 주변 지역지원 등에 관한 법률'을 제정·공포한 바 있다.

⑦ 환경마크제도(Eco-labelling Program)

제조·유통, 사용 또는 사용 후 폐기과정에서 동일 용도의 다른 제품에 비하여 환경오염을 적게 일으키거나 자원을 절약할 수 있는 제품임을 인증하여 주는 '환경친화적인 상품에 대한 품질 인증제도'이다. 이러한 환경마크제도를 운영하는 목적은 기업체로 하여금 저공해제품의 개발 및 생산을 촉진하고, 소비자가 이러한 환경상품을 선택·사용하여 환경보전에 스스로 참여토록 하기 위함이다. 독일, 일본, 캐나다, 영국 등 세계 20여 개국에서 시행되고 있으며, 우리나라도 1992년 4월에 '환경마크제도운영에 관한 규정'을 제정하고 같은 해 6월부터 시행 중이다. E-mark, Eco-마크라고도 한다.

02 경기도 문화

1. 경기도의 기념물

시도기념물 중에서 경기도내에 있는 문화유산을 의미한다.

번호	명칭	소재지	내용
1호	정몽주선생묘 (鄭夢周先生墓)	경기 용인시	고려 후기의 충신으로 우리나라 성리학의 기초를 닦은 포은 정몽주(1337~1392) 선생의 묘소이다.
2호	권율장군묘 (權慄將軍墓)	경기 양주시	조선 중기의 문신이며 명장인 만취당 권율(1537~1599) 장군의 묘소이다.
3호	심대장군묘 (沈岱將軍墓)	경기 용인시	조선 중기의 무신인 충장공 심대(1546~1592) 장군의 묘소이다.
4호	정약용선생묘 (丁若鏞先生墓)	경기 남양주시	조선 후기의 문신이자 실학의 대가였던 다산 정약용(1762~1836) 선생의 묘이다.
5호	남이장군묘 (南怡將軍墓)	경기 화성시	조선 초기의 무신인 충무공 남이(1441~1468) 장군의 묘소이다.
6호	이완장군묘 (李浣將軍墓)	경기 여주시	조선 시대 중기의 무신인 매죽헌 이완(1602~1674) 장군의 묘소이다.
10호	용인 왕산리 지석묘 (龍仁 旺山里 支石墓)	경기 용인시	경안천 주변의 완만한 구릉에 위치한 탁자식 지석묘이다. 지석묘란 청동기 시대의 대표적인 무덤으로 주로 경제력이 있거나 정치권력을 가진 지배층의 무덤을 가리킨다.
11호	최영장군묘 (崔瑩將軍墓)	경기 고양시	고려 후기의 명장이며 충신으로 고려를 끝까지 받들려다 뜻을 이루지 못하고 끝내 처형된 최영(1316~1388) 장군의 묘소이다.
12호	이항복선생묘 (李恒福先生墓)	경기 포천시	조선 시대 중기의 정승인 필운 이항복(1556~1618) 선생의 묘지이다.
16호	황희선생영당지 (黃喜先生影堂址)	경기 파주시	조선 초기의 명재상이며 청백리의 표상인 방촌 황희(1363~1452) 선생의 유업을 기리기 위하여 후손들이 영정을 모시고 제사를 지내는 곳이다.
17호	채산사 (菜山祠)	경기 포천시	조선 말기 유학자인 최익현(1833~1906)의 업적을 기리기 위해 세운 사당으로 이후 그의 손자이자 일제 시대 독립운동가였던 최면식의 위폐도 함께 모셔져 있다.
22호	여주 서희 묘 (徐熙將軍墓)	경기 여주시	고려 시대 초기의 외교가이며 문신인 장위공 서희(942~998)의 묘소이다.
28호	송산사지 (松山祠址)	경기 의정부시	조선의 개국에 참여하지 않고 고려 왕조와의 절개를 지킨 조견, 원선, 이중인, 김양남, 유천, 김주 등 여섯 분의 뜻을 기리고 제사를 지내기 위한 사당이 있던 터이다.
30호	처인성 (處仁城)	경기 용인시	총면적 5,820평의 장방형으로 된 토성으로 본래 고려 때 군창(軍倉)으로 사용되었던 곳으로 추정되며, 백제 때 축성되었다는 주장도 있다.
31호	화산서원 (花山書院)	경기 포천시	오성 대감으로 알려진 이항복(1556~1618)의 덕을 추모하기 위해 세운 서원이다.

CHAPTER 03 경기도 시책

01 경기도 상징물

1. 경기도 문장·브랜드

① 문장(紋章)의 의미

전체 모형은 경기도 이름의 초성인 한글 'ㄱ, ㄱ, ㄷ'을 상징적으로 표현한다. 'ㄱ, ㄱ, ㄷ'이 하나의 길로 연결되어 곧게 뻗어나가는 모습은 미래의 새로운 길을 제시하고, 도민과 함께 더 나은 내일의 길을 만드는 경기도를 나타냈다. 또 직선과 곡선의 조화로 유연하고 강직한 경기도의 이미지를 전달하고 있다.

㉠ 왼쪽의 'ㄱ'은 경기도의 '경'을 나타내며, 하단의 우상향 이미지는 '공정한' 가치를 바탕으로 번영하는 미래를 향해 나아가는 경기도를 표현한다.

㉡ 가운데의 'ㄱ'은 경기도의 '기'를 나타내며, 하단의 우상향 이미지는 더 위대한 미래를 위한 '가능성'을 만드는 경기도를 표현한다.

㉢ 오른쪽의 'ㄷ'은 경기도의 '도'를 의미하며, 하단의 수평 이미지는 '다양한' 삶이 공존하는 경기도를 표현한다.

② 경기도 브랜드 및 슬로건

"GO GREAT, GYEONGGI"는 대한민국 대표 지방정부로서 위상을 굳건히 하며, 도민과 함께 더 나은 미래로 번영해 나가는 경기도를 의미한다.

㉠ 경기도의 영문 머리글자 'G'와 한글 초성 'ㄱ'을 결합하여 경기도의 정체성을 명료하게 전달한다.

㉡ 'G' 하단의 'ㄱ'은 문장 디자인과 연계하여 사선으로 처리하고, 초록색과 파란색의 조화를 통해 새로운 내일의 방향성을 제시하는 경기도를 표현한다.

㉢ 이탤릭(Italic) 서체를 통해 미래를 향해 역동적으로 나아가는 선도 이미지를 전달한다.

2. 경기도 나무·새·꽃

① 도의 나무 : 은행나무
　은행나무의 웅대한 모습은 큰 번영을 뜻하며 양질의 목질과 과실을 맺고 신록과 단풍은 관상수로 손꼽힌다.

② 도의 새 : 비둘기
　인류의 영원한 평화를 상징하며 도민 평화를 통한 조국 평화통일의 염원을 담고 있다.

③ 도의 꽃 : 개나리
　대량으로 도내에서 자생하며 번식이 용이하여 큰 번영을 뜻하고 친근, 명랑, 고귀한 빛을 나타낸다.

02 │ 2025년 분야별 주요 정책 및 제도

1. 일반행정 분야

① 경기똑D 서비스 확대·개편
　도민에게 꼭 필요한 혜택을 모바일로 안내받는 '경기똑D' 서비스가 확대·개편된다. 도민카드 활용시설은 26개 시·군에서 31개 시·군으로 확대되고, 경기민원24, 경기공유서비스, 경기도일자리재단 '잡아바' 등을 통한 맞춤형 정보 연계 신청 기능이 제공된다. 또 복지 사각지대의 위기가구를 발굴하는 경기도 희망보듬이 대상 모바일 카드도 추가됐다.

② 모바일 주민등록증
　실물 주민등록증이 있어야만 가능했던 본인 확인이 휴대전화에 저장된 '모바일 주민등록증'을 통해서도 가능해진다. 모바일 주민등록증은 읍·면·동 행정복지센터(주민센터)를 방문해 1회용 QR을 촬영하거나 정부24를 통해 IC칩 내장 주민등록증을 신청한 뒤 발급이 완료되면 본인 명의의 휴대전화에 태깅하면 된다.

2. 복지·보건 분야

① 경기도 간병 SOS 프로젝트
　간병 서비스를 이용하는 65세 이상 저소득 노인에 연간 최대 120만 원의 간병비를 지원한다.

② 치매가족돌봄 안심휴가 지원
　치매 환자를 돌보는 가족에게 휴식의 기회를 제공하기 위해 도내 주소지를 둔 치매 환자를 대상으로 단기입원(보호)을 지원한다. 이에 따라 연 10일 한도 내에서 경기도립 노인전문병원 간병비(최대 30만 원) 또는 단기보호시설 이용실비(최대 20만 원)를 지원한다.

③ AI 기술 기반 노인돌봄

재가노인의 안정된 생활을 지원하기 위해 65세 이상 노인 약 1,000명을 대상으로 인공지능(AI) 및 돌봄매니저 매칭을 통한 건강관리 및 여가 서비스를 제공한다. AI 기술을 기반으로 한 돌봄로봇과 앱을 통해 말벗 기능, 복약·식사시간 알림, 건강 체크, 긴급(119) 신고 등을 지원하고, 돌봄매니저는 지속적으로 이를 모니터링하며 필요시 적절한 조치를 취한다.

④ 임신 사전 건강관리 지원

2025년부터 임신 사전 건강관리 지원 대상이 확대된다. 기존에는 가임력 검사를 희망하는 부부(사실혼, 예비부부 포함)만 가능했으나 20~49세 남녀 희망자로 대상이 확대됐다. 지원횟수도 생애 1회에서 생애주기별 1회, 최대 3회로 늘어났다.

⑤ 영구적 불임 예상 생식세포 동결보존 지원

영구적 불임이 예상되어 가임력 보전이 필요한 사람에게 생식세포(정자·난자) 냉동 및 초기 보관 비용(1년, 1회)으로 남성은 최대 30만 원, 여성은 최대 200만 원을 지원한다.

⑥ 경기도 난자동결 시술비 지원

경기도에 6개월 이상 거주한 20~49세 여성 중 기준중위소득 180% 이하이면서 난소기능이 1.5ng/ml 이하인 여성에게 난자채취 사전 검사비 및 시술비로 1인당 최대 200만 원을 지원한다.

⑦ 분만취약지 임산부 교통비 지원

보건복지부에서 지정한 분만취약지(연천, 가평, 양평, 안성, 포천, 여주)에 거주하는 임산부에게 교통비(유류비 포함)로 최대 100만 원이 지원된다. 임산부는 카드 포인트 형태로 지원금을 받아 교통비로 사용할 수 있다.

3. 여성·교육 분야

① 경기가족친화기업 0.5&0.7잡 지원

가족친화기업을 대상으로 근로시간 단축제도인 '0.5&0.7잡'을 지원한다. 기업에는 근태시스템 구축 및 맞춤형 컨설팅 비용으로 2,000만 원, 추가 고용 시 1인당 최대 월 120만 원을 지원한다. 노동자에게는 업무분담 지원금으로 월 20만 원, 단축급여 지원금으로 월 30만 원을 각각 지급한다.

② 경기도 아빠 육아휴직 장려금 지원

기준 중위소득 150% 이하 가구의 아빠가 3개월 이상 육아휴직을 신청할 경우 월 30만 원씩 5개월간 장려금을 지원한다. 8개 시·군(하남, 광명, 여주, 양평, 포천, 구리, 과천, 파주)에서 575명에게 지급할 예정이다.

③ 성폭력 피해자 보호시설 퇴소자립 지원수당

성폭력 피해자로 시설 입소 당시 미성년자(19세 미만)이고 6개월 이상 연속하여 보호를 받다가 퇴소 시 나이가 19세 이상이 된 경우 매월 50만 원씩 5년간 퇴소자립 지원수당을 지급한다.

④ 가정폭력 피해자 가족보호시설 운영

가정폭력 피해가족의 심리적 안정 및 회복을 도모하기 위해 10세 이상 남아를 동반한 피해자가 입소 가능한 가족보호시설 1개소를 확충 지원한다.

⑤ 보호출산 신생아 긴급보호비 지원

보호출산으로 태어난 아동 1인당 월 100만 원씩 3개월간 지원하고 상황에 따라 기간을 연장한다.

⑥ 경기 재도전학교

취·창업의 실패 경험을 자산화하고 재도전 할 수 있는 기회를 제공하기 위해 경기도에 거주하는 청년 및 중장년 중 재도전 희망자 200명을 대상으로 힐링과 심리회복을 위한 교육 및 전문가의 맞춤형 코칭 등을 제공한다.

⑦ 경계선 지능인 청년 일 역량 강화 지원

경계선 지능인 청년 100명을 대상으로 진로컨설팅과 직무교육, 일 경험(인턴) 제공, 진단검사(무료) 등을 지원한다.

⑧ 아동복지시설 마음건강 돌봄사업

아동양육시설의 아동에게 연 1회 40만 원 상당의 심리검사와 연 300만 원의 심리치료비를 지원하고, 아동양육시설 종사자에게는 소진 예방을 위해 연평균 300만 원을 제공한다.

⑨ 시설 퇴소청소년 자립정착금 지원

청소년들의 안정적인 사회 정착을 돕기 위해 청소년복지시설에서 퇴소한 청소년 중 원가정의 보호나 지원을 받을 수 없는 경우, 자립정착금 1,000만 원을 분할 지급해 주거환경 마련 등을 지원한다.

4. 노동, 산업·경제 분야

① 주 4.5일제 시범사업 도입

도내 50여 개 기업을 대상으로 '근로시간 단축제도'를 시범 도입한다. 노사 합의를 통해 격주 주 4일제, 주 35시간제, 금요일 반일 근무 중 선택하여 근로시간을 단축하고, 기업에 경기도 생활임금 수준의 장려금을 지원한다. 또한 기업에는 근태 관리시스템 구축과 공정개선 컨설팅도 제공된다.

② 소상공인 힘내GO 카드

소상공인의 원자재 구입 등 필수 경비에 사용할 수 있도록 운영비 전용 신용카드를 지원한다. 해당 카드는 최대 500만 원의 이용한도와 6개월 무이자 할부, 연회비·보증료 면제, 연 10만 원 한도의 캐시백 제공 등의 혜택을 제공한다.

③ 베이비부머 갭이어 인턴(人-Turn)캠프 추진

40세 이상 65세 미만 도민을 대상으로 생애전환기를 맞이한 중장년 세대가 인생 후반기를 재설계할 수 있도록 다양한 경험과 탐색의 기회를 제공한다.

④ 베이비부머를 위한 '라이트잡'

도내 기업이 라이트잡(주 24시간 이상 ~ 35시간 이하)에 도내 50세 이상 65세 미만 중장년을 신규 채용할 경우 기업에 근로자 1인당 월 40만 원의 4대 보험료 등 근로자 안전망 확보 경비를 지원한다.

⑤ 드론아카데미 운영

경기북부 드론산업 저변을 확대하기 위해 경기북부소재 중소기업 재직자와 취업 희망자 및 군 관계자를 대상으로 드론아카데미(경기대진테크노파크)를 운영한다. 드론제조(HW/SW)·정비·조종 등 교육을 통해 드론 분야 전문인재 육성 및 취·창업 연계를 지원한다.

5. 농어업·축산·산림 분야

① 경기도 농어민 기회소득 확대 추진

농어민 기회소득 지원을 9개 시·군에서 24개 시·군으로 확대하고, 지급대상도 청년·환경·귀농어민에서 일반 농어민까지 확대한다.

② 경기도 농수산물 할인쿠폰 지원

온·오프라인 매장에서 경기도산 농수산물을 구매할 경우 20~30%의 할인 혜택을 제공하여 도민의 소비 부담을 줄이고 지역 농수산물의 소비를 촉진한다.

③ 경기도 로컬푸드 직매장 등록제 시행

도 조례에 따른 기본 요건을 충족한 로컬푸드 직매장 정보를 등록·공개하며, 등록된 매장에는 로고 사용과 개설, 판촉 행사, 시설 구축, 교육 등 다양한 지원을 제공한다.

④ 농식품 바우처

취약계층의 식품 접근성 강화를 위해 생계급여 수급가구 중 임산부나 영유아, 아동을 포함한 가구를 대상으로 1인 가구에는 월 최대 4만 원, 4인 가구에는 월 최대 10만 원의 바우처를 지원한다.

6. 환경, 도시·교통·건설 분야

① The 경기패스 혜택 확대

'The 경기패스' 이용자 중 월 61회 이상 이용자에 대한 혜택이 기존에는 월 61회 이상 이용분의 20~53% 환급이었으나, 금액과 횟수에 관계 없이 무제한 환급으로 확대된다. 또한 K패스 다자녀 혜택 추가에 따라 2자녀의 경우 30%, 3자녀 이상의 경우에는 50%의 환급률을 적용받는다.

② 경기 기후보험 지원

모든 도민(등록외국인 포함)을 대상으로 기후 관련 건강피해 보장 보험을 지원한다. 온열·한랭질환 및 감염병 진단비와 기후재해 사고 위로금을 제공하며, 기후취약계층에는 입원비와 교통비, 구급차 비용을 추가 지원한다. 보험금은 도민이 도와 계약한 보험사에 직접 청구하면 보험사가 서류를 확인한 후 피해 도민에게 지급한다.

③ 공공주도 재생에너지 이익공유제(기후펀드) 사업

경기도주식회사가 특수목적법인(SPC)을 통해 15MW 규모의 태양광 발전소 건립을 추진한다. 이에 모든 도민이 '공모펀드(기후펀드)'에 가입하여 재생에너지 발전에 참여하고 발전수익을 공유할 수 있다.

④ 소규모 세탁소 VOCs 저감 지원

소규모 세탁소를 대상으로 휘발성유기화합물(VOCs) 배출이 적은 친환경 세탁기로의 교체를 지원한다.

7. 문화·체육·관광, 재난안전 분야

① 경기 LIFE 플랫폼 시행

19세 이상 도민이 'The 경기패스' 카드를 통해 문화·예술·체육·관광 분야의 사업체에서 결제 시 연간 최대 10만 원(분기별 2만 5,000원) 한도로 20% 환급 혜택을 제공한다. 이 혜택은 도내 문화누리카드 지정 가맹점 807개소에서 적용되며, 숙박, 체육시설, 도서, 음반 등은 제외된다.

② 관광취약계층 여행활동 지원

기초생활수급자, 차상위계층(장애인, 한부모 가정 등) 약 1,500명의 관광취약계층을 대상으로 여행상품을 지원한다.

③ 재난피해 도민 심리·행정 지원

재난으로 심리적 외상을 경험한 피해 도민을 대상으로 긴급심리상담과 행정 지원을 제공한다. 소방트라우마 관리센터(수원)에서 긴급심리상담을 비롯해 필요에 따라 적합한 기관으로 연계해 상황별·유형별 맞춤형 지원을 한다.

④ 공동주택 전기차 주차구역 안전시설 지원

전기차 충전시설이 설치된 공동주택 5,405곳에 전기차 화재 예방 및 대응 매뉴얼(QR코드 제작)이 포함된 안내 표지를 부착해 전기차 충전시설의 안전성을 높인다.

CHAPTER 04 출제예상문제

01 우리나라에서 '경기(京畿)'라는 이름이 역사에 처음 등장한 것은 언제인가?

① 고려 성종 ② 고려 현종
③ 조선 태조 ④ 조선 태종

해설
경기라는 이름이 역사에 처음 등장한 것은 1018년(고려 현종)이며 왕도인 개경의 외곽지역을 일컬어 '경기'라고 하면서부터이다.

02 고려 시대 경기에 대한 설명으로 옳지 않은 것은?

① 고려 말에는 경기 지역이 하나의 도(道)로 정착하게 되었다.
② 고려 말에는 3개 현에서 10개 현으로 확장하였다.
③ 고려 말에는 경기를 좌도(左道)와 우도(右道)로 나누었다.
④ 고려의 '경기'는 국왕의 근거지·직할지를 뜻했다.

해설
고려 말에는 3개 현에서 44개 현으로 확장하였다.

03 다음 중 경기도 민선 8기의 도정 3대 비전에 해당하지 않는 것은?

① 더 많은 기회 ② 더 고른 기회
③ 더 나은 기회 ④ 더 좋은 기회

해설
경기도 민선 8기의 도정 3대 비전은 '더 많은 기회(민간의 혁신과 성장을 뒷받침하는 도정)', '더 고른 기회(모두의 삶의 질을 높이는 도정)', '더 나은 기회(가치 있는 미래를 약속하는 도정)'이다. 아울러 도정 운영의 3대 가치는 혁신, 기회, 통합이다.

04 경기도의 지리와 기후에 대한 설명으로 옳지 않은 것은?

① 면적은 전 국토의 약 10%인 10,185km²이다.
② 지형은 한수 이북은 평야지대, 한수 이남지역은 산간지역이 펼쳐져 있다.
③ 기후는 여름과 겨울의 기온 차이가 심한 대륙성 기후이다.
④ 강수량은 1,100mm 내외로 비의 양이 많다.

해설
동쪽에서 서쪽으로 흐르는 한강에 의해 남북 지역으로 나뉘어져서 한수 이북은 산간지역, 한수 이남지역은 평야지대가 펼쳐져 있다.

05 경기도는 몇 개의 시·군으로 이루어져 있는가?

① 27개 시 4개 군
② 28개 시 3개 군
③ 27개 시 3개 군
④ 28개 시 4개 군

해설
2013년 여주군이 여주시로 승격하면서 28개 시 3개 군이 되었다.

06 경기도 민선 8기의 도정 슬로건은?

① 생명의 땅 으뜸 경기
② 경기의 힘으로! 새로운 대한민국
③ 더 행복한 경기 대한민국의 중심
④ 변화의 중심 기회의 경기

해설
경기도 민선 8기의 도정 슬로건은 '변화의 중심 기회의 경기'이다. '정치개혁'과 '정파와 이념을 뛰어넘는 도정'을 통해 경기도의 변화를 이끌겠다는 김동연 도지사의 의지를 담았다.

07 경기도 민선 8기의 도정 슬로건에서 파생된 새 캐릭터의 이름은?

① 봉공이
② 고드미와 바르미
③ 로복이
④ 신나리

해설
경기도 민선 8기 캐릭터인 '봉공이'의 이름은 도정 슬로건의 '변화'와 '기회'의 자음인 ㅂ, ㅎ, ㄱ, ㅎ을 세로로 배열한 데서 유래했다. ②는 충청북도, ③은 전북특별자치도, ④는 경상북도의 캐릭터다.

정답 01 ② 02 ② 03 ④ 04 ② 05 ② 06 ④ 07 ①

08 다음 중 경기도를 대표하는 새는?

① 까 치
② 백 로
③ 두루미
④ 비둘기

해설
오답분석
①은 서울시, ②는 수원시, ③은 인천시의 도조다.

09 경기도를 상징하는 나무와 꽃은?

① 은행나무, 개나리
② 잣나무, 철쭉
③ 소나무, 국화
④ 느티나무, 장미

해설
오답분석
②는 강원특별자치도, ③은 충청남도, ④는 경상남도의 도목과 도화다.

10 다음 중 경기도의 주 4.5일제 시범사업에서 선택 가능한 근로시간 단축 방법이 아닌 것은?

① 격주 주 4일제
② 주 35시간제
③ 금요일 반일 근무
④ 자율근무제

해설
주 4.5일제 시범사업은 경기도가 도내 50여 개 기업을 대상으로 '근로시간 단축제도'를 시범 도입하는 것을 말한다. 계획안에 따르면 노사 합의를 통해 격주 주 4일제, 주 35시간제, 금요일 반일 근무 중 선택하여 근로시간을 단축하고, 기업에 경기도 생활임금 수준의 장려금을 지원하는 한편 근태 관리시스템 구축과 공정개선 컨설팅도 제공한다.

11 경기도의 공공마이데이터를 활용한 맞춤 행정서비스의 명칭은?

① 경기마이D
② 경기데이터D
③ 경기똑D
④ 경기스마트D

해설
'경기똑D'는 경기도가 도내 주민을 위해 공공마이데이터를 활용한 복지정보 및 전자증명서 발급 등을 제공하는 서비스다.

정답 08 ④ 09 ① 10 ④ 11 ③

우리가 해야 할 일은 끊임없이 호기심을 갖고
새로운 생각을 시험해보고 새로운 인상을 받는 것이다.

– 월터 페이터 –

성공한 사람은 대개 지난번 성취한 것보다 다소 높게,
그러나 과하지 않게 다음 목표를 세운다.
이렇게 꾸준히 자신의 포부를 키워 간다.

– 커트 르윈 –

경기도 공무직 통합채용 기출문제 + 최신상식 + 일반상식

개정5판1쇄 발행	2025년 04월 10일 (인쇄 2025년 03월 27일)
초 판 발 행	2020년 03월 05일 (인쇄 2020년 02월 17일)
발 행 인	박영일
책 임 편 집	이해욱
편 저	시사상식연구소
편 집 진 행	김준일 · 남민우 · 김유진
표지디자인	김도연
편집디자인	차성미 · 고현준
발 행 처	(주)시대고시기획
출 판 등 록	제10-1521호
주 소	서울시 마포구 큰우물로 75 [도화동 538 성지 B/D] 9F
전 화	1600-3600
팩 스	02-701-8823
홈 페 이 지	www.sdedu.co.kr
I S B N	979-11-383-9046-0 (13030)
정 가	21,000원

※ 이 책은 저작권법의 보호를 받는 저작물이므로 동영상 제작 및 무단전재와 배포를 금합니다.
※ 잘못된 책은 구입하신 서점에서 바꾸어 드립니다.